지방분권시대의 환경정책

성과관리의 권한과 책임

대표저자 **박순애**

이영성 최충익 기정훈 장원창
이영미 김철민 신현재 유현지

문우사
MoonWoo

이 책은
2019년도 서울대학교 행정대학원 한국행정연구소
연구총서로 발간되었음

| 서 문 |

이 책은 2017년 초 환경정책 성과 제고에 어려움을 토로하는 환경부 공무원과 거버넌스 체계 개편을 제안한 학자들의 만남으로 시작되었다. 연구가 마무리된 지 불과 2년여 밖에 지나지 않은 시점에 필자들이 애초의 보고서를 다시 검토하면서 새삼 느낀 것은 우리 사회의 격변이다. 국가의 정책을 논하는 시간 단위로는 너무나 짧았던 그 기간에 우리 사회는 지금껏 늘 그러했던 것처럼 전대미문의 거대한 변화를 사회 전 부문에 걸쳐 겪었고, 그 결과는 국토 전역에 투영되고 있으며, 국민의 일상은 급격히 변화하고 있다. 이제 우리는 어디로 가야 할까?

우리가 주목하는 변화는 크게 3가지이다. 첫째, 4차 산업혁명이라고 불리우는 기술혁명이다. 4차 산업혁명의 와해성 기술disruptive technology에 의해 지배적인 기술 및 산업과 시장을 지배하는 절대강자가 그야말로 한순간에 붕괴되는 사회이다. 둘째, 재난, 재해, 재앙의 일상화가 인류와 지역사회의 지속가능성에 던지는 강렬한 도전이다. 미세먼지로 대변되는 일상에서의 환경위협이 사람들의 삶과 사고방식을 속속 바꾸고 있다. 코로나 바이러스에 의한 위협은 가히 모든 인류가 절감하고 있다. 셋째, 이러한 변화 속에서 살아남고 번영하는 곳은 결국 삶의 질이 우수하고, 그러한 삶의 질이 지속가능하며, 그 혜택을 지역사회 구성원 누구라도 배제되지 않고 누릴 수 있는 곳이다. 환경은 삶의 질 가운데 핵심이다.

이러한 문제의식 아래 이 책이 주목하는 것은 국민들이 일상에서 환경정책의 성과를 체감할 수 있도록 하기 위한 성과 제고 방안이다. 지방자치가 발전하면서 환경사무 또한 적지 않게 중앙에서 지방으로 이관된 상태이다. 국가가 국민을 위해 펼치는 사무의 권한과 책임이 크게 바뀐 것이다. 아마도 지난 30여 년에 걸친 세월에는 단순히 환경사무의 지방이양 자체에만 역점을 두었다면, 앞으르는 인구 5000만 명이 넘는 국가 가운데 일인당 국내총생산이 3만 불이 넘는 전 세계 7대

선진국의 하나인, 대한민국에 걸맞은 진일보한 거버넌스가 필요하다는 문제의식이 이 책의 전편을 관통하고 있다.

지방분권과 자치의 확대는 수요자 중심의 행정서비스 구현, 근접행정으로 인한 주민생활의 편익 등이 증대될 수 있다는 점에서 환영할 만한 일이나, 환경사무의 분권화에 있어서는 다소 복잡한 측면이 존재한다. 행정구역을 넘나드는 환경문제의 광역성을 고려했을 때 전 국가적인 분권화 추세에 역행하더라도 집권화를 고수해야 하는가, 아니면 환경문제의 입지고정적 특수성을 고려하여 분권화를 독려하는 것이 바람직한가? 적절한 사무배분 기준에 따라 분권화가 이루어졌다 하더라도 현재 지방자치단체가 갖추고 있는 인력의 전문성과 재정지원 체계가 중앙집권적 방식보다 더 좋은 정책적 효과를 낼 수 있도록 잘 작동할 수 있을 것인가? 2012년 경북 구미 불산가스 누출사고가 발생한 이래 유독물 관련 사무가 중앙정부로 다시 환수되는 과정을 지켜보면서 이 외에도 수많은 질문들이 필자의 머릿속을 맴돌았고 이에 대한 답을 찾고자 그동안 학자로서 할 수 있는 일련의 연구를 진행해왔다.

첫 번째 시도는 2012년 환경정책평가연구원과 협업연구로 진행된 「환경거버넌스의 다각화 현황 및 시사점」 과제의 일부로 비산먼지와 축산폐수 관리 사례를 중심으로 이양·위임사무의 집행현황을 실증·분석한 결과 분권화 이후 환경규제 집행수준이 정체되거나 약해졌음을 확인하였다. 두 번째 연구는 전년도 연구의 대상범위를 확장한 후속 과제로 「효율적 환경자원 관리를 위한 환경행정체계의 발전방안: 중앙정부와 지자체의 역할을 중심으로」 연구의 일환으로 진행되었다. 이 연구에서는 지방분권화 영향을 평가하기 위해 다중이용시설 실내 공기질 지도점검 및 폐수배출업소 감시·단속 사무의 집행현황을 분석하였으며, 환경규제권한이 분권화된 이후 규제집행의 수준과 강도가 모두 약화되었음을 재확인했다. 세 번째 연구는 2014년 「환경복지 실현을 위한 구상(안) 마련」 연구를 통해 이루어졌으며, 환경분야에서 복지개념을 정립하고 환경서비스 전달체계에 있어 중앙-지방정부의 협업체계를 모색하고자 하였다. 특히 광역성·전문성이 높고 예산규모가 큰 사무의 경우 중앙정부가, 지역별로 편차가 크고 직접적인 관리·감독이 필요한 사무의 경우 지방정부가 보다 많은 책임과 역할을 발휘하는 것이 바람직함을 강조하였다.

이 책 『지방분권시대의 환경정책: 성과관리의 권한과 책임』은 앞선 연구들과 궤를 같이하는 네 번째 시도라 할 수 있다. 다만 이 책은 지난 세 가지 연구들을 총망라하고 발전시켜 보다 종합적이고 거시적인 관점에서 지방분권시대에 환경사무의 효과적 이행을 담보할 수 있는 새로운 방안을 제시하고 있다는 점에서 차이점을 가진다고 하겠다. 구체적으로 이 책은 다음과 같이 구성되었다. 제2장 "환경정책의 집행 현황"에서는 지방자치단체로 이양된 환경사무의 현황을 유형별·시기별로 분석하고 각 지방정부의 환경관리 체계 및 역량을 진단하며 분권화 전후 환경 질 수준의 변화를 조사하였다. 제3장 "환경정책 성과 제고를 위한 국내외 사례조사"는 지방분권시대에 있어 환경정책 성과를 제고하기 위해 국내외적으로 운영되고 있는 다양한 법적·제도적 시스템을 소개하고 우수 사례들을 분석하여 제시하였다. 제4장 "환경사무 지방이양 성과분석"은 비산먼지 관리 및 대기오염물질 배출업소 지도점검 사무와 관련된 시계열 자료를 분석하여 분권화 이후 집행실적의 향상 여부에 대해 검토하였다. 또한 언론보도를 빅데이터 분석하여 환경사무 이양에 관한 시민들의 인식을 살펴보았다. 제5장 "환경정책 성과에 대한 전문가 인터뷰 및 공무원 설문조사"에서는 중앙-지방 정부 간 바람직한 권한 및 역할분담, 환경사무의 위임·이양 효과 등에 대한 전문가 및 공무원들의 인식을 조사, 분석하였다. 마지막 장인 제6장 "환경정책 성과관리의 책임과 권한"에서는 앞선 장들의 분석내용을 바탕으로 환경분야별 사무배분의 합리화 방안, 환경행정 차등위임제도의 도입 방안, 중앙-지방정부 간 거버넌스 강화를 위한 법적·제도적 개선 방안 등을 제안하였다.

이 책은 환경정책 성과제고를 위한 중앙과 지방정부의 바람직한 관계모형을 도출하기 위해 다양한 방법론을 동원하였다. 첫째, 정부와 국제기구 등에서 제공하는 각종 통계자료 및 간행물, 연구보고서와 함께 학술논문, 신문기사, 국정감사 및 감사원 자료 등 각종 2차 자료들을 활용하였다. 2차 자료들의 수집, 조사, 분석을 통해 환경정책의 집행현황을 진단하고, 환경정책의 집권화 및 분권화와 관련한 학문적, 실무적 논의를 정리하여 환경사무의 지방이양 및 환경정책 거버넌스의 운영과 관련된 정책적 대안 도출에 필요한 토대를 마련하였다.

둘째, 국내외의 다양한 관련 사례를 비교, 분석함으로써 합리적이고 다양한 대안을 모색하고자 하였다. 사례는 국제기구, 국외, 국내의 세 가지 차원으로 구분하여 조사하고 분석하였다. 국제기구 차원에서는 OECD, UN 등이 발간한 환경정책 관련 최신 의제를 중심으로 조사하며, 국외의 경우 미국, 영국, 독일 등의 선진국 사례를 수집하여 검토하였다. 국내의 경우 우수 지방이양 사례로 선정된 사례들을 집중적으로 조사하여 시사점을 도출하고자 하였다.

셋째, 패널 분석, 빅데이터 분석 등 최근 주목받고 있는 각종 통계기법들을 활용하여 수집한 1·2차 자료들을 체계적으로 분석하였다. 패널 분석은 행정사무가 지방으로 위임 또는 이양된 이후 오염물질 배출업소에 대한 단속률, 적발률, 행정처분율 등이 어떻게 변화되었는지 파악하기 위해 활용되었다. 또한 빅데이터 분석 기법을 활용하여 환경사무의 지방이양 정도 및 이에 대한 시민의 여론을 분석하였다. 감정 분석sentiment analysis, 워드 클라우드word cloud, 토픽 모델링topic modeling, 네트워크 분석network analysis 등 다양한 기법을 활용하여 지방이양 환경사무 관련 이슈에 대한 사회적 국민적 시각의 변화과정을 분석하였다.

넷째, 정량적인 자료의 수집이 어려운 사안과 관련하여 관련 공무원 및 전문가를 대상으로 설문조사와 심층 인터뷰를 실시하였다. 설문조사는 환경부, 지방환경청, 광역지방자치단체, 기초지방자치단체의 관련 공무원을 대상으로 실시하였으며, 이들 이해관계자 간의 역할분담과 권한 배분 및 환경정책의 성과 제고 방안 등에 대한 현장의 의견을 수렴하고자 하였다. 집단심층면접Focus Group Interview, FGI은 관련 전문가 및 실무자를 대상으로 통계적 수치나 공식적인 문서에서는 얻기 어려운 환경정책의 수행 역량 및 실태에 관한 현황 조사, 환경정책의 성과를 제고하기 위한 방안에 대한 전문적 견해 등을 얻고자 하였다.

이 책은 다음과 같은 측면에서 학문적, 정책적으로 기여할 것으로 기대된다. 첫째, 환경정책의 집행수준을 과학적이고 체계적으로 분석하여 환경정책 성과의 현재를 정확히 진단할 것으로 사료된다. 둘째, 이론과 현실에 부합하는 환경정책의 성과 제고 방안을 제시하여 실질적인 성과 향상에 기여할 수 있을 것으로 기대된다. 또한, 빅데이터 분석, 패널 분석, 설문조사 및 FGI와 같은 다양한 방법론을 활용하여 정량적, 정성적인 자료들을 다각도로 엄격하게 분석한 결과를 바탕으로 보다 합리적인 대안을 제시할 것으로 기대된다. 셋째, 풍부한 국내외 사례조사를 토대로 최신 경향을 반영함과 동시에 누구나 폭넓게 공감할 수 있는 환경정책 성과 제고 방안을 도출할 것으로 기대된다. 특히, 우리나라 상황에 맞는 적실성 높은 우수사례를 선별하여 벤치마킹함으로써 참신한 정책적 대안을 마련하는 데 기여할 것으로 사료된다. 넷째, 중앙집권과 지방분권의 장점을 살리는 미러 지향적 거버넌스 설계 및 운영방안을 제시할 것으로 기대된다. 지방정부의 자율성은 존중하되, 중앙정부가 효과적으로 개입하는 효율적 거버넌스의 방안을 도출할 수 있을 것으로 기대된다. 마지막으로 이 책에서 제시하고 있는 다양한 진단과 새로운 논의들이 지방분권화가 추구하는 목표들을 성공적으로 실현하는 데 기여할 수 있기를 기대해 본다.

이 책은 집필진 외에도 많은 분들의 격려와 노고를 통해 출간되었다. 이 책의 출간을 흔쾌히 수락해 주신 문우사 김영훈 대표님, 김병성 차장님, 본 연구의 단초를 열어준 환경부 관계자, 저서작업을 가능하게 해 주신 서울대학교 한국행정연구소, 연구의 기획단계부터 책 발간에 이르기까지 함께 해 주신 "환경정책 이행 성과 제고 방안" 연구진, 그리고 서울대학교 행정대학원 공공성과관리연구센터 조아영 (전)연구원께 진심으로 감사의 인사를 드린다.

2020. 3.
관악캠퍼스에서 저자를 대표하여
박순애

| 차 례 |

| 그림 차례 |

| 표 차례 |

제1장

서 론

Ⅰ 연구의 배경 및 목적

Ⅱ 선행연구 및 이론적 배경

I

연구의 배경 및 목적

환경정책의 집행과 성과 제고에 대한 국제적·국내적 여건이 변화하고 있다. 국제적으로는 UN에서 2015년 지속가능발전 목표Sustainable Development Goals, SDGs가 합의됨에 따라, 각국이 자국에 적합한 집행전략을 수립·시행하게 되었다. 국내에서는 깨끗한 환경 질과 새로운 환경문제에 대한 국민적 관심이 높아지면서 중앙정부와 지방자치단체의 실효성 있는 환경정책 집행에 대한 요구가 증가하고 있다.

특히 지방분권화 개헌 추진이라는 새 정부 국정과제 배경하에서, 환경행정 분권화 체계에 대한 재검토와 환경정책 성과 담보를 위한 실질적 방안 모색이 필요한 시점이다. 그 이유는 첫째, 중앙정부와 지방자치단체의 역량에 차이가 존재하고, 분야별로 현지성, 대응성, 전문성 등에 따라 사무배분의 합리화 방안이 상이하게 적용될 수 있기 때문에 환경사무의 지방이양을 일괄적으로 처리하는 것이 적절한가에 대한 검토와 함께 중앙정부와 지방자치단체의 합리적 역할 배분에 대한 연구가 필요하다. 둘째, UN을 비롯한 최근의 연구들은 환경정책 성과 제고 방안으로 협력적 거버넌스를 제안하고 있지만, 실제 중앙정부와 지방자치단체의 권한배분과 역할에 대한 문제가 끊임없이 제기되고 있다. 따라서 중앙정브와 지방정부 간의 업무 권한, 관리, 구조, 법·제도 등 다양한 측면에서 거버넌스 체계에 대한 새로운 접근이 필요하다. 셋째, 환경행정 분권화 체계에서 환경정책 성과를 제고할 수 있는 평가시스템이 미흡하다는 비판으로 인해 현재의 지자체 합동평가가 환경정책의 특수성이나 역량강화에 적합한가에 대한 평가와 함께, 새로운 환경정책 성과평가 체계에 대한 연구의 필요성이 제기되고 있다.

따라서 본 연구는 우리나라 환경행정의 분권화 현황과 과제를 면밀히 분석하고 환경행정 분권화와 관련된 이슈들을 종합적으로 검토함으로써 환경정책의 실질적 집행성과 제고 방안을 도출하였다. 이를 위한 연구는 크게 다섯 가지 내용으로 구성되며, 주요 연구내용은 다음과 같다.

첫째, 국내 환경정책의 집행현황을 진단하였다. 환경정책의 성과제고 방안은 현재 우리나라 환경의 질과 환경관리 현황에 대한 점검에서 시작된다. 따라서 환경행정의 지방이양 현황과 지방정부의 환경관리 현황을 광역시·도를 대상으로 분석하였다. 또한 실증자료 분석을 통해 대기, 물환경, 토양, 자연보전, 자원순환, 환경보건 분야에 있어 환경의 질을 평가하였다.

둘째, 환경정책의 성과 제고를 위한 국내외 사례를 분석함으로써, 벤치마킹 가능한 선진 제도와 각 프로그램의 적용가능성을 진단하였다. 이를 위해 국제기구 차원의 정책집행 담보 이슈를 분석하고, 미국과 영국, 독일의 환경정책 성과 제고를 위한 제도와 국내의 환경정책 성과 사례를 고찰하였다.

셋째, 국내 환경사무의 지방이양 집행 성과를 분석함으로써 환경사무의 현황과 국민들의 인식을 점검함으로써 향후 개선과제를 도출하였다. 패널분석을 통해 환경사무에 관한 중앙정부와 지방정부의 관계를 점검하고, 지방정부의 환경사무 집행 수준을 분석하고 빅데이터 분석을 통해 환경사무 이양의 사회적 평가를 도출하고 향후 개선방향을 검토하였다.

넷째, 환경정책의 성과 제고를 위한 중요 주체의 인식조사를 시행하였다. 설문조사는 중앙정부와 지방정부의 환경공무원을 대상으로, 집단심층면접은 전문가를 대상으로 실시하였으며, 이를 통해 우리나라 환경정책 집행의 실질적 성과를 담보하는 데 있어 문제점과 시사점을 도출하였다.

다섯째, 앞에서 진행한 분석내용들을 종합적으로 검토함으로써 환경정책의 실질적 집행성과 제고 방안을 제시하였다. 구체적으로 전문가 평가와 사회적 평가를 고려한 분야별 사무배분의 합리화 방안을 제시하였고, 환경행정 차등위임제도를 비롯하여 환경정책 집행을 위한 법·제도 개선방안, 거버넌스 구축방안을 제시하였다. 마지막으로 환경정책의 성과를 점검하고 개선하는 데 필요한 종합적 성과평가 방안을 제시하였다.

Ⅱ

선행연구 및 이론적 배경

국내에서는 1995년 지방자치제도 실시 이후, 중앙정부의 행정규제 사무를 시작으로 본격적으로 사무 이양이 시작되었다. 환경부문 역시 지방환경행정 강화라는 목적하에 실질적인 권한들이 지속적으로 지방자치단체로 이관되어 왔다. 하지만 환경사무의 특수성으로 인하여 지방이양의 효과에 대한 논란이 확산되고 있는 상황이다. 중앙정부와 자치단체 간의 권한배분에 대한 모호성뿐만 아니다 사무를 집행하기 위한 자치단체의 준비나 역량 부족에 대한 문제들이 지적되고 있다. 또한 지역 및 지리적 특수성이나 환경문제의 광역성 등 환경자원의 입지 고정적 특성이 충분히 고려되지 못하였다는 지적이 이어지고 있다.

환경사무의 지방이양에 관한 학술적 논의는 크게 긍정론과 신중론으로 나뉜다. 긍정론은 주민의 참여를 강화하고 자치단체의 책임성을 부각하여 효과적인 지방환경행정 구현을 강조한다. 한편 신중론은 환경문제의 광역성이나 이해관계의 충돌을 강조하여 중앙정부의 적극적 개입을 옹호하고 있다. 오늘날 환경행정의 지방이양과 관련된 논의는 다양한 찬반논의가 대립하고 있는 실정이며, 어떠한 주장이 보다 타당한지에 대해서는 단정적으로 결론 내리기가 어렵다. 즉, 지방이양과 관련된 논의는 다양한 정치·경제·사회적 조건이 반영되므로 흑백논리로 판단하기에는 한계가 있다.

1. 선행연구의 경향

최근 들어 복잡하고 어려운 행정사무의 지방이양에 대한 효과성과 효율성을 측정하고 판단하기 위한 다양한 방법들이 시도되고 있다.

첫째, 사무의 지방이양을 평가한 선행 연구들을 살펴보면 대부분 사례분석, 심층 인터뷰 및 설문조사에 초점을 맞추고 있다. 고경훈(2016)은 모든 부처를 대상으로 중앙정부에서 지방정부로 이양이 완료된 1,982건의 사무를 대상으로 성격에 따라 유형화한 다음 구체적인 효과성을 측정하기 위하여 설문조사와 인터뷰를 실시하였다. 특히 사무 이양의 문제점을 ① 권한배분 기준의 부재, ② 예산 및 인력지원의 부족, ③ 법률적 미비, ④ 담당공무원의 업무량 과다 및 전문성 부족, ⑤ 업무에 관한 낮은 우선순위 등 다섯 가지로 정리하고 사무 유형에 따른 평가지수를 도출하였다. 최근에는 환경부문에 집중하여 환경부의 사무 이양 효과성을 다룬 연구도 수행되고 있다. 박상철 외(2015)는 환경부의 행정사무를 7개 분야로 구분하여 유형화하고 전문가와 담당공무원을 대상으로 설문조사, 인터뷰 그리고 민원수요 분석을 실시하여 효율성을 평가하였다.[1]

최봉석 외(2015)는 현재 이양된 사무에 대한 효율성과 효과성이 높지 않음을 주

〈표 1-1〉 분야별 환경부 사무 이양의 효과적 권한배분 기준안

유형	중앙정부 적합형	자치단체 적합형	비고
대기	○		개별 사무의 특성에 따라 배분
자연환경	○		개별 사무의 특성에 따라 배분
토양	–	○	
자연보전	○	–	
자원순환	○		개별 사무의 특성에 따라 배분
환경보건	–	○	
환경정책 일반	–	○	

자료: 박상철 외(2015), p. 163

1 박상철 외(2015)는 권한배분기준과 사무특성에 따라 중앙정부 적합형과 지방정부 적합형 그리고 혼합형으로 구분하였다.

장하고 사무배분에 관한 규범적이고 이론적인 기준을 바탕으로 문제해결을 위한 사무배분 사전검토제 도입의 필요성을 강조하였다. 하혜영(2017) 역시 행정권한의 지방이양과 관련되어 나타나는 쟁점을 법 개정의 복잡성과 인력 및 예산 배분의 불합리성에 기인한다고 주장하고 합리적인 사무배분을 위해서는 사전검토제 도입이 필요하다고 주장하였다.

이러한 선행연구들은 사무 이양과 관련하여 추진상황이나 성과를 종합적이고 거시적인 관점에서 살펴보고 사무배분의 원칙과 사무의 특성에 따라 권한배분이 달라져야 한다고 주장하는 점에서 정책적 의미를 가지고 있다. 또한 현재 사무이양에 대한 문제점과 이를 해결하기 위하여 새로운 배분의 필요성을 강조하고 있다는 공통점을 가지고 있다.

그러나 대부분의 평가 방법이 사무 이양의 입법이나 집행과 관련 있는 전문가 및 공무원의 주관적 견해에만 초점을 맞추고 있다는 한계를 지니고 있다. 이러한 하향식 top-down 정책평가는 전문적인 경험과 판단을 기준으로 정책의 효율성과 효과성을 측정한다는 장점을 가지고 있으나 실제 국민들이 가지고 있는 정책에 대한 평가나 관심과는 괴리를 보인다는 문제점을 가지고 있다.

〈그림 1-1〉 환경사무 이양 효율성 및 효과성 평가 연구의 한계

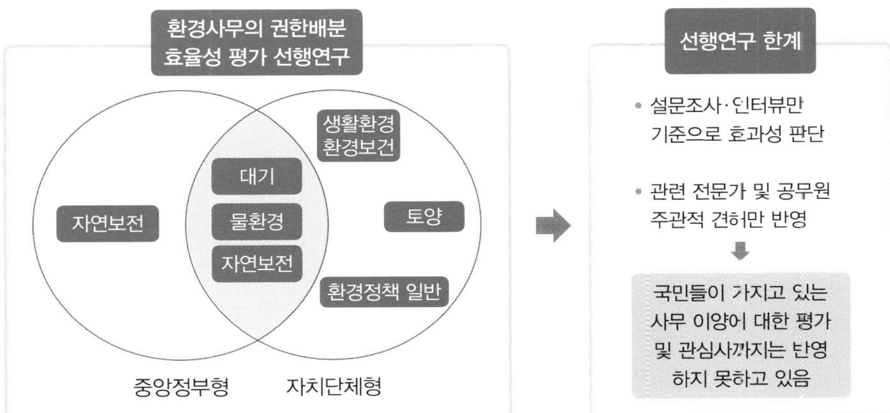

자료: 박상철 외(2015)

둘째, 지방정부의 환경사무 집행에 관한 연구는 지방자치제도가 본격적으로 시행된 1995년 이후 일정 기간 축적된 자료를 바탕으로 실증연구가 진행되어 왔다. 특히 환경오염물질 배출업소 단속업무가 지방자치단체로 위임된 2003년 이후 단속업무 집행의 변화가 있었는지 여부에 대한 관심도 지속적으로 이어져 왔다. 몇몇 연구들은 분석 시점과 대상에 따라 환경사무의 분권화 이후 집행 추이에 대해 결과가 다소 상이하게 나타나고 있다. 이는 배출업소 단속업무에 대한 통계관리 주체와 자료 통합방식에 따른 문제로 볼 수 있다. 환경부 통계연감에서는 16개 광역시·도의 대기부문과 폐수부문을 구별하여 발표하고 있고, 통계청 자료에는 광역시·도뿐 아니라 기초자치단체의 배출업소 단속업무 자료가 포함되어 있으나 대기부문과 폐수부문의 자료가 구분되어 있지 않기 때문에 연구자들이 선택하는 분석단위와 시점에 따라 결과에 다소 차이가 발생하고 있는 것으로 보인다.

최충익·고재경(2009)은 2002년 이전과 이후의 각 시도별 환경규제 현황자료를 분석한 결과 2002년 환경규제 집행권한의 지방위임 이후 단속률, 적발률, 약한처분율의 규제 수준이 약화되었으나 강한처분율은 위임 이후 강화되었다고 분석하였다. 박순애 외(2012)는 1998년부터 2010년까지의 16개 광역시·도의 대기오염물질 배출업소 단속 통계를 활용하여 단속에 대한 위반업소로 적발된 건수의 비율인 단속적발률은 분권화 이후 감소하였으며, 조업정지, 사용중지, 폐쇄명령과 같은 강한처분율 역시 분권화 이후 감소하였다고 분석하였다. 또한 박순애 외(2013)

〈표 1-2〉 환경사무 분권화 효과에 관한 연구결과

연구자	연구범위	연구결과
최충익·고재경(2009)	2002년 이전과 이후 16개 시도의 환경규제 변화	적발률, 약한처분율 약화 강한처분율 강화
박순애 외(2012)	1998년부터 2010년까지 16개 시도 대기오염물질 배출업소 단속 변화	지방정부 위임 이후 적발률 감소 처분강도 약화
박순애 외(2013)	1998년부터 2012년까지 16개 시도 폐수배출업소 단속 변화	분권화 이후 단속건수와 단속적발률이 감소
김종순·문태훈(2013)	2002년부터 2010년까지 16개 시도 환경규제 변화	점검률, 적발률 약화
이현철(2014)	2003년부터 2010년까지 230개 자치단체 환경오염물질 배출업소 단속 변화	적발률과 단속수준 모두 감소 약한처분율 지역별 편차 상승

는 1998년부터 2012년까지의 16개 광역시·도의 폐수배출업소 단속 통계를 활용하여 분석한 결과 분권화 이후 단속건수와 단속률이 감소한 것으로 나타났다고 하였다. 이현철(2014)은 2003년부터 2010년까지 230개 지방자치단체의 환경오염물질 배출업소 단속 통계 자료를 활용하여 분석한 결과 적발률과 단속수준이 모두 감소하였으나 지역별로 집행활동의 차이가 있어 지역의 고유한 특성에 따라 달라질 수 있다고 하였다.

이하에서는 환경정책 집행에 있어 중앙과 지방 관계를 크게 권한 배분과 협업이라는 두 차원으로 살펴보고자 한다. 특히 권한 배분과 관련된 연구는 구체적으로 사무배분 범위, 분권화에 따른 환경정책 효과, 중앙과 지방의 권한조정 방향으로 세분하여 살펴보고자 한다.

2. 환경정책에서의 중앙과 지방 권한 배분에 관한 연구

중앙과 지방의 환경행정의 기능과 권한의 배분에 따라 환경정책의 성과에 차이가 있음을 밝힌 다양한 선행연구가 존재한다. 환경사무의 분권화로 지역의 특성에 맞는 정책이 개발되어 지역의 환경역량이 증가했다는 주장이 있는 반면, 지역의 개발욕구 때문에 오히려 환경규제가 느슨해져서 지역의 환경여건이 악화되었다는 반론도 있다(최충익·고재경, 2009). 그러나 대부분의 선행연구는 환경행정 사무가 지방으로 위임되거나 이양된 이후 행정역량이 지속적으로 하락하고 있음을 제시하고 있다(최충익·고재경, 2009; 정우현·박순애, 2012; 문태훈·김종순, 2013; 정우현 외, 2013; 최봉석 외, 2015). 일부 연구에서는 중앙과 지방의 권한 배분이 적정한 것인지에 대한 원칙적인 범위를 재설정하자는 논의(최봉석 외, 2015; 황계영, 2015; 고경훈, 2015; 하혜영, 2017)나 일괄적인 배분이 아닌 부분선점제를 혼합하거나 일부를 단계적으로 도입하자는 논의(홍준현, 2001; 문태훈·김종래, 2001; 하혜수·조영출, 2002)도 존재한다.

(1) 환경정책 효과에 대한 논의

환경행정 사무가 지방으로 위임되거나 이양된 이후 효과에 대한 의견은 대립되지만, 행정역량이 지속적으로 하락했다는 결과를 제시한 대부분의 선행연구는 중앙과 지방의 단순한 집행기능의 분권화에서 벗어나 보다 지역 특성에 맞는 적절한 배분과 지원이 뒷받침되어야 한다는 점을 강조하고 있다. 최충익·고재경(2009)은 배출업소지도단속권이 시·도로 일원화된 이후의 환경규제 정책의 변화를 살펴봄으로써 중앙정부와 자치단체의 환경규제 권한과 기능을 어떻게 배분할 것인가에 대한 근거와 방향성을 제시했다. 특히, 환경행정이 지방으로 이양된 이후에 단속건수뿐만 아니라 적발률 역시 꾸준하게 감소되는 흐름을 보였으며, 환경규제 효과는 지역적인 차별성을 두고 나타났음을 밝혔다. 정우현·박순애(2012), 정우현 외(2013)의 연구에서도 자치단체가 가지고 있는 인적 자원의 한계나 순환보직으로 인한 전문성 저하로 인하여 환경규제 권한이 자치단체로 이양된 이후에 행정집행의 효율이 낮아지는 것으로 나타났다. 문태훈·김종순(2013)은 지방자치단체의 오염물질 배출업소에 대한 감시단속 업무가 2002년 이후 지속적으로 하락하고 있으며, 감시단속 규제행정의 빈도와 강도는 지역 간에 격차가 크게 벌어지고 있음을 지적했다. 단, 지방자치단체의 감시단속행정의 적극성은 약화되었으나 그 원인이 지역 내에 존재하고 있는 경제적 이해 또는 폐쇄성으로 인하여 나타나고 있는 것인지에 대해서는 단순히 단속자료만으로는 판단하기 어려운 점이 있음을 밝혔다.

이와 관련하여, 지방행정 역량을 비교적 낮게 평가한 선행연구들 또한 분석에 필요한 자료 및 평가지표들이 제한적이다 보니 환경사무의 지방이양 효과에 대한 정밀한 분석에 한계를 보였을 뿐만 아니라 이양 이후의 사무들에 대한 시계열 자료 확보가 충분하지 않았다. 단순한 지방위임 이후 감시단속 등의 현황실태만 파악하거나 일부 설문조사, 인터뷰의 방법으로만 효과성을 판단했기 때문에 중앙과 지방의 행정권한 배분 이후의 위임 또는 이양효과에 영향을 줄 수 있는 다양한 요인과의 관계를 판단하기 어려운 문제가 있다.

그러나 중앙과 지방 간의 환경행정의 권한에 관해 지방의 환경행정역량이 아직은 크게 강화되지 못했음을 밝힌 선행연구들은 권한의 재배분과 함께 환경관리 역량에 대한 평가와 지원체계가 분명히 수립되어야 함을 제시했다. 지방정부에 대한 단속이 계도 위주의 행정과 효과적인 행정처분 수단으로 개선되어야 하며, 규제 강제의 통일성을 위해 제도적인 장치를 강화해야 한다는 것이다. 영국이나 미국들의 감시 단속이 적벌과 처벌 위주가 아니라 기술이나 정보의 제공이 바탕이 되는 지도 위주로 가고 있는 점을 고려했을 때(문태훈·김종순, 2013) 지방자치단체에 대한 환경관리 역량을 강화할 수 있는 제도적인 장치가 마련되어야 함을 강조했다. 다시 말해 기존의 집행 중심의 권한이양을 넘어서 지역의 현황과 조건을 고려한 맞춤형 환경규제가 실시될 수 있도록 계획기능의 이양에 주목할 필요가 있을 뿐만 아니라 업무의 이양과 함께 예산 및 기술지원이 병행되어야 한다는 것이다. 이를 위해 인건비를 고려한 예산 편성, 환경관련부담금의 지방세 전환, 지방자치단체의 전담부서 마련, 중앙-지방 간 협업과 융합행정 기법의 활용, 환경관리 역량에 대한 모니터링과 평가 시스템 등의 마련이 필요함을 제안하고 있다(최충익·고재경, 2009; 정우현 외, 2013).

(2) 사무 배분 범위에 대한 논의

최근 대부분의 사무들이 지방으로 이양되면서 이양의 효과나 지방의 행정역량을 평가하기 이전에 중앙과 지방의 권한 배분이 과연 적정하게 이루어진 것인지에 대한 원칙적인 범위를 재설정하자는 논의(최봉석 외, 2015; 황계영, 2015; 고경훈, 2015; 하혜영, 2017)가 있다. 최봉석 외(2015)는 오늘날 한국사회의 중앙정부와 지방자치단체의 행정사무 구분 시스템을 개선하려는 노력이 끊임없이 추진되고 있으나, 지방자치단체의 사무 설정에 있어서 단순히 행정·정책적인 차원에서 어떠한 사무를 대상으로 어떠한 주체가 관리하고 처리할 것인지를 선정하는 데 초점을 맞춰 사무 이양 문제를 다루는 것은 적절하지 못함을 지적했다. 이에 대한 접근으로는 중앙정부와 지방자치단체 간의 행정사무 구분에 대한 기준을 마련하고, 이에 따라 적합한 시스템을 새롭게 정비해야 함을 강조했다. 특히 사무 구분을 위한 사전검토제도를 도입함으로써 변화하는 사무를 능동적으로 구분해야 할 필요성이 있음을 제시하였다. 황계영(2015) 또한 우리나라의 지도·단속 업무가 지방자치단체로 이관됨에 따라 중앙정부는 극히 일부만을 담당하게 되면서 이러한 역할분담이 적정한 것인지에 대해 많은 의문이 제기되고 있음을 밝혔다. 특히 선진국의 사례를 제시하며 중앙정부와 지방자치단체는 지도와 단속에서 역할분담으로 규제의 실효성을 확보하는 체계를 채택하고 있으며 우리나라도 이와 같은 방식을 적용하여 전국적으로 일관성을 확보할 필요가 있음을 제시하였다.

실제로 지방이양이 완료된 사무의 효과를 분석하여 지방이양이 필요한 사무와 지방분권의 범위를 밝히고 있는 고경훈(2015)은 우선적으로 발굴해야 할 지방이양 사무와 중앙정부의 사무를 제안하며 바람직한 정책집행의 방향을 제시했다. 고경훈(2015)은 지방이양 완료 사무의 실태를 파악하여 유형을 분류하였고, 지방이양 영향지수를 도출하여 사례별로 지방이양 효과를 심층 분석했다. 분석결과 지방이양의 효과를 기대할 수 있는 사무들은 지역적 다양성을 반영하고 빠른 대응이 요구되며 실제 지역주민의 생활과 깊은 관련을 가진 것들이라고 하였다. 이러한 사무들이 지방으로 이양되면 결재 단계가 축소되고 사무 처리의 시간 및 비용 절감의 효과 등 전반적인 행정의 효율성 제고를 기대할 수 있을 것으로 보았다.

특히, 중앙과 지방의 사무배분의 재설정이 필요하다는 선행연구들은 사무배분의 원칙 중 사무배분 사전 검토제(최봉석 외, 2015; 하혜영, 2017), 현지성의 원칙과 보충성의 원칙(고경훈, 2015; 하혜영, 2017)이 지방분권의 이념적 측면에서 검토되어야 함을 제시하고 있다. 사무배분 사전 검토제는 정부 간 사무배분의 적정성을 검토할 수 있도록 하는 장치를 의미한다. 정부와 국회가 입법과정에서 지방자치단체가 처리하는 사무를 신설하거나 폐지하는 경우, 또는 국가사무의 위임 등이 있을 경우에 해당 사무가 「헌법」과 「지방자치법」 그리고 관계 법률에서 정한 사무배분 기준과 원칙을 준수하고 있는지 점검하는 것이다(하혜영, 2017).

현지성의 원칙은 지방자치이념에 입각한 사무배분 원칙으로서 가능한 기초자치단체가 맡는 것이 바람직하다는 입장이다. 보충성의 원칙은 기초자치단체에서 다루기 어려운 문제를 상위 기관인 광역자치단체 또는 중앙정부가 보충적으로 다룬다는 것이다. 현지성의 원칙과 보충성의 원칙은 국가사무로 규정된 사무를 제외하고는 모든 사무가 지방자치단체로 이양되는 것이 바람직함을 의미한다(고경훈, 2015).

중앙과 지방사무의 범위를 논하고 있는 논문들은 중앙과 지방사무의 재설정을 논하면서도 지방정부의 권한을 일정 조건하에서는 되도록 많이 부여하고 있기 때문에 지방정부의 이양효과를 낮게 평가한 선행논문들에서 제언한 바와 같이 지방정부의 역량 강화를 위해 제도적 장치는 마련되어야 함을 공통적으로 제시하고 있다. 이를 위해 지방자치제도의 성과를 지속적으로 모니터링하고 적절하게 개입해야 하며, 사무에 대한 전문성을 갖춘 인력을 보완하고 꾸준한 교육을 위해 역량 제고를 위한 방안을 마련해야 한다는 것이다. 사무의 이양 후에는 중앙정부 차원의 지방정부 사무에 대한 조정 및 사후 통제의 역할도 강조하고 있다. 다만, 중앙과 지방사무의 이양과 범위를 논하고 있는 일부 선행연구들은 환경분야로 특정화시켜 판단하기는 어렵기 때문에 환경분야로 범위를 한정하여 좀 더 구체적인 지방이양 완료 사무의 효과와 중앙과 지방의 환경사무 범위 설정에 대해 논하는 과정이 필요할 것이다.

(3) 중앙과 지방의 권한 조정에 대한 논의

미국이나 영국 등 선진국은 부분선점제, 최고가치제도 등 차등적 분권제도를 실시함으로써 지방의 정책수행과 의지를 고려해 권한 이양 자체를 차등 적용하고 있다. 일부 선행연구(홍준현, 2001; 문태훈·김종래, 2001; 하혜수·최영출, 2002) 또한 위의 제도들을 비교 분석하여 우리나라에 도입하고 정책집행 성과를 높이려는 방향을 제시하고 있다. 홍준현(2001)은 중앙과 지방의 권한 이양방식으로 포괄적 차등 이양, 부분적 차등 이양, 개별적 차등 이양의 특성과 장단점을 논의하고 있다. 포괄적 차등 이양은 자치단체 수행기능에 대한 인식이 용이하며, 적용이 간편하지만 지나친 평균화로 인하여 차등 이양이 가지고 있는 기본적인 의미를 퇴색시킬 수 있는 단점이 있다. 일본의 지방분권특례제도와 미국의 부분선점제도Partial Preemption와 같은 부분적 차등 이양 제도는 일정한 분야에 제한적으로 자치단체의 역량을 고려하여 권한 이양에 차등을 두는 방식이다. 부분적 차등 이양 제도는 중앙정부와 지방정부 간의 협력으로 집행을 가능하게 하며, 국가최소기준을 설정하여 적용하기 때문에 하위정부에 대한 적극적 규제까지도 허용할 수 있다. 그러나 대상기능이 포괄적이지 못하고 절차가 매우 복잡할 뿐만 아니라 중앙에 의한 통제가 실질적으로 지속될 우려가 있다. 마지막으로 개별적 차등 이양은 지방자치단체에 따라 기능에 있어 차등적 배분을 적용하는 방식으로 지방자치단체의 특성을 가장 잘 반영할 수 있으며, 지방자치단체의 책임한계를 명백히 할 수 있다는 장점이 있다. 반면, 지나친 개별성의 남용으로 통일성을 저해하게 되며, 사무배분 체계에 혼란을 가중시킬 우려가 있을 뿐 아니라 자치단체의 수행기능을 중앙정부가 인식하는 데 큰 어려움을 초래하게 된다. 따라서 홍준현(2001)은 포괄적 차등 이양과 부분적 차등 이양의 적절히 혼합하는 방식으로 이양에 차등을 두어야 함을 강조하고 있다.

문태훈·김종래(2001)는 환경업무의 중앙과 지방의 이양 타당성을 검토하였는데, 환경부나 지방환경청의 경우 규제권한이 제한적인 분야를 중심으로 이양 가능하다는 의견을 보인 반면, 지방자치단체는 지도감독이나 배출부과금 등 업무의 권한이 강한 분야가 이양 가능하다는 의견을 보여 기관별로 업무의 이양에 대한 차이가 있음을 제시하였다. 즉, 업무의 특성보다는 권한에 따른 사무 이양에 더 초점을 맞추고 있는 것이다. 문태훈·김종래(2001)는 미국의 부분선점제도를 언급하며 우리나라에 도입할 수 있는 절차를 제안하고 있다. 1단계는 중앙정부와 자치단체 간의 이해관계가 상대적으로 첨예하게 대립하지 않은 부분을 대상으로 우선 도입하고, 2단계는 환경정책의 집행실적 평가에 따라 지방자치단체가 우선 요구하는 업무를 대상으로 규제를 할 수 있도록 지속적으로 확대하자는 것이다. 특히 부정적 유인책을 활용하기보다는 긍정적 유인책에 대한 활용이 필요하며, 권한을 제한하는 등 추가적인 방안의 모색이 필요함을 강조했다. 우리나라에 부분선점제도를 도입하기 위해서는 지방의 환경 관리에 대한 실질적인 제도의 정비가 필요하며, 지방자치권의 약화방지를 위한 제도적인 장치도 마련해야 함을 언급했다. 이러한 제도로는 보조금 지급, 인원 및 기구 조정의 유연성 제공, 국고보조금의 차등지급 등이 있다. 또한 중앙과 지방의 사무배분 체계를 구축해야 하며, 세부지침의 작성을 위한 상호 의견조율과 같은 기능 재분배 및 부서 재편으로서 부분선점제도를 우리나라에 상황에 맞는 제도로 도입할 수 있을 것으로 보았다.

하혜수·최영출(2002)은 우리나라에 부분선점방식을 적용함에 있어서는 상대적으로 취약한 지방재정수준을 더 약화시킬 수 있으므로 추가재원에 대해서는 중앙정부에서 부담하도록 하는 규정을 만들거나 아니면 권한 이양과 재원을 연계시키는 방안을 마련해야 함을 밝혔다. 권한이양의 조건으로는 회수가능성을 남겨두되 지방정부의 성과를 확보하기 위한 중앙의 지원과 자문 및 정보제공 등으로 회수요건을 강화하여 회수조치에 대한 중앙정부와 지방정부의 공동 책임의식을 고취시킬 필요가 있다는 것이다. 또한 하혜수·최영출(2002)은 부분선점제도 외에 영국의 최고가치제도Best Value를 검토하였는데, 최고가치제도는 지방정부의 행정서비스의 공급 주체를 정하되, 중앙정부가 이를 평가하여 일정 수준에 미달하면 해당 지방의 서비스 공급권을 박탈하게 되는 것이다. 하혜수·최영출(2002)은 우리나라의 경우, 평가문화가 부재할 뿐만 아니라 지방정부가 행·재정능력에 격차를 보이고 있고 중앙정부의 불신에 의해 객관적 평가가능성에 회의적인 시각을 보이고 있음을 지적하고 있다. 또한 우리나라는 인센티브적 성격의 평가제도에 대해 저항행태가 있기 때문에 성과평가에 기초한 차등적 분권제도를 우리나라에 도입하는 것은 제약이 있는 것으로 판단하고 있다. 따라서 최고가치제도를 도입하기 위해서는 자치능력이 높은 지방정부와 그렇지 못한 지방정부 간의 격차를 완화시킬 수 있는 보완적인 장치로서 보조금제나 지방교부세제의 개선이 검토되어야 함을 밝혔다.

그러나, 최근 중앙의 많은 사무들이 지방으로 이양되었을 뿐만 아니라 차등적 분권제도를 언급한 일부 논문들은 지방분권화 초기에 중앙과 지방의 사무에 대해 논하고 있기 때문에 현재의 시점에서 선행 논문의 제언들을 적용하는 것은 제한이 있다. 따라서 부분선점제도, 최고가치제도 등 새로운 제도의 도입 성과를 제고하기 위해서는 현재의 중앙과 지방 사무의 이양체계와 상황에 맞는 개선안들을 새롭게 검토하고 적용할 필요성이 있다.

3. 중앙과 지방의 협업 거버넌스에 관한 연구

국제기구를 중심으로 지속가능한 발전에 발맞춘 지표들이 개발되고 다양한 영역에서 적용되기 시작하면서, 중앙과 지방이 공동으로 직면하고 있는 문제를 해결하기 위한 효과적인 방안으로 거버넌스 구축이 대안으로 논의되고 있다. 환경분야 또한 환경정책의 변화와 더불어 지속가능한 발전을 위해 중앙정부와 지방정부뿐만 아니라 다양한 주체 간의 상생적이고 협력적 관계의 필요성이 제시되고 있다. 문태훈(2013)은 현재 우리나라의 환경정책은 다른 정책들과의 통합뿐만 아니라 조정 등이 필요함을 밝혔다. 특히 에너지 부문과 기후변화 영역에 대해서는 중요성이 강조되면서 새로운 접근이 필요할 것으로 보았다. 중앙과 정부의 역할에 대해서도 주민, 지역기업 등과 더불어 상생적이고 협력적인 관계의 형성이 필요하며, 이들 간의 소통이 필수적임을 언급했다. 중앙정부는 무엇보다도 지방자치단체의 지속가능성을 높일 수 있도록 대기업과 지역기업의 연계를 강화하기 위한 행정과 재정 등 다양한 관점에서 지원할 필요가 있음을 제시했다. 문태훈(2013)은 프랑스의 환경 그르넬을 언급하며, 환경문제를 맡고 있는 협력관계 강화가 필요함을 강조하였다.

수원시(2016) 또한 환경보전업무의 꾸준한 확대와 환경개선에 대한 주민의 요구가 높아지면서 자치단체의 관련 조직이 계속 확장될 뿐만 아니라 자치단체 내에서 위상과 역할도 크게 강화되었음을 언급했다. 하지만 자치단체 스스로 정책을 결정하고 수행할 수 있는 능력의 부족 등 집행력이 충분하지 못할 뿐만 아니라, 전문가 또는 관련 예산이 부족하여 정책이 원활하게 이루어지지 못하고 있는 상황을 제시하고 있다. 아직도 환경행정기능이 여러 부서로 분할되어 있고, 행정조직이 자연환경의 보전 및 관리보다는 개발정책 중심으로 구성되어 환경정책의 우선순위가 개발정책보다 후순위로 뒤처져 있기 때문에 자치단체 스스로 환경관리능력을 제고하고자 하는 노력이 필요할 것으로 보고 있다.

중앙과 지방정부의 정책 성과를 제고하기 위한 방향으로 협력적인 거버넌스 구축을 제시하고 있는 선행연구들(고재경·황원실, 2008; 이민호 외, 2013; 장호석·하현상,

2013; 유정민·윤순진, 2015) 또한 중앙과 지방의 역할을 새로운 형태의 조정양식으로서의 거버넌스로 정립함으로써 지속성과 안정성을 갖게 될 것임을 밝혔다. 고재경·황원실(2008)은 지방자치단체의 환경 거버넌스 역량을 진단하고 모니터링하기 위한 평가지표를 제시하였으며, 환경 거버넌스 평가지표는 지역사회의 역량인 사회적 자본, 지방정부의 환경행정역량, 시민사회와 지방정부의 상호작용으로 설정하였다. 지방자치단체의 환경정책 목표가 주로 대기질, 수질, 폐기물과 같은 계량화가 가능한 지표 위주로만 관리되어왔기 때문에 거버넌스 평가지표를 충분히 활용하기 위해서는 지방자치단체의 환경행정 및 정책과 관련된 기초통계의 양적, 질적인 개선이 필요하며, 거버넌스 및 지속가능 발전과 관련된 지표 통계를 종합적으로 관리하고 평가할 수 있는 시스템을 갖추어야 함을 지적했다.

우리나라의 중앙과 지방 간 관계와 관련해 소극적 갈등관리 및 분쟁조정을 넘어서 적극적인 협력적 네트워크 구축의 필요성을 언급한 이민호 외(2013)는 아직 협력적 네트워크 거버넌스에 대한 제도 설계와 관련한 논의가 부족함을 언급하고 있다. 따라서 중앙-지방 간 협력체계의 유형 중에서도 중앙-지방협의체의 필요성을 제시하였다. 협의체를 구성할 때는 중앙정부와 지방정부의 대표성 확보를 넘어서 효과적인 논의가 이루어질 수 있도록 참여 규모를 제한할 필요가 있다. 협의체 이외에도 임시회의, 분과위원회, 연구조사나 정책제언, 구체적인 공동 프로그램의 운영 등을 추진할 수 있음을 밝혔다.

장호석·하현상(2013) 또한 투명성과 신뢰를 높임으로써 지속적인 환경 거버넌스를 구현하는 것이 중요함을 밝혔다. 유정민·윤순진(2015)은 지역계획은 지자체장이 관심을 가지고 지역의 조건에 맞게 적극적으로 수립될 때, 또한 지방정부의 전 부서에서 수행하는 업무들에 통합적으로 반영되고 지역주민들의 관심과 참여를 통해 수립될 때 지역실정에 맞는 내용을 포함하면서 효과적으로 집행될 수 있음을 지적했다. 또한 중앙정부의 관심과 지원이 무엇보다 필요하며, 특히 예산지원이 이루어져야 한다는 것이다. 선진국에서 환경정책이 잘 이루어지고 있는 런던이나 뉴욕과 같은 도시는 정책의 수립과정이 중앙정부로부터 주어지는 의무가 아니라 도시의 자발성에 기초해서 이루어졌으며, 이러한 정책은 중앙정부나 주정부와의 협조를 중요한 실행방식으로 채택하고 있다.

중앙과 지방정부의 협력적 거버넌스를 정책의 주요한 과제로 구축할 필요성이 있음을 제시한 선행연구들은 지자체의 조직이 확대되고 위상이 높아졌으나, 아직까지 정책에 대한 집행력이 부족하며 환경관리가 원활하게 이루어지지 못하고 있음을 제시했다. 환경행정체계의 개선과 정책의 원활한 집행을 위해서는 중앙정부와의 긴밀한 네트워크의 구축이 필요함을 언급하고 있는 것이다. 중앙정부, 지방정부, 시민, 기업 등의 파트너십과 지방정부에 대한 인적·재정자원의 지원, 중앙정부와 지방자원을 대표하거나 협력할 수 있는 협의체 구축, 지자체의 자발적인 노력과 개선 의지, 정보 공유, 지속적인 신뢰와 소통, 중앙정부 차원에서의 평가 및 모니터링 체계 마련 등에 대한 접근과 개선의지가 필요한 것이다.

제2장

환경정책의 집행 현황

I

지방정부의 환경관리 현황

환경은 사람의 활동 특히 경제활동 등으로 야기되는 환경압력에 영향을 받는다. 따라서 지역의 환경관리 현황을 파악하기 위해서는 먼저 지역의 인구, 경제 및 산업구조, 토지이용 현황과 같은 환경 여건을 파악할 필요가 있다. 이를 통해 각 지역마다 환경에 영향을 미치는 요인들이 어느 정도 차이가 있는지 살펴보고, 환경 여건의 차이가 실제 환경에 미치는 영향을 파악하는 데 있어 기초적인 자료를 제공할 수 있을 것이다.

1. 광역시·도 일반 현황

1) 인구 현황

(1) 인구의 분포

전국의 지역별 인구 현황은 〈그림 2-1〉에서 보는 바와 같이 서울과 경기도를 비롯한 수도권과 경상남도 등에 많은 인구가 거주하고 있음을 알 수 있다. 2018년 기준 경기도가 인구수는 가장 많으나 지역의 면적을 고려한 인구밀도는 2015년 기준 서울이 16,364명/km^2로 가장 높고, 강원도가 90.2명/km^2로 가장 낮음을

〈그림 2-1〉 광역시·도 인구수(2018년) 및 인구밀도(2015년)

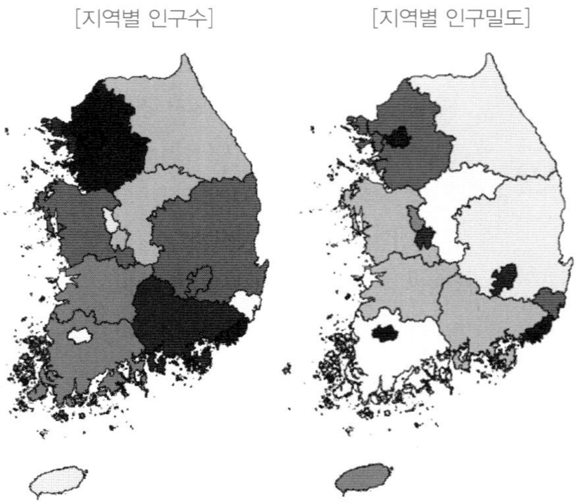

구분	인구수(명)	인구밀도 (명/km²)
서울	9,765,623	16,364
부산	3,441,453	4,480
대구	2,461,769	2,791
인천	2,954,642	2,756
광주	1,459,336	2,999
대전	1,489,936	2,852
울산	1,155,623	1,100
세종	314,126	439
경기	13,077,153	1,226
강원	1,543,052	90
충북	1,599,252	215
충남	2,126,282	257
전북	1,836,832	227
전남	1,882,970	146
경북	2,676,831	141
경남	3,373,988	316
제주	667,191	328

자료: 국가통계포털(KOSIS)

알 수 있다. 또한 광역시가 광역도보다 대체로 인구밀도가 높게 나타나고 있어 광역시가 지역의 주요 거점 도시임을 확인할 수 있다.

(2) 출생아 수 및 고령인구 비율

전국의 지역별 출생아 수를 살펴보면 2018년 기준 경기도와 서울이 가장 많은 것으로 나타났으며 경남과 인천도 연 20,000명 이상 출생아 수를 보이고 있다. 한편, 65세 이상 고령인구의 비율은 전라남도가 21.9%로 20%를 넘는 지역으로 나타났다. 경북은 19.8%, 전북은 19.5%로 고령인구 비율이 높게 나타났다. 세종시는 공공기관 이전 등의 영향으로 전국에서 고령인구 비율이 10% 이하인 유일한 지역으로 나타났으며, 경제활동 인구가 많은 울산 10.7%, 경기도는 11.9% 등으로 낮게 나타난 것을 확인할 수 있다.

〈그림 2-2〉 광역시·도 출생아 수 및 고령인구 비율(2018년 기준)

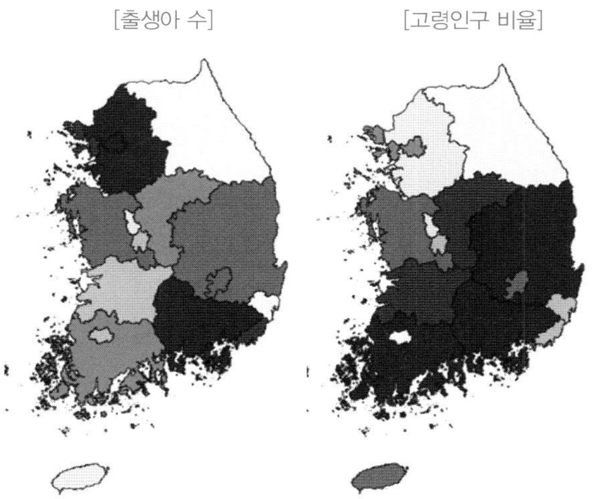

구분	출생아 수 (명)	고령인구 비율(%)
서울	58 074	14.4
부산	19 152	17.1
대구	14 400	14.7
인천	20 087	12.3
광주	9 105	12.8
대전	9 337	12.7
울산	8 149	10.7
세종	3 703	9.3
경기	88 175	11.9
강원	8 351	18.8
충북	10 586	16.4
충남	14 380	17.5
전북	10 001	19.5
전남	11 238	21.9
경북	16 079	19.8
경남	21 224	15.5
제주	4 781	14.4

자료: 국가통계포털(KOSIS)

2) 경제 및 산업구조

(1) 1인당 GRDP 및 고용률

지역별 1인당 GRDP는 2018년 기준 울산이 6,551만 원으로 가장 높고, 대구가 2,313만 원으로 가장 낮은 지역으로 나타났다. 서울은 4,353만 원이고 경기도는 3,636만 원을 보이고 있다. 광역시 중에서는 대전, 대구, 광주가 대체로 1인당 GRDP가 낮게 나타나고 있다. 충청남도, 경상남도, 울산의 경우 정유, 화학 산업 등이 주로 위치하고 있어 지역의 소득수준이 높은 것을 확인할 수 있다. 한편, 고용률의 경우 제주가 68.4%로 가장 높은 수준을 보이고 있고 부산이 55.7%, 대구가 58.2%로 낮은 수준을 보이고 있다.

〈그림 2-3〉 1인당 GRDP 및 고용률 현황(2018년 기준)

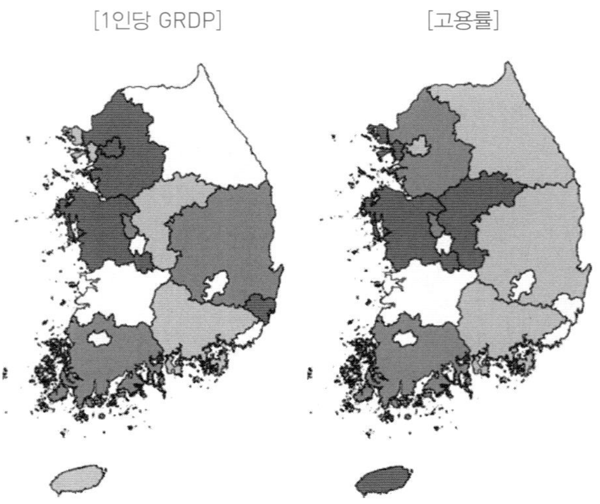

구분	1인당 GRDP (천 원)	고용률(%)
서울	43,525	59.6
부산	26,390	55.7
대구	23,132	58.2
인천	30,076	62.9
광주	26,660	59.4
대전	27,135	58.7
울산	65,515	59.0
세종	36,592	61.8
경기	36,362	62.0
강원	30,893	60.7
충북	43,028	63.3
충남	53,995	63.5
전북	28,002	58.3
전남	42,713	62.4
경북	40,766	61.6
경남	32,938	61.4
제주	30,506	68.4

자료: 국가통계포털(KOSIS)

(2) 지역의 산업별 종사자 비율

지역의 산업별 종사자 비율을 살펴보면 농업 종사자 비율은 전남이 16.3%로 가장 높은 것으로 나타났다. 또한 대체로 광역시보다는 전라남북도, 충청남북도, 경상북도에 종사자 비율이 높게 나타나는 것을 알 수 있다. 서울, 대구, 울산 등과 같이 산업단지가 많은 곳은 농업 종사자 비율이 낮은 것을 확인할 수 있다. 한편, 제조업 종사자 비율의 경우는 울산이 15.2%로 가장 높게 나타났고, 충청남북도 화학단지 등이 밀집되어 있어 제조업 종사자 비율이 높은 것을 알 수 있다. 서울, 제주, 강원의 경우는 제조업 비율이 가장 낮은 지역으로 나타났다. 서울의 경우는 직접 물품 등을 제조하기보다는 판매와 유통이 많다는 점에서 제조업 종사자 비율이 낮고, 제주와 강원은 지역의 산업구조의 특수성이 반영된 것으로 볼 수 있다.

〈그림 2-4〉 광역시·도의 산업별 종사자 비율(2018년 기준)

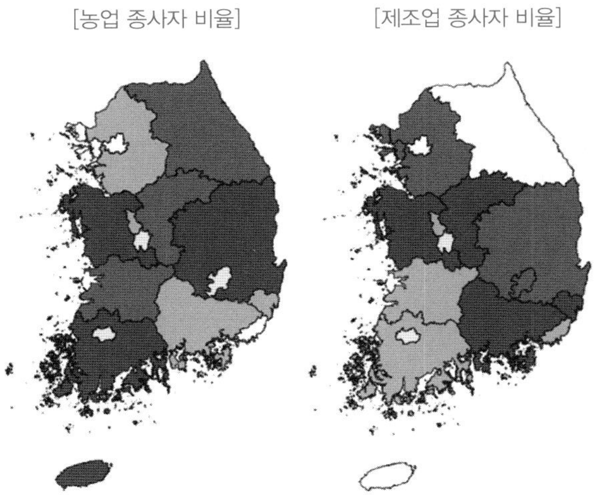

구분	농업 종사자 비율(%)	제조업 종사자 비율(%)
서울	0.1	2.7
부산	0.5	6.3
대구	1.6	7.2
인천	0.9	8.4
광주	1.7	5.9
대전	1.5	4.2
울산	2.5	15.2
세종	4.5	6.4
경기	2.3	10.1
강원	10.0	3.9
충북	10.3	13.1
충남	13.0	13.8
전북	11.4	6.3
전남	16.3	6.3
경북	14.1	12.0
경남	7.9	12.1
제주	12.4	1.8

자료: 국가통계포털(KOSIS)

3) 토지 이용 현황

(1) 지목별 국토이용 현황

2018년 기준 광역시·도의 지목별 국토이용 현황을 살펴보면 지역별로 전·답·과수원의 비율과 공장용지의 비율에 차이가 있음을 알 수 있다. 특히 주로 농업에 사용되는 전·답·과수원의 비율은 국토의 서쪽 지역에 많이 위치하고 있음을 알 수 있고 강원도를 비롯한 경상도 지역과 같이 동쪽 지역의 경우 비율이 상대적으로 낮게 나타나고 있음을 확인할 수 있다. 한편, 공장용지의 경우 경기도, 인천, 대구, 울산 등과 같이 제조업 비중이 높은 곳으로 알려진 곳이 다른 지역에 비해 공장용지의 비율이 높게 나타나고 있음을 알 수 있다. 서울의 경우도 공장용지의 비율이 0.5%에 불과하여 강원도(0.2%), 제주도(0.2%)에 이어 비교적 낮은 공장용지 비율을 보이고 있다.

〈그림 2-5〉 광역시·도 지목별 국토이용 현황(2018년 기준)

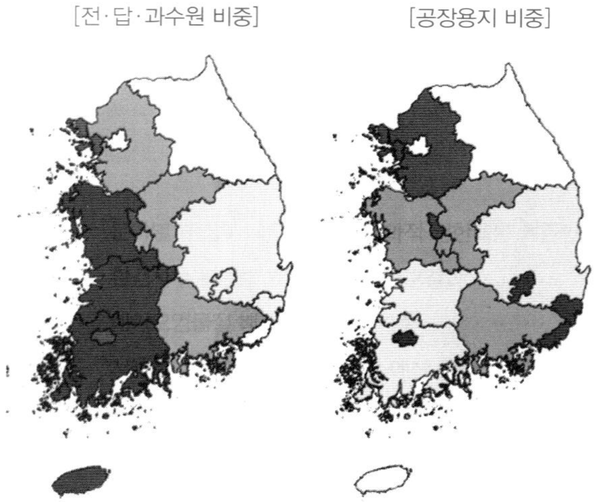

구분	전·답·과수원 비중(%)	공장용지 비중(%)
서울	3.7	0.5
부산	12.2	3.6
대구	13.1	3.0
인천	23.0	2.4
광주	23.8	3.3
대전	21.4	1.6
울산	13.1	5.5
세종	23.6	2.1
경기	21.3	2.3
강원	9.4	0.2
충북	17.7	1.1
충남	30.3	1.5
전북	26.7	0.7
전남	26.3	0.7
경북	16.5	0.6
경남	18.1	1.0
제주	28.4	0.2

자료: 국가통계포털(KOSIS)

(2) 공원 조성 면적

2018년 기준 광역시·도의 행정구역 면적 대비 공원 면적의 비중은 서울(3.6%)과 광주(5.2%), 인천(2.5%) 등 광역시가 비교적 높게 나타났다. 다만, 인구 1,000명당 공원 조성 면적을 살펴보면 전라남북도와 경상남북도 지역이 넓은 것을 확인할 수 있다. 광역시가 대체로 인구밀도가 높다는 점을 고려할 때 광역도에 비해 광역시가 인구 1,000명당 도시공원 면적은 낮게 나타나고 있다는 점을 확인할 수 있다.

〈그림 2-6〉 광역시·도 공원 조성 면적(2018년 기준)

[공원 면적 비중] [인구 천 명당 공원 면적]

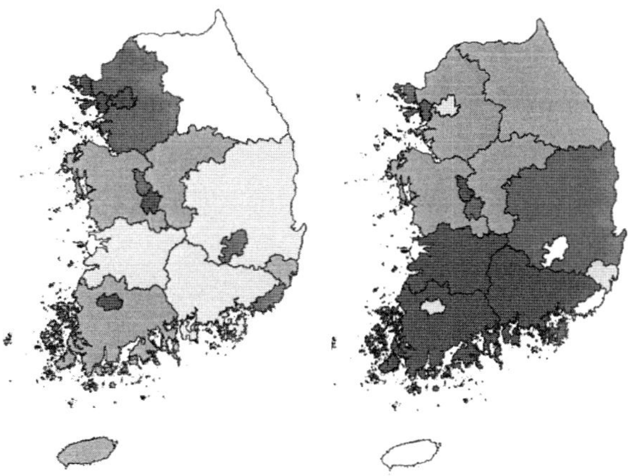

구분	공원 비중 (%)	인구 천 명당 공원 면적(km^2)
서울	3.6	8.3
부산	1.4	6.9
대구	1.3	5.0
인천	2.5	11.7
광주	5.2	7.4
대전	1.8	12.2
울산	0.4	9.4
세종	0.9	76.2
경기	0.8	9.6
강원	0.0	10.0
충북	0.2	9.9
충남	0.2	10.7
전북	0.1	13.8
전남	0.2	20.1
경북	0.1	11.4
경남	0.1	12.4
제주	0.2	5.6

자료: 국가통계포털(KOSIS)

4) 소결

광역시·도의 환경 여건을 분석한 결과 환경적 영향에 민감한 고령인구의 비율은 전라남도와 경상남도, 경상북도 등이 높은 것으로 나타났다. 인구밀도는 높지만 1인당 GRDP와 고용률이 낮은 지역은 광역시 중에서 대구, 광주 부산지역으로 나타났다. 제조업 종사자 수와 공장용지가 높은 비중을 차지하는 곳은 울산, 충남, 부산, 광주 등이며 광주는 인구 1,000명당 공원면적도 상대적으로 낮은 것으로 조사되었다. 이러한 요인들을 종합적으로 고려하면 제조업 중에서도 석유화학 산업 등이 밀집되어 있는 울산, 충남과 제조업 비중이 높은 광주, 부산 등이 환경보호 측면에서 중점적으로 관리되어야 할 지역으로 볼 수 있다.

2. 광역시·도 환경오염물질 배출업소 현황

1) 대기오염물질 배출업소 현황

대기오염물질 배출업소는 대기오염물질 발생량을 기준으로 〈표 2-1〉에서 보는 바와 같이 1~5종으로 분류하고 있다. 대기오염물질은 황산화물, 질소산화물, 먼지이며, 당해 배출시설의 시설 용량 또는 최대 연료사용량을 기준으로 연간 총

〈표 2-1〉 대기오염물질 배출업소 분류 기준

종 별	대기오염물질 발생량 구분
1종 사업장	대기오염물질 발생량의 합계가 연간 80톤 이상인 사업장
2종 사업장	대기오염물질 발생량의 합계가 연간 20톤 이상 80톤 미만인 사업장
3종 사업장	대기오염물질 발생량의 합계가 연간 10톤 이상 20톤 미만인 사업장
4종 사업장	대기오염물질 발생량의 합계가 연간 2톤 이상 10톤 미만인 사업장
5종 사업장	대기오염물질 발생량의 합계가 연간 2톤 미만인 사업장

자료: 대기환경보전법 시행령

〈그림 2-7〉 대기오염물질 배출업소 분포 현황(2018년 기준)

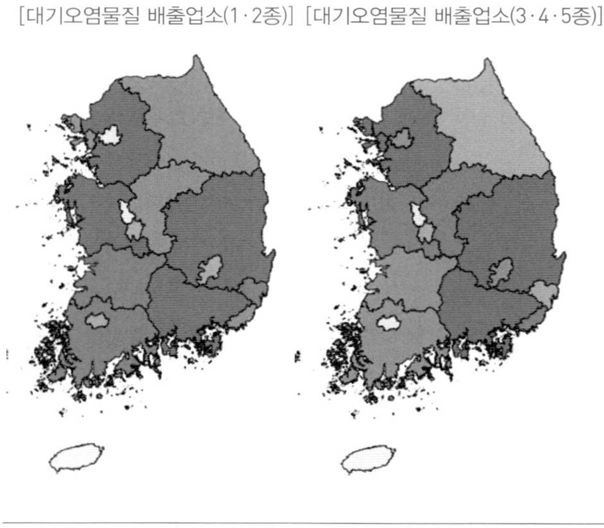

구분	대기 1·2종	대기 3·4·5종
서울	28	2,046
부산	95	2,345
대구	69	2,022
인천	121	3,937
광주	41	646
대전	46	947
울산	157	1,011
세종	28	306
경기	460	18,583
강원	88	1,324
충북	134	3,030
충남	245	3,464
전북	195	1,801
전남	224	2,286
경북	272	4,551
경남	328	5,385
제주	10	359

자료: 환경통계포털

발생량을 산정한다(정우현 외, 2012).

2018년 기준 전국의 지역별 대기오염물질 배출업소 분포 현황을 살펴보면 대기 1·2종의 대형사업장의 경우 경기도, 인천, 충남 지역과 경북, 경남 지역에 주로 많이 위치하고 있는 것을 알 수 있다. 제주도 10개, 서울 28개 사업장으로 비교적 적게 위치하고 있는 것을 확인할 수 있다. 한편, 대기 3·4·5종의 경우도 대기 1·2종과 비슷한 분포로 위치하고 있다. 특히 경기도의 경우 대기 1·2종 사업장이 460개로 두 번째로 많은 경남의 328개에 비해 조금 많은 것으로 나타났으나, 대기 3·4·5종의 경우 18,583개로 두 번째로 많은 경남의 5,385개의 비해 3배 이상 많이 위치하고 있는 것을 확인할 수 있다.

2) 비산먼지 신고사업장 수 및 민원 현황

전국의 행정구역별 비산먼지 신고사업장 수는 2018년 기준 경기도가 13,616개로 가장 많고 다음으로 경상북도 4,356개, 경상남도 3,529개로 많은 것으로 나

〈그림 2-8〉 비산먼지 배출업소 분포 현황

[비산먼지 신고사업장 수(2018년)] [비산먼지 민원(2015년)]

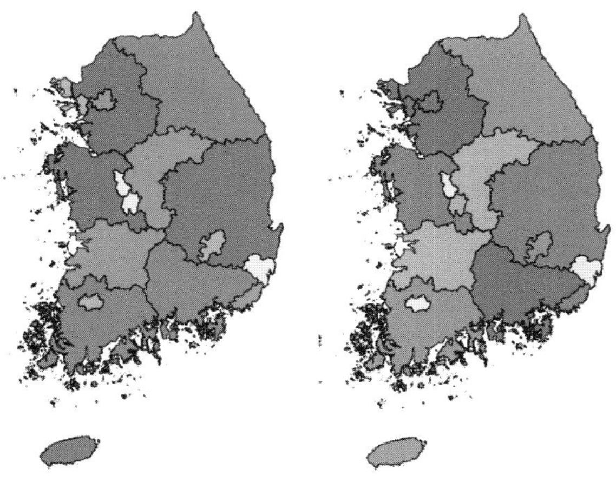

구분	비산먼지 신고 사업장 수(2018년)	비산먼지 민원(2015년)
서울	1,703	3,771
부산	1,527	1,181
대구	712	600
인천	1,276	1,737
광주	713	270
대전	396	375
울산	681	355
세종	276	201
경기	13,616	7,903
강원	2,630	609
충북	2,591	591
충남	4,191	1,081
전북	2,002	485
전남	3,289	765
경북	4,356	1,158
경남	3,529	1,490
제주	992	255

자료: 환경통계포털

타났다. 대체로 광역도가 광역시에 비해 비산먼지 신고사업장 수가 많은 것을 알 수 있어 먼지가 많이 발생하는 공장이 대체로 도시 외곽에 위치하고 있음을 추론할 수 있다. 또한 강원도의 비산먼지 신고사업장 수가 2,630개로 많이 나타나고 있는 것은 시멘트 공장 등이 많이 위치하고 있는 지역적 특성을 반영한다고 볼 수 있다. 한편, 2015년 기준 비산먼지 사업장 관련 민원 현황을 살펴보면 서울과 인천이 비산먼지 신고사업장 수에 비해 비산먼지 민원이 높게 나타나고 있어 도시 지역의 경우 비산먼지 관리에 더욱 주의가 필요하다는 것을 확인할 수 있다.

3) 폐수배출업소 및 폐수방류량 현황

광역시·도별 폐수배출업소는 2016년 기준 경기도가 14,301개로 가장 많고, 경남이 4,611개로 두 번째로 많이 위치하고 있어 대기오염물질 배출업소 분포와 비슷한 현황을 보이고 있다. 다만 울산광역시의 경우 폐수배출업소는 1,099개로 다른 지역에 비해 적은 편임에도 불구하고 폐수방류량은 467,748m^3/일로 상대적으

〈그림 2-9〉 폐수배출업소 수 및 폐수방류량(2016년 기준)

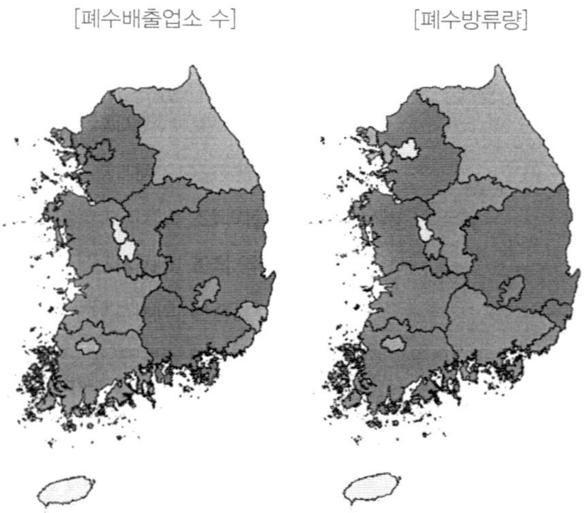

구분	폐수배출 업소 수	폐수방류량 (㎥/일)
서울	3,289	324
부산	2,301	37,698
대구	2,815	136,129
인천	3,143	32,842
광주	1,111	17,571
대전	1,094	38,633
울산	1,099	467,748
세종	349	3,165
경기	14,301	402,939
강원	2,195	20,574
충북	2,872	105,989
충남	2,829	262,241
전북	2,504	122,163
전남	2,294	209,163
경북	4,290	291,885
경남	4,611	50,475
제주	547	243

자료: 환경통계포털

로 많은 것을 알 수 있고, 서울시의 경우 폐수배출업소는 3,289개로 많은 편이나 폐수방류량은 324m^3/일로 많지 않음을 확인할 수 있다. 또한 상류지역의 경우 폐수배출업소 수에 비해 폐수방류량이 많다는 점에서 상류지역 중심의 폐수관리가 더 필요한 것으로 보인다.

4) 유해화학물질 영업허가 현황

2017년 유해화학물질 영업허가 자료를 통해 유해화학물질 제조업소 및 사용업소의 전국분포 현황을 살펴보면 경기도, 울산, 경상북도, 충청남도에 주로 많은 사업장이 분포되어 있는 것을 알 수 있다. 대체로 석유화학단지 및 정유, 철강업체가 많은 지역임을 알 수 있다. 또한 강원도, 제주도, 서울 등은 유해화학물질 제조업체가 없거나 적은 지역으로 나타났다. 다만 유해화학물질 사용업소의 경우에는 제조업보다 분포가 전국적으로 더 고르게 나타나고 있으며, 서울의 경우에는 제조업소는 1개뿐이나 사용업소는 11개이고, 강원도의 경우도 제조업소는 없지만

〈그림 2-10〉 유해화학물질 제조업소 및 사용업소(2017년 기준)

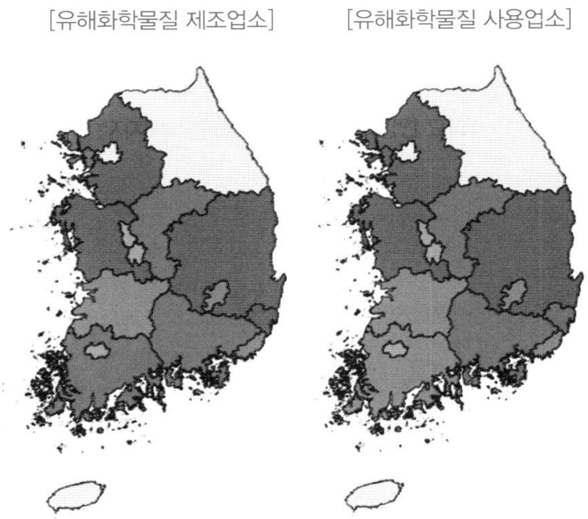

구분	유해화학물질 제조업소	유해화학물질 사용업소
서울	1	11
부산	27	120
대구	24	205
인천	71	257
광주	4	56
대전	6	42
울산	80	213
세종	8	21
경기	239	816
강원	–	20
충북	60	228
충남	72	263
전북	46	152
전남	48	132
경북	73	272
경남	48	221
제주	–	2

자료: 환경통계포털

사용업소는 20개로 나타났다. 따라서 유해화학물질의 경우 제조업소를 중심으로 관리하되 전국적인 유통 및 보관의 흐름도 주목할 필요가 있을 것으로 보인다.

5) 소결

광역시·도의 배출업소를 분석한 결과, 대기, 비산먼지, 폐수 유해물질 등 모든 분야에서 가장 많은 사업장이 분포한 곳은 경기도로 전 분야에서 1위를 차지하고 있다. 다음은 경북으로 나타났으며, 경남과 충남의 경우도 업소 및 배출량이 높은 지역으로 조사되었다. 도시 중에서는 인천이 사업장이 많은 지역으로 분류되었다. 따라서 인천을 포함한 수도권은 유해물질 중점 관리지역으로 특별관리가 필요한 것으로 볼 수 있다.

3. 광역시·도 환경 담당 조직 및 예산현황

1) 서울특별시 현황

서울시의 환경 담당 조직 중 본청에서 환경정책을 총괄하는 조직은 기후환경본부로 2020년 기준 218명이 근무하고 있다. 기후환경본부 산하에 환경정책과, 대기정책과 등 8개과 및 대기기획관을 별도로 두고 있어 환경문제 중에서도 미세먼지 관리에 중점을 두는 조직구성을 보이고 있다. 한편 서울시의 경우 기후환경본부 이외에 푸른도시국과 물순환안전국도 환경 관련 업무를 담당하고 있으며, 상수도사업본부와 한강사업본부와 같은 별도의 본부도 구성하고 있다. 물환경 담당 업무를 기후환경본부가 아닌 물순환안전국에서 별도로 담당하고 있다는 점이 특징이라고 할 수 있다.

서울시의 환경분야 세출예산을 살펴보면 지리적으로 바다와 인접하고 있지 않아 해양 항목 예산은 편성되어 있지 않으며 상하수도 예산과 환경보호 예산은 매년 증가하고 있으며, 상하수도·수질 예산의 경우 2018년에 큰 폭의 상승이 있었음을 확인할 수 있다. 다만 대기항목 예산의 경우는 2017년에 다소 감소하다가 2018년에 다시 증가하고 있는 것으로 나타났다.

〈표 2-2〉 서울특별시 환경 담당 조직 및 예산 현황(2020년)

본부	인원(명)	과	인원(명)
기후환경본부	218	환경정책과	40
		대기정책과	26
		기후대기과	21
		차량공해저감과	25
		녹색에너지과	30
		자원순환과	29
		생활환경과	22
		에너지시민협력과	23
		(대기기획관)	2

자료: 서울특별시 홈페이지

〈그림 2-11〉 서울특별시 환경분야 세출예산 현황 (단위: 백만 원)

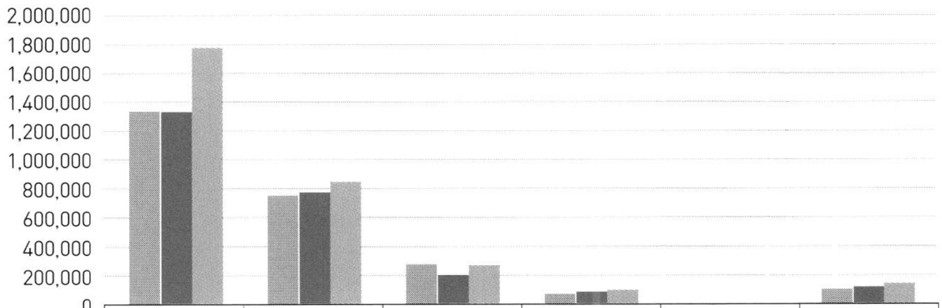

	071_ 상하수도 · 수질	072_ 폐기물	073_ 대기	074_ 자연	075_ 해양	076_ 환경보호 일반
2016년	1,331,743	750,701	275,064	68,170	0	98,666
2017년	1,325,750	768,575	194,128	78,915	0	110,510
2018년	1,774,891	842,489	263,884	91,106	0	134,922

자료: 지방재정365

2) 부산광역시 현황

부산의 환경 담당 조직은 2020년 기준 환경정책실을 중심으로 환경정책과, 기후대기과 등 5개과와 물정책국 산하 3개과에 총 212명이 근무하고 있다. 공원운영과가 가장 많은 인원인 36명이 근무하고 있어 도시공원 조성사업 등의 업무를 담당하고 있는 직원이 많음을 알 수 있다. 대기 업무를 담당하는 기후대기과에 29명이 근무하고 있다. 물환경 업무를 별도로 물정책국 산하 맑은물정책과, 하천

〈표 2-3〉 부산광역시 환경 담당 조직 및 현황(2020년)

실	인원(명)	과	인원(명)
환경정책실	212	환경정책과	29
		기후대기과	29
		자원순환과	27
		공원운영과	36
		산림생태과	22
		물정책국-맑은물정책과	23
		물정책국-하천관리과	18
		물정책국-생활수질개선과	28

자료: 부산광역시 홈페이지

〈그림 2-12〉 부산광역시 환경분야 세출예산 현황 (단위: 백만 원)

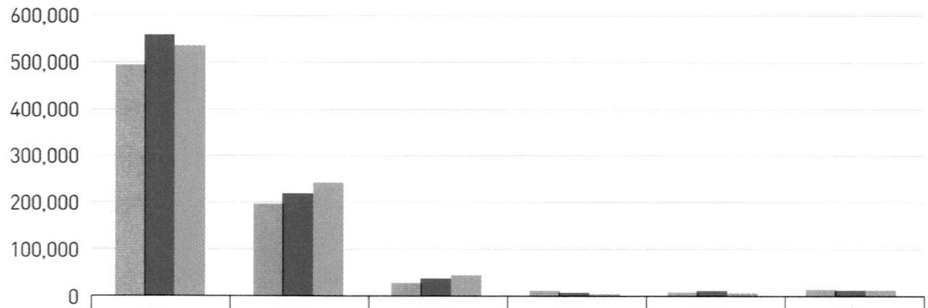

	071_ 상하수도 · 수질	072_ 폐기물	073_ 대기	074_ 자연	075_ 해양	076_ 환경보호 일반
2016년	496,203	195,669	26,791	10,596	7,427	13,691
2017년	561,097	219,492	37,134	7,403	11,370	12,313
2018년	537,742	242,721	44,097	4,669	6,436	13,019

자료: 지방재정365

관리과, 생활수질개선과에서 담당하고 있는 것이 특징으로 볼 수 있다.

해양도시인 부산의 경우 환경분야 세출예산에는 해양분야 예산이 포함되어 있음을 확인할 수 있다. 전체 환경 관련 예산 중에서 상하수드·수질 항목 예산이 가장 높은 비중을 차지하고 있다. 2017년에 비해 2018년의 상하수드·수질 예산은 다소 감소한 것으로 나타났다. 폐기물 및 대기 부문 예산도 2016년부터 매년 점증적으로 증가하고 있는 것으로 나타났다.

3) 대구광역시 현황

대구시의 환경 담당 조직은 2020년 기준 녹색환경국을 중심으로 환경정책과, 기후대기과 등 6개과로 이루어져 있다. 공원녹지과에 39명이 근무하고 있어 가장 많은 인원이 근무하고 있으며, 대기 관련 업무는 기후대기과에서 담당하고 있다. 물환경 사무는 기존 물관리과와 물산업과가 각각 구분하여 관리하고 있던 것을 수질개선과로 통합하여 관리하고 있는 것이 특징이라고 할 수 있다. 그 외에 자원순환과에 25명, 취수원이전추진과에 13명이 근무하고 있다.

〈표 2-4〉 대구광역시 환경 담당 조직 및 현황(2020년)

국	인원(명)	과	인원(명)
녹색환경국	162	환경정책과	25
		기후대기과	26
		자원순환과	25
		수질개선과	34
		공원녹지과	39
		취수원이전추진과	13

자료: 대구광역시 홈페이지

대구광역시의 환경분야 세출예산 현황을 살펴보면 상하수도·수질 항목 지출이 2017년 다소 증가했다가 2018년 다시 감소한 것을 확인할 수 있으며, 폐기물 항목의 경우에도 유사한 추세를 발견할 수 있다. 대기 부문 지출은 다소 감소하고 있으며, 환경보호 일반 항목도 매년 지출이 감소하고 있다. 자연 항목 예산의 경

〈그림 2-13〉 대구광역시 환경분야 세출예산 현황 (단위: 백만 원)

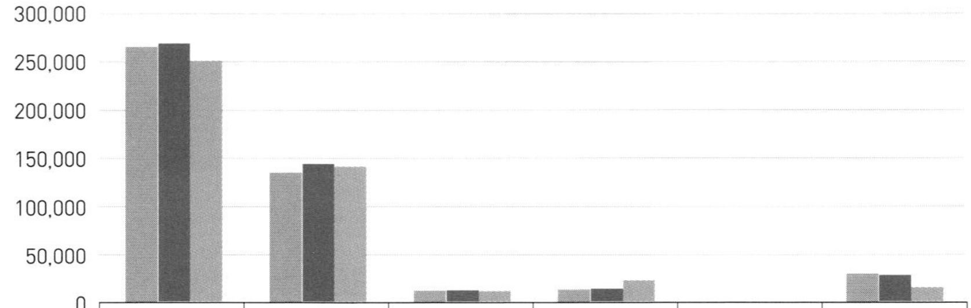

	071_ 상하수도 · 수질	072_ 폐기물	073_ 대기	074_ 자연	075_ 해양	076_ 환경보호 일반
2016년	266,473	135,328	11,895	13,036	0	29,681
2017년	269,309	143,693	11,503	13,183	0	27,373
2018년	251,313	140,959	10,813	21,918	0	14,383

자료: 지방재정365

우 2018년에 다소 증가하였다. 내륙에 위치한 대구의 지리적 특성상 해양부문 예산지출은 없는 것으로 나타났다.

4) 인천광역시 현황

인천광역시의 환경 담당 조직은 환경국에 169명이 근무하고 있으며, 녹색기후과, 환경정책과, 대기보전과 등 6개과로 구성되어 있다. 대기환경 업무를 담당하는 대기보전과에 39명이 근무하고 있으며, 물환경 사무는 수질환경과와 하수과에서 각각 분담하여 수행하고 있다. 한편, 인천의 경우 지역 내에 대규모 공단이 위치하고 있어 사업소에 별도로 조직 및 근무인원이 배치되어 있다(인천시 환경백서, 2015).

인천광역시의 환경분야 세출 현황을 살펴보면 다른 지역과 마찬가지로 상하수도·수질과 폐기물 항목 예산 지출이 가장 많음을 확인할 수 있다. 상하수도·수질 예산지출의 경우 매년 비슷한 수준이 지출되고 있으며, 폐기물 및 대기 부문 예산은 2016년 이후 매년 크게 증가하고 있는 것으로 나타났다. 서해안에 인접한 지리적 특성상 해양항목의 환경 부문 예산지출도 편성되어 있음을 확인할 수 있다.

〈표 2-5〉 인천광역시 환경 담당 조직 및 현황(2020년)

국	인원(명)	과	인원(명)
환경국	169	녹색기후과	24
		환경정책과	30
		대기보전과	39
		자원순환과	28
		수질환경과	29
		하수과	19

자료: 인천광역시 홈페이지

〈그림 2-14〉 인천광역시 환경분야 세출예산 현황 (단위: 백만 원)

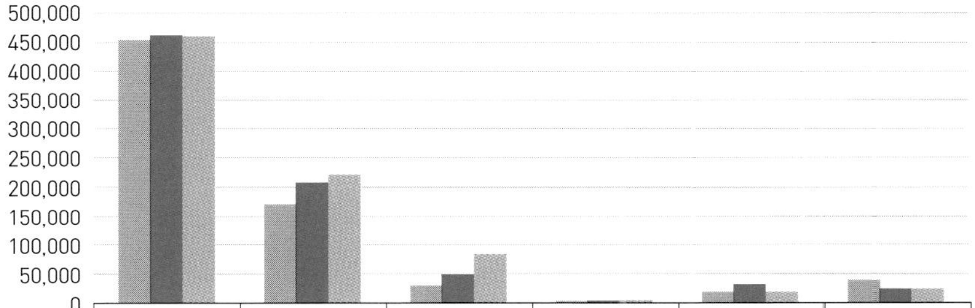

	071_ 상하수도 · 수질	072_ 폐기물	073_ 대기	074_ 자연	075_ 해양	076_ 환경보호 일반
2016년	455,524	171,479	29,474	2,731	18,301	38,594
2017년	464,819	209,756	49,950	4,209	32,548	24,702
2018년	463,047	222,808	84,210	5,060	19,265	24,740

자료: 지방재정365

5) 광주광역시 현황

광주광역시 환경 담당 조직은 환경생태국을 중심으로 환경정책과, 기후대기과, 자원순환과 등 6개과로 구성되어 있다. 공원녹지과에 32명이 근무하고 있어 가장 많은 인원이 배치되어 있으며, 다음으로 기후대기과와 환경정책과에 많은 인원이 근무하고 있다. 물환경 사무는 물순환정책과와 하수관리과에서 담당하고 있으며, 대기환경 사무는 기후대기과에서 담당하고 있다. 환경생태국 이외에 푸

른도시사업소와 우치공원관리사무소 등에 환경 관련 업무를 지원하는 인원이 근무하고 있다(광주시 환경백서, 2015).

〈표 2-6〉 광주광역시 환경 담당 조직 및 현황(2020년)

국	인원(명)	과	인원(명)
환경생태국	128	환경정책과	25
		기후대기과	28
		자원순환과	10
		공원녹지과	32
		물순환정책과	16
		하수관리과	17

자료: 광주광역시 홈페이지

광주광역시의 환경분야 세출예산의 경우 상하수도·수질 항목은 2017년 소폭 감소하였으나 2018년에 다시 증가한 것으로 나타났다. 폐기물 부문은 2017년에 증가하였으나 2018년 다시 소폭 감소한 것으로 나타났다. 또한 대기 부문의 경우 2016년부터 매년 소폭 증가하고 있는 것으로 나타났다. 또한 내륙에 위치한 지리적 특성으로 해양항목의 예산 지출은 없는 것을 확인할 수 있다.

〈그림 2-15〉 광주광역시 환경분야 세출예산 현황 (단위: 백만 원)

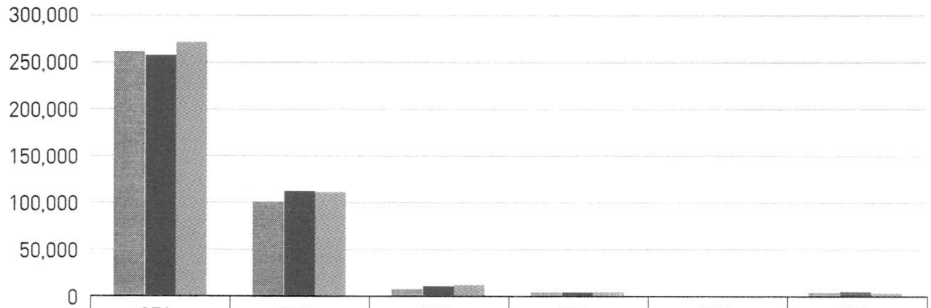

	071_ 상하수도 · 수질	072_ 폐기물	073_ 대기	074_ 자연	075_ 해양	076_ 환경보호 일반
2016년	261,615	100,897	7,551	4,017	0	3,867
2017년	256,809	111,691	9,855	3,481	0	4,172
2018년	270,535	110,637	11,373	3,921	0	3,038

자료: 지방재정365

6) 대전광역시 현황

대전광역시의 환경 담당 조직은 환경녹지국 산하 기후환경정책과, 미세먼지대응과 등 6개과로 구성되어 있다. 공원녹지과에 28명으로 가장 많은 인원이 근무하고 있으며, 다음으로 미세먼지대응과에 23명이 근무하고 있다. 물환경 사무를 담당하는 조직이 맑은물정책과와 생태하천과로 구분되어 근무하고 있는 것이 특징이라고 할 수 있다. 또한 대기환경 업무를 담당하는 조직의 이름을 구체적으로 미세먼지대응과로 개편하여 미세먼지에 관심이 늘어나는 최근 시민들의 요구를

〈표 2-7〉 대전광역시 환경 담당 조직 및 현황(2020년)

국	인원(명)	과	인원(명)
환경녹지국	122	기후환경정책과	17
		미세먼지대응과	23
		맑은물정책과	22
		공원녹지과	28
		자원순환과	19
		생태하천과	13

자료: 대전광역시 홈페이지

〈그림 2-16〉 대전광역시 환경분야 세출예산 현황 (단위: 백만 원)

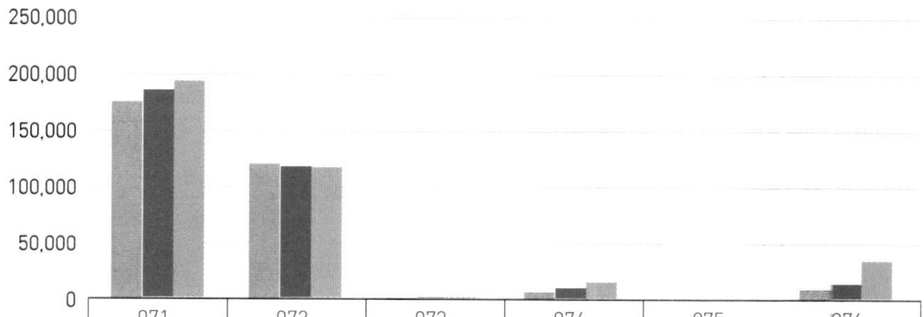

	071_ 상하수도 · 수질	072_ 폐기물	073_ 대기	074_ 자연	075_ 해양	076_ 환경보호 일반
2016년	176,404	121,045	491	6,321	0	3,965
2017년	185,976	117,560	425	8,908	0	13,061
2018년	193,866	116,944	522	14,193	0	33,836

자료: 지방재정365

반영하려는 점도 특징으로 볼 수 있다.

대전광역시의 환경분야 세출예산은 상하수도·수질 항목이 2016년 이후 지속적으로 증가하고 있음을 확인할 수 있다. 또한 폐기물 예산의 경우도 2016년 이후 매년 소폭 감소하고 있는 것으로 나타났다. 자연부문 예산과 환경보호 일반 부문 예산은 매년 점증적으로 증가하고 있는 것으로 나타났다. 내륙에 위치한 지리적 특성상 해양 부문 예산지출은 없으며, 대기 부문 예산은 매년 비슷한 수준을 유지하고 있는 것으로 나타났다.

7) 울산광역시 현황

울산광역시의 환경 담당 조직은 환경국 산하 환경생태과, 환경보전과 등 4개 과로 구성되어 있다. 환경보전과가 28명으로 가장 많은 인원이 근무하고 있으며, 환경생태과에서 대기분야 업무를 일부 담당하고 있다. 또한 물환경 사무는 하수관리과에서 담당하고 있으며, 용연수질개선사업소와 온산수질개선사업소에 별도로 추가인원이 근무하고 있다(울산시 환경백서, 2015).

〈표 2-8〉 울산광역시 환경 담당 조직 및 현황(2020년)

국	인원(명)	과	인원(명)
환경국	99	환경생태과	27
		환경보전과	28
		하수관리과	25
		자원순환과	19

자료: 울산광역시 홈페이지

울산시 환경분야 세출예산의 경우 상하수도·수질 항목 지출예산은 2016년 이후 지속적으로 증가하고 있는 것을 알 수 있다. 다만 폐기물 항목 예산의 경우 2017년에 다소 증가하였다가 2018년에 다시 소폭 감소하였다. 대기항목 예산지출은 2017년에 소폭 감소하였다가 2018년에 다시 소폭 증가하였다. 자연 부문 예산은 매년 큰 폭으로 증가하고 있으며, 환경보호 일반 예산은 2016년 이후 매년 점증적으로 증가하고 있는 것으로 나타났다.

〈그림 2-17〉 울산광역시 환경분야 세출예산 현황 (단위: 백만 원)

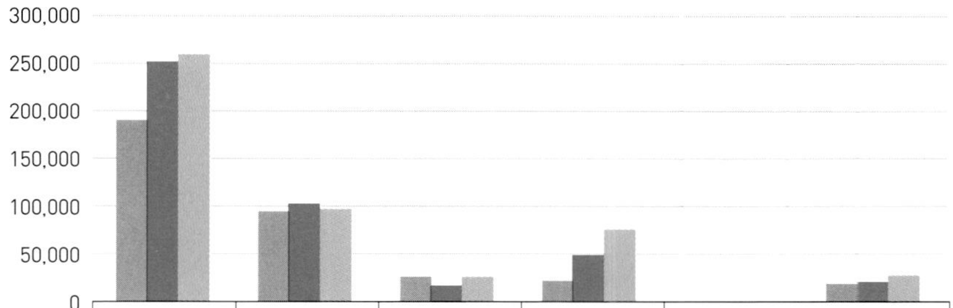

	071_ 상하수도 · 수질	072_ 폐기물	073_ 대기	074_ 자연	075_ 해양	076_ 환경보호 일반
2016년	189,661	94,288	25,788	21,315	0	18,314
2017년	252,207	103,125	17,180	49,433	0	21,378
2018년	259,733	97,403	26,263	76,476	0	27,996

자료: 지방재정365

8) 세종특별자치시 현황

세종시의 환경 담당 조직은 환경녹지국에 111명이 근무하고 있으며, 환경정책과, 자원순환과 등 4개과로 구성되어 있다. 대기 관련 환경사무를 전담하는 별도의 조직이 따로 없이 환경정책과에서 해당업무를 일부 담당하고 있는 것으로 나타났다. 특히 세종시의 경우 신설된 행정구역이라는 특징으로 인해 산림공원과와 자원순환과에 근무하는 인원이 차지하는 비중이 상대적으로 높은 것으로 나타났다.

〈표 2-9〉 세종특별자치시 환경 담당 조직 및 현황(2020년)

국	인원(명)	과	인원(명)
환경녹지국	111	환경정책과	28
		자원순환과	36
		상하수도과	20
		산림공원과	27

자료: 세종특별자치시 홈페이지

〈그림 2-18〉 세종특별자치시 환경분야 세출예산 현황 (단위: 백만 원)

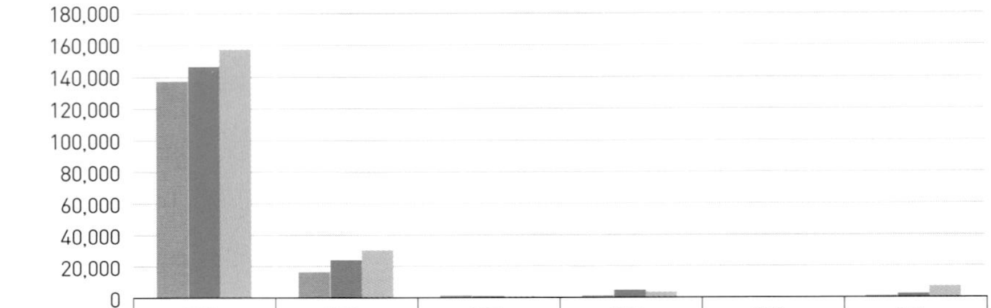

	071_ 상하수도 · 수질	072_ 폐기물	073_ 대기	074_ 자연	075_ 해양	076_ 환경보호 일반
2016년	137,030	16,115	927	850	0	630
2017년	146,368	23,781	725	4,523	0	2,097
2018년	157,186	30,134	474	3,299	0	6,814

자료: 지방재정365

세종시의 환경분야 세출예산은 상하수도·수질 항목의 예산이 2016년부터 매년 점증적으로 증가하고 있는 것으로 나타났다. 또한 폐기물 부문과 환경보호 일반 부문도 2016년 이후 증가하고 있다. 대기 부문 예산의 경우 2016년 이후 지속적으로 감소하고 있는 것이 특징으로 나타났다. 자연 부문 예산은 2017년에 큰 폭으로 증가하였으나 2018년에는 다소 감소한 것으로 나타났다. 내륙에 위치한 지리적 특성상 해양 부문 예산지출은 없는 것으로 나타났다.

9) 경기도 현황

경기도의 환경 담당 조직은 본청의 환경국을 중심으로 환경정책과, 기후에너지정책과 등 6개 산하 조직으로 구분되어 있다. 특히 경기도는 상수원지역을 포함하고 있어 북부환경관리과에서 상수원 보호 업무를 별도로 담당하고 있으며, 지역 내 공단이 많이 위치하고 있어 공단환경관리사업소가 별도 조직으로 운영되고 있다. 또한 대기환경업무를 담당하는 조직을 미세먼지대책과로 개편하여 최근 관심이 높아지고 있는 미세먼지에 대응하고 있는 것으로 나타났다. 환경국 이외에 수자원본부와 보건환경연구원 등에 환경 관련 업무를 담당하는 인원ᄋ 별도로 근무하고 있다(경기도 환경백서, 2015).

경기도의 환경분야 세출예산은 상하수도·수질 부문 예산이 2017년에 전년 대비 증가하였다가 2018년에 다시 소폭 감소한 것으로 나타났다. 폐기물 부문 예산은 2016년 이후 매년 점진적으로 증가하고 있는 것으로 나타났다. 특히 대기 부문 예산은 2016년 이후 매년 큰 폭으로 증가하고 있다. 경기도는 환경오염물질 배출업소가 가장 많이 위치하고 있고, 지역이 넓고, 서울의 상수원 지역을 관리

〈표 2-10〉 경기도 환경 담당 조직 및 현황(2020년)

국	인원(명)	과	인원(명)
환경국	138	환경정책과	30
		기후에너지정책과	30
		미세먼지대책과	25
		환경안전관리과	19
		자원순환과	21
		북부환경관리과	13

자료: 경기도 홈페이지

〈그림 2-19〉 경기도 환경분야 세출예산 현황 (단위: 백만 원)

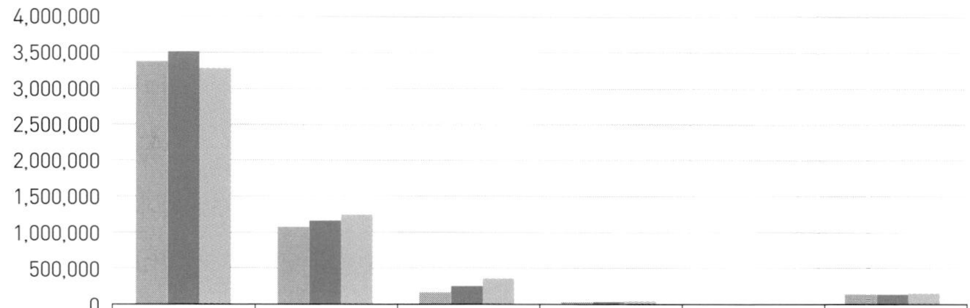

	071_ 상하수도 · 수질	072_ 폐기물	073_ 대기	074_ 자연	075_ 해양	076_ 환경보호 일반
2016년	3,381,462	1,072,574	165,909	30,814	0	´41,136
2017년	3,518,787	1,162,925	255,006	35,441	0	´37,723
2018년	3,282,847	1,245,463	361,068	42,966	0	´55,651

자료: 지방재정365

하고 있는 복합적인 특수성으로 인해 대체로 환경분야 세출 예산이 증가하고 있는 것을 알 수 있다.

10) 강원도 현황

강원도의 환경 담당 조직은 녹색국 산하에 환경과, 수질보전과, 산림소득과, 산림관리과 등 4개과와 설악산삭도추진단으로 구성되어 있다. 강원도의 경우 산악지역이 많은 특성을 반영하여 산림 관련 부서가 2개로 구성되어 있는 점이 독특한 점이라고 할 수 있다. 또한 설악산 관련 삭도추진단이 녹색국 산하에 별도 조직으로 6명이 근무하고 있는 것을 확인할 수 있다. 대기분야 업무를 담당하는 조직이 없이 환경과에서 관련업무를 담당하고 있으며, 물환경 관련 업무는 수질보전과에서 담당하고 있다.

〈표 2-11〉 강원도 환경 담당 조직 및 현황(2020년)

국	인원(명)	과	인원(명)
녹색국	99	환경과	24
		수질보전과	23
		설악산삭도추진단	6
		산림소득과	22
		산림관리과	24

자료: 강원도 홈페이지

강원도의 환경분야 세출예산 현황을 살펴보면 상하수도·수질 항목 예산 지출이 매년 감소하고 있으며, 대기항목의 경우는 2016년 이후 매년 증가하고 있는 것으로 나타났으며 특히 2018년의 경우 큰 폭으로 증가한 것을 확인할 수 있다. 폐기물 관련 예산도 2016년부터 매년 증가하고 있는 것으로 나타났으며, 자연부문 예산과 환경보호는 매년 비슷한 수준을 유지하고 있다. 지리적 특성으로 인해 해양항목 예산지출도 2016년 이후 비슷한 수준을 유지하고 있는 것을 확인할 수 있다.

〈그림 2-20〉 강원도 환경분야 세출예산 현황 (단위: 백만 원)

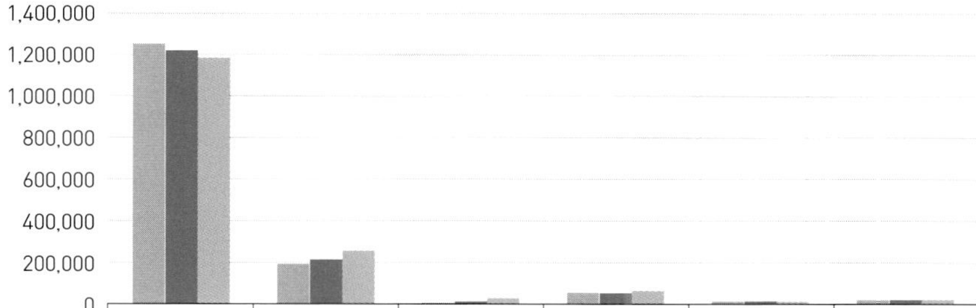

	071_ 상하수도 · 수질	072_ 폐기물	073_ 대기	074_ 자연	075_ 해양	076_ 환경보호 일반
2016년	1,245,561	191,544	3,645	53,354	11,509	17,498
2017년	1,212,310	211,079	9,023	49,906	11,689	18,285
2018년	1,177,581	254,085	25,779	60,548	10,253	19,075

자료: 지방재정365

11) 충청북도 현황

충청북도의 환경 담당 조직은 환경산림국 산하 4개과르 이루어져 있다. 기존에 환경업무를 담당하던 바이오환경국을 환경산림국으로 개편하면서 바이오산업단지 관련 업무와 분리한 조직개편이 특징으로 볼 수 있다. 대기환경 부문 업무는 기후대기과에서 담당하고 있으며, 물환경 업무는 수자원관리과에서 담당하고 있다.

충청북도 환경분야 세출예산은 다른 지역과 유사하게 상하수도·수질 항목 예산이 가장 큰 부분을 차지하고 있음을 알 수 있다. 폐기물 예산지출은 2017년에

〈표 2-12〉 충청북도 환경 담당 조직 및 현황(2020년)

국	인원(명)	과	인원(명)
환경산림국	90	환경정책과	20
		기후대기과	21
		수자원관리과	25
		산림녹지과	24

자료: 충청북도 홈페이지

〈그림 2-21〉 충청북도 환경분야 세출예산 현황 (단위: 백만 원)

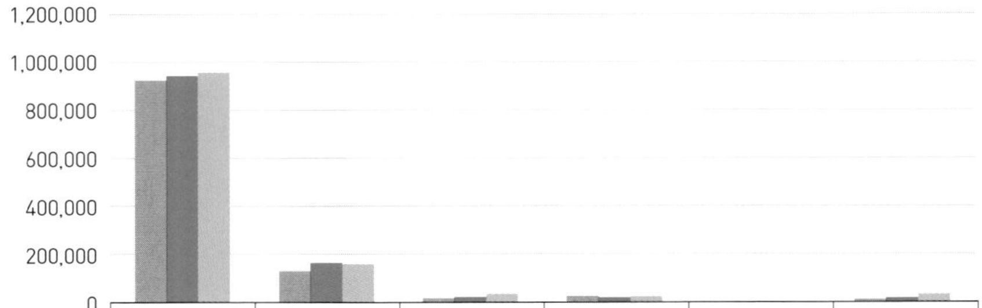

	071_ 상하수도 · 수질	072_ 폐기물	073_ 대기	074_ 자연	075_ 해양	076_ 환경보호 일반
2016년	923,668	128,982	16,472	24,679	0	10,785
2017년	941,044	162,525	20,075	18,140	0	15,211
2018년	955,127	157,661	33,306	21,786	0	30,023

자료: 지방재정365

다소 증가하다가 2018년에 일부 감소한 것을 확인할 수 있다. 또한 대기 항목의 경우 2016년부터 지속적으로 증가하고 있는 것으로 나타났다. 내륙에 위치한 지리적 특성에 따라 해양부문 환경예산 지출은 없는 것을 확인할 수 있다.

12) 충청남도 현황

충청남도 환경 담당 조직은 기후환경국 산하 기후환경정책과 등 4개과로 이루어져 있다. 기후환경정책과에 19명, 미세먼지대책과에 19명, 환경안전관리과에 22명, 물환경정책과에 24명이 각각 근무하고 있다. 대기환경 관련 업무를 미세먼

〈표 2-13〉 충청남도 환경 담당 조직 및 현황(2020년)

국	인원(명)	과	인원(명)
기후환경국	84	기후환경정책과	19
		미세먼지대책과	19
		환경안전관리과	22
		물관리정책과	24

자료: 충청남도 홈페이지

지대책과에서 수행하고 있으며, 물환경 업무를 물관리정책과에서 담당하고 있다. 전국에서 가장 전, 답, 과수원 비율이 높은 지역이라 물 관리의 필요성이 높은 지역적 특징을 고려한 조직 구성으로 볼 수 있다. 특히 충남지역 각종 발전소 및 석유화학 제조업체가 위치하고 있어 미세먼지에 민감하기 때문에 미세먼지대책과라는 구체적인 조직을 편성하여 대응하고 있는 것을 확인할 수 있다.

충청남도 환경분야 세출예산을 살펴보면 상하수도·수질 항목의 경우 매년 감소하고 있음을 알 수 있다. 또한 대기 항목과 폐기물 항목의 경우는 2016년부터 지속적으로 증가하고 있는 것으로 나타났다. 또한 지리적으로 서해와 인접해 있어 해양 항목 지출도 발생하고 있으며 매년 일정 수준을 유지하고 있는 것을 알 수 있다. 또한 자연과 환경보호 일반 부문 환경지출은 2018년에 전년 대비 소폭 감소한 것으로 나타났다.

〈그림 2-22〉 충청남도 환경분야 세출예산 현황 (단위: 백만 원)

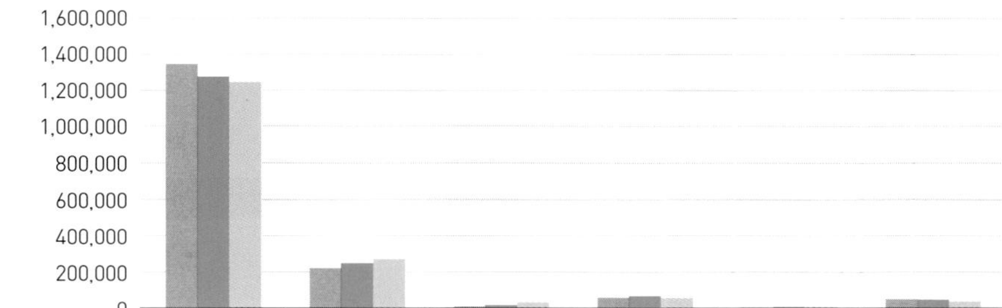

	071_ 상하수도 · 수질	072_ 폐기물	073_ 대기	074_ 자연	075_ 해양	076_ 환경보호 일반
2016년	1,344,460	217,124	7,414	55,384	1,348	46,758
2017년	1,274,856	244,740	13,427	63,140	2,911	42,949
2018년	1,243,979	267,046	28,255	53,178	3,227	32,914

자료: 지방재정365

13) 전라북도 현황

전라북도의 환경 담당 조직은 환경녹지국 산하에 환경보전과 25명, 자연생태과 17명, 물환경관리과 18명, 산림녹지과 22명 등 4개과로 구성되어 있다. 대기 분야 업무는 환경보전과에서 담당하고 있으며 물환경 업무는 물환경관리과에서 담당하고 있다.

전라북도 환경분야 세출예산은 모든 항목의 예산이 2016년 이후 점진적으로 증가하고 있는 것을 확인할 수 있다. 다른 지역과 마찬가지로 상하수도·수질 부문 예산이 전체 세출예산에서 가장 큰 비중을 차지하고 있으며, 그다음 폐기물

〈표 2-14〉 전라북도 환경 담당 조직 및 현황(2020년)

국	인원(명)	과	인원(명)
환경녹지국	82	환경보전과	25
		자연생태과	17
		물환경관리과	18
		산림녹지과	22

자료: 전라북도 홈페이지

〈그림 2-23〉 전라북도 환경분야 세출예산 현황 (단위: 백만 원)

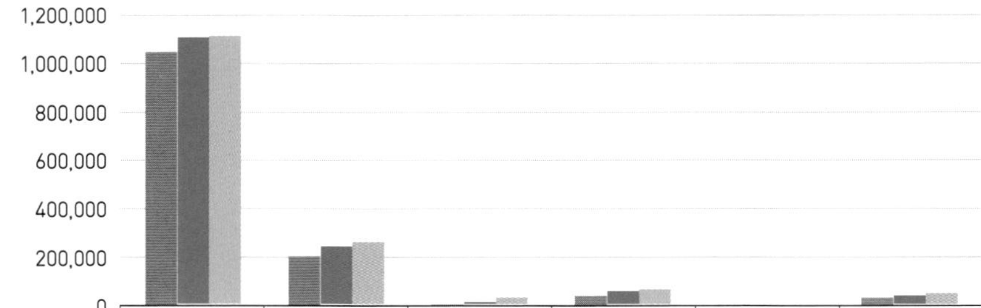

	071_ 상하수도 · 수질	072_ 폐기물	073_ 대기	074_ 자연	075_ 해양	076_ 환경보호 일반
2016년	1,043,179	201,166	3,800	38,473	545	30,253
2017년	1,098,332	236,255	8,608	52,581	0	33,958
2018년	1,104,673	254,214	25,846	60,040	0	43,756

자료: 지방재정365

부문 지출이 많은 것을 확인할 수 있다. 대기항목 예산지출은 2018년에 전년 대비 큰 폭으로 증가한 것으로 나타났다. 해양 환경부문은 2016년에 일부 지출이 있었으나 2017년과 2018년에는 관련 부문 세출예산이 없는 것을 확인할 수 있다.

14) 전라남도 현황

전라남도 환경 담당 조직은 본청 이외 별도로 동부지역본부에 환경산림국으로 구성되어 있으며 운영지원과, 기후생태과, 물환경과, 환경관리과, 산림보전과,

〈표 2-15〉 전라남도 환경 담당 조직 및 현황(2020년)

국	인원(명)	과	인원(명)
동부지역본부 (환경산림국)	94	운영지원과	20
		기후생태과	15
		물환경과	18
		환경관리과	14
		산림보전과	14
		산림휴양과	13

자료: 전라남도 홈페이지

〈그림 2-24〉 전라남도 환경분야 세출예산 현황 (단위: 백만 원)

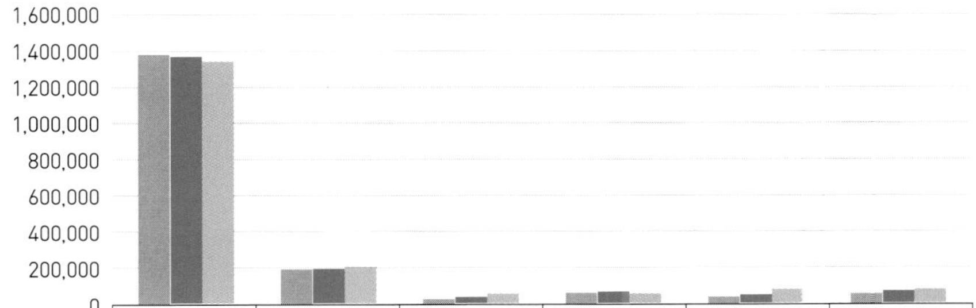

	071_ 상하수도 · 수질	072_ 폐기물	073_ 대기	074_ 자연	075_ 해양	076_ 환경보호 일반
2016년	1,373,576	190,403	25,730	60,842	38,211	55,037
2017년	1,356,772	186,801	33,346	61,629	45,737	56,160
2018년	1,329,920	198,482	51,905	51,713	74,862	75,277

자료: 지방재정365

산림휴양과 등 6개과로 구성되어 있다. 환경 관련 조직이 본청 이외 지역본부에 구성되어 있다는 점이 특징이며, 산림보전과와 산림휴양과 등 산림 관련 환경조직이 별도로 구성되어 있다는 점도 다른 지역과 다른 점이라고 할 수 있다.

전라남도 환경분야 세출현황은 상하수도·수질이 가장 많은 비중을 차지하고 있으며, 2016년 이후 매년 소폭 감소하고 있음을 알 수 있다. 대기 부문 예산지출은 2016년부터 매년 증가하고 있으며, 폐기물 예산지출은 2017년에 소폭 감소하였다가 2018년에 다시 증가하였다. 바다와 인접해 있는 지역적 특성으로 인해 해양항목 예산지출이 매년 증가하고 있음을 확인할 수 있다.

15) 경상북도 현황

경상북도 환경 담당 조직은 환경산림자원국 산하 환경정책과, 환경안전과 등 5개과로 구성되어 있다. 환경정책과가 32명으로 가장 많은 인원이 근무하고 있으며, 대기 부문 업무를 함께 담당하고 있다. 또한 물환경 업무는 맑은물정책과에서 14명이 담당하고 있으며 구미, 포항지역에 화학, 철강회사들이 위치하고 있는 특징으로 인해 환경안전과가 별도로 조직되어 있다. 한편 환경업무에 산림부문을 강조하고 있는 것도 특징이라고 할 수 있으며, 국의 명칭도 환경산림자원국으로 산림을 강조하고 있다. 산림분야에는 2개과(산림자원과, 산림산업관광과)가 관련 업무를 담당하고 있다.

경상북도 환경분야 세출예산은 상하수도·수질 항목이 2017년에 전년 대비 증가하였으나 2018년에 다시 소폭 감소하였다. 대기 부문의 경우 2016년부터 내년

〈표 2-16〉 경상북도 환경 담당 조직 및 현황(2020년)

국	인원(명)	과	인원(명)
환경산림자원국	102	환경정책과	32
		환경안전과	17
		맑은물정책과	14
		산림자원과	25
		산림산업관광과	14

자료: 경상북도 홈페이지

〈그림 2-25〉 경상북도 환경분야 세출예산 현황 (단위: 백만 원)

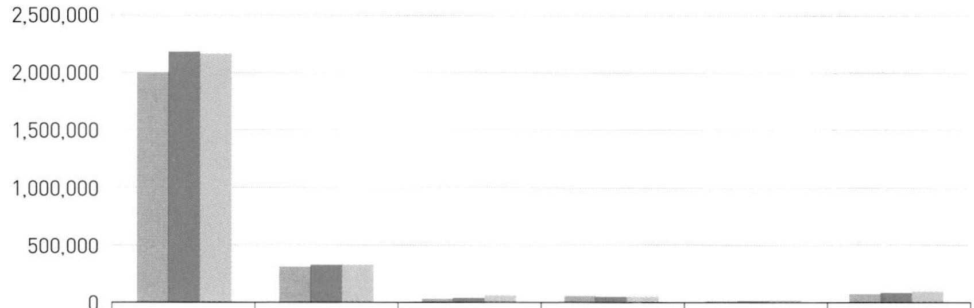

	071_ 상하수도 · 수질	072_ 폐기물	073_ 대기	074_ 자연	075_ 해양	076_ 환경보호 일반
2016년	2,009,239	310,840	28,150	52,874	7,615	71,426
2017년	2,187,972	325,646	33,949	45,290	8,141	82,241
2018년	2,169,428	327,783	55,902	45,846	12,636	92,989

자료: 지방재정365

증가하고 있는 것으로 나타났으며 폐기물과 환경보호 예산도 매년 소폭 증가하고 있는 것으로 확인되었다. 포항 등 지역 내 해양과 인접한 지리적 특징으로 인해 해양 항목의 예산지출도 매년 점진적으로 증가하고 있는 것으로 나타났다.

16) 경상남도 현황

경상남도 환경 담당 조직은 환경산림국 산하 환경정책과, 기후대기과, 수질관리과, 산림녹지과 등 4개과로 이루어져 있다. 환경정책과에서 담당하던 대기 관련 업무를 별도의 기후대기과를 신설하여 담당하고 있다. 또한 물환경 사무는 수

〈표 2-17〉 경상남도 환경 담당 조직 및 현황(2020년)

국	인원(명)	과	인원(명)
환경산림국	107	환경정책과	26
		기후대기과	24
		수질관리과	29
		산림녹지과	28

자료: 경상남도 홈페이지

〈그림 2-26〉 경상남도 환경분야 세출예산 현황 (단위: 백만 원)

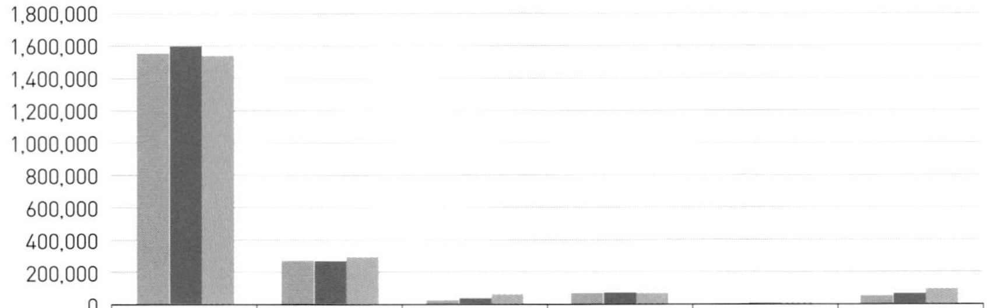

	071_ 상하수도 · 수질	072_ 폐기물	073_ 대기	074_ 자연	075_ 해양	076_ 환경보호 일반
2016년	1,554,146	267,348	22,489	66,149	849	49,711
2017년	1,595,583	262,408	32,693	66,765	2,141	61,086
2018년	1,536,842	288,538	57,218	63,413	2,770	90,173

자료: 지방재정365

질관리과에서 담당하고 있으며 경상북도의 행정조직과 유사하게 산림 부문에 별도의 산림녹지과가 구성되어 28명의 직원이 근무하고 있다.

경상남도의 세출예산의 경우도 다른 지역과 유사하게 상하수도·수질 항목과 폐기물 항목의 예산지출의 비중이 크다는 점을 확인할 수 있다. 상하수도·수질 부문은 2017년에 소폭 증가하였으나 2018년에는 다소 감소한 것으로 나타났다. 폐기물 부문은 2017년에 소폭 감소하였으나 2018년에 다시 증가하였다. 대기 부문 예산 지출은 매년 증가하고 있으며, 해양 부문의 경우 2017년에 전년 대비 큰 폭으로 증가한 것으로 나타났다.

17) 제주도 현황

제주도의 환경 담당 조직은 환경보전국 산하 환경정책과, 물정책과, 생활환경과, 산림휴양과 등 4개과로 구성되어 있다. 관광산업이 발달한 지역의 특징이 반영되어 산림휴양과에 근무하는 인원의 비중이 높은 것으로 나타났다. 또한 환경정책과에서 대기 관련 업무를 함께 담당하고 있으며, 물환경의 경우는 물정책과에서 20명의 직원이 담당하고 있다.

〈표 2-18〉 제주도 환경 담당 조직 및 현황(2020년)

국	인원(명)	과	인원(명)
환경보전국	111	환경정책과	26
		물정책과	20
		생활환경과	33
		산림휴양과	32

자료: 제주도 홈페이지

〈그림 2-27〉 제주도 환경분야 세출예산 현황 (단위: 백만 원)

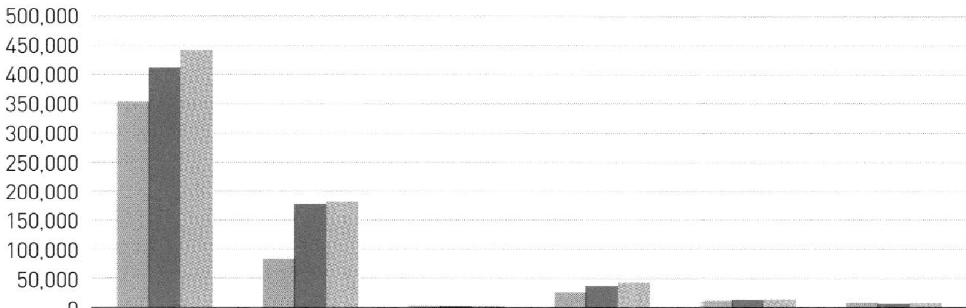

	071_ 상하수도 · 수질	072_ 폐기물	073_ 대기	074_ 자연	075_ 해양	076_ 환경보호 일반
2016년	352,754	82,293	2,498	25,905	11,286	7,654
2017년	411,657	177,737	2,560	37,339	13,595	6,489
2018년	441,644	181,861	2,795	43,156	13,920	7,910

자료: 지방재정365

제주도의 환경분야 세출예산의 경우 폐기물 항목이 2017년에 큰 폭으로 상승한 점이 특징이라고 볼 수 있다. 대기 항목의 경우 매년 큰 폭의 변화 없이 일정 수준을 유지하고 있으며, 섬 지역의 특성을 반영하여 해양 항목의 지출도 2016년 이후 일정한 수준을 유지하고 있다. 특히 상하수도·수질 항목의 예산지출이 매년 증가하고 있는 점도 섬 지역적 특성을 반영한 것이라고 볼 수 있다.

18) 소결

광역시·도의 환경업무를 담당하는 조직 및 인원의 특징은 명칭은 각 지역별 특성에 따라 조금씩 차이가 있지만 외부 조직인 상하수도사업소, 보건환경연구소 등을 제외하면 본청의 환경국을 중심으로 4~6개의 과로 구성되어 있다는 점을 알 수 있다. 물환경 사무를 담당하는 과는 대체로 별도로 조직되어 있는 반면, 대기환경 사무를 담당하는 과는 별도로 구성되어 있는 경우도 있고, 환경정책과 등에서 함께 담당하고 있는 곳도 있는 것으로 나타났다. 또한 조직의 명칭과 인력의 배치도 각 지역의 특색이 반영되어 있는 것을 확인할 수 있는데, 미세먼지가 사회적 관심이 높아짐에 따라 미세먼지 농도가 상대적으로 높은 지역의 경우 대기환경 업무를 담당하는 부서 명칭에 '미세먼지'가 포함되어 있는 점을 확인할 수 있다. 한편, 충북지역의 경우 바이오산업단지가 밀집되어 있는 특성에 따라 기존에 환경 관련 업무를 바이오와 연관되어 진행하였으나 최근 조직개편에 따라 바이오 업무와 분리된 점도 특징이라고 할 수 있다. 경북의 경우에도 구미 사고 등을 고려하여 환경안전국이라는 명칭을 사용하고 있다. 또한 세출예산의 경우는 상하수도·수질 항목이 가장 많은 예산의 비중을 차지하고 있는 것을 알 수 있으며, 폐기물 관련 예산이 그다음으로 많은 비중을 차지하고 있다.

4. 광역시·도 환경사무 현황 및 거버넌스

1) 조사 개요

각 자치단체별로 이슈가 되는 환경업무, 주요 업무성과, 정부 간 업무협의 비중 등을 파악하기 위해 광역시·도의 환경정책 담당자를 대상으로 2017년 12월 26일부터 2018년 1월 10일까지 서면 및 전화인터뷰 자문을 구하였다. 17개 광역시·도 중에서 자문을 수락한 11개 광역시·도의 자료를 바탕으로 환경사무 현황과 거버넌스 관련 내용을 정리하였다.

2) 환경사무 현황

(1) 서울특별시

환경 쟁점 및 중점 사업

서울특별시에서 가장 이슈가 되고 있는 환경사무는 '대기환경'과 '에너지' 분야이다. 대기환경의 경우 인체 위해성이 큰 미세먼지와 초미세먼지로 인한 시민 불안이 증대되고 있기 때문이며, 2015년 파리협정 체결로 시작된 신기후체제에 따라 서울이라는 대도시에 적합한 최적의 재생에너지(태양광 발전)가 중요해졌기 때문이다.

중점 사업으로는 신재생에너지 태양광 발전 관련하여 '태양의 도시, 서울' 종합계획에 따른 태양광 보급 확대 및 2022년까지 태양광 주택 1백만 가구 확대 등의 정책을 시행하고자 하며, 공공 태양광 확대 및 태양광 특화지구 조성 등도 계획 중에 있다.

환경성과 및 벤치마킹 사례

최근 3년간 서울특별시는 ① 원전하나줄이기 2단계(에너지살림도시 서울, 2014년 7월~2016년 12월)의 집행을 통한 162.7만TOE 에너지 생산·절감이 성과라고 할 수 있으며, ② 초미세먼지 민감군 주의보, 서울형 비상저감조치 등 취약계층 공적보호 강화 등 서울시 대기질 개선 10대 과제 추진(2017년 6월 이후)을 업무성과라고 할 수 있다. '원전하나줄이기 정책'의 경우는 인천광역시 부평구, 순천시청, 강원도 삼척시, 전북 전주시, 경기도 수원시, 광주광역시, 충북 음성군, 경기도 안산시 등에서 벤치마킹을 하고 있다.

기초자치단체 위임 성과

서울특별시가 산하 기초자치단체에 위임 또는 이양된 사무 중에서 성과가 가장 좋다고 평가되는 업무는 '대기환경' 업무이다. 배출시설의 설치허가·변경허가, 다중이용시설의 실내공기질 관리 현황 보고 및 오염도 검사업무와 같이 단순인허가·검사의 경우 현장의 상황과 여건을 자세히 알고, 관할구역 내에서 접근이 용이한 자치구에서 업무를 수행하는 것이 효율적이기 때문이다.

(2) 대구광역시

환경 쟁점 및 중점 사업

대구광역시에서 가장 이슈가 되고 있는 환경사무는 '물환경' 분야이다. 물산업 클러스터 조성을 통해 물산업 기술 기반을 마련하여 환경도시로서의 위상 제고와 경제회생 목표를 동시에 달성하고자 하고 있다. 기초자치단체에서 가장 쟁점이 되고 있는 사무는 '대기환경' 분야 사무로 (초)미세먼지로 인한 대기오염 예방과 시민건강 보호를 위해 발생 현장에 대한 철저한 관리가 필요하기 때문이다. 중점 사업으로는 대구국가산업단지 내 조성 중인 국가 물산업 클러스터를 발판으로 글로벌 물산업 중심도시로 도약을 준비하고 있다. 이를 위해 유망 물기업 유치, 물산업 R&D 지원, 국내외 물산업 네트워크 구축 중에 있으며, 환경부에서 「물산업 진흥법」을 국회에 제출한 바 있다. 또한 대구 취수원 이전 사업도 추진하여 먹는 물에 대한 시민 불안 해소를 위해 노력하고 있다.

환경성과 및 벤치마킹 사례

최근 3년간 대구광역시 환경사무의 성과는 세계 물포럼(2015년)의 성공적인 개최와 환경산업 활성화를 위한 국가 물산업 클러스터 조성사업 추진 및 관련기업 유치 등이 있다. 대구수목원은 용도 폐기된 매립장을 수목원으로 조성하여 시민들이 즐겨찾는 휴식공간으로 만든 환경개선 우수사례로 지자체, 민간 등에서 상시 견학을 오고 있으며, 매립장 시설은 매립가스 자원화시설, SRF시설 등 폐기물 처리 관련 시설 운영과 관리현황 벤치마킹을 위해 지자체, 기관, 운영주체(기업) 등에서 수시 방문하고 있다.

기초자치단체 위임 성과

기초자치단체에 위임 또는 이양 사무 중에서 성과가 가장 좋다고 생각되는 업무는 '대기환경'과 '물환경' 관련 업무로 현장에서 적극적인 업무추진으로 분야별 오염농도 저감 등의 개선효과가 있었으며, 오염행위에 대한 시민의식 개선으로 불법행위가 감소하고, 시민들이 생활환경 개선 체감을 표현하고 있다. 한편, 소음·진동·악취 업무의 경우 간헐적이고 일시적인 불편사항인 경우가 많고 계절에 따라 진원지가 동시 다발적으로 발생하여 행정여건상 관리가 어려운 측면이 있다. 특히 악취는 피해 범위가 넓어 발생지 추적 및 악취 발생지 관리가 어려운 문제가 있다고 한다.

(3) 광주광역시

환경 쟁점 및 성과

광주광역시 및 기초자치단체에서 가장 이슈가 되고 있는 사무는 ‘대기환경’ 분야로 미세먼지 등으로 인한 환경보건 위해성 여부가 논란이 되고 있기 때문이다. 특히 하남산업관리공단 주변 시민들이 기업체로부터 유해화학물질이 노출되지 않을까 하는 염려로 인해 불안해하고 있다. 최근 3년간 광주광역시 환경사무의 성과는 하남산업관리공단 주변 풍영정천 수질오염사고(2017년도에 7건 발생)에 따른 원인자 적발(6건) 및 신속한 사고 수습이라고 할 수 있다. 민간자율환경감시단 운영과 관련하여 제주도 공무원이 광주광역시를 방문하여 벤치마킹을 하고 있다(2017. 12.).

기초자치단체 위임 성과

광주광역시가 산하 기초자치단체에 위임 또는 이양된 사무 중에서 성과가 가장 좋다고 생각되는 업무는 ‘폐기물 관리’ 업무로 폐기물처리를 자치구에서 직접 처리할 수 있어 성과가 좋다고 평가하고 있다. 광주광역시가 산하 기초자치단체에 위임 또는 이양된 사무 중에서 성과가 부족하다고 생각되는 분야는 ‘물환경’ 업무이다. 해당분야 업무 중 폐수에 의한 수질사고 등은 한 지역에 국한되지 않고 있어 통합적인 관리가 필요하기 때문이다.

(4) 세종특별자치시

세종시에서 가장 이슈가 되고 있는 사무는 ‘대기’와 ‘물환경’, ‘폐기물 관리’ 분야이다. 2030년까지 개발계획이 진행될 예정으로, 건설공사로 인한 비산먼지·소음·진동에 대한 민원이 지속적으로 발생하고 있으며, 금강수계의 중·소규모 하천이 다수 위치하고 있어, 폐수배출사업장관리 및 하천오염사고에 대한 대비를 강화하고 있다. 또한 도농복합도시로서 농촌 및 도심지역에 대한 폐기물 수집, 처리에 대한 체계를 수립 중에 있고, 2019년 7월 보건환경연구원 개원을 목표로 건립사업을 추진 중에 있다.

(5) 강원도

환경 쟁점 및 중점 사업

강원도 및 관하 기초자치단체에서 가장 이슈가 되고 있는 사무는 '물환경'과 '폐기물 관리' 분야이다. 물환경의 경우는 통합 물관리 제도 도입과 한강수계 수질오염총량관리제 시행으로, 폐기물 관리는 「자원순환기본법」 시행으로 인해 이슈가 되고 있다. 물환경 분야에서는 수질보전비용 지원제도가 필요하다고 주장한다. 청정 물환경을 유지하여 양질의 수자원을 제공하는 지역에 합리적인 재정적 인센티브를 제공해야 하며, 유역서비스 보상체제Payments for Watershed Services, PWS 등을 마련할 필요가 있다는 것이다.

환경성과 및 벤치마킹 사례

최근 3년간 강원도 환경사무의 성과는 ① 2014 생물다양성협약 총회 개최(164개국, 2만 5천 명), 2020 AOGS 학회 유치(52개국, 3천 명), ② 강원고생대 국가지질공원 인증, ③ 태백산 국립공원 승격, ④ 「수열에너지 융·복합 클러스터 조성사업」 추진 및 투자선도지구 지정 등이다. 강원도는 지속가능발전 지자체 집행계획 수립을 위해 광주광역시와 충청북도 모형을 벤치마킹할 예정이다.

기초자치단체 위임 성과

기초자치단체에 위임 또는 이양된 사무 중 지정폐기물 관리, 순환골재 재활용품 사용, 빈 용기 보증금 미지급 소매업자 관리 등 '폐기물 관리' 업무는 현장 중심 업무로 기초자치단체에서 수행하는 것이 효과적인 것으로 나타났다. 한편, '물환경' 업무 중 폐수배출시설 점검 및 개선조치 분야의 경우 민선 지방자치 시행 이후 지역경제 활성화 및 민원 등 지역여건 고려로 지도점검 관리가 부족한 상태로 개선이 필요한 분야로 언급되었다.

(6) 충청북도

환경 쟁점 및 성과

충청북도에서 가장 쟁점이 되고 있는 환경사무는 '대기환경' 분야이다. 미세먼지 증가로 인해 대기환경 개선에 대한 도민의 요구가 증가하고 있기 때문이다. 충청북도의 경우 임야가 66%를 차지하고 있어 임야의 자연환경을 활용한 생태관광 등의 발전 사무가 필요하다고 한다.

최근 3년간 충청북도는 ① 제천 왕암폐기물 매립장 안정화 사업 갈등 및 자치단체 간 광역폐기물 처리장 갈등 해결, ② 환경 관련 기관 유치(화학물질안전원, 환경공단연수원, 충주화학재난합동방재센터) 등이 있다. 충청북도는 미세먼지 관련 업무에 대해 충청남도를 벤치마킹하고 있다.

기초자치단체 위임 성과

기초자치단체에 위임 또는 이양된 사무 중에서 성과가 가장 좋다고 생각되는 업무는 '폐기물 관리' 분야이다. 해당 분야의 경우 기초자치단체에 업무 노하우가 축적되어 있기 때문이다. 기초자치단체에 위임 또는 이양된 사무 중에 성과가 부족하다고 생각하는 업무는 '대기환경' 분야로 자체 사업발굴이 부족하기 때문이다.

(7) 충청남도

환경 쟁점 및 성과

충청남도에서 가장 쟁점이 되고 있는 사무는 '대기환경' 분야이다. 기후변화 대응과 미세먼지 증가로 인해 대기환경 개선에 대한 도민의 요구가 증가하고 있기 때문이다. 충청남도 산하 기초자치단체에서는 '대기환경'과 '물환경' 분야 사무가 주목을 받고 있다. 도내 석탄화력발전소 등 대기오염물질 다량배출사업장으로 인한 미세먼지 농도 증가와 보령댐 저수위 지속 등으로 인한 가뭄대책 마련이 필요하기 때문이다. 또한, 물관리정책의 일원화 및 물관리에 대한 일부 권한을 지방에 이양할 필요가 있으며, 충청 북부 산업단지에 대기오염물질 총량관리제도 도입이 필요하다고 한다.

최근 3년간 충청남도의 환경 성과는 ① 대기질 개선을 위한 중기 개선관리 대책 마련, ② 금강으로부터 보령댐까지 도수로 설치로 전반적인 가뭄대책 마련 등을 들 수 있다.

기초자치단체 위임 성과

충청남도가 산하 기초자치단체에 위임 또는 이양된 사무 중에서 성과가 가장 좋다고 생각되는 업무는 '폐기물 관리' 분야이다. 해당 분야의 경우 충청남도 특수시책으로 추진 중인 깨끗한 충남 만들기를 비롯해 도 정책에 시·군이 적극참여하였기 때문이다. 충청남도가 산하 기초자치단체에 위임 또는 이양된 사무 중에서 성과가 부족하다고 생각하는 업무는 '대기환경' 분야로 중앙정부 또는 광역지자체에서 정책결정 또는 계획 수립 사항이 많아 시·군에서 직접 성과를 내기 어렵기 때문이다.

(8) 전라남도

환경 쟁점 및 벤치마킹 사례

전라남도에서 가장 쟁점이 되는 환경사무는 '폐기물 관리'와 '습지 및 공원 관리'분야이다. 나주시 열병합발전소에 사용되는 연료 변경 문제와 흑산도 공항건설 등으로 인해 폐기물 관리가 쟁점으로 부각되고 있으며, 철새도래지 관리(AI)등으로 인해 공원관리 분야도 이슈가 되고 있다. 한편, 환경분쟁제도의 무료서비스를 시행하고 있는 경상남도를 벤치마킹하여 서비스 체계를 준비하고 있다.

기초자치단체 위임 성과

기초자치단체에 위임 또는 이양된 사무 중에서 성과가 가장 좋다고 생각되는 업무는 '폐기물 관리'와 '소음·진동·악취' 분야 업무로 주민생활과 밀접한 업무 추진이 가능하기 때문이다. 성과가 부족하다고 생각하는 업무는 '대기환경'과 '물환경' 분야로 광역적 관리의 필요성이 높은 분야이기 때문이다.

(9) 경상북도

환경 쟁점 및 중점 사업

경상북도에서 가장 쟁점이 되는 사무는 '대기환경' 분야이다. 미세먼지에 대한 국민의 관심 고조 및 새 정부의 정책(배출허용기준 강화, 노후 화력발전소 피쇄 검토 등)으로 이슈가 부각되고 있다. 기초자치단체에서는 소음·진동·악취 사무가 쟁점으로 부각되고 있다. 해당 사무는 민원인들의 요구사항이 갈수록 높아지고, 개인적인 갈등이 최종적으로는 환경분쟁으로 연결되는 경향이 있기 때문이다

통합환경관리제도 관련 민원처리 또는 사고대응 시 중앙부처의 경우는 사고처리시간이 길어질 개연성이 높고, 민원처리를 위해 중앙부처를 방믄해야 하는 불편을 초래할 수 있다. 또한 2015년 1월 「화학물질관리법」 개정으로 관련 업무가 지방 또는 유역 환경청으로 이관되었으나 사고 발생 시 지자체에 정보가 없어 대응이 불가하므로 관련 사무는 지자체로 이양되어야 한다고 주장한다.

환경성과 및 벤치마킹 사례

최근 3년간 경상북도 환경사무의 성과는 ① 청송 유네스코 세계지질공원 등재와 ② 경북 동해안 국가지질공원 인증을 들 수 있다. 경상북도의 경우 녹색구매지원센터 설치 및 운영에 관해 충북도청을 벤치마킹을 하고 있는 것으르 나타났다.

기초자치단체 위임 성과

기초자치단체에 위임 또는 이양된 사무 중 성과가 가장 좋은 분야는 '습지 및 공원 관리' 업무로 유네스코 세계 지질공원 및 국가지질공원 인증(청송, 울릉도, 독도)을 받는 성과가 있었기 때문이다. 성과가 부족하다고 생각되는 분야는 '소음·진동·악취' 업무이다. 해당 분야에 민원건수도 많고, 개별법으로는 해결이 되지 않는 경우가 많기 때문이다.

(10) 경상남도

환경 쟁점 및 중점 사업

경상남도 및 산하 기초자치단체에서 가장 문제가 되는 사무는 '대기환경' 분야이다. 중국 황사에서 비롯된 대기오염에 대한 관심이 미세먼지에 이어 초미세먼지로 확대되고 있고, 국내 발생 미세먼지에 대해서 화력발전소 가동 중단 등 특단의 대책이 시행되면서 도민들의 관심을 받고 있기 때문이다. 특히 경상남도의 경우 전국에서 화력발전소가 두 번째로 많은 지역으로 미세먼지 농도 또한 높아 도민들의 관심이 높다.

환경문제에 대한 국민들의 관심이 날로 높아짐에 따라 환경과 관련된 분쟁이 자주 발생하고 있으며, 이에 따른 환경분쟁조정위원회의 사무가 증가하고 있다. 따라서 지방환경분쟁조정위원회에도 사무국을 신설하여 환경분쟁과 관련된 업무를 전담하는 등 국민 요구에 대응하는 행정조직 개편이 필요한 것으로 보고 있다.

환경성과 사례

최근 3년간 경상남도의 성과는 ① 멸종 따오기 복원 및 야생방사, ② 미세먼지 절감을 위해 기업체와 자치단체 간 MOU 체결, ③ 소외계층의 석면 슬레이트 처리비용 지원, ④ 환경분쟁조정 제도 신청 수수료 등 부담을 완화한 무료 서비스 제도 시행 등이다.

기초자치단체 위임 성과

기초자치단체 위임 또는 이양된 사무 중 성과가 가장 좋은 업무는 '대기환경' 분야로 대기오염물질 배출사업장 및 비산먼지 발생사업장 관리에 대해 기초자치단체가 민원 접점 기관으로서의 현장 확인 및 즉시 조치를 하여 매년 좋은 성과를 나타내고 있으며 2017년 배출업소 관리 대통령 표창을 수상하였다. 성과가 부족하다고 생각되는 분야는 '소음·진동·악취' 업무이다. 해당 분야에 대한 관련법을 구체적으로 적용하기가 어려워 사업장 점검 시 행정처분에 애로가 있으며, 또한 민원 발생 시 관련법에 따른 조치를 할 수 없어 환경분정조정위원회까지 올라오는 경우가 종종 있기 때문이다.

(11) 제주도

환경 쟁점 및 중점 사업

제주도는 지난 10년간(2006~2016년) 관광객 및 인구 증가르 쓰레기 발생량이 급격히 증가함에 따라 생활쓰레기 감량 및 재활용 증대를 위해 재활용품 요일별 배출제를 시행(2017년 7월 1일)하고 있다. 그 성과로 소각·매립량이 전년대비 8.4% 감소하고 재활용품은 전년대비 20.1% 증가하고는 있으나, 생활쓰레기를 근본적으로 감량시키기 위한 근본적인 대책 마련과 폐기물처리시설 용량 증설 등 폐기물 관리가 환경사무 중 중점적인 현안사항으로 자리 잡고 있다.

제주도는 (가칭)환경보전기여금 제도 도입을 추진하고 있다. 국제보호지역 등 세계적 환경브랜드 가치를 보유한 제주가 급증하는 관광객으로 인허 환경오염 처리비용이 지속적 증가하고 있기 때문에 자연자산의 친환경 보전·관리, 생태적 지속가능성 유지 등 환경비용 신규재원 발굴이 필요하기 때문이다.

환경성과 사례

최근 3년간 제주도 환경사무 성과는 ① 제주형 환경자산의 체계적 관리를 위한 토대를 마련한 것을 들 수 있다. 곶자왈, 오름, 습지 등 보전·관리를 위한 제주 최초 곶자왈도립공원을 조성하였고, 구체적 사례로는 오름 자연휴식년제, 람사르 습지 추가등록, 곶자왈 실태조사·보전관리방안 추진 등을 들 수 있다. 또한 ② 무분별한 지하수 개발 억제 및 수자원 공공관리 강화 추진도 성과라고 할 수 있는데 지하수관리조례 전부개정, 용천수관리계획 수립, 빗물이용시설 확더 등이 구체적 사례이다.

기초자치단체 위임 성과

제주도가 산하 기초자치단체에 위임 또는 이양된 사무 중에서 성과가 가장 좋다고 평가하는 업무는 '폐기물 관리'이다. 제주도는 생활쓰레기 감량 및 재활용 증대를 위해 재활용품 요일별 배출제를 시행하여 소각·매립량이 전년대비 8.4% 감소하고 재활용품은 전년대비 20.1% 증가하고 있다. 또한, 읍면동 일선까지 담당 직원이 배치되어 있어 현장중심 민원해결이 가능하게 된 점을 기초자치단체 위임업무의 성과라고 평가하였다. 반면, 성과가 부족하다고 인식하는 분야는 '소음·진동·악취' 업무로 기초생활 불편민원이 지속적으로 증가하고 있으나, 현장 확인 및 소음·악취 측정 등 지도점검에 필요한 인력 부족으로 민원 해결에 어려움을 겪고 있기 때문이다.

3) 환경 업무 협의 비중

광역시·도별 환경 담당 공무원이 수행하는 사무 중에서 중앙정부(환경부)와 협의하는 업무의 비중과 자체 업무의 비중 그리고 기초자치단체와 협의하는 업무의 비중이 각각 어느 정도 되는지에 대한 응답 결과 〈그림 2-28〉에서 보는 바와 같이 지역별로 차이가 나타나고 있음을 알 수 있다. 대체로 광역시·도의 자체 업무 비중이 중앙정부와 기초자치단체와 협의하는 비중보다는 높게 나타나고 있다. 다

〈그림 2-28〉 중앙 및 기초자치단체 환경 업무 협의 비중

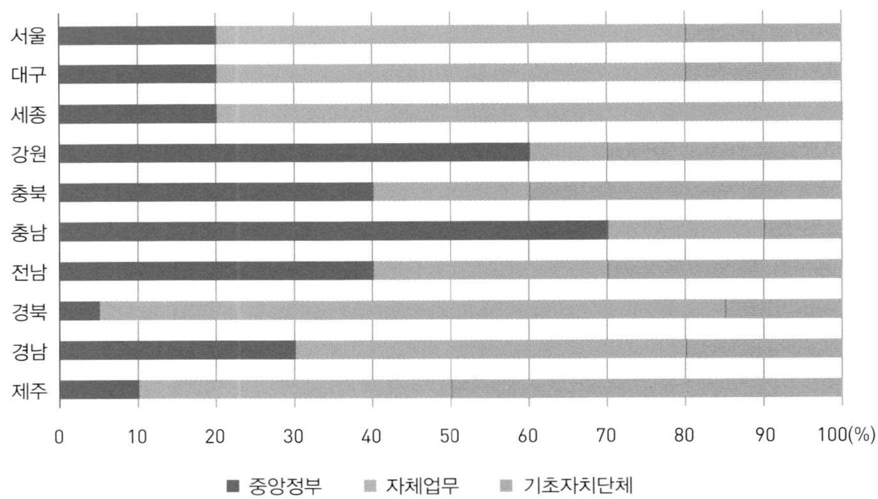

자료: 지방정부 환경사무 집행 현황에 관한 설문조사(2017)

만 충남, 강원, 충북, 전남의 경우에는 중앙정부와 협의하는 비중이 더 높게 나타난 점이 특징이라고 할 수 있다. 이는 지역별로 이슈가 되는 환경업무가 상이하고 그에 따라 환경부 또는 기초자치단체와 협의하는 업무비중도 다르게 나타나기 때문으로 볼 수 있다.

한편 환경 담당 공무원이 담당하는 업무를 ① 대기환경, ② 물환경, ③ 토양환경, ④ 폐기물 관리, ⑤ 소음·진동·악취, ⑥ 습지 및 공원 관리 등 여섯 가지로 구분하고 평균적으로 몇 가지 업무를 동시에 수행하고 있는지를 조사하였다. 그 결과 〈표 2-19〉에서 보는 바와 같이 대체로 2개 분야 이상의 업무를 동시에 수행하고 있는 것으로 나타났다. 업무량이 많은 분야로는 대기환경 분야를 1순위로 선택한 경우가 가장 많았으며, 다음으로 물환경과 폐기물 관리 등이었다. 또한 2순위로 선택한 업무 중에서는 폐기물 관리가 가장 많았고, 다음으로 대기환경과 소음·진동·악취 등으로 나타났다. 이를 통해 대기환경과 물환경 분야가 업무량이 많은 대표적인 분야인 것을 알 수 있으며, 폐기물 관리도 업무량이 많은 편에 속하는 것을 확인할 수 있다.

〈표 2-19〉 광역시·도 환경 담당 공무원의 동시 담당 업무 및 업구량

구 분	동시 담당 업무	업무량	
		1순위	2순위
서울	2개	대기환경	에너지 분야
대구	2개	대기환경	폐기물 관리
세종	4개	–	–
광주	2개	대기환경	소음·진동·악취
강원	2개	물환경	대기환경
충북	2개	물환경	대기환경
충남	2개	대기환경	물환경
전남	3개	물환경	폐기물 관리
경북	4개	대기환경	폐기물 관리
경남	2개	대기환경	폐기물 관리
제주	2개	폐기물 관리	소음·진동·악취

자료: 지방정부 환경사무 집행 현황에 관한 설문조사(2017)

4) 환경사무 중앙-지방 업무 분담

환경업무별 중앙(환경부)과 지방의 분담률 현황과 향후 바람직한 업무분담비율 조사 결과는 〈그림 2-29〉와 같다. 충북과 경남의 경우, 현행상태를 유지하는 것이 바람직하다는 의견을 제시하였고, 분담비율은 50% : 50%가 적정하다고 응답하였다. 한편, 강원도의 경우에는 전 분야에서 현행보다 지방의 역할이 확대되어야 한다는 의견을 제시하였다. 그러나 대부분의 광역시·도의 경우 부문별로 분담률 조정이 필요하다는 의견이 많았으며, 대기와 물환경의 경우 대체로 현행보다는 중앙정부의 참여가 더 필요하다는 의견이 많았다. 그 외에 다른 부문은 지역마다 약간씩 현황 및 개선방향에 대한 의견에 차이를 보이고 있다.

한편, 환경부로부터 광역시·도로 사무 이양의 우선순위를 물어본 결과, 〈표 2-20〉에서 보듯이, 1순위로는 대기환경 분야, 2순위로는 물환경과 습지 및 공원 관리 분야를 많이 선택하였다. 서울의 경우 2순위로 에너지 분야를 선택한 점이 특징이라고 할 수 있으며, 경남의 경우도 보기에 없었던 환경분쟁을 2순위로 선택하였다. 한편, 강원과 전남의 경우 지역 내 국립공원과 습지가 많다는 점에서 습지 및 공원 관리를 사무이양 우선순위로 선택한 것으로 보인다.

〈표 2-20〉 업무별 환경부 기능의 지방이양 우선순위

구 분	1순위	2순위
서울	대기환경	에너지 분야
대구	폐기물 관리	소음·진동·악취
광주	대기환경	물환경
강원	물환경	습지 및 공원 관리
충북	습지 및 공원 관리	토양환경
충남	대기환경	물환경
전남	소음·진동·악취	습지 및 공원 관리
경북	대기환경	물환경
경남	토양환경	환경분쟁
제주	대기환경	폐기물 관리

자료: 지방정부 환경사무 집행 현황에 관한 설문조사(2017)

〈그림 2-29〉 환경사무별 중앙-지방 분담률 현황 및 개선 방향

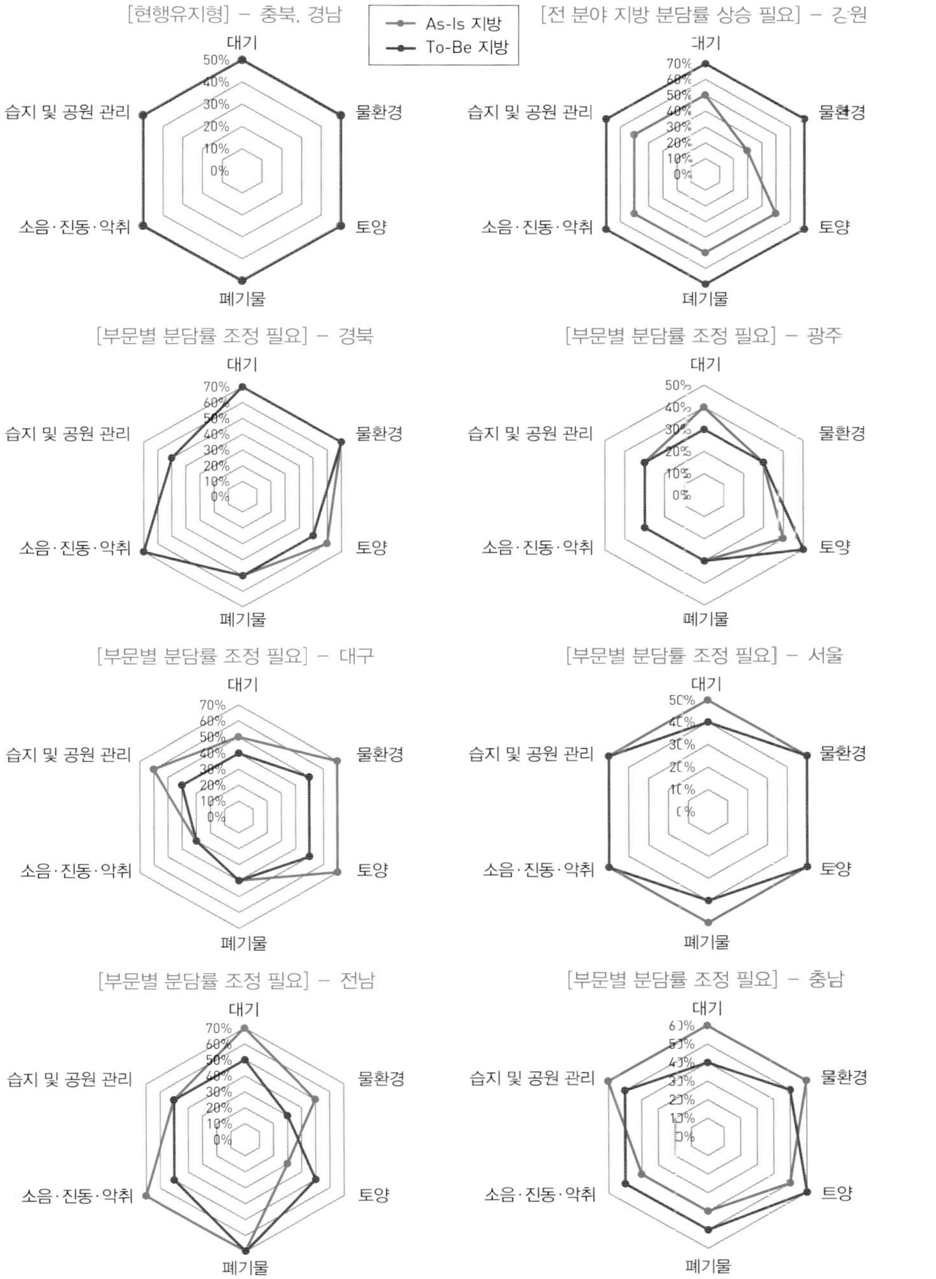

자료: 지방정부 환경사무 집행 현황에 관한 설문조사(2017)

5) 통합환경관리제도

대기, 수질 1·2종 사업장에 대한 환경부의 통합환경관리제도와 관련하여 광역시·도가 어떠한 업무를 수행하고 있는지에 대한 조사 결과는 〈표 2-21〉과 같다. 대부분의 광역시·도가 지역 내 대상 사업장에 관련 내용을 안내하는 업무를 수행하거나 환경부로부터 관련 정보 등을 공유받는 것으로 나타났다. 또한 광역시·도에서 통합환경관리제도 대상이 아닌 대기, 수질 3·4·5 종 배출업소에 대한 지도 점검 등을 강화하고 있는 것으로 나타났다. 다만 통합환경관리제도 관련 교육은 시스템 매뉴얼 배포에 그칠 것이 아니라 좀 더 적극적인 방식으로 확대될 필요가 있는 것으로 조사되었다.

〈표 2-21〉 통합환경관리제도 관련 광역시·도 업무 수행 현황

업무 내용	광역시·도
지역 내 통합환경관리제도 대상 사업장에 관련 내용 안내	서울, 대구, 세종, 광주, 강원, 충북, 전남, 경북, 경남, 제주
통합환경관리제도 관련 시스템에 대한 교육 이수	세종, 전남, 경북, 경남
환경부로부터 지역 내 사업장에 대한 정보 공유	서울, 대구, 세종, 강원, 충북, 전남, 경북, 경남, 제주
대기, 수질 3·4·5종 배출업소 지도 점검 강화	서울, 대구, 세종, 광주, 강원, 충북, 전남, 경북, 경남, 제주

자료: 지방정부 환경사무 집행 현황에 관한 설문조사(2017)

6) 소결

11개 광역시·도의 환경담당자를 통해 각 지역별 환경 현안을 조사한 결과 최근 미세먼지 관련 이슈 등으로 대기환경 문제가 부각된 지역이 많음을 확인할 수 있었다. 지난 3년간 환경업무 성과에 대해서는 서울의 에너지 정책부터 강원도의 생물다양성협약 총회 개최 등과 같이 지역별 이슈 및 특색이 반영되는 사례가 많았다. 또한 지역별로 필요한 제도나 정책의 경우도 최근 지역의 환경이슈를 고려한 내용들이 많아 광역시·도의 환경정책 수립에 지역 주민의 여론 및 지역 현안 등이 중요한 영향을 미치는 것을 알 수 있다. 한편, 기초자치단체에서 수행하는 환경업무 중 성과가 우수한 분야로는 대기와 폐기물 분야가 다수로 나타났으며, 소음·진동·악취 분야의 경우 국소적인 환경문제임에도 불구하고 환경분쟁으로 확산되는 경우도 많고 기초자치단체에 관련 법령의 미비 등으로 인해 대응이 어려운 것으로 나타났다.

Ⅱ

환경 질 수준 분석

지난 20～30여 년간 환경 질의 변화를 체계적으로 진단하기 위하여 본 연구는 우선적으로 국내외에서 널리 활용되고 있는 환경분야 성과평가 지표들을 종합적으로 검토하였으며, 국내 자료의 가용성을 고려하여 실질적으로 측정이 가능한 지표들을 중심으로 각 세부 분야(대기, 물환경, 토양, 자연보전, 자원순환, 환경보건)별 수준을 진단해 보았다.

구체적으로, 본 연구에서 검토한 국외 지표로는 OECD 환경성과평가Environmental Performance Review 지표,[1] 미국 예일대·컬럼비아대 협동 연구팀의 환경성과지수Environmental Performance Index,[2] OECD 지속가능한 거버넌스 지표Sustainable Governance

1 OECD는 1993년부터 약 10년 주기로 회원국의 환경정책 수립, 집행, 성과를 종합적으로 검토하여 발표하는 환경성과평가를 실시하고 있다. 우리나라의 경우 1997년 제1차 평가, 2006년 제2차 평가에 이어 2016년 제3차 평가를 받았으며, 제3차 평가에서는 2006년부터 2016년까지 10년 동안의 환경성과를 평가받았다. 제3차 OECD 환경성과평가에서 평가지표는 'Part I 지속가능한 발전'과 'Part II 선택적 환경목표'의 크게 두 가지 분야로 구성되어 있다. 'Part I 지속가능한 발전'은 각국 공통 평가분야로서 ① 환경성과의 동향 및 추이, ② 환경 거버넌스와 관리, ③ 녹색성장의 3개 세부분야로 구분된다. 'Part II 선택적 환경목표'는 평가 대상국이 스스로 선정하는 2～3가지 분야에 대한 심층 검토로 이루어지며 우리나라의 경우 ① 폐기물 및 자원관리, ② 환경정의의 2개 세부분야로 구성되었다.

2 환경성과지수는 전 세계 국가를 대상으로 환경정책 성과를 비교·평가하여 순위를 산출해 내는 국제 환경지표다. 미국 예일대와 컬럼비아대의 협동 연구팀에 의해 운영되고 있는 EPI는 2008년부터 본격적으로 세계경제포럼에서 격년으로 갱신된 국가별 순위를 공개하고 있다. EPI는 환경성과 → 환경목표 → 정책범주 → 세부지표로 이어지는 계층적 인과관계 체계를 바탕으로 각국의 환경성과를 0～100점으로 점수화한다. 2018년에 발표된 EPI는 환경보건과 생태계 건전성이라는 2개 목표하에 10개 정책범주, 24개 성과지표로 구성되었다.

Indicators,[3] UNCSD 지속가능한 발전 지표Indicators of Sustainable Development,[4] EU 지속가능한 발전 지표Sustainable Development Indicator,[5] 영국의 지속가능한 발전 지표Sustainable Development Indicator[6]가 포함되며, 국내 지표로는 국가 지속가능발전 지표,[7] 박순애(2013)의 환경복지 성과평가 지표,[8] 국립환경과학원(2010) 환경보건 평가 지표[9]가 포함된다. 이러한 국내외 지표를 종합적으로 검토한 후, 광역시·도별로 측

---

3 2011년 독일 뮌헨대학교 연구팀에 의해 개발된 OECD의 지속가능한 거버넌스 지표는 지속가능한 정책 입안을 장려하고 정부 및 시민사회 간 상호작용을 활성화하기 위한 목적을 지닌다. 가장 최근인 2016년에 발표된 지속가능한 거버넌스 지표는 정책 성과, 민주주의, 거버넌스의 크게 3가지 분야로 구성되어 있다. 이 중 환경부문 정책성과 지표들을 살펴보면, 자원 및 환경 질 보존·보호를 위한 정책을 평가하는 '국내적 환경보호'와 국제 환경보호 레짐의 발전을 위한 국가적 노력을 평가하는 '국제적 환경보호'의 2가지 영역으로 구분되어 있다.

4 1996년 UNCSD는 국가별 환경성과를 평가하고 정책결정에 유용한 수단으로 활용하기 위한 목적으로 사회, 환경, 경제, 제도의 4개 분야, 28개 영역, 132개 지표로 구성된 지속가능성 평가모형을 개발하였다. 2007년 이를 다시 갱신하여 14개 주제, 44개 하위주제, 50개 핵심지표로 구성하였다. 본 연구에서는 14개 주제 중 환경부문과 밀접하게 관련된 5가지 주제인 '대기', '토양', '해양 및 연안', '담수', '생물다양성' 핵심지표들만을 고려하였다.

5 EU의 지속가능한 발전 지표 개발은 아젠다 21의 40개 챕터를 지표화하는 작업으로부터 시작되었으며, 2011년에 환경, 경제, 사회분야 중 특히 환경 분야에 중점을 두는 지표로서 구축되었다. 이 지표는 사회·경제적 발전, 지속가능한 소비와 생산, 사회 통합, 인구학적 변화, 공공보건, 기후변화와 에너지 등 10개 상위분야 → 28개 하위분야 → 130여 개의 세부지표로 이루어진 계층적 구조를 지닌다. 10개 상위분야 중 '지속가능한 소비와 생산', '공공보건', '기후변화와 에너지', '천연자원' 등 환경부문 관련 4개 분야의 세부지표가 본 연구에서 고려되었다.

6 영국은 2003년 정부차원의 지속가능성 지표를 개발한 이래 지속적으로 관련 지표를 갱신해 오고 있다. 영국 정부는 기본적으로 최근 5년간의 단기적 성과를 평가하되 1990년부터 자료가 가용할 경우 장기적 성과도 함께 평가하고 있다. 흥미로운 점은 신호등(traffic lights) 표시 체계를 도입하여 성과의 향상 및 악화 정도를 시각적으로 제시하고 있으며 초록색 표시는 성과의 향상을, 노란색 표시는 약간의 향상 혹은 변화 없음을, 빨간색 표시는 악화를 의미한다. 가장 최근인 2013년에 갱신된 지표는 경제·사회·환경의 3개 분야, 12개 주요지표, 25개 세부지표로 구성되어 있다.

7 우리나라 정부는 「저탄소 녹색성장 기본법」 제50조를 법적 근거로 하여 국가의 지속가능발전을 촉진하기 위해 2006년 10월 77개의 국가 지속가능발전지표를 선정하였다. 국가 지속가능발전지표는 사회·환경·경제의 3대 분야, 14개 영역, 33개 항목, 84개 지표로 구성되어 있다.

8 박순애 외(2013)는 우리나라 실정에 적합한 환경복지모형을 구축하기 위해 관련 지표를 종합적으로 검토한 뒤 전문가 조사 결과를 바탕으로 최종 모형을 구체화하였다. 이 환경복지 성과평가 모형은 환경 재화 및 서비스, 환경 위해 요인, 환경 보건 요인, 환경 만족도, 환경 취약계층의 5개 분야, 15개 하위분야, 100개 이상의 세부지표로 구성되어 있다.

9 국립환경과학원은 3개 년도에 걸친 「지역사회 환경보건 평가방안 연구」를 통하여 국가적 차원에

정 및 평가가 가능한 3~4가지 지표를 선별하여 각 분야별 환경의 질을 평가해보았다. 단, 자연보전과 같이 분야의 특성상 광역시·도별 데이터베이스가 구축되어 있지 않는 경우 예외적으로 관련 지표를 포함하여 진단에 활용하였다.

1. 대기

대기 분야의 질을 평가하기 위한 지표로는 오염물질의 환경기준치 초과 정도, 오염물질의 대기농도, 온실가스 배출량 등(〈표 2-22〉 참고)을 활용할 수 있다. 본 연구에서는 주요 7개 도시(서울, 부산, 대구, 인천, 광주, 대전, 울산)의 이산화질소NO_2 농도, 미세먼지PM_{10} 농도, 초미세먼지$PM_{2.5}$ 농도와 전국 온실가스GHGs 배출량 추이를 살펴봄으로써 대기의 질을 진단해 보았다.

〈표 2-22〉 대기 질 평가지표의 예시

세부영역	지표	측정(산출)방법	분석단위	참고지표
대기질	오염물질의 환경기준치 초과	대기오염물질의 환경기준치 초과일수 및 경보발령횟수 / 광역도시권의 지역대기측정망 수	광역시·도	EPI(2016) UK(2013) 지속위(2016)
	오염물질의 대기농도	SO_2, NO_2, CO, PM 등의 월평균 혹은 연평균 농도	광역시·도	UNCSD(2007) UK(2013) 박순애(2013) 환경원(2010)
	온실가스 배출량	교토의정서상 6개 온실가스(이산화탄소, 메탄, 아산화질소, 염화불화탄소, 불화탄소, 육불화황) 배출량 / 인구 혹은 GDP	전국	OECD(2016) UNCSD(2007) EU(2015) UK(2013) 지속위(2016)

서 국민의 환경보건 상태를 측정, 평가하기 위한 지표 개발을 수행하였다. 구체적으로, 2007년 1차 년도 연구에서 EU 등 선진국의 환경보건지표 개발사례 및 국내 현황 등을 참고하여 11개 영역, 45개 지표를 제안하였다. 이어 2008년 2차 년도 연구에서 내·외부 전문가 검토 등을 통해 지표의 실행가능성을 고려한 20개 파일럿 연구대상 지표 선정하였다. 마지막 2010년 3차 년도 연구에서는 즉시 산출이 가능한 지표와 가능하지 않은 지표를 구분하여 제시하였다.

1) NO_2 대기농도

대표적 대기오염 물질인 NO_2의 2000~2018년 연평균 농도 추이를 주요 7개 도시에 한하여 분석해 보면, 〈그림 2-30〉과 같이 전반적으로 서울과 인천이 가장 높은 수치를, 광주와 대전이 가장 낮은 수치를 기록하고 있다. 19년간의 전반적 추이를 살펴보면 모든 도시에서 약소하지만 지속적인 감소추세를 보이고 있다. 하지만 2018년을 기준으로 서울(0.028ppm), 인천(0.025ppm) 지역에서 세계보건기구World Health Organization, WHO의 NO_2 대기농도 권고기준인 0.021ppm(40㎍/㎥)을 초과하고 있는 것을 확인할 수 있으며, 울산(0.02ppm), 부산(0.019ppm), 대구(0.019ppm), 대전(0.019ppm), 광주(0.017ppm) 지역에서도 WHO의 권고기준을 겨우 충족시키는 수준인 것으로 나타나 NO_2에 의한 대기오염이 다소 심각한 상태라고 할 수 있다.

〈그림 2-30〉 NO_2 연평균 농도(2000~2018년) (단위: ppm)

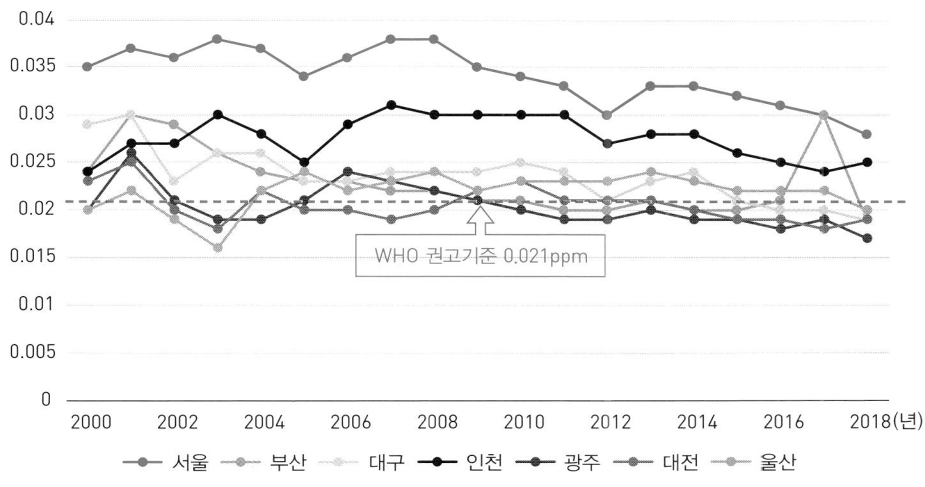

자료: e-나라지표

2) PM_{10} 및 $PM_{2.5}$ 대기농도

2010~2018년 주요 7개 도시의 PM_{10} 연평균 농도 추이를 분석해보면(〈그림 2-31〉 참고), 전반적으로 2012년까지는 감소하는 추세였으나 이후 증가와 감소를 반복하다 2018년에 이르러 2012년 수준으로 복귀한 것을 볼 수 있다. PM_{10} 대기농도의 경우 현재 WHO의 권고기준은 연평균 20μg/m³임에도 불구하고 이 기준을 충족하는 지역은 전혀 없는 것으로 나타나고 있다. 2018년 기준으로 대전(44μg/m³), 부산(41μg/m³), 광주(41μg/m³) 지역의 PM_{10} 농도가 가장 높게 나타나고 있으며, 가장 낮은 농도를 나타내고 있는 대구(39μg/m³) 지역조차 WHO 권고기준의 약 2배 이상의 수치를 기록하고 있어 전국적으로 PM_{10}에 의한 대기오염이 매우 심각한 상황이라고 할 수 있다.

2015~2018년 주요 7개 도시의 $PM_{2.5}$ 연평균 농도를 살펴보면(〈그림 2-32〉 참고), 전반적으로 부산, 인천 지역이 가장 높은 수치를, 대전 지역이 가장 낮은 수치를 기록하고 있다. 2018년 기준 $PM_{2.5}$로 인한 대기오염은 광주(24μg/m³), 서울(23μg/m³), 부산(23μg/m³), 울산(23μg/m³), 대구(22μg/m³), 인천(22μg/m³), 대전(22μg/m³) 지

〈그림 2-31〉 PM_{10} 연평균 농도(2010~2018년) (단위: μg/m³)

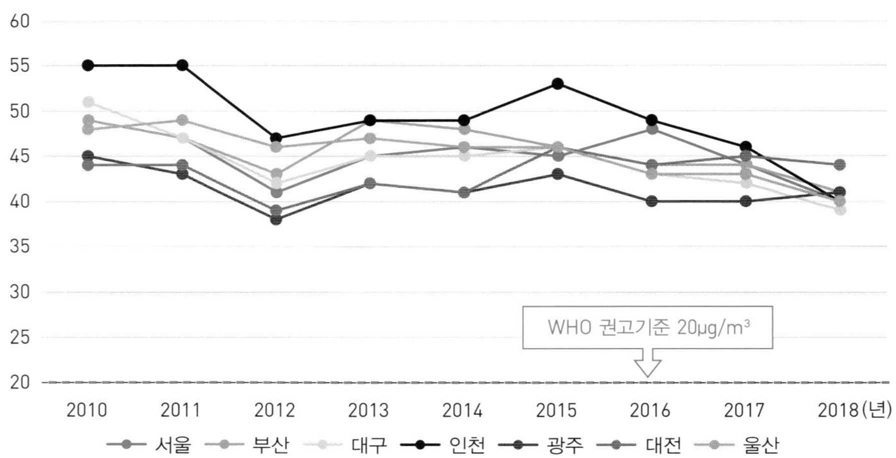

자료: e-나라지표

〈그림 2-32〉 PM2.5 연평균 농도(2015~2018년) (단위: μg/m³)

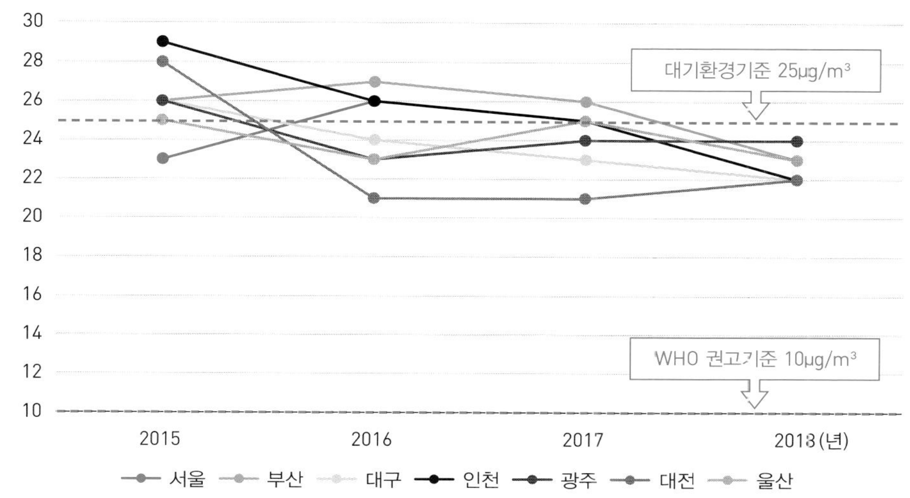

자료: e-나라지표

역 순으로 심각하다. 이는 우리나라 $PM_{2.5}$의 대기환경기준인 연평균 25μg/m³를 겨우 충족시키는 수준이며, WHO의 권고기준인 연평균 10μg/m³에는 크게 못 미치는 수준이라 할 수 있다.

3) 온실가스 배출량

1990~2017년 전국 온실가스[10] 배출량 및 증감률을 살펴보면(〈그림 2-33〉 참고), 1998년과 2014년을 제외하고는 지속적으로 총 배출량이 증가하는 추세를 보이고 있다. 증감률이 가장 큰 해는 1993년(9.3%)이며, 2000년대 초반부터 증감률이 감소하기는 하였지만 총 배출량이 1990년대와 비교하였을 때 크게 증가하였음을 알 수 있다. 2017년의 총 배출량은 709.1백만 톤CO_2eq로, 1990년 이래 가장 많은 배출량을 기록하고 있다. 우리나라 정부는 2030년 온실가스 배출량을 배출전망치(BAU·8억

10 1997년 제3차 유엔기후변화협약(UNFCCC) 당사국총회에서 채택된 교토의정서(Kyoto Protocol)에서는 이산화탄소(CO_2), 메탄(CH_4), 아산화질소(N_2O), 수소불화탄소(HFCs), 불화탄소(PFCs), 불화유황(SF_6) 등 여섯 종류의 물질을 온실가스로 규정하고 있다.

〈그림 2-33〉 온실가스 총 배출량 및 증감률(1990~2017년) (단위: 배출량, 백만 톤CO_2eq / 증감률, %)

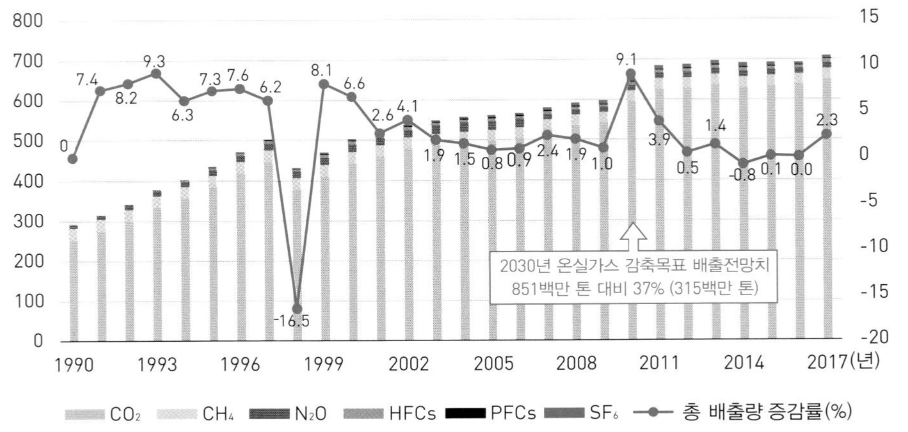

자료: e-나라지표

5060만 톤) 대비 37%인 315백만 톤으로 감축계획을 수립한 바 있으므로, 이러한 감축 목표치에 도달하기 위해서는 정책적 역량을 집중할 필요할 것으로 사료된다.

온실가스 물질별 배출량을 살펴보면, 2017년 기준 CO_2가 전체 온실가스 배출의 91.7%로 가장 많은 비중을 차지하고 있으며 CH_4(3.8%), N_2O(2.0%), HFCs(1.3%), SF_6(0.9%), PFCs(0.3%) 순으로 비중이 높은 것을 확인할 수 있다.

2. 물환경

물환경 분야의 질을 평가하기 위한 지표로는 수질오염도, 상·하수도 보급률, 하수처리시설 설치율, 취수율, 물 소비량 등(〈표 2-23〉 참고)을 활용할 수 있다. 본 연구에서는 주요 4대강 수질오염도, 17개 광역시·도의 상·하수도 보급률, 전국 취수율, 17개 광역시·도의 1인당 물 사용량 지표를 기반으로 물환경의 질을 진단하였다.

〈표 2-23〉 물환경 질 평가지표의 예시

세부영역	지표	측정(산출)방법	분석단위	참고지표
물환경	수질 오염도	4대강 상수원의 생화학적 산소요구량(BOD) 농도	한강, 금강, 낙동강, 영산강	UNCSD(2007) UK(2013) 지속위(2016)
	상수도 보급률	(상수도보급구역 내 인구 / 인구) × 100	광역시·도	EPI(2016) 박순애(2013)
	하수도 보급률	(하수처리구역 내 인구 / 인구) × 100	광역시·도	EPI(2016)
	하수처리시설 설치율	(하수처리구역 내 하수발생량 / 전체 하수발생량) × 100	광역시·도	EPI(2016) 박순애(2013)
	취수율	[이용량(유지용수량 제외) / 이용 가능 수자원량(하천유출량)] × 100	전국	UNCSD(2007) UK(2013) 지속위(2016)
	물 소비량	상수급수량 / 인구	전국	OECD(2016)

1) 주요 4대강 수질오염도

1993~2019년 주요 4대강(한강, 낙동강, 금강, 영산강)의 수질현황을 살펴보면(〈그림 2-34〉 참고),[11] 한강은 꾸준히 생화학적 산소요구량BOD 1.5mg/L 이하를 유지하

〈그림 2-34〉 주요 4대강 BOD 농도(1993~2019년) 단위: mg/L)

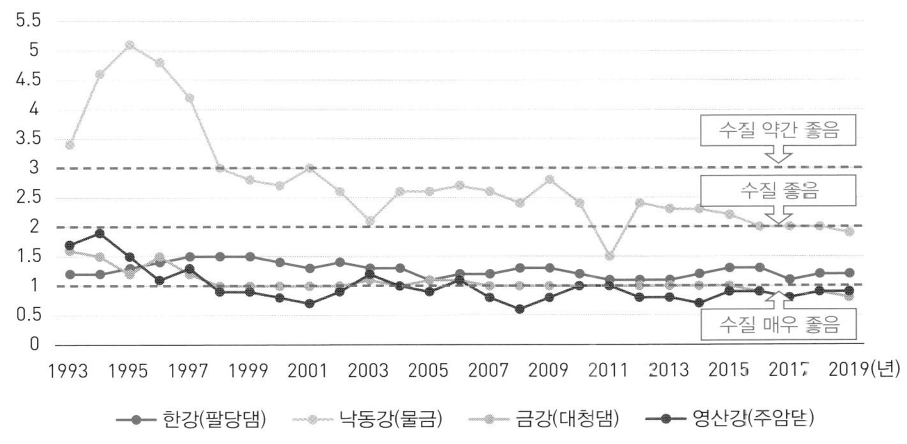

자료: e-나라지표

11 BOD 수치가 높을수록 수질오염도가 높으며, BOD 1mg/L 이하인 경우 수질이 '매우 좋음', 2mg/L 이하인 경우 '좋음', 3mg/L 이하인 경우 '약간 좋음'으로 해석할 수 있다.

고 있어 좋은 수질을 나타내고 있다. 금강 역시 1998년 이래 1.0~1.1mg/L 수준을 유지하고 있으며, 특히 2019년은 0.8mg/L로 오염물질이 거의 없는 상태다. 영산강의 경우 오염도의 증가와 감소가 반복되었으나 1994년 1.9mg/L에서 2019년 0.9mg/L으로 개선된 추세를 보이고 있다. 낙동강의 경우 주요 4대강 중 가장 높은 수질오염도를 기록하고 있지만 2019년 기준 BOD 1.9mg/L로 비교적 수질이 좋은 상태이다.

2) 상·하수도 보급률

17개 광역시·도의 1991~2017년 상수도 보급률을 살펴보면(〈그림 2-35〉 참고), 2017년 기준 전국의 상수도 보급률은 96.8%로 서울, 부산, 대구 지역에서 100%의 보급률을 기록하고 있다. 보급률이 가장 낮은 지역은 제주(79.6%)이며, 전남(89.0%), 충남(88.4%) 등도 낮은 편에 속하고 있지만 이들 지역에서도 꾸준히 보급률이 상승해 왔다.

1991~2017년 하수도 보급률을 살펴보면(〈그림 2-36〉 참고), 상수도와 마찬가지로 서울(100%), 부산(99.3%), 울산(99.0%) 지역에서 가장 높은 보급률을 보이고 있다. 보급률이 가장 낮은 지역은 충남(77.9%)이며, 전남(78.9%)과 경북(81.5%)도 비교적 낮은 수치를 보이고 있다. 2017년 기준, 전국 하수도 보급률은 93.6%로 1991년 35.7%와 비교해 보았을 때 꾸준한 상승세를 나타내고 있다.

영국, 미국, 일본 등 OECD 주요국들의 상·하수도 보급률과 비교해보면, 우리나라의 상수도 보급률은 97.6%(World Bank, 2016), 하수도 보급률은 90%(OECD, 2014)로 특히 하수도 보급률에 있어 100% 보급률을 기록한 영국과 함께 최상위권을 차지하고 있는 것을 확인할 수 있다. 상수도 보급률에 있어서도 100%에 가까운 수치를 나타내고 있는 영국, 일본, 미국과 함께 상위권을 차지하고 있다.

〈그림 2-35〉 상수도 보급률(1991~2017년) (단위: %)

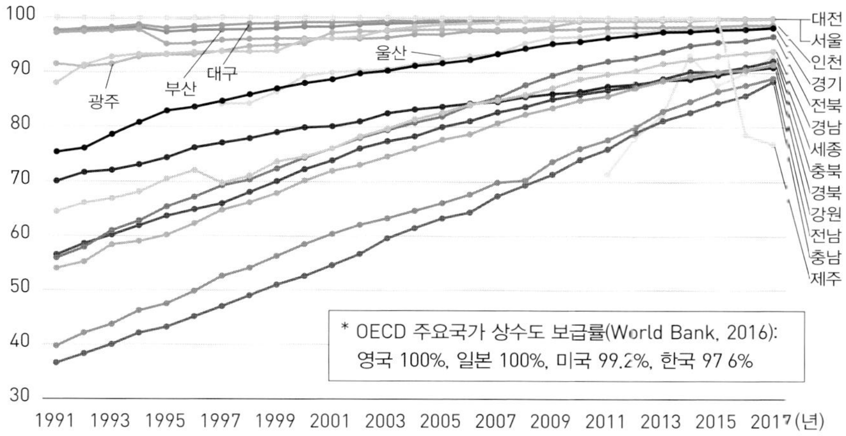

자료: 환경통계포털

〈그림 2-36〉 하수도 보급률(1991~2017년) (단위: %)

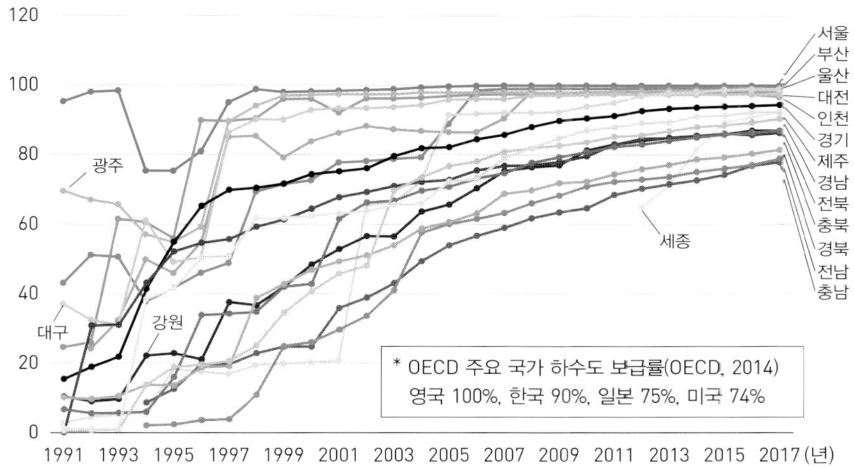

자료: 환경통계포털

3) 취수율 및 물 사용량

수자원을 얼마나 효율적으로 사용하고 있는지를 가늠해보기 위해 1980~2014년 취수율을 살펴보면(〈그림 2-37〉 참고), 우리나라는 1980년 19%에서 1990년 31%로 상승한 이래 2014년까지 평균 35% 정도의 취수율을 기록하고 있다. 가장 최근인 2014년 기준, 취수율은 33%이다.[12]

OECD는 「OECD 환경전망 2050 Environmental Outlook to 2050」에서 취수율을 기준으로 국가별 물 스트레스 정도를 평가하고 있는데, 40% 이상을 물 스트레스가 심각한severe 수준, 20% 이상~40% 미만을 중간medium 수준, 10% 이상~20% 미만을 낮은low 수준, 10% 미만을 스트레스가 없는 수준으로 분류하고 있다(〈그림 2-38〉 참조). 이에 따르면 우리나라는 1980년대 이래 취수율이 지속적으로 증가하고 있어 물 스트레스가 낮은 수준에서 심각한 수준으로 변화하고 있는 것을 알 수 있다.

이와 더불어 2006~2017년 1인당 일평균 물 사용량을 살펴보면(〈그림 2-39〉 참고), 전국적으로 2006년 276L에서 2017년 289L로 증가하여 1인당 일평균 물 사

〈그림 2-37〉 우리나라의 취수율(1980~2014년) (단위: %)

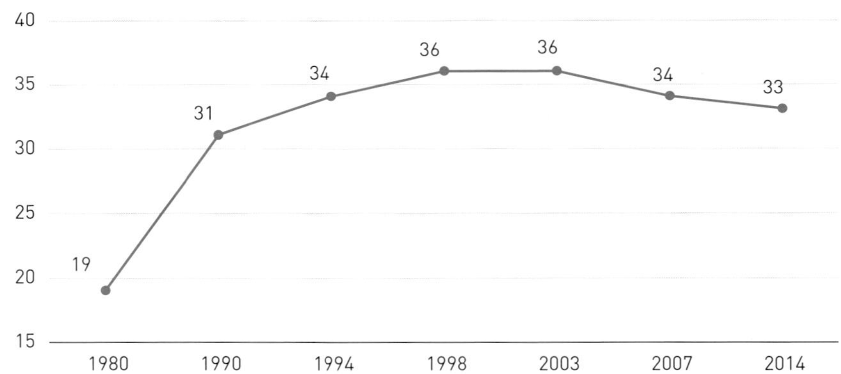

자료: e-나라지표

12 취수율은 각종 용도(농업, 공업, 생활용도 등)로 이용하기 위한 하천유출량 대비 취수량을 의미한다. 취수율이 높을수록 강수량 등 기후 여건에 물 사용이 제한을 받게 되므로 취수율을 낮추는 것이 바람직한 것으로 인식되고 있다.

〈그림 2-38〉 OECD 국가의 취수율 및 물 스트레스 정도 (단위: %)

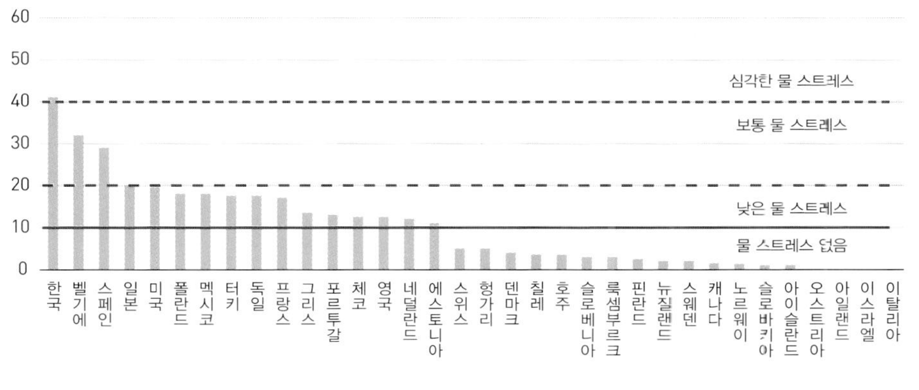

자료: OECD(2012)

〈그림 2-39〉 1인당 일평균 물 사용량(2006~2017년) (단위: L)

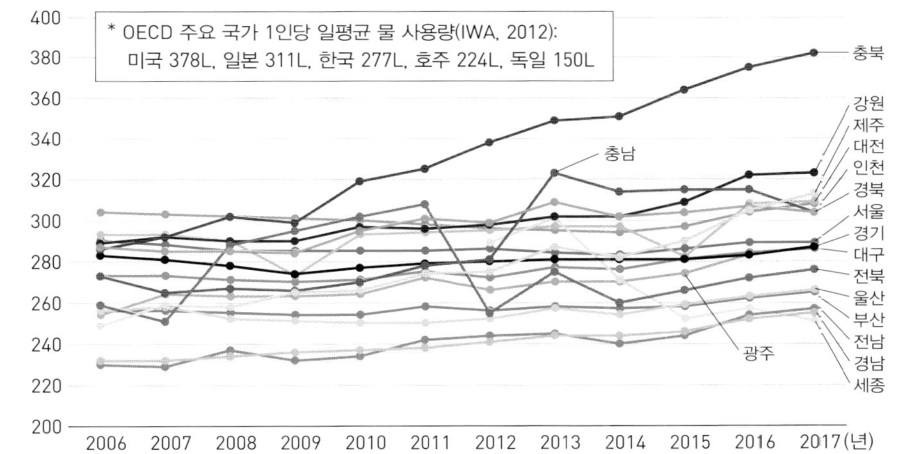

자료: 환경부(2018), 2017년 상수도 통계

용량이 꾸준히 상승하는 추세를 보이고 있다. 2017년을 기준으로 17개 광역시·도별 물 사용량을 비교해보면, 충북(382L), 강원(323L), 제주(313L), 대전(309L), 인천(308L) 순으로 높은 수치를 나타내고 있다. 물 사용량이 가장 적은 지역은 세종(251L), 경남(255L), 전남(257L)으로 가장 사용량이 많은 충북 지역과 약 130L의 편차를 보이고 있다.

한편, 국제물협회IWA, International Water Association가 집계한 OECD 주요국가의 1인당 일평균 물 사용량(IWA, 2012)을 살펴보면, 우리나라는 277L를 사용하는 것으로 나타나 미국(378L), 일본(311L) 등의 국가와 함께 1인당 일평균 물 사용량이 많은 편에 속하는 것으로 나타났다.

3. 토양

토양 분야의 질을 평가하기 위한 지표로는 농지면적 비율, 친환경 인증 농산물 생산비율, 식량 자급률, 화학비료 사용량, 농약 사용량, 토양오염물질 기준 초과 정도, 산림지역 비율, 목재 벌채 비율 등(〈표 2-24〉 참고)을 활용할 수 있다. 본 연구에서는 전국의 토양오염 우려기준 및 대책기준 초과 현황, 농약 및 화학비료 사용량 추이, 산림면적 비율 변화를 살펴보았다.

1) 토양오염 우려기준 및 대책기준 초과 현황

2001~2017년 전국의 토양오염 우려기준 및 대책기준[13] 초과 현황을 살펴보면(〈그림 2-40〉 참조), 2001년부터 2009년까지 지속적으로 우려기준 및 대책기준 초과율이 증가하여 정점을 기록한 2009년의 경우 2,580개 조사대상 지점 중 166개소(6.4%)가 우려기준을 초과, 88개소(3.4)가 대책기준을 초과한 것을 확인할 수 있다. 하지만 이후 2017년까지 대폭 감소하여 2017년의 경우 2,526개 조사대상 지점 중 46개소(1.6%)가 우려기준을, 이 중 5개소(0.2%)가 대책기준을 초과한 것으로 나타났다.

13 토양오염 우려기준은 '사람의 건강 및 재산과 동·식물의 생육에 지장을 초래할 우려가 있는 상태에 대한 기준'을 의미한다. 토양오염 대책기준은 '우려기준을 초과하여 사람의 건강 및 재산과 동·식물의 생육에 지장을 주어서 토양오염에 대한 대책을 필요로 하는 기준'을 의미한다(www.index.go.kr/potal/main/EachDtlPageDetail.do?idx_cd=2790).

〈표 2-24〉 토양 질 평가지표의 예시

세부영역	지표	측정(산출)방법	분석단위	참고지표
토양	농지면적 비율	[전체 농지면적(지적도 상의 논·밭 면적) / 총 농가 수] × 100	광역시·도	UNCSD(2007) 지속위(2016) 박순애(2013)
	친환경 인증 농산물 생산비율	(친환경 농산물 인증량 / 농산물 총 생산량) × 100	광역시·도	OECD(2017) 지속위(2016)
	식량 자급률	[국내 식량 생산량 /(국내 식량 생산량 + 식량 수입량)] ×100	전국	지속위(2016)
	화학비료 사용량	비료 총 출하량(질소, 인산, 칼륨 성분량 기준) / 경지 이용면적	전국	지속위(2016)
	농약 사용량	농약 출하량 / 경지 이용면적	전국	OECD(2017) 지속위(2016)
	토양오염물질 기준 초과	토양오염 우려기준 초과 현황	광역시·도	박순애(2013)
	산림지역 비율	(산림면적 / 국토면적) × 100	광역시·도	EPI(2016) UNCSD(2007) 지속위(2016)
	목재 벌채 비율	(목재 벌채량 / 임목 축적 증가량) × 100	전국	지속위(2016)

〈그림 2-40〉 토양오염 우려기준 및 대책기준 초과 현황(2001~2017년) (단위: 개소, %)

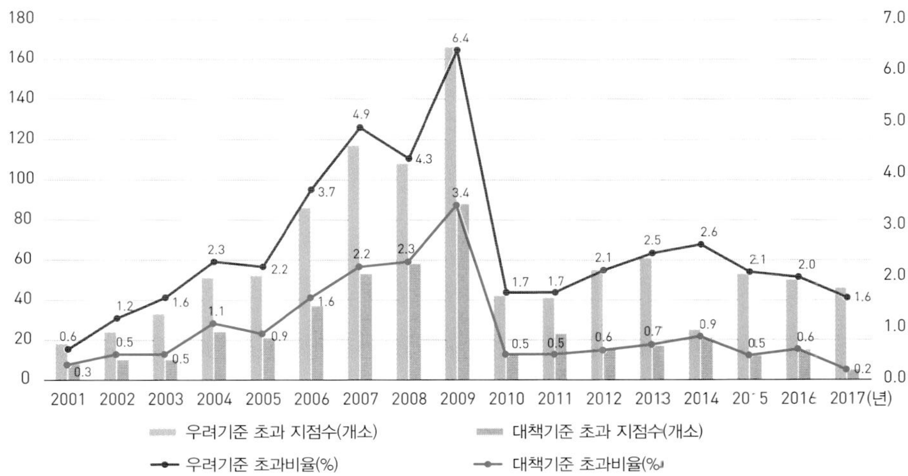

자료: e-나라지표

〈그림 2-41〉 17개 광역시·도별 토양오염 우려기준 초과 현황(2017년) (단위: 개소)

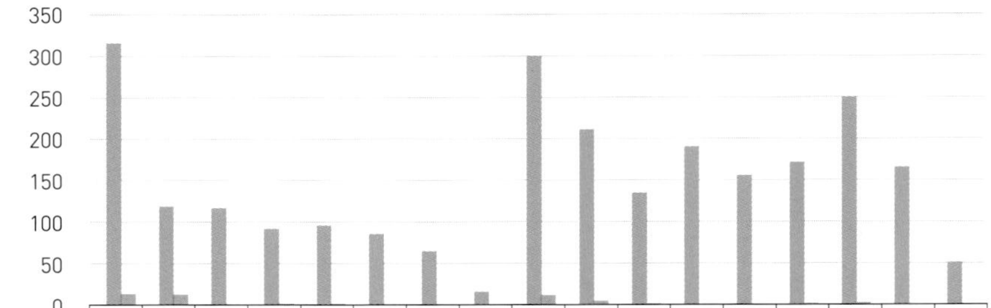

	서울	부산	대구	인천	광주	대전	울산	세종	경기	강원	충북	충남	전북	전남	경북	경남	제주
■ 조사지점	316	118	116	91	95	85	64	15	300	211	134	190	155	171	250	165	50
■ 초과지점	13	12	0	1	1	0	0	0	11	4	1	0	0	1	2	0	0
초과율(%)	4.1	10.2	0.0	1.1	1.1	0.0	0.0	0.0	3.7	1.9	0.7	0.0	0.0	0.6	0.8	0.0	0.0

자료: 환경부

토양오염 우려기준 및 대책기준의 초과 현황은 지역별로 큰 차이를 보이고 있는데, 예를 들어 2017년 17개 광역시·도별 토양오염 우려기준 초과 현황을 살펴보면(〈그림 2-41〉 참조), 특정 지역에서만 우려기준을 초과하는 지점이 존재하는 것으로 나타나고 있다. 2017년을 기준으로 초과율은 부산 지역이 10.2%로 가장 높으며 서울(4.1%), 경기(3.7%), 강원(1.9%) 순으로 높은 수치를 기록하고 있다.

2) 농약 및 화학비료 사용량

1990~2018년 전국의 농약 및 화학비료 사용량 추이를 살펴보면, 〈그림 2-42〉에서와 같이 총 사용량은 다소 감소하는 추세를 나타내고 있다. 하지만 단위면적(ha)당 사용량은 크게 변화하지 않아 농약 및 화학비료에 의한 토양오염이 크게 개선되고 있지는 않은 상황임을 확인할 수 있다. 1990년 ha당 농약 및 화학비료 사용량은 각각 10.4kg, 458kg이었으며 2018년 현재 각각 9.5kg, 268kg의 사용량을 기록하고 있다.

〈그림 2-42〉 농약 및 화학비료 사용량(1990~2018년) (단위: 천 톤, kg)

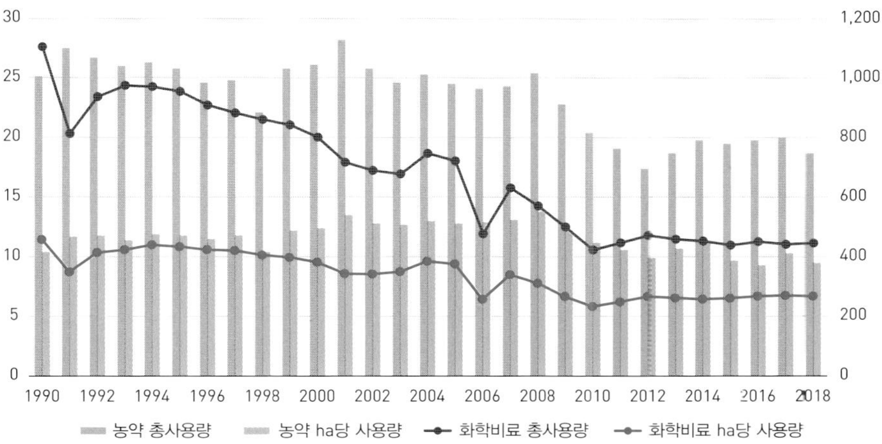

자료: e-나라지표

3) 산림면적 비율

World Bank(2016)에 따르면 우리나라의 국토면적 대비 산림면적은 63.4%로 핀란드(73.1%), 일본(68.5%) 등과 함께 넓은 면적을 보유하고 있지만, OECD(2015)에 따르면 2012년을 기준으로 인구 1천 명당 산림면적이 1.2km^2에 불과하여 OECD 국가 평균인 8.4km^2에 크게 못 미치는 수준인 것으로 나타났다. 우리나라는 이스라엘(0.2km^2), 네덜란드(0.2km^2), 영국(0.5km^2), 벨기에(0.6km^2), 덴마크(1.0km^2), 아이슬란드(1.0km^2) 등과 함께 상당히 낮은 축에 속하고 있다.

국내 자료를 바탕으로 1990~2015년 산림면적 비율의 변화추이를 살펴보면(〈그림 2-43〉 참고), 1990년 산림면적의 비율은 65.6%, 2015년은 63.2%로 약 2.4% 정도 감소하였으며 급격하게 비율이 변화하지는 않았지만 지속적으로 감소하고 있는 추세를 나타내고 있다. 산림면적 자체도 1990년 6,476,000ha에서 2015년 6,340,000ha로 감소하였다.

〈그림 2-43〉 산림면적 비율(1990~2015년) (단위: %)

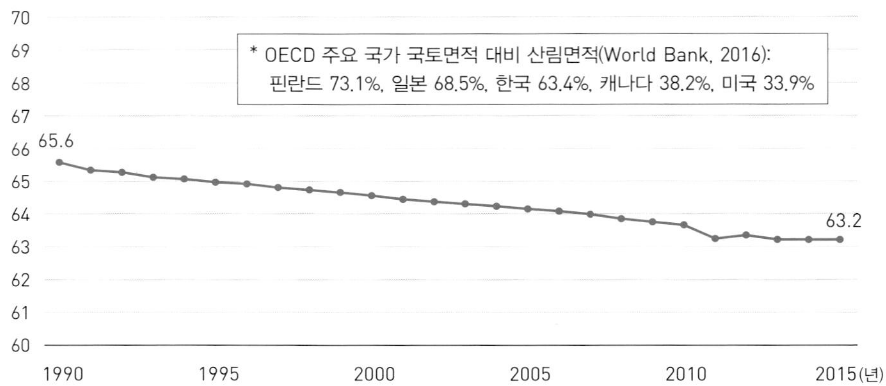

자료: e-나라지표

4. 자연보전

자연보전 분야의 질을 평가하기 위한 지표로는 자연보호지역 비율, 생물종 수, 멸종위기종 수 등(〈표 2-25〉 참고)을 활용할 수 있다. 본 연구에서는 국토대비 생태보호지역 및 국립공원 비율의 변화 추이를 살펴봄으로써 자연보전 분야의 환경 질을 진단하였다.[14]

1) 생태보호지역 비율

우리나라의 생태보호지역[15] 비율의 변화를 살펴보면(〈그림 2-44〉 참고), 1990년

14 자생생물종 수, 멸종위기종 수 등 생물다양성과 관련한 국내 자료는 2000년대 중반 '한반도 고유생물종 확인 및 DB 구축'과 같은 관리체계를 도입하면서 축적되기 시작하였으나 아직까지 그 데이터베이스의 구축이 미흡한 관계로 본 연구에서는 지표로써 고려하지 않았다.

15 생태보호지역이란 공공 접근이 제한된 과학적 보호구역, 국립공원, 천연기념물 서식지, 자연보호지역, 야생동식물보호지역, 자연경승지구, 지속가능한 사용을 위한 관리 지역 등 정부에서 지정한 최소 1,000ha의 보호지역을 의미한다(World Development Indicators, 2016). 해양 지역, 분류되지 않은 지역, 연안지역 및 지방법에 의해 보호되는 구역은 제외된다.

〈표 2-25〉 자연보전 질 평가지표의 예시

세부영역	지표	측정(산출)방법	분석단위	참고지표
자연보전	자연보호지역 비율	(자연환경보호지역 면적 / 국토면적) × 100	전국	OECD(2017) EPI(2016) UNCSD(2007) 지속위(2016)
	생물종 수	한국산 생물종 수	전국	EPI(2016) UNCSD(2007) 지속위(2016)
	멸종위기종 수	한국의 멸종위기종 수	전국	EPI(2016) UNCSD(2007) UK(2013) 지속위(2016)

5.14%, 2000년 5.2%, 2014년 7.6%, 2016년 11.23%, 2017년 11.67%로 소폭 증가한 추세를 보이고 있으나 미국, 호주, 일본 등 타 OECD 국가들과 비교했을 때 가장 낮은 수치를 기록하고 있다. 1990년에 우리나라와 유사한 5.78% 수치를 기록하고 있던 이탈리아가 2017년 21.54%로 대폭 증가한 수치를 나타내고 있는 데 반해, 우리나라는 11.67%로 소폭 상승한 것을 확인할 수 있다.

〈그림 2-44〉 생태보호지역 비율(1990·2000·2014·2016·2017년) (단위: %)

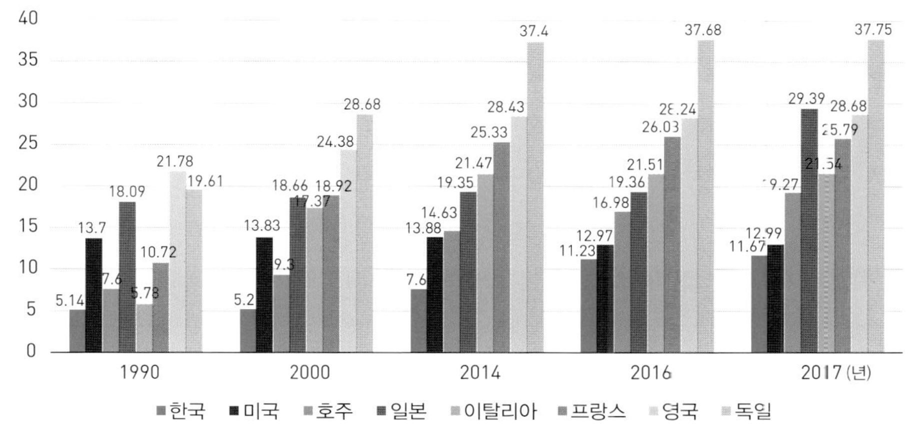

자료: e-나라지표

2) 국토대비 국립공원 면적

2010~2018년 우리나라의 국토대비 국립공원 면적 비율의 변화를 살펴보면(〈그림 2-45〉 참고), 2012년 이전까지는 6.6% 이하의 수치를 기록하다가 2012년 이후 미세하게 증가하여 2018년 현재 6.7%에 이르고 있는 것으로 나타나고 있다. OECD 주요 국가들과 비교해보면 영국(6.0%), 일본(5.4%), 미국(2.7%), 캐나다(1.8%)에 비해 높은 수치를 기록하여 대만(9.6%)과 함께 상위권을 차지하고 있는 것을 확인할 수 있다(OECD, 2007).

〈그림 2-45〉 국토대비 국립공원 면적(2010~2018년) (단위: %)

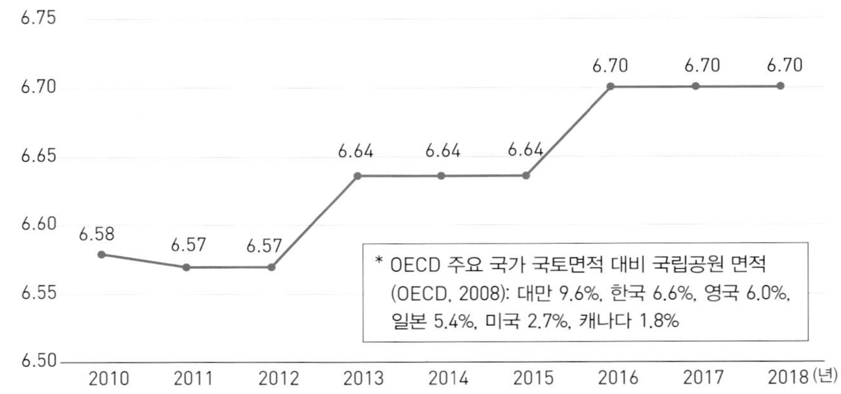

자료: e-나라지표

5. 자원순환

자원순환 분야의 질을 평가하기 위한 지표로는 생활·일반폐기물 발생량, 지정폐기물 발생량, 방사성폐기물 발생량, 폐기물 소각처리량, 매립 처리량, 폐기물 재활용률, 폐기물 해양투기량 등(〈표 2-26〉 참고)을 활용할 수 있다. 본 연구에서는

〈표 2-26〉 자원순환 질 평가지표의 예시

세부영역	지표	측정(산출)방법	분석단위	참고지표
자원순환	생활·일반 폐기물 발생량	생활폐기물 + 사업장 일반폐기물 + 건설폐기물 발생량	광역시·도	OECD(2017) OECD(2016) EU(2015) UK(2013) 지속위(2016)
	지정폐기물 발생량	지정폐기물 총 발생량	광역시·도	지속위(2016) 박순애(2013)
	방사성폐기물 발생량	중저준위 방사성폐기물 총 발생량	전국	지속위(2016) 박순애(2013)
	폐기물 소각처리량	폐기물 소각방식의 처리량	전국	박순애(2013)
	폐기물 매립처리량	폐기물 매각방식의 처리량	전국	박순애(2013)
	폐기물 재활용률	생활폐기물 재활용 처리량 / 생활폐기물 발생량 × 100	광역시·도	OECD(2017) OECD(2016) 지속위(2016)
	폐기물 해양투기량	배출 해역에 투기하는 폐기물량	지정해역	지속위(2016)

17개 광역시·도별 생활폐기물 발생량과 지정폐기물 발생량, 전국의 폐기물 재활용률 변화 추이를 분석하여 자연순환 분야의 환경 질을 진단하였다.

1) 생활폐기물 발생량

1995~2017년 17개 광역시·도별 일평균 생활폐기물 발생량을 살펴보면(〈그림 2-46〉 참고), 1990년대 후반부터 2009년까지는 서울 지역에서의 발생량이 가장 많은 것으로 나타나고 있다. 하지만 2009년 이후 경기 지역의 발생량이 지속적으로 증가하고 서울 지역의 발생량은 감소하는 추세를 보여, 2017년 현재 경기 지역은 일평균 11,605톤, 서울 지역은 일평균 9,217톤으로 경기 지역의 발생량이 가장 많은 상태이다. 해당 기간 동안 전국적으로는 괄목할 만한 증가나 감소 추세가 나타나고 있지 않다.

OECD 주요 국가의 국민 1인당 생활폐기물 발생량 통계치를 살펴보면(OECD,

〈그림 2-46〉 생활폐기물 발생량(1995~2017년) (단위: 톤/일)

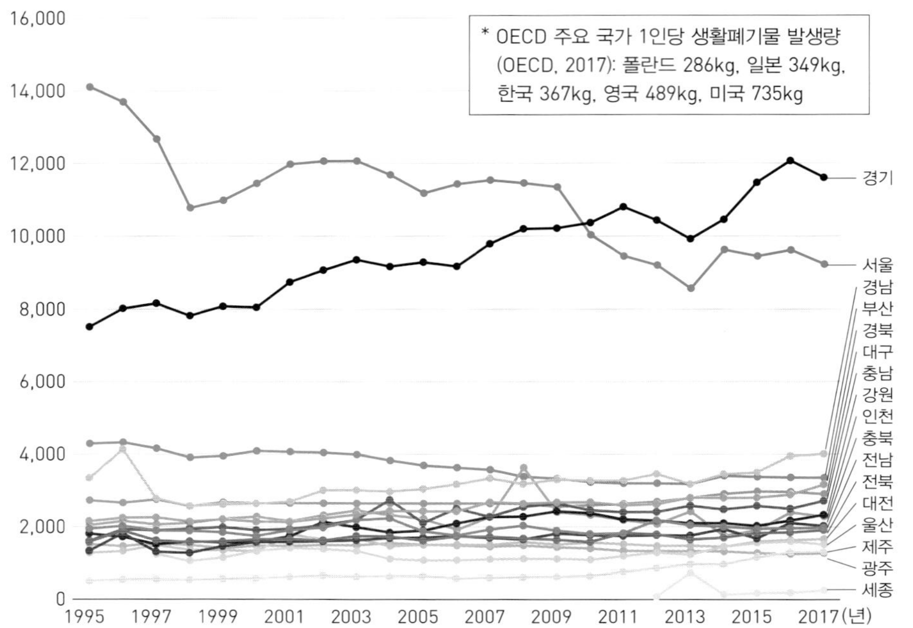

자료: 환경통계포털

2017), 우리나라는 367kg을 기록해 영국 489kg, 미국 735kg보다는 적은 양이지만 일본 349kg, 폴란드 286kg보다는 많은 양을 기록하고 있는 것으로 나타났다.

2) 지정폐기물 발생량

지정폐기물의 경우 〈그림 2-47〉과 같이 1996년부터 2017년까지 전국적으로 그 발생량이 증가하는 추세이다.[16] 특히 해당 기간 동안 경기, 경북, 충남 지역에서 꾸준히 지정폐기물이 가장 많이 발생하고 있음을 확인할 수 있다. 2017년 기준, 한 해 동안 경기 지역에서는 1,167,095톤, 경북 지역에서는 681,063톤, 충남 지역

16 지정폐기물은 사업장폐기물 중 주변환경을 오염시킬 수 있거나 의료폐기물과 같이 인체에 위해를 줄 수 있는 유해한 폐기물을 의미하며 총 23종의 폐기물(폐농약, 폐석면, 폐유, 폐합성고무, 폐합성수지 등)이 이에 해당한다. 지정폐기물은 유해성분을 포함하고 있으므로 발생 자체보다는 적정한 관리 및 처리 여부가 중요한 것으로 인식되고 있다.

〈그림 2-47〉 지정폐기물 발생량(1996~2017년) (단위: 톤)

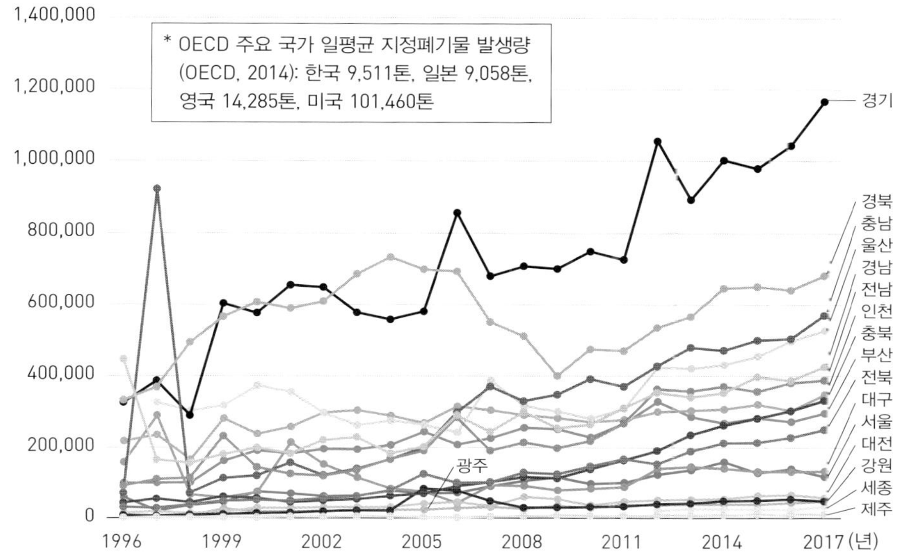

자료: 환경통계포털

에서는 570,026톤이 발생하였다. 한편 제주 지역(11,127톤)이 2017년에 가장 적은 지정폐기물 발생량을 보이고 있다.

OECD 주요 국가들의 일평균 지정폐기물 발생량(OECD, 2014)과 비교해 보았을 때, 우리나라는 일평균 9,511톤으로 영국(14,285톤)이나 미국(101,460톤)보다는 발생량이 적지만 일본(9,058톤)보다는 발생량이 많은 편임을 알 수 있다.

3) 폐기물 재활용률

1998~2017년 우리나라의 생활·사업장·지정폐기물 재활용률[17] 변화 추이를 살펴보면(〈그림 2-48〉 참고), 사업장폐기물의 재활용률이 가장 높은 수준을 유지하는

17 생활폐기물(가정, 사무실, 대형매장, 백화점, 식당, 공사장 등에서 생활을 영위함에 따라 발생하는 폐기물), 사업장폐기물(건설공사 및 산업공정 등에서 발생하는 폐기물), 지정폐기물(사업장폐기물 중 환경을 오염시킬 수 있거나 의료폐기물과 같이 인체에 위해를 줄 수 있는 폐기물) 각각의 발생량 대비 재활용된 양의 비율을 의미한다.

〈그림 2-48〉 폐기물 재활용률(1998~2017년) (단위: %)

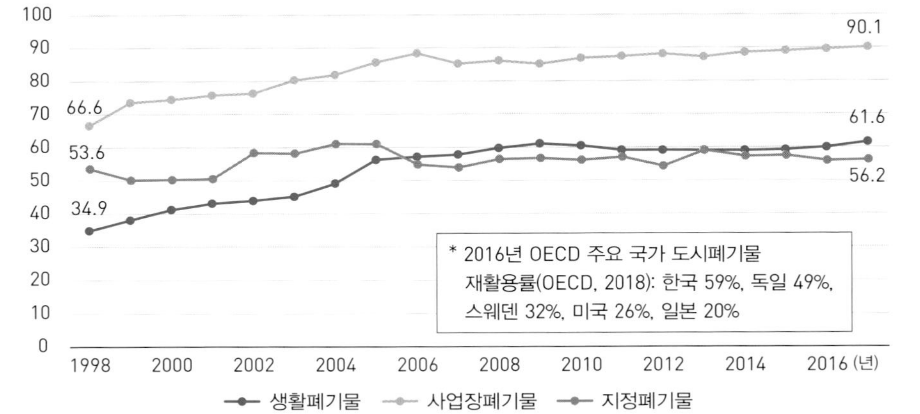

자료: 환경통계포털

가운데 전반적으로 재활용률이 상승한 것을 확인할 수 있다. 1998년 대비 2017년 사업장폐기물은 66.6%에서 90.1%로, 생활폐기물은 34.9%에서 61.6%로 재활용률이 향상되었다. 다만 지정폐기물은 1998년 53.6%에서 2005년 61.1%로 상승했다가 이후 약 55% 수준을 유지하고 있다.

2016년 기준 OECD 주요국들의 폐기물 재활용률이 평균 26%이고 우리나라는 59%로 상위권을 차지하고 있는 사실에 기반했을 때 폐기물정책이 어느 정도 성공을 거둔 것으로 해석해볼 수 있겠으나, 2010년 이후 재활용률 향상 폭이 크지 않고 상승과 하락을 반복하고 있다는 점에서 재활용률을 제고하기 위한 정책마련이 필요할 것으로 보인다.

6. 환경보건

환경보건 분야의 질을 평가하기 위한 지표로는 화학물질 배출량, 소음 및 진동 배출시설 현황 등(〈표 2-27〉 참고)을 활용할 수 있다. 본 연구에서는 각 광역시·도별 화학물질 배출량, 화학물질 취급량 대비 배출량, 소음 및 진동배출시설 현황, 주거지역(도로) 소음도, 수인성질환 발생 건수, 악취관련 민원 발생건수에 근거하여 환경보건 분야의 환경 질을 진단하였다.

〈표 2-27〉 환경보건 질 평가지표의 예시

세부영역	지표	측정(산출)방법	분석단위	참고지표
환경보건	화학물질 배출량	화학물질별 대기·수계·토양 등 환경 중에 직접 배출되는 양	광역시·도	박순애(2013) 환경원(2010)
	소음배출시설 현황	소음배출시설 수 (허가·신고대상 시설)	광역시·도	EU(2015) UK(2013) 박순애(2013)
	진동배출시설 현황	진동배출시설 수 (허가·신고대상 시설)	광역시·도	박순애(2013)

1) 화학물질 배출량

1999~2016년 17개 광역시·도별 화학물질 배출량[18]을 살펴보면(〈그림 2-49〉 참고), 전반적으로 배출량이 증가하고 있는 추세이다. 2015년 전국 화학물질 배출량(53,732,487kg/년)은 전년(54,261,120kg/년) 대비 감소하였으나 1999년(16,379,541kg/년)과 비교하였을 때 2배 이상 증가한 것을 볼 수 있다. 경기 지역은 1999년 이래

18 「화학물질관리법」 제11조에 따르면 화학물질은 "원소·화합물 및 그에 인위적인 반응을 일으켜 얻어진 물질과 자연 상태에서 존재하는 물질을 화학적으로 변형시키거나 추출 또는 정제한 것"으로 정의되며, 해당 법 시행령 제6조에 따른 "대통령령으로 정하는 화학물질"에는 ① 유해화학물질, ② 「대기환경보전법」 제2조 제1호에 따른 대기오염물질 중 화학물질, ③ 「대기환경보전법」 제2조 제10호에 따른 휘발성유기화합물, ④ 「수질 및 수생태계 보전에 관한 법률」 제2조 제7호에 따른 수질오염물질 중 화학물질, ⑤ 국제적인 전문기관이나 국제기구에서 지정한 발암성·생식독성 또는 유전독성 등을 가진 화학물질로서 관리위원회의 심의를 거쳐 환경부 장관이 국민의 건강 및 환경을 보호하기 위하여 필요하다고 인정하는 화학물질이 포함된다.

배출량이 대폭 증가하여 2015년 현재 배출량이 가장 많은 상태이며(1,310,752 → 11,547,269kg/년), 경남과 울산 지역에서도 지속적으로 많은 양이 배출되고 있다.

〈그림 2-49〉 화학물질 배출량(1999~2016년) (단위: kg/년)

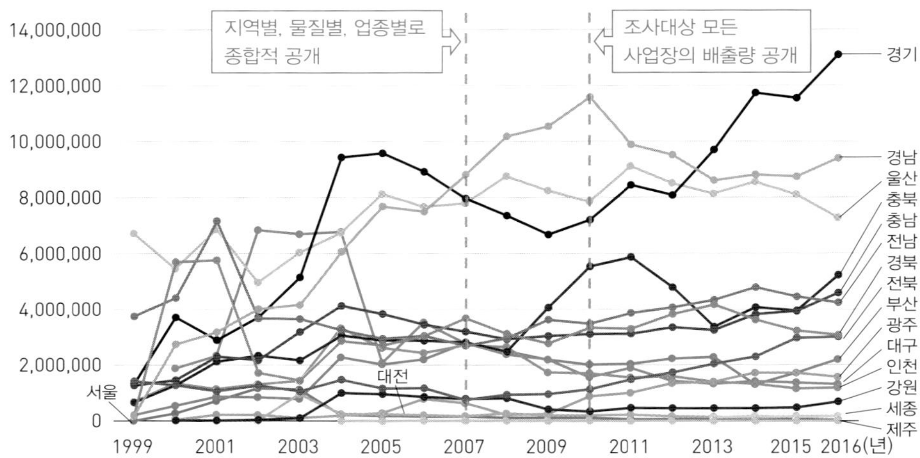

자료: 환경부

〈그림 2-50〉 화학물질 취급량 대비 배출량(2001~2016년) (단위: 톤/년, %)

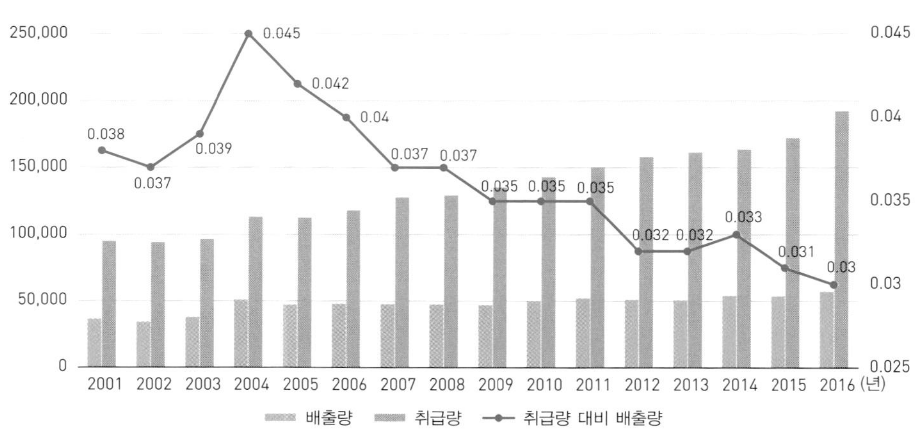

자료: 환경부

한편, 2001년부터 2016년까지 화학물질 취급량[19]은 지속적으로 증가하고 있는 양상이나(95,035천 톤 → 92,185천 톤) 화학물질 취급량 대비 배출량 비중은 감소하였다. 특히 0.045%를 기록한 2004년 이후부터 지속적으로 감소가 이루어져 2016년 현재 0.03% 수준이다(〈그림 2-50〉 참고).

2) 소음 및 진동배출시설[20] 현황

1993~2017년 소음배출시설의 변화 추이를 살펴보면(〈그림 2-51〉 참고), 2017년 기준 소음배출시설이 가장 많은 지역은 경기(21,622개)로 2010년 이후 꾸준히 증가하는 추세를 보이고 있다. 2017년 기준 소음배출시설이 가장 적은 지역인 광주의

〈그림 2-51〉 소음배출시설 현황(1993~2017년) (단위: 개수)

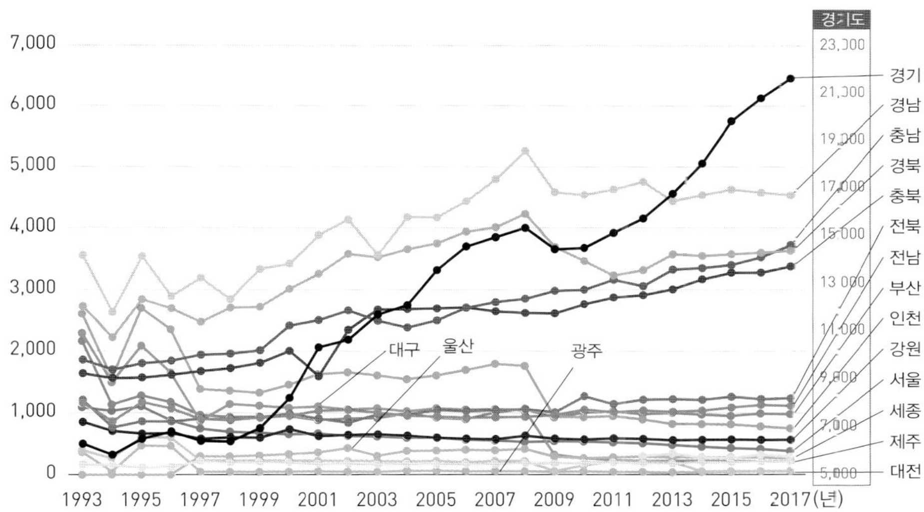

자료: 국가통계포털

19 화학물질 취급량은 제조량과 사용량을 합친 것으로 기업체에서 한 해 동안 제조하거나 사용한 화학물질의 양을 의미한다.

20 소음 및 진동배출시설이란 소음진동을 많이 발생하는 기계, 기구 등 소음진동배출시설에 대한 설치허가(신고)를 취득한 고소음진동발생 사업장을 의미한다. 학교·병원·공공도서관 인근지역 및 주거지역의 소음진동배출업소 수가 적을수록 쾌적하고 정온한 주거환경이 조성될 수 있다고 본다(www.index.go.kr/potal/main/EachDtlPageDetail.do?idx_cd=1472).

경우 1993년 369개를 보유하였으나 2017년에는 55개로 대폭 감소하였고, 대구의 경우 1993년 2,287개에서 2017년 214개까지 감소하여 가장 큰 감소폭을 보이고 있다. 한편, 광주, 대구, 대전, 부산, 서울, 강원 지역의 소음배출시설은 지속적으로 감소하는 추세를 보이고 있다.

1993~2017년 진동배출시설[21]의 변화 추이를 살펴보면(〈그림 2-52〉 참고), 전 기간에 걸쳐 진동배출시설을 가장 많이 보유하고 있는 경기 지역의 경우 1990년대 후반부터 그 수치가 꾸준히 상승하여 2005년 2,144개로 정점을 기록한 후 감소하였지만 2012년 이후 다시 상승세를 보여 2017년 기준 2,403개 시설을 보유하고 있다.

〈그림 2-52〉 진동배출시설 현황(1993~2017년) (단위: 개수)

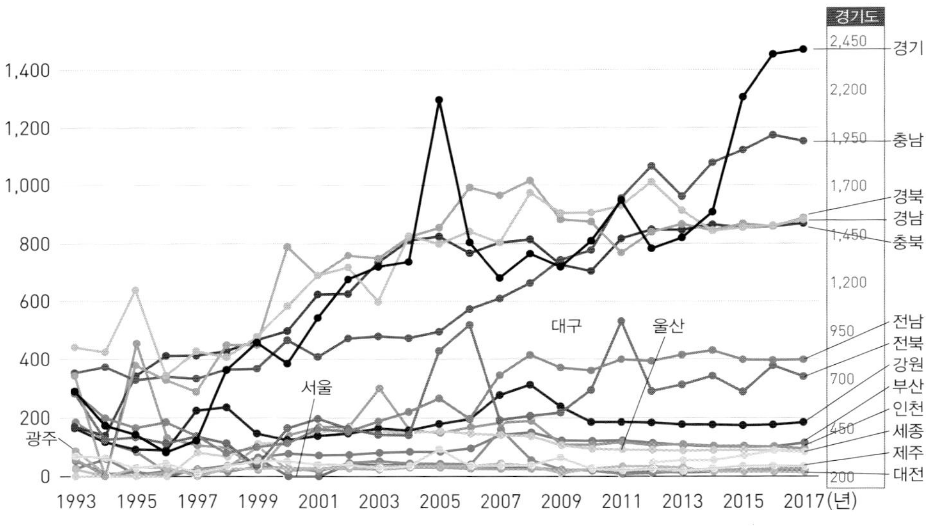

자료: 국가통계포털

21 「소음·진동관리법」 제2조는 진동을 "기계·기구·시설, 그 밖의 물체의 사용으로 인하여 발생하는 강한 흔들림"으로 정의한다. 해당 법의 시행규칙 제2조의 2 별표1은 진동배출시설을 동력을 사용하는 시설 및 기계·기구로 한정하여 이에는 ① 15kW 이상의 프레스(유압식은 제외), ② 22.5kW 이상의 분쇄기(파쇄기 및 마쇄기 포함), ③ 22.5kW 이상의 단조기, ④ 22.5kW 이상의 도정시설(「국토의 계획 및 이용에 관한 법률」에 따른 주거지역·상업지역 및 녹지지역에 있는 시설로 한정), ⑤ 22.5kW 이상의 목재가공기계, ⑥ 37.5kW 이상의 성형기(압출·사출 포함), ⑦ 37.5kW 이상의 연탄제조용 운전기, ⑧ 4대 이상 시멘트벽돌 및 블록의 제조 기계가 포함된다.

경남, 경북, 부산, 충북 지역도 전반적으로 배출시설이 증가하고 있는 추세이다. 한편, 1993년과 비교하였을 때 광주(88 → 26개), 대전(25 → 14개), 서울(54 → 19개), 제주(70 → 35개) 지역에서는 진동배출시설이 다소 감소한 것을 볼 수 있다.

3) 환경 소음도

2000~2018년 주요 6개 도시(서울, 부산, 대구, 인천, 광주, 대전)의 도로변 주거지역의 낮과 밤 시간대 소음도를 살펴보면(〈그림 2-53〉, 〈그림 2-54〉 참고), 대부분의 주요 도시에서 도로변 주거지역의 소음환경 기준인 낮(06:00~22:00) 65dB, 밤(22:00~06:00) 55dB를 초과하고 있는 것을 알 수 있다. 2000년 이래 낮 시간대의 경우 대전과 광주만이 환경기준을 만족하고 있으며, 밤 시간대의 경우 대전만이 간헐적으로 환경기준을 만족하고 있다. 서울 지역의 경우 시간대와 상관없이 소음이 가장 심한 편이며, 2018년 현재 낮 시간대는 68dB, 밤 시간대는 66dB을 기록하고 있다. 한편, 2000년 이래 전반적으로 소음도는 5dB 범위 이내에서 증감하거나 유지되고 있는 것을 확인할 수 있다.

〈그림 2-53〉 주거지역 낮 시간대 소음도(2000~2018년) (단위: dB)

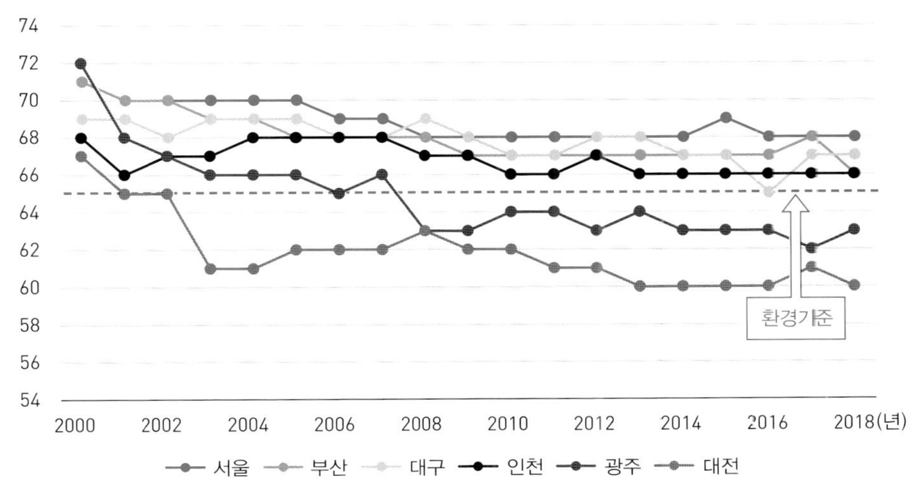

자료: e-나라지표

〈그림 2-54〉 주거지역 밤 시간대 소음도(2000~2018년) (단위: dB)

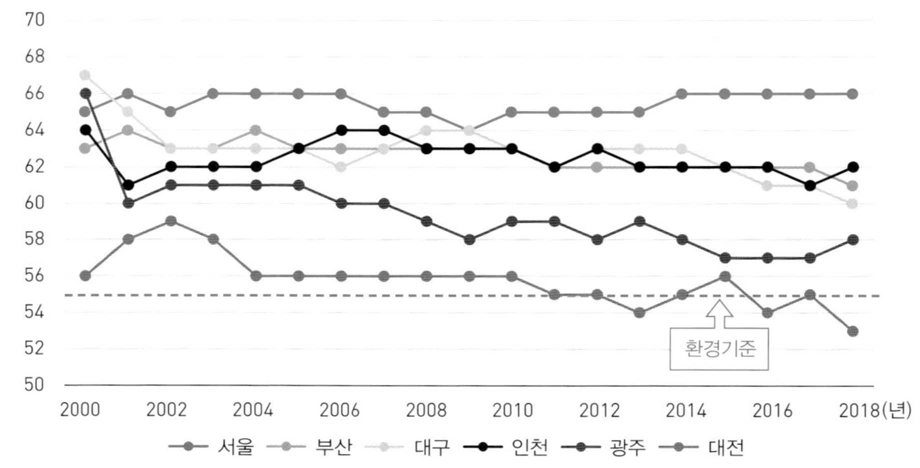

자료: e-나라지표

4) 수인성 질환 발생

2001~2018년 마시는 물 또는 식품을 매개로 발생하는 제1군 감염병 발생 추이를 살펴본 결과(〈그림 2-58〉 참고), 2000년대 초반까지는 전국적으로 수인성 질환 발생이 감소하는 추세인 것을 확인할 수 있다.[22] 하지만 A형 간염에 대한 통계치가 수집되기 시작한 2011년 이후 대폭 상승하여 2011년 5,970건(이 중 A형 간염 발생은 5,521건)으로 최고점을 기록하고 2012년에 다시 감소하였지만 이후 2018년 현재까지 지속적으로 상승곡선을 그리고 있다.

광역자치단체별로 추이를 살펴보면, 2018년 현재 경기(822건), 서울(610건), 충남(239건) 지역에서 가장 많은 발생 건수를 기록하고 있으며, 제주(27건), 세종(31건), 울산(40건) 지역이 가장 적은 건수를 나타내고 있다.

22 집단 발생의 우려가 커서 발생 또는 유행 즉시 방역대책을 수립하여야 하는 감염병으로 콜레라, 장티푸스, 파라티푸스, 세균성이질, 장출혈성대장균감염증, A형 간염이 포함된다.

〈그림 2-55〉 수인성 질환 발생 건수(2001~2018년) (단위: 건)

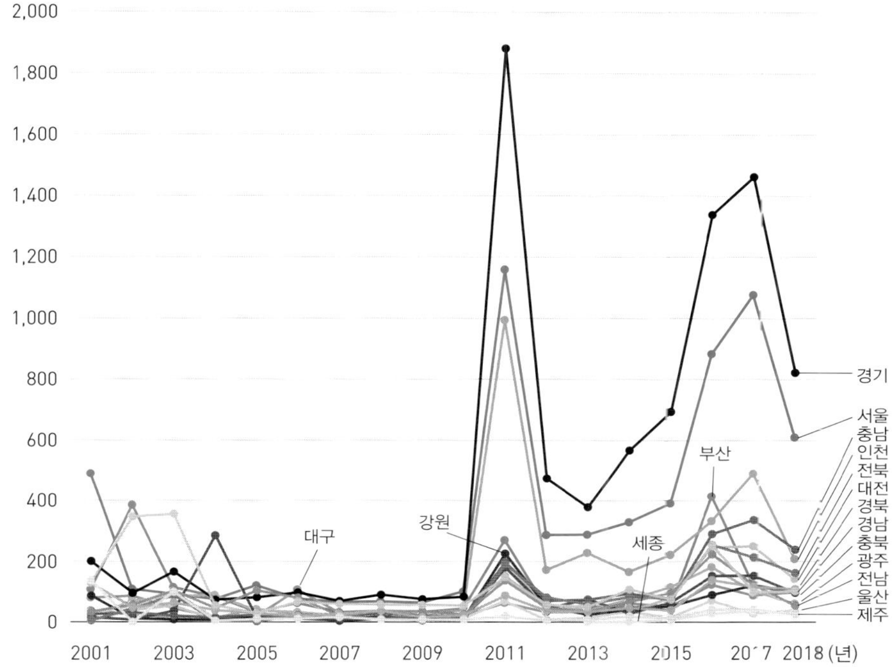

자료: 국가통계포털

5) 악취관련 민원

〈그림 2-56〉에서와 같이, 2005년 2월 「악취방지법」이 시행되었음에도 불구하고 2005년 이후 2018년 현재까지 꾸준히 관련 민원이 증가해온 것을 볼 수 있다(2001년 2,760건 → 2015년 32,452건). 특히 악취관리지역 밖의 민원도 지속적으로 증가하여 2012년의 경우 전체 민원의 약 84%를 차지하고 있으며 2016년과 2017년에도 80% 이상의 비중을 차지하고 있다.

2012년 광역시·도별 악취 민원 발생현황을 살펴보면(〈그림 2-57〉 참조), 경기(2,823건), 인천(1,693건), 서울(504건) 등 수도권 지역에서 전체 민원의 약 50%가 발생하고 있어 수도권 지역의 특별 관리가 필요함을 시사하고 있다.

〈그림 2-56〉 연도별 악취민원(2001~2018년) (단위: 건)

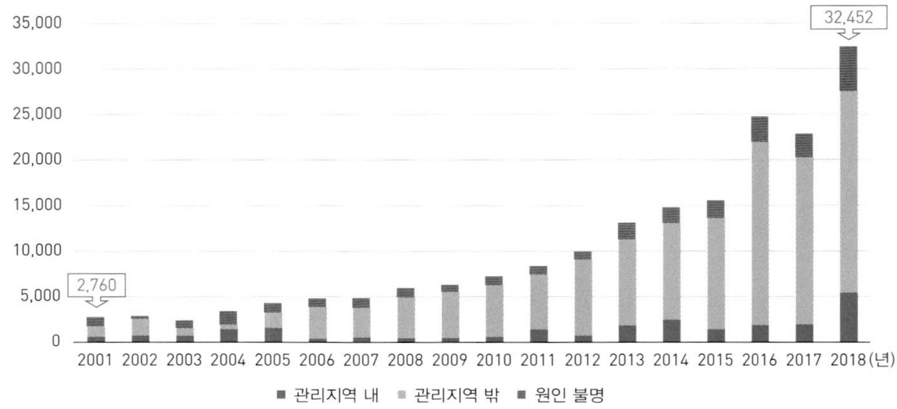

자료: 환경통계포털

〈그림 2-57〉 지역별 악취민원(2012년) (단위: 건)

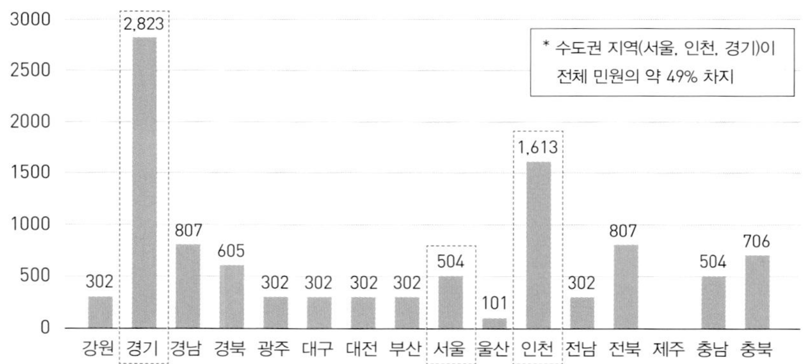

자료: 환경통계포털

7. 소결

대기, 물환경, 토양, 자연보전, 자원순환, 환경보건으로 환경정책의 분야를 구분하여 1900년대부터 현재까지의 환경의 질 변화 추이를 분석해본 결과 다음과 같이 요약할 수 있다. 첫째, 대기환경의 경우 오염의 정도가 지속적으로 악화되고 있는 추세이며 현재 전국적으로 대기오염이 매우 심각한 수준인 것으로 나타났다. 각종 오염물질에 의한 대기오염이 최근 들어 더욱 악화되어 WHO 권고기준이나 오염물질 발생 감축에 대한 국제적인 기대에 전혀 부응하지 못하고 있는 것으로 볼 수 있다. 둘째, 물환경의 경우 전국적으로 수질관리의 성과는 상당히 좋은 상태이지만 수량관리와 관련하여서는 취수율이 높은 상태이고 물 소비량이 지속적으로 증가하고 있어 수자원 보호를 위한 정책적 노력이 필요하다고 하겠다. 셋째, 지난 20여 년간 토양의 질이 크게 개선되지는 않은 것으로 평가되며 토양오염에 의한 피해가 우려되는 특정 지역들을 중심으로 정책적 관리가 필요한 상태라 할 수 있다. 또한 산림면적의 비율이 점차 감소하고 있고 OECD 국가들 대비 인구당 산림면적이 적은 축에 속해 산림휴양·복지 관련 정책의 강화가 필요한 상황이다. 넷째, 자연보전의 경우 국내외적으로 그 질을 평가하기에 적절한 지표 및 데이터의 구축이 미흡한 상태이므로 정확한 진단을 내리기 어렵기는 하나 자연보호지역 및 보호생물종 수를 보다 확대 지정하려는 국제적 움직임에 부응하고 이에 기여하기 위해서는 보다 적극적인 자연보호 정책이 요구된다고 하겠다. 다섯째, 자원순환의 경우 생활폐기물의 처리율 및 폐기물 재활용률이 상승하는 등 전반적으로 그 질이 개선되고 있는 것으로 보이나 특정 지역에서 생활 및 지정폐기물 발생량이 증가하고 있으므로 이에 대한 지역별 관리가 필요한 상태이다. 여섯째, 환경보건의 경우 환경유해물질의 배출량과 소음·진동배출시설의 수가 꾸준히 증가하고 있고 주거지역 소음도가 기준치를 초과하는 등 그 질이 크게 개선되고 있지 않는 것으로 판단되어 정책적 역량을 집중할 필요가 있다고 하겠다.

III

지방이양 사무 현황

1. 지방이양 사무의 법적 근거

환경부의 지방이양 사무에 대한 이해를 강화하기 위하여 우선적으로 근거법령을 살펴볼 필요가 있다. 환경사무의 지방자치단체 역할을 명시하고 있는 근거법은「지방자치법」,「환경정책기본법」등이 있다.「지방자치법」에서는 지방자치치단체의 환경사무를 10가지로 구분하여 제시하고 있다.

지방자치법 시행령 제8조
① 청소·오물의 수거 및 처리, ② 공유림 관리, ③ 자연보호 활동, ④ 지방하천·준용하천 및 소하천의 관리, ⑤ 상·하수도 설치 및 관리, ⑥ 간이상수도의 설치 및 관리, ⑦ 도립·군립 및 도시공원 녹지 등 관광·휴양시설의 설치 및 관리 등

「환경정책기본법」에는 지방자치단체가 관할구역의 환경계획을 수립함과 동시에 환경규제(단속) 업무를 고유업무와 위임사무로 구분하여 담당할 것을 지정하고 있다.

환경정책기본법
① 환경계획의 수립: 시도환경계획(제18조)와 시군구 환경계획(제19조)을 수립할 의무가 있음 ② 환경규제의 단속: 고유업무와 위임사무로 구분

- 고유업무: 관할 구역 내의 자연환경보전대책의 수립 및 시행, 일반폐기물의 수집 및 처리, 오수, 분뇨 및 축산폐수의 처리, 소음·진동 및 자동차 배출가스 규제 담당
- 위임사무: 산업단지 내 오염물질 배출업소 관리, 환경개선부담금으 부과징수

2. 지방이양 환경사무의 유형별 특성

2017년 5월 기준으로 환경부에서 지정된 이양 사무는 모두 523건이다. 이 가운데 이양 완료된 사무가 385건(73.6%), 국가로 다시 환수된 사무가 13건(2.5%) 그리고 현재 이양 대상에 포함되어 있으나 미이양되거나 이양 준비 중인 사무가 125개(23.9%)를 차지하고 있는 것으로 나타났다.

〈표 2-28〉 환경부의 사무 이양 현황(이양 상태 기준) (단위: 건, %)

구분	이양 완료	국가 환수	미이양	합계
건수	385	13	125	523
비율	73.6	2.5	23.9	100

자료: 환경부 내부자료(2017)

유형별로는 자연환경(물관리) 사무가 38.8%(203개)를 차지하고 있으며 그 뒤를 이어 대기가 83건(15.9%), 자연보전이 56건(10.7%) 순으로 나타났다. 전체적으로는 자연환경 사무가 가장 높은 이양 비율을 차지하고 있으나, 세부 유형별로 이양현황을 살펴보면 몇 가지 흥미로운 부분들이 나타난다.

첫째, 자연보전과 토양 그리고 생활환경의 경우 90% 이상의 사무들이 이양 완료되어 다른 분야에 비하여 빠른 속도로 이양이 진행된 것으로 나타났다. 반면에 자원순환과 관련된 환경사무의 경우 전체 이양 대상 사무의 30.4%만 이양이 이루어진 것으로 나타나 이양을 둘러싼 장애나 갈등이 다른 분야에 비하여 큰 것으로 나타났다. 한편 사무에 대한 이양비율이 다른 분야에 비하여 높은 것으로 나

〈표 2-29〉 지방이양 대상 환경사무의 유형별 구분

유형	대기	자연환경 (물관리)	자연 보전	자원 순환	토양	생활 환경	환경정책 일반	합계
합계 (비율)	83 (15.9)	203 (38.8)	56 (10.7)	23 (4.4)	28 (5.4)	86 (16.4)	44 (8.4)	523 (100)
이양 완료	65	139	54	7	26	66	28	385
국가 환수	–	–	–	–	–	13	–	13
미이양	18	64	2	16	2	7	16	125
이양율 (%)	78.3	68.5	96.4	30.4	92.9	91.9	63.6	76.1

자료: 환경부 내부자료(2017)

타난 생활환경과 관련된 사무 가운데 일부(13개)는 지방으로 이양되었다가 다시 환수된 것으로 나타났다.

3. 세부유형별 사무 이양 현황

1) 대기

대기와 관련된 사무 이양은 모두 83개이며 이 가운데 「대기환경보전법」이 49개로 가장 많은 부분을 차지하고 있으며 그 뒤를 이어서 「악취방지법」이 23개로 분석되었다. 「대기환경보전법」은 자치단체로 하여금 대기오염물질 배출규제와 관련하여 설치, 신고, 조치명령, 부과금에 관한 허가 및 단속업무를 포함하고 있다. 비산먼지, 휘발성 유기화합물 등 생활환경에서 배출되는 대기오염물질의 배출에 관한 단속 역시 지방자치단체에서 담당하고 있다. 「악취방지법」은 사업장 악취에 대한 단속과 생활악취에 대한 단속이 구분되어 있다. 사업장의 경우 광역자치단체 또는 인구 50만 이상의 시에서 단속 및 관리하도록 규정되어 있으며, 생활악취의 경우 기초자치단체에게 단속권한이 부여되어 있다. 한편 사업장 배출 오

〈표 2-30〉 대기 사무의 이양 현황

근거법령	이양 완료	국가 환수	미이양	합계
대기환경보전법	44	0	5	49
악취방지법	21	0	2	23
수도권 대기환경 개선에 관한 특별법	0	0	11	11
합계	65	0	18	83

자료: 환경부 내부자료(2017)

염물질 총량관리 및 오염시설에 대한 조치를 위한 「수도권 대기환경 개선에 관한 특별법」 사무는 2009년과 2012년에 걸쳐 중앙정부에서 서울·인천·경기도 등 3개 광역자치단체장에게 위임 또는 이양 결정이 이루어졌다.

2) 자연환경

전체 이양 대상 환경사무 가운데 가장 많은 부분을 차지하고 있는 자연환경 관련 사무 이양은 「먹는 물 관리법」으로 모두 56건의 사무가 이양 대상으로 선정되어 있다.

〈표 2-31〉 자연환경(물관리) 사무의 이양 현황

근거법령	이양 완료	국가 환수	미이양	합계
가축 분뇨의 관리 및 이용에 관한 법률	4	0	3	7
금강수계 물 관리 및 주민지원 등에 관한 법률	1	0	6	7
낙동강수계 물 관리 및 주민지원 등에 관한 법률	1	0	8	9
영산강 섬진강수계 물 관리 및 주민지원 등에 관한 법률	1	0	6	7
한강수계 상수원 수질개선 및 주민지원 등에 관한 법률	0	0	1	1
먹는 물 관리법	53	0	3	56
수도법	29	0	0	29
수질 및 수생태계 보전에 관한 법률	8	0	36	44
수질환경보전법	13	0	0	13
오수·분뇨 및 축산폐수의 처리에 관한 법률	18	0	0	18
하수도법	11	0	1	12
합계	139	0	64	203

자료: 환경부 내부자료(2017)

세부적으로 먹는 물 제조업체인 생수회사의 영업과 관련된 사무가 25건이었으며 샘물 허가 관련 사무가 10건을 차지하는 등 지역기업의 활동과 관련된 업무가 가장 많은 부분을 차지한 것으로 나타났다.

수질 및 수생태계 보전 관련 사무 이양은 왜 저조한가?

- 「수질 및 수생태계 보전에 관한 법률」에 기반을 둔 환경사무 가운데 이양 대상 사무는 모두 44건이다. 이 가운데 이양이 완료된 건은 8건에 불과하며 나머지 36건은 이양이 확정된 2009년 이후로 여전히 미이양 상태로 남아있다.
- 이양된 사무 8건은 수질 및 수생태계 보전계획의 수립, 관련자 교육, 손실 및 피해보상 등 통상적인 행정 사무이다, 반면에 아직까지 이양이 논의되고 있는 사무들은 오염물질 배출시설의 관리 및 처벌에 관한 사항들이 대부분을 차지하고 있다.
- 자치단체의 오염물질 배출 관리 및 단속에 관한 한계나 문제점은 이미 오래전부터 꾸준히 지적되어 왔다. 문태훈·김종래(2000)는 자치단체의 단속 과정 중에 봐주기 식 논란이 꾸준히 진행되어 왔으며 그 결과 지역 환경청의 단속실적에 비하여 절반에 불과할 정도로 실효성이 낮다는 문제를 제기하면서 개선책이 마련될 필요성이 있음을 강조하였다.
- 그러나 근본적인 문제에 대한 보완이나 개선사항이 마련되지 못한 채 2002년 오염물질 배출업소에 대한 감시 및 단속권한이 자치단체로 위임되면서 문제는 더욱 심각해진 것으로 나타났다. 단속권한 위임 10년을 맞이하여 환경사무 현황을 분석한 김종순·문태훈(2013)의 연구에 따르면 자치단체의 단속에는 여전히 온정주의가 개선되지 못한 채 고질적인 문제로 남아있는 것으로 나타났다. 또한 제도적 관점에서 일관된 단속 및 관리 기준이 마련되지 못하고 있어 규제정책의 일관성에도 문제가 있는 것으로 나타났다.
- 이러한 자치단체의 소극적 단속·관리활동으로 오염물질 배출사업장의 불법배출 행태가 더욱 지능화되고 고착화됨에 따라서 환경부는 2013년 4월부터 중앙정부 차원의 환경오염행위 단속을 위한 기동단속반을 구성하고 특별단속을 실시하고 있다(환경이슈신문, 2014. 3. 26.).

따라서 지역경제 활성화와 관련 있는 「먹는 물 관리법」과 관련된 사무들은 대부분 이전되었으나 수질개선부담금 부과 및 징수에 관한 사무는 3개는 아직 미이양 상태로 남아있다.[23] 반면 「수질 및 수생태계 보전에 관한 법률」에 속한 이양 사

23 「먹는 물 관리법」의 경우 샘물개발 허가, 취수, 영업, 관리와 관련된 사무들이 많은 부분을 차지하고 있다. 자치단체의 입장에서는 이러한 생수공장을 유치하는 것이 지역의 청정 이미지를 확보하고 지역경제 활성화에 이바지할 것으로 판단하고 있어 다른 환경사무에 비하여 적극적인 태도와 입장을 보이고 있다.

무는 모두 44개로 「먹는 물 관리법」 다음으로 많은 부분을 차지하고 있는 것으로 나타났으나 이양 진행상황을 살펴보면 이양된 사무(8건)보다 미이양된 사무(36건)가 더 많은 비율을 차지하는 것으로 나타났다.

3) 자연보전

자연보전 관련 이양 사무는 「습지보전법」과 관련된 이양 사무(18건)와 「독도 등 도서지역 생태보전에 관한 특별법」(12건) 관련 사무가 전체의 절반이 넘는 것으로 나타났다. 자연보전과 관련된 사무 가운데 가장 많은 비율을 차지하는 「습지보전법」 및 도서지역 생태계보전 사무는 지정·고시·승인·과태료 부과 같은 일반적인 관리사무가 대부분 차지하는 것으로 나타났다.

〈표 2-32〉 자연보전 사무의 이양 현황

근거법령	이양 완료	국가 환수	미이양	합계
독도 등 도서지역의 생태계보전에 관한 특별법	12	0	0	12
습지보전법	18	0	0	18
야생동식물보호법	7	0	2	9
자연공원법	5	0	0	5
자연환경보전법	3	0	0	3
조수보호 및 수렵에 관한 법률(야생동식물보호법)	9	0	0	9
합계	54	0	2	56

자료: 환경부 내부자료(2017)

4) 자원순환

자원순환과 관련된 이양 사무는 전체적으로 이양된 사무(7건)보다 미이양된 사무(16건)가 많은 것으로 나타났다. 전체 이양 대상 사무 가운데 가장 큰 부분을 차지하고 있는 「건설폐기물의 재활용 촉진에 관한 법률」과 관련된 사무 8건은 모두 미이양인 것으로 나타나 사무 이양이 원활하지 않은 것으로 나타났다. 특히 미이양 8건 가운데 순환골재의 품질인증 기능과 관련된 사무가 절반에 해당하는 4건을 차지하고 있는 것으로 나타났다.

건설폐기물 재활용 사무 이양은 왜 저조한가?

- 「건설폐기물 재활용 촉진에 관한 법률」에 기반을 두고 있는 환경사무 가운데 이양 대상 사무는 모두 8건으로 순환골재 관련사항이 6건(품질인증 4건, 사용권고가 2건) 방치폐기물 처리가 2건으로 2009년도에 이양이 확정되었으나 아직까지 단 한 건도 이양이 완료되지 못하였다.
- 환경부는 국가적 차원에서 버려지는 건설폐기물의 친환경적 처리 및 재활용 관련 사무를 자치단체에 이양하기 위하여 협의를 진행 중이나 순환골재 사용으로 인한 문제가 발생하였을 경우 책임추궁 문제 등을 이유로 자치단체가 사무 이양을 맡는 데 부정적인 태도를 보이면서 수년 동안 별다른 진전을 보이지 않고 있다(기호일보, 2012. 1. 12.; TV조선, 2017. 4. 22.).
- 또한 순환골재 사용이 환경문제와 연결되면서 지역 갈등을 유발하는 경우도 있기 때문에 자치단체 입장에서는 적극적인 대응을 꺼리고 있다. 충남 홍성군의 경우 축사신축 과정에서 순환골재를 사용하였는데 지역주민들은 이로 인하여 오염물질이 노출되어서 주변 논과 하천이 오염되었다고 주장하였다. 이후 원상복구를 위한 시위와 함께 인·허가권자의 처벌을 요구하면서 지역사회 내 갈등과 분란의 요소로 작용하고 있다(내포타임즈, 2017. 6. 16.).
- 이렇듯 현재 지방자치단체 입장에서 자원순환으로 인한 국가적 편익보다 자치단체의 책임문제와 함께 사회적 갈등유발 요인이 더 심각하다고 판단됨으로써 중앙정부로부터 사무를 이양 받는 데 소극적인 태도를 취하고 있는 것으로 보인다.

〈표 2-33〉 자원순환 사무의 이양 현황

근거법령	이양 완료	국가 환수	미이양	합계
폐기물 처리시설 설치 촉진 및 주변지역 지원 등에 관한 법률	3	0	2	5
건설폐기물의 재활용 촉진에 관한 법률	0	0	8	8
전기·전자제품 및 자동차의 자원순환에 관한 법률	0	0	4	4
자원의 절약과 재활용 촉진에 관한 법률	4	0	2	6
합계	7	0	16	23

자료: 환경부 내부자료(2017)

5) 토양

토양과 관련된 이양 사무는 다른 사무에 비하여 사무 이양 비율이 높은 것으로 나타났다. 이양 대상 사무는 모두 28건이며, 이 가운데 이양이 완료된 사무가 26건을 차지한 것으로 나타났다. 이양완료 사무 가운데 가장 많은 부분을 차지하는 사무는 보전 관련 일반 사무(계획의 수립, 이용제한, 철거명령, 신고, 조사 등)로 이양 완료

26건 가운데 20건을 차지하였다. 반면 이양되지 못한 사무는 과태료 및 청문과 관련된 사무로 모두 2건을 차지한 것으로 나타났다.

〈표 2-34〉 토양 사무의 이양 현황

근거법령	이양 완료	국가 환수	미이양	합계
토양환경보전법	26	0	2	28
합계	26	0	2	28

자료: 환경부 내부자료(2017)

6) 생활환경

생활환경에 관한 이양 사무에서 가장 많은 부분을 차지하고 있는 사무는 「소음·진동규제법」과 관련된 사무이다. 이는 지역의 민원이나 고충과 관련되어 있는 부분으로서 전체 대상 49건 가운데 1건을 제외한 거의 대부분의 사무가 이양 완료된 것으로 나타났다. 또한 「환경보건법」과 관련된 이양 사무는 모두 4건으로 모두 미이양 상태이며 대부분 어린이 활동공간의 위해성 관리 기능(3개) 사무인 것으로 나타났다.

환경규제의 시계추 현상

- 환경행정의 규제권한이 공공복리 및 효율적 업무추진과 같은 합리적인 기준이 아니라 정치적 요인에 의해 이루어지고 있다.
- 동일한 성격의 수질오염 사건을 놓고 완전히 다른 해석이 이루어지기도 한다. 대표적인 경우가 1980년 환경청 발족 이래 오염물질 배출업소에 관한 규제권한의 변동이다(김창수, 2006).
  ① 1984년 이전에는 시·도가 오염물질 배출업소 단속을 전담하였다.
  ② 이후 1984년 3월부터 환경청이 단속업무를 전담하게 되었고 1986년 10월 지방환경청이 새롭게 신설되면서 단속권(허가권, 행정처분권)이 강화되었다.
  ③ 1990년 환경청이 환경처로 승격되면서 기존의 단속권한 역시 지속적으로 강화하는 모습을 보였으나 1991년 3월 '대구페놀오염사고'가 발생하면서 중앙집권적 환경행정 체계가 사전예방과 신속한 초기대응을 어렵게 한다는 비판을 받고 1992년 7월에 시도로 이관되었다.
  ④ 이에 따라 새롭게 규제권한 집행 당사자인 지자체는 인력확충과 기구 확대를 통하여 조직을 확장하기 위한 계기를 마련하였다.

⑤ 그러나 1994년 1월 낙동강 식수오염사고가 발생하고 광역적 성격이 강한 환경문제를 자치단체에만 맡길 수 없다는 비판이 제기되면서 1994년 5월 공단 내 배출업소 규제는 다시 환경처로 이관되었다. 이후 1994년 12월 환경청이 환경부로 승격되면서 권한은 더욱 강화되는 모습을 보였다.

⑥ 하지만 다시 1995년 지방자치시대가 도래하면서 2002년 10월 산업단지 내 배출업소에 대한 규제 권한은 다시 시도로 이관되게 되었다.

⑦ 그러나 여전히 지방자치단체의 봐주기식 단속이 문제가 되면서 지방자치단체의 단속 효과성에 대한 의문이 꾸준히 제기되면서 결국 2013년 4월부터 환경부는 별도로 기동단속반을 구성하고 특별단속을 실시하게 되었다.

〈표 2-35〉 생활환경 사무의 이양 현황

근거법령	이양 완료	국가 환수	미이양	합계
유해화학물질관리법	4	13	1	18
다중이용시설 등의 실내공기질 관리법	7	0	1	8
소음·진동규제법	48	0	1	49
환경보건법	0	0	4	4
잔류성 유기오염물질 관리법	7	0	0	7
합계	0	13	7	20

자료: 환경부 내부자료(2017)

반면「유해화학물질관리법」과 관련된 사무는 다른 사무와 달리 국가로 환수되는 시계추 현상을 보여주었다. 환수된 사무의 대부분은 과태료 및 과징금의 부과·징수, 검사, 안전진단, 영업정지 및 등록취소 유독물 영업에 관련된 사무로서 모두「중앙정부 → 시도」로 이양 또는 이관된 사무들이었다.

7) 환경정책 일반

환경정책 일반은 특정분야에 한정되어 있기보다는 대상과 범위가 포괄적이기 때문에 기존의 사무 이양 분야에서 다루지 못한 다양한 사무들을 모은 것으로서 개별 사무가 하나의 분야에 해당할 만큼 전문적이라는 특성을 가지고 있다. 여기에서 가장 많은 부분을 차지하고 있는 이양 사무는「환경기술 개발지원에 관한 법률」에 의거한 사무로서 모두 15건을 차지하고 있는 것으로 나타났다.

〈표 2-36〉 환경정책 일반 사무의 이양 현황

근거법령	이양 완료	국가 환수	미이양	합계
환경분야시험검사 등에 관한 법률	0	0	2	2
친환경상품 구매촉진에 관한 법률	2	0	0	2
환경·교통·재해 등에 관한 영향 평가법	1	0	0	1
환경관리대행기관지정 등에 관한 규칙	4	0	0	4
환경기술개발 및 지원에 관한 법률	15	0	1	16
환경영향평가법	1	0	0	1
환경정책기본법	5	0	0	5
환경개선비용부담법	0	0	5	5
환경범죄단속에 관한 특별조치법	0	0	5	5
환경분쟁조정법	0	0	3	3
합계	28	0	16	44

자료: 환경부 내부자료(2017)

4. 이양 사무의 이양시기별 특성

이양이 완료된 사무 385개를 대상으로 1993년에서 2017년까지 이양건수 발생 시기를 살펴본 결과[24] 이양이 가장 집중적으로 발생한 시기는 1998년과 2003년 그리고 2012년으로서 정부 교체기와 연관성이 높은 것으로 나타났다.[25]

홍준현(2014)은 상당부분의 사무 이양이 새로운 정부가 구성된 직후에 나타났으며 시기에 따라 서로 다른 특징을 보인다고 설명하고 있다. 김대중 정부가 출범한 1998년에는 지방이양을 국정개혁의 100대 과제 중 하나로 선정하고 「중앙행정권한의 지방이양 촉진 등에 관한 법률」을 제정하여 지방이양 추진기구로 '지방이양추진위원회'를 설립함으로써 지방이양을 위한 제도적 기틀을 마련하였다. 이

24 실제 이양이 시작된 시기는 1991년부터이지만 환경부의 내부 자료에서 '1993년 이전'으로 표기되어 있어 일괄적으로 1993년을 적용하였다.

25 환수 또는 미이양 사무의 경우 시기를 특정할 수 없기 때문에 이양이 완료된 사무 385개만을 대상으로 시계열 분석을 실시하였다.

〈그림 2-58〉 환경사무 이양 완료 건수의 변화(1993~2017년) (단위: 건)

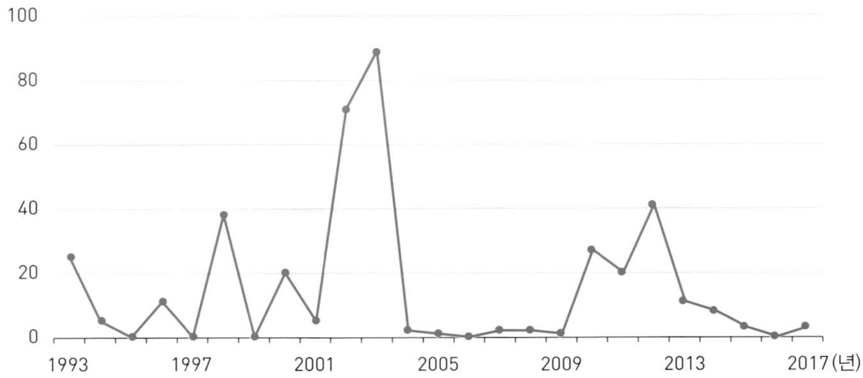

자료: 환경부 내부자료(2017)

때 설립된 지방이양추진위는 지방이양의 기본방향 설정 및 그 대상을 심의·의결하며 국가와 지방의 사무소관과 광역과 기초정부 간 사무배분 결정 역할을 담당했다(김문영, 2010:36-37). 그러나 기본적으로 분권화 개념에 기반을 둔 정책집행보다 행정의 효율화를 위한 조직개편의 측면이 강조되면서 국정 전반에 걸쳐 중앙정부의 사무가 이양되기보다 한정된 분야에서만 부분적으로 사무이양이 이루어졌다(송병주, 2012).

2003년에 들어선 노무현 정부의 경우 다른 어느 정부보다 지방분권을 중요시 여겼다(고광용, 2016). 이러한 관점에서 기존에 활동하던 '지방이양추진위원회'와는 별도로 '정부혁신지방분권위원회'를 설치하고 이를 통하여 7대 기본방향과 20대 주요과제를 선정함으로써 중앙정부의 사무를 분권화 노력을 강화하였다(정부혁신지방분권위원회, 2007). 이러한 정부의 의지에 따라 노무현 정부는 현지성과 집행적 성격이 강한 사무 및 업무처리의 일관성을 반영하여 기능 위주의 포괄적 사무이양에 집중하는 모습을 보였다(정부혁신지방분권위원회, 2006:183).

2008년에 새롭게 들어선 이명박 정부의 경우 기존의 「지방이양촉진법」을 「지방분권촉진에 관한 특별법」으로 전면 개정하고 제10조 제1항의 "위임사무를 폐지하고 국가사무와 자치사무로 이분화해야 한다."는 규정을 통해 위임사무의 폐지를

〈그림 2-59〉 환경사무 유형별 이양 완료 시기(1993~2017년) (단위: 건)

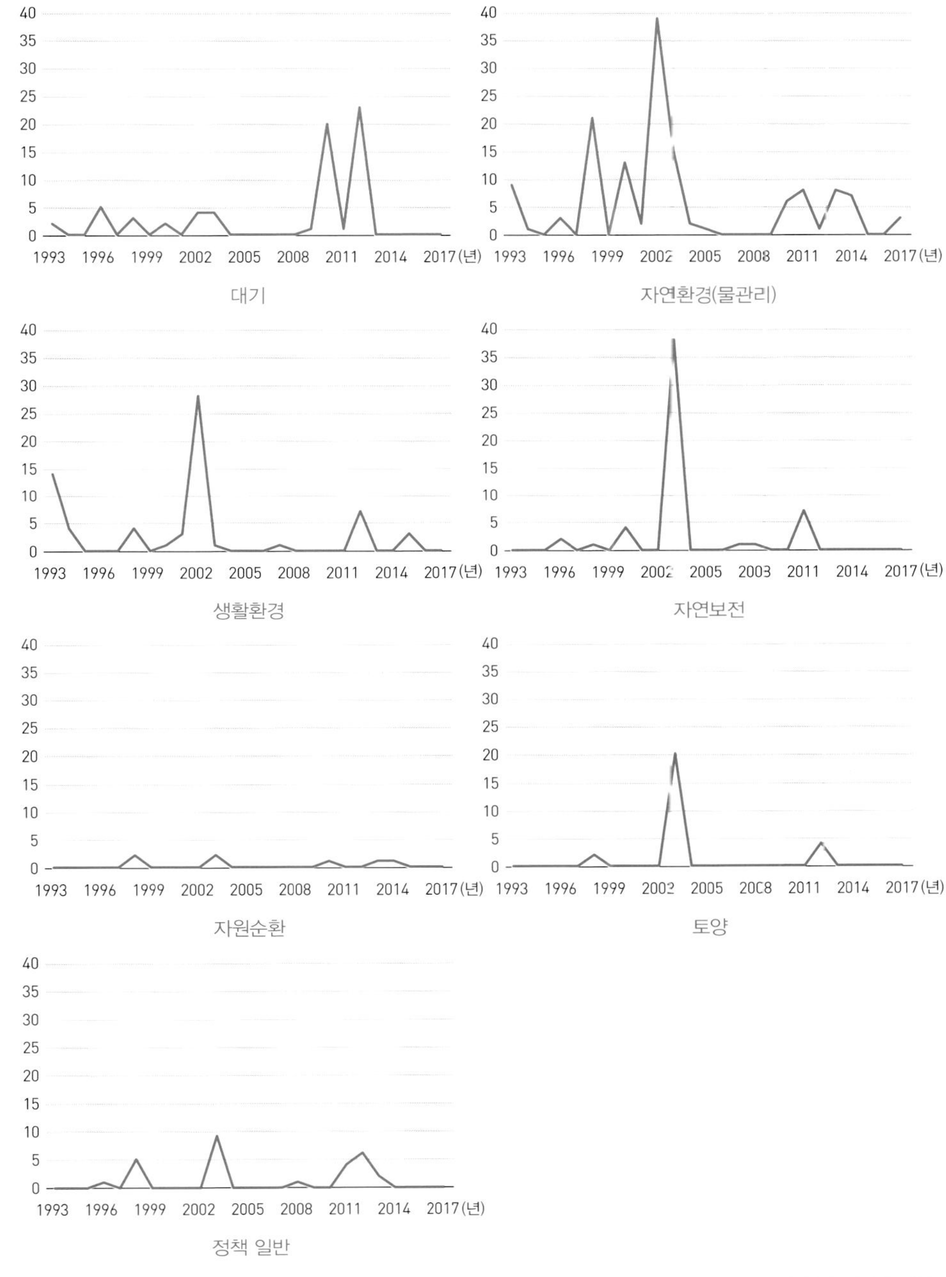

자료: 환경부 내부자료(2017)

국정과제로 삼았다(조성호 외, 2011:27). 이러한 기조에 따라 노무현 정부에서 이원화하여 추진했던 기구인 '지방이양추진위원회'와 '정부혁신지방분권위원회'의 두 기능을 통폐합하여 '지방분권촉진위원회'를 구성하고 지방분권의 총괄·조정 및 심의를 담당하게 하여 중앙행정권한의 지방이양 등 분권방향 설정 및 성과평가를 공표하는 역할을 수행토록 했다(고광용, 2016). 이렇듯 정부의 정책적 의지에 따라 사무 이양의 건수들이 크게 달라졌으며, 이양된 사무 역시 내용적 측면에서 크게 차이를 보이는 것으로 나타났다.

대기의 경우 1990년 초반 문민정부에서 시작되어서 소폭으로 이전이 이어지다가 참여정부 초기인 2003년을 시작으로 2008년까지 미미한 수준에 머무르고 있었다. 그러나 이명박 정부가 들어서면서 관련 사무에 대한 이양이 증가하여 대부분의 사무 이양이 2008년에서 2013년까지 집중적으로 이루어졌다. 반면 자연환경(물관리)과 생활환경의 경우 1990년대 초반 문민정부에서 부분적으로 이루어져 오다가 국민의 정부가 시작되는 1998년부터 참여정부의 초반기인 2002~2004년까지 중점적으로 사무 이양이 이루어진 것으로 나타났다. 자연보전과 토양의 경우도 참여정부 기간인 2002년~2004년에 사무 이양이 이루어졌으며 자원순환과 환경정책 일반의 경우 정권이나 시기에 커다란 차이 없이 부분적으로 꾸준히 사무 이양이 이루어져 온 것으로 나타났다.

5. 소결

지난 1990년대 이후로 이루어진 환경사무의 이양 특성을 살펴본 결과 환경사무의 유형에 따라 이양시기가 집중적으로 달라진 것으로 나타났다. 전체적으로는 2002년부터 2003년 사이가 가장 많은 사무의 이양이 이루어졌으며 그 뒤를 이어 국민의 정부 초기인 1998년 그리고 이명박 정부 후반기인 2010년부터 2012년 사이에 집중적으로 이루어진 것으로 나타났다. 흥미로운 부분은 각각의 정부가 추구하는 정책 방향에 따라 특정한 부문의 사무가 집중적으로 이양되었다는 것이다. 국민의 정부 시기에는 자연환경(물관리)과 관련된 사무의 이양이 가장 많은 것으로 나타났으며, 참여정부의 경우 자연환경(물관리), 자연보전, 토양 그리고 환경보전과 관련된 사무의 이양이 가장 활발하게 진행된 것으로 나타났다. 마지막으로 이명박 정부의 경우 대기와 관련된 사무의 이양이 두드러지는 모습을 보였다. 반면, 자원순환과 환경정책 일반의 경우 특정 정부의 정책 방향과 그다지 연관성이 없는 모습을 보였다.

제3장

환경정책 성과 제고를 위한 국내외 사례조사

Ⅰ 국제기구 차원의 정책집행 담보 이슈

Ⅱ 환경정책 성과 제고를 위한 해외사례

Ⅲ 환경정책 성과 제고를 위한 국내사례

I

국제기구 차원의 정책집행 담보 이슈

1. UN의 정책 집행 담보 이슈

1) UN의 지속가능발전 목표SDGs

1945년 창설된 국제연합United Nation, UN은 평화와 협력을 위한 국제적 협력 기구이다. 인류의 오랜 문제인 빈곤·질병을 해결하고 지속가능한 사회로 나아가기 위한 국제협력을 강조하고 있다.[1] UN의 세계환경개발위원회World Committee on. Environment and Development, WCED는 1987년에 「우리 공동의 미래Our Common Future」 보고서를 통해 지속가능한 발전을 '미래세대가 그들의 필요를 충족시킬 능력을 저해하지 않으면서 현세대의 필요를 충족시키는 것'으로 정의하면서, 빈곤, 지구온난화와 기후변화, 환경 파괴가 인류의 미래를 위협하는 핵심 요소라고 강조했다. 그 후 지속가능발전은 사회통합과 환경보호, 경제성장을 아우르는 개념으로 확대되고 있다.[2]

지속가능발전의 특성은 다음과 같다. 첫째, 특정시간과 공간에 한정되지 않는다. 둘째, 사람과 사회, 더 나아가서는 국가적 단위에서 서로의 상호 협력이 필요하다. 셋째, 여러 세대에 걸쳐 자원의 공정한 배분이 중요하다. 넷째, 사회의

1 국제연합(UN), 지속가능한 개발 촉진(Promote Sustainable Development), www.un.org/en/sections/what-we-do/promote-sustainable-development/index.html

2 한국지속가능발전, 지속가능발전의 배경, kicsd.re.kr/nnew1/p1_2.php

〈그림 3-1〉 지속가능발전의 통합모형

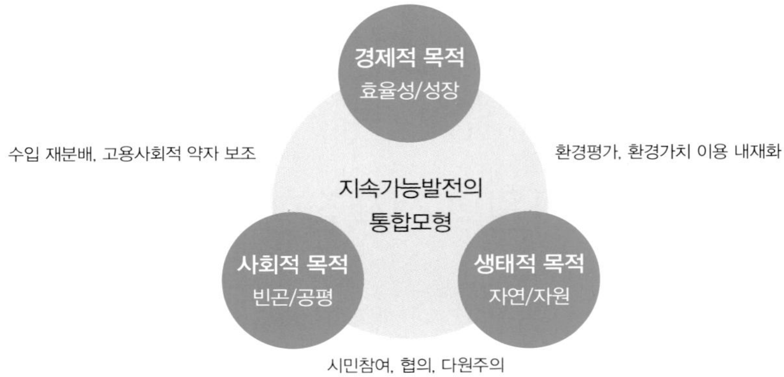

자료: 세종지속가능발전협의회, www.sjagenda21.kr

다양한 구성요소들의 불확실하고 예측하기 어려운 면을 이해하며, 복잡한 상호작용체계를 고려해야 한다(Gladwin, 1995; 인은숙, 2016 재인용). 그 외에 특정 정책의 성과가 다른 분야의 문제로 발현되지 않도록 노력해야 한다는 점과 다양한 구성원들이 참여하여 공동의 문제를 해결하려는 노력이 중요한 과정에 포함된다(김은경, 2012).

2015년 9월에는 UN국가들이 지속가능발전목표Sustainable Development Goal, SDGs에 합의했다. SDGs는 지속가능발전을 저해하는 위협요인들을 해결하기 위한 국가별 집행 지침과 협력방안을 담고 있다.[3] 지속가능발전목표 시스템에서의 행정은 유연하고 자기 교정력을 갖추고 있어야 하며, 각 영역의 목표와 방향을 조정할 수 있어야 한다. 또한 한 분야의 정책을 결정하고 과업을 선택하는 과정에서 지속가능발전에 기여할 수 있는지에 대한 판단력도 필요하다.

2) 지속가능발전목표SDGs의 정책 집행 담보 이슈

오수길 외(2016)는 우리나라에 적용할 수 있는 UN의 SDGs 집행평가 틀을 제시하였다. SDGs를 정책적으로 집행하기 위해서는 「SDGs의 9가지 목표와 5가지의

3 지속가능발전 포털, 지속가능발전목표 SDGs, ncsd.go.kr/app/sub02/20.do

〈표 3-1〉 SDGs 목표, 세부목표, 지표의 설정 원칙

목표	세부목표	지표
1. 목표의 일관성 2. 적용의 보편성 3. 표준의 규범성 4. 간결성 및 동기 부여성 5. 이해당사자들의 이행성, 이해당사자들에 대한 적용가능성 6. 시스템의 통합성 7. 정부 과정과의 일치성 8. 역동성 9. 측정의 모순성	1. 모든 이해당사자들에 대한 적용가능성 2. 기존 국제 프레임워크와의 일치성 3. 보편성과 융통성 4. 행동지향성 5. 개념 정의의 명료성	1. 경료성과 간결성 2. 합의가능성 3. 정보의 일치성 4. 자료 구축의 체계성 5. 구성요소의 분해성 6. 보편성 7. 결과의 가능성 8. 지정된 조직의 관리성

자료: 오수길 외(2016), p. 57

세부목표, 이와 관련한 평가지표의 원칙」을 따라야 한다. SDGs의 목표와, 세부목표, 지표의 설정원칙은 〈표 3-1〉과 같다.

오수길 외(2016)는 SDGs의 원칙을 적용하여 정책의 집행 성과를 높이기 위해서는 지방정부 중심의 목표체계가 필요함을 밝혔다. 이 과정에서 중앙정부는 사회의 다양한 구성원이 참여하고 의견을 낼 수 있는 기회를 제공해야 한다. 또한 지방정부의 추진 방안에 대해서도 적극적인 지원이 필요하다. 각 지방정부는 SDGs 집행의지를 갖추고, 다양한 이해관계자와 함께 지속적인 논의의 과정으로 목표를 수립하고 실천해야 한다(인은숙, 2016). 지방정부 고유의 권한과 집행역량을 갖춘다면 SDGs의 성공가능성은 더욱 높아진다.

우리나라는 지속가능발전을 적용하여 정책계획을 세우며 집행하고 있다. 지속가능발전의 적용 사례로는 '제3차 지속가능발전 기본계획(2016~2035)'이 있다. 지속가능발전을 위한 국제적 합의를 집행하고 지속가능발전을 촉진하기 위해 20년 계획기간으로 5년마다 수립·시행하는 관계부처 합동 계획이다(관계부처합동 2016). 사회·경제·환경의 통합과 조화를 추구하며, 부문별 목표에 따른 14개의 전략과 집행기반을 강화하기 위한 세부과제로 구성되어 있다(관계부처합동, 2016). 환경 부문에서는 화학물질의 사전관리와 피해구제, 생태계 서비스 기반 국토환경관리, 친환경 자원순환경제 구축, 건전한 물 순환 체계 확립, 시장 기반 온실가스 감축 정

책 등을 강화하였다(관계부처합동, 2016).[4]

〈표 3-2〉 제3차 지속가능발전 기본계획 지속가능발전 집행 기반 강화 추진방향

참여적 거버넌스 구축	지속가능발전 교육 및 평가환류체계 강화
• 지역 거버넌스 활성화 • 양방향 소통 강화	• 교육 추진 기반 강화 • 평가 강화 및 지표 개선

자료: 관계부처합동(2016), p. 151

관계부처합동(2016)의 '제3차 지속가능발전 기본계획'은 정부와 민간단체의 원활한 소통을 강화하고 실질적인 집행 효과를 높이고자 하였다. 지속가능발전에 대한 교육, 평가환류체계, 모니터링 체계의 구축뿐만 아니라 환경교육도 강화하여 국내의 지속가능발전 지표를 개선하기 위한 방안이라 할 수 있다.

2. OECD의 정책 집행 담보 이슈

경제협력개발기구Organization for Economic Co-operation and Development, OECD는 지속가능한 성장을 가능하게 하는 굿 거버넌스로서 중앙정부의 조정과 소통기능, 효율적인 예산집행 및 규제정책의 집행과 집행기능, 목표 달성을 위한 통제과정의 확립기능 등을 강조하고 있다(OECD, 2016; 김난영, 2016 재인용). OECD는 특히 정책집행을 위한 프로그램을 효과적으로 운영하기 위해서 '전략적 개방국가A Strategic and Open State'로 나아가야 함을 밝혔다. 전략적 개방국가는 프로그램의 효과성을 중심으로 판별하여, 프로그램의 과정과 지원 여부를 조정하는 국가라 할 수 있다. 이는 세 단계의 과정을 거친다. 공공부문 제도를 설정하는 정책형성 단계가 첫 번째 단계이다. 두 번째 단계는 프로그램 시행과 집행의 단계로서 정책집행 과정에서 원활한 소통과 투명성이 필요하다. 세 번째 단계는 정책을 평가하고 감독하

4 '제3차 지속가능발전 기본계획(2016~2035)'에 대한 내용은 관계부처합동(2016)의 pp. 27~63의 내용을 중심으로 재정리하였다.

〈표 3-3〉 OECD가 제시한 국가의 정책과정에서 핵심기능

정책단계	정책과정에서 핵심기능
정책 형성	(핵심기능 1) 전략적 범정부 방향 설정 • 미래 수요를 반영한 정부 프로그램 • 명확한 시행계획 확립 • 성과 결과에 기반한 서비스 개선
	(핵심기능 2) 예산계획 • 건전한 재정 가정 • 다년도 목표 달성 방법을 보여주는 현실적 예산 체계 제시
	(핵심기능 3) 규제정책 확립 • 효과적 정책 집행이 될 수 있는 좋은 규제 거버넌스 보장
	(핵심기능 4) 위험관리 및 내부통제 정책 수립 • 전략계획에 위험관리와 내부통제를 포함
정책 집행	(핵심기능 5) 조정과 소통 • 정부 프로그램 시행과 여러 분야에서 공통핵심 이슈 성공을 위한 효과적·수평적·수직적 조정
	(핵심기능 6) 예산집행 • 예산집행의 감독과 투명성 보장 및 필요 시 유연성(flexibility) 허용
	(핵심기능 7) 규제정책의 집행 • 규제과정은 부적절한 부담을 줄이고 규제 목표 실현 가능성을 증가시키는 방식으로 위험 기반이고, 접근 가능하며, 일관성 필요
	(핵심기능 8) 위험관리 및 내부통제 과정 확립 • 공공 관리자는 목적 달성을 위해 위험과 통제를 평가·보고, 모니터링 및 리뷰 • 범정부 수준에서 내부통제와 위험관리에 대한 기능적 안내 제공
정책 평가 및 감독	(핵심기능 9) 결과평가 • 정책, 프로그램의 성과 개선 방법으로 범정부 성과 평가, 환류, 학습, 종합공개시스템 보유
	(핵심기능 10) 감독과 책임 • 정부의 시민 대응성, 과정과 결과 투명성, 공공부문 청렴성 제고를 보장할 수 있는 효과적이고 객관적인 메커니즘 보유

자료: OECD(2016); 김난영(2016), p. 54 재인용

는 마지막 단계로서, 정책과 프로그램의 성과를 평가하여 효과적이고 포괄적인 정책을 촉진하는 것이다(김난영, 2016).

OECD는 전략적 개방국가에서 필요한 핵심은 정책형성과 정책집행 과정에서 필요함을 강조하였다. 정책형성은 규제정책을 수립하는 단계로서 미래의 수요를 반영해야 한다. 정책집행은 정부 프로그램을 효과적으로 조정하는 기능, 투명하게 예산을 집행하는 기능이 필요한 단계이다. 범정부 수준에서는 내부통제와 위험관리에 대한 안내를 제공해야 한다(김난영, 2016).

II

환경정책 성과 제고를 위한 해외사례

1. 미국의 환경사무 환수 및 조정 제도

1) 미국의 행정조직 및 환경사무 체계

미국의 행정조직은 연방정부, 주州정부, 지방정부의 3층 구조 체계이며, 이러한 다층 구조는 연방정부와 여러 주정부 사이에 권력의 균형 상태를 만들기 위한 것이다. 미국의 환경행정체계에도 같은 원리가 적용되고 있다. 미국의 환경행정의 전반을 담당하고 있는 기관은 연방정부의 환경보호청Environmental Protection Agency, EPA으로서, 환경보호를 위한 조사, 모니터링, 환경 규제에 대한 기준설정 및 법 집행의 기능을 담당하고 있다. 환경보호청은 대기방사선국Office of Air and Radiation, 자원관리국Office of Administration and Resources Management, 환경정보국Office of Environmental Information 등을 포함한 12개의 본부Headquarters Offices와 각 지역별 10개의 지역 사무소Regional Offices가 있다.[5]

미국에서는 연방정부가 환경정책의 기준을 세우고, 주정부가 환경정책을 집행한다. 주정부는 대다수의 환경규제 프로그램을 연방정부로부터 위임받아 감시·감독 등의 권한을 행사한다(황계영, 2015). 특히, 이 과정에서 환경보호청은 주의 집행계획State Implementation Plan을 검토하고 승인하는 역할을 담당하기 때문에 환경

5 미국 환경보호청(EPA), EPA조직도(EPA Organization Chart), www.epa.gov/aboutepa/epa-organization-chart

청이 주정부의 계획을 승인하게 되면 주정부는 강력한 집행권한을 위임받을 수 있다(문태훈, 2003; 황계영, 2015).

2) 미국의 환경사무 환수 및 조정 제도

미국의 연방정부와 주정부는 부분선점Partial Preemption제도와 주정부 평가체제를 동시에 적용하여 정책집행의 효율성을 높인다. 부분선점제도는 연방정부가 세운 정책 기준을 주정부가 수용한다고 밝히면 주정부에게 정책 집행의 권한을 부여하지만, 주정부의 환경성과가 기준에 미달되면 연방정부가 그 권한을 회수하여 집행하는 제도로서 중앙집권과 분권 사이에서의 적절한 타협점을 찾기 위한 제도이다(문태훈·김종래, 2000).

(1) 미국의 부분선점제도

의의

미국 헌법은 연방정부가 고유의 입법권으로서 주정부의 정책을 선점Preemption할 수 있도록 규정하고 있다. 선점이란 연방정부가 주정부에게 연방정부의 최소기준Minimum Standards을 반드시 지키도록 강제할 수 있는 권한으로서, 연방정부는 주정부의 특정 정책에 대해 집행 또는 중단을 명령할 수도 있다(Zimmerman & Lawrence, 1992). 선점은 주정부의 권한이 독립적인지에 따라 완전선점Total Preemption과 부분선점으로 나뉜다(Zimmerman & Lawrence, 1992). 완전선점은 주정부의 모든 정책에 대해 연방정부가 규제권한을 갖고 있는 것이며, 부분선점은 연방정부가 최소한의 국가기준을 수립하되, 만약 주정부의 정책 기준이 연방정부의 기준보다 높고 엄격하다면 주정부에게 정책 집행 권한을 부여하는 것이다(Zimmerman & Lawrence, 1992).

부분선점은 하위정부가 정책을 시행할 기회를 연방정부로부터 획득한 뒤, 집행능력이 평가기준에 미치지 못하면 권한이 회수되는 것을 의미한다(문태훈·김종래, 2000; 김창수, 2006; 박광국 외, 2006). 만약 주정부의 기준이 연방정부보다 높고 강하다면, 연방정부는 주정부에게 권한을 부여하지만(박광국 외, 2006), 주정부의 집행 역량이 부족하다면 연방정부에게 권한이 이관된다(ACIR, 1984; Zimmerman & Lawrence, 1992; 김재훈, 1997; 문태훈·김종래, 2000; 김종순, 2001). 연방정부가 주정부에게 위임한 권한을 연방정부가 다시 회수할 가능성이 있다는 사실 자체가 하위정부들에게 잠재적인 위협으로 작용하여 정책집행의 효과성을 높이는 효과가 있다(Crotty, 1988; 김재훈, 1997 재인용).

기준설정권한이나 집행권한이 연방정부에 의하여 완전히 선점되지 않고 '부분' 선점되었다는 것은 연방정부가 선점한 부문에서 연방정부가 정한 조건이나 기준에 부합하는 주정부나 지방정부들에게 독립적인 정책결정 및 집행권한이 주어진다는 의미이다(Zimmerman, 1992; 김재훈, 1997 재인용). 특히, 하위정부가 연방정부보다 더 높은 규제권한을 갖고 있는 경우도 있다. 대표적인 사례는 미국의 캘리포니아 주State of California로서, 주의 규제기준 수준이 연방정부보다 높고 엄격하다(김재훈, 1997). 부분선점제도는 1965년 이후 본격적으로 더 많이 시행되었으며 완전선점보다 주와 연방정부의 관계에 더 큰 영향을 미치게 되었다(Zimmerman & Lawrence, 1992).

부분선점제도 도입 배경

미국에서 부분선점제도가 시행된 배경은 두 가지로 요약된다. 첫째, 환경문제와 같이 여러 지역에 걸쳐 발생되는 문제에 연방정부의 개입이 필요하였다. 대표적으로 대기오염과 수질오염이 여기에 해당한다. 이러한 환경오염은 인근 지역으로까지 쉽게 확산되기 때문에 주정부 차원에서 감당하기가 어려웠다(박재창 외, 2000).

둘째, 주정부와 지방정부가 연방정부로부터 보조금을 받으면서도 문제의 해결과 집행능력이 개선되지 않게 된 것이다. 연방정부는 보조금이 근본적인 공공문제 해결책이 아님을 인지하기 시작하였다. 특히 환경문제와 같은 문제들은 여러 주들이 동시에 연결된 문제이기 때문에 국가 차원에서의 포괄적인 정책의 수립과 집행의 필요성을 느끼게 되었다(박재창 외, 2000).

부분선점제도의 유형

부분선점제도는 세 가지 유형이 있다. 최소기준 부분선점Minimum Standard Partial Preemption, 결합 부분선점Combined Partial Preemption 마지막으로 규제책임의 국가이전State Transfer of Regulatory Authority이다(Zimmerman & Lawrence, 1992).

첫째, 최소기준 부분선점은 주정부의 법령이 국가 기준보다 높거나 같은 경우 해당 연방법을 대체할 수 있는 유형이다. 1965년 「수질청정법」Water Quality Act이 최초의 최소기준 부분선점 법령으로서, 국가 기준과 동일하거나 더 강력한 기준을 설정한 주정부에게 규제 권한을 위임하였다. 만약 주정부가 기준을 채택하거나 집행하지 못하는 경우 해당 주는 국가 기준을 적용하였다(Zimmerman & Lawrence, 1992).

1974년 「안전한 음용수법」Safe Drinking Water Act, 1977년 「노천광통제 및 복구법」Surface Mining Control and Reclamation Act 또한 최소기준 부분선점 법률에 해당한다(박재창 외, 2000; 하혜수·최영출, 2002). 「노천광통제 및 복구법」과 관련해 대표적인 부분선점은 미국의 오클라호마 주의 사례이다(박재창 외, 2000; 하혜수·최영출, 2002; 박광국 외, 2006).

최소기준 부분선점 : 위임권 회수에 관한 오클라호마 주(State of Oklahoma) 사례
노천광산露天鑛, Surface Mining은 지표면에 있는 광산으로서, 광물을 추출하기 위해 땅속을 뚫지 않고 지표면을 덮고 있는 물질을 제거하여 굴착하는 방식을 적용하고 있다. 따라서 미국은 노천광산의 채굴에 따른 소음, 미세먼지, 수질 오염 등 환경파괴 문제가 끊임없이 제기되었다. 특히, 오클라호마 주의 경우는 노천광산의 채굴에 따라 환경오염 문제가 심각한 수준에 이르게 되었지만, 이를 관리 감독할 수 있는 숙련된 인력과 자원이 부족하여 규제를 시행하는 데 어려움을 겪었다. 1970년대 오클라호마 주의 시민들과 환경운동가들은 노천광산으로부터 발생하는 환경오염 문제를 해결해 줄 것을 연방정부에 촉구했다. 이에 따라 연방정부는 석탄생산을 강화하고 환경을 보호하기 위해 1977년 「노천광통제 및 복구법」Surface Mining Control and Reclamation Act, SMCRA을 제정했다. 「노천광통제 및 복구법」에 따라 연방정부는 1984년부터 1987년까지 오클라호마 주의 노천광사업의 검사Inspection와 강제 기능enforcement functions을 회수하였다. 연방정부는 오클라호마 노천광의 관리 시스템을 폐기하였고, 연방정부의 과학적인 관리방식을 도입하였다. 「노천광통제 및 복구법」에 따라 오클라호마 노천광 사업에는 엄격한 규제가 적용되었으며, 면밀한 조사가 이루어졌다. 연방정부가 노천광 사업 권한을 회수한 이후 무분별한 노천광산 채굴 사업이 감소하였으며, 오클라호마 주의 노천광 사업은 환경 친화적으로 변화하였다.

연방정부는 검사와 강제 기능을 수행하는 동안 오클라호마 주는 완전히 권한을 위임받을 수 있도록 새로운 계획을 수립했다. 그러나 연방정부는 오클라호마 주가 연방정부가 회수하지 않은 나머지 노천광 사업의 집행권한을 제대로 수행하지 못할 경우, 추가 조치를 취할 것이라고 경고했다. 오클라호마 주는 노천광 사업의 검사와 강제 기능 권한을 회복하기 위한 조건으로, 인력 충원, 교육과 감독의 내용 등을 포함하는 분기별 진행 보고서를 제출하였다. 연방정부는 검사와 강제 기능 수행을 위해 7명의 연방정부 검사원을 파견하고 사무실을 설립했으며, 오클라호마 주의 노천광 사업에 대해 엄격하게 집행하였다.

연방정부의 오클라호마 주 노천광 사업에 대한 검사와 강제 기능이 수행된 이후, 오클라호마 주의 노천광 사업 관련 관리 인력은 기존보다 43%, 예산은 29% 증가하였다. 오클라호마 주는 권한의 회복을 위해 노천광 사업을 위한 집행 기관의 전문성, 공정성, 완전성을 달성하고자 하였으며, 1986년 오클라호마 광업위원회Oklahoma Mining Commission를 창설하는 등의 노력을 기울였다. 이에 따라 1987년 10월 연방정부는 오클라호마 주가 주정부 프로그램을 수행할만한 충분한 능력을 갖추게 되었다고 인정하였으며, 위임권이 회수된 3년 6개월 후, 오클라호마 주는 노천광 사업의 모든 프로그램에 대한 규제 권한을 회복하였다.[6]

최소기준 부분선점은 주정부가 주정부가 계획한 프로그램을 연방정부가 승인할 수 있다. 그러나 이 과정에서 주정부의 규제권한은 의회의 승인을 받아야 하며, 주정부가 프로그램을 어떻게 운영하는지에 따라 권한이 회수될 수도 있다(박재창 외, 2000). 부분선점 규정이 적용된 「노천광통제 및 복구법」과 「수질청정법」 등에 따라 행정역량이 충분하지 못한 테니시 주나 아이오와 주 등은 규제권한을 자체적으로 연방정부에 반납하기도 하였으며, 연방정부가 주정부의 권한을 회수한 이후에는 규제 프로그램에 대한 집행 능력 검증 절차를 통해 주정부에게 권한을 재위임한다(홍준현, 2001).

둘째, 결합부분선점Combined Partial Preemption은 부분선점제와 전통적인 이중규제를 결합한 것이다(Zimmerman & Lawrence, 1992). 대표적인 법령은 1970년 제정된 「산업안전보건법」The Occupational Safety and Health Act으로서 주정부가 독자적인 산업안전보건 관련 규제 프로그램을 운영하여 시행하도록 하여 부분선점을 유지하면서도, 법에 규정되지 않은 예외 대상은 연방기관의 집행 권한이 있다(노동건강연대,

6 위임권 회수에 대한 오클라호마 주의 사례는 Vestal, T. M.(1987), The first decade of the implementation of the Surface Mining Control and Reclamation Act of 1977 in Oklahoma, *Tulsa LJ*, 23, pp. 593~612의 내용을 중심으로 정리하였다.

2004). 산업안전보건법에 따라 주정부가 프로그램 운영에 대한 권한을 인정받게 되면 연방정부로부터 프로그램 운영비의 50%를 지급받게 된다(Zimmerman & Lawrence, 1992). 만약 주정부의 프로그램이 4년 이상 안전보건 조치를 효과적으로 제공하고 있다고 인정되면 해당 지역에는 연방의 규제권이 적용되지 않는다.[7] 그러나 주정부의 프로그램에 대한 연방정부의 모니터링과 평가는 지속적으로 이루어지기 때문에, 만약 주정부 프로그램의 집행이 제대로 되지 않거나 실효성이 낮아지게 되면 연방정부는 해당 프로그램의 승인을 철회하고, 권한을 회수한다(노동건강연대, 2004)

셋째, 규제책임에 대한 국가이전State Transfer of Regulatory Authority 유형은 주정부가 주정부 권역 내의 법령 시행에 대한 책임을 연방기관에 위임할 수 있게 하는 것이다. 대표적인 법령은 1967년 제정된 「연방육류검역법」Wheat some Act으로서 1968년 26개 주는 주정부의 육류검사의 모든 책임을 연방기관에 위임하였다(Zimmerman & Lawrence, 1992).

(2) 미국의 주정부 평가체제와 국가 환경성과 파트너십 체제

미국 환경보호청EPA은 주정부 평가체제State Review Framework로서 모든 주들의 활동을 지도·감독하고 있다. 주정부 평가체제는 환경문제의 심각성이 높지만 주정부의 환경 행정 역량이 부족하여 문제를 해결하지 못하는 경우, 연방정부가 적극적으로 권한을 행사하여 문제를 해결하도록 하는 제도이다. 연방정부는 주정부의 환경규제 수준이 국가기준에 미치지 못하는 경우 지역에 필요한 조치를 취하고 있다.[8]

미국은 환경에 관한 공식적인 법률이 있지만 실제로 각각의 주, 개인, 기업, 비영리 기관 등이 관련 규제를 어떻게 준수해야 하는지에 대한 규정은 없다. 따라서 환경보호청과 같은 환경 분야 전반을 담당할 수 있는 기관을 설립하여 환경 관련

7 고용노동부, 미국의 산업보건 관계법, www.moel.go.kr

8 미국 환경보호청(EPA), www.epa.gov/compliance/state-review-framework-compliance-and-enforcement- performance

규제법을 제정 및 집행하도록 하고 있다.[9] 주정부 평가체제에 따라 환경보호청과 환경협의회The Environmental Council of States, ECOS는 주정부의 프로그램을 모니터링하고 감시한다. 주정부 평가체제는 대기, 물, 폐기물 분야의 모니터링을 기반으로 하고 있으며, 대표적인 법령과 프로그램으로는 「대기청정법」Clean Air Act, CAA의 유해 대기오염 물질 관련 프로그램, 「수질정화법」Clean Water Act, CWA의 폐수 관련 국가 오염원 배출 제거 시스템National Pollutant Discharge Elimination System, NPDES 프로그램, 「자원보전 및 회복법」Resource Conservation and Recovery Act, RCRA의 유해 폐기물 프로그램 등이다. 환경보호청과 환경협의회는 각각의 환경 프로그램에 대한 규제사항을 주정부가 철저히 준수하고 있는지 평가하고 있다.[10] 이은국 외(2007)에 따르면 환경보호청과 환경협의회는 「주정부에 대한 13가지의 심사평가 요소」를 적용하여 주정부의 프로그램을 평가하고 있으며, 주요 내용은 〈표 3-4〉와 같다.

1981년 미국은 환경보호청에 범죄집행부Office of Criminal Enforcement, OCE를 신설하여 환경보호청이 환경범죄에 대한 수사권을 관할하였으며, 이후 「환경오염처벌법」Pollution Prosecution Act, PPA을 기반으로 환경보호청의 역할은 더욱더 확대되었다(환경부, 2009). 1990년 이후 환경보호청은 범죄집행부를 법집행·준수국Office of Enforcement and Compliance Assurance, OECA으로 변경하여 전문성을 강화하였다. 법집행·준수국은 환경법 위반에 대해 강력한 민사 및 형사처벌 권한을 갖고 있으며, 환경오염을 방지하기 위한 다양한 프로그램을 관리하고 있다.[11]

환경보호청에 소속된 10개의 지방사무소Regional Office는 주정부가 적법한 강제집행 명령을 따르지 않는 경우 사법적 절차를 준비하며, 연방 법무부Department of Justice의 강제 집행에 대한 지원업무를 맡고 있다(황계영, 2015). 환경보호청의 조사

9 미국 환경보호청(EPA), www.exportcenter.go.kr/standard/info/guide_standard/info_pdf2/EPA.pdf

10 미국 환경보호청(EPA), 주정부 평가체제(State Review Framework for Compliance and Enforcement Performance), www.epa.gov/compliance/state-review-framework-compliance-and-enforcement-performance

11 미국 환경보호청(EPA), 법집행·준수국(Office of Enforcement and Compliance Assurance), www.epa.gov/aboutepa/about-office-enforcement-and-compliance-assurance-oeca

〈표 3-4〉 주정부 평가체제의 주정부에 대한 13가지 심사평가 요소

평가 요소	평가 내용
단속실행 정도	전체 계획 대비 주정부의 단속에 대한 실행 정도는 어떠한가?
검사 보고서의 완벽성	검사 보고서의 위반행위에 대한 확인과 묘사 정도는 어떠한가?
검사 보고서의 적시성	위반행위에 대한 확인에 대한 보고는 적시에 이루어졌는가?
검사의 정확성과 보고의 적시성	위반행위가 국가의 데이터베이스에 얼마나 정확하게 적시에 보고되었는가?
주정부 단속조치의 실효성	주정부 단속에 대해 관련 업자들은 어느 정도 순응하는가?
언론정책과 부합도	단속을 수행하는 데 언론의 정책들과 어느 정도 부합하는가?
벌칙에 대한 엄중성과 경제적 편익 반영 정도	모든 벌칙에 대한 형량 등을 엄격하게 적용하였는가, 경제성에 대한 편익을 계산하여 평가에 포함하였는가?
단속을 통한 경제적 편익과 벌칙의 엄중성 확보 정도	최종적인 단속조치는 적합한가? 벌칙이 얼마나 엄중하게 집행되었는가?
단속협약의 충족 정도	협상을 통해 협약의 내용이 어느 정도 충족되었는가?
최소 자료요구조건의 적시 충족 정도	최소 자료요구조건이 적시에 충족되었는가?
최소 자료요구조건의 정확한 충족 정도	최소 자료요구조건이 얼마나 정확하게 충족되었는가?
최소 자료요구조건의 완성 정도	최소 자료요구조건이 얼마나 완성도 있게 적용되었는가?
부가사항	다른 프로그램 활동에 대한 성과를 나타내고 있는가?

자료: 이은국 외(2007), p. 72

는 연간 1만 회 정도이며, 고유권한을 갖고 있는 주정부의 조사 횟수는 환경보호청의 5~10배 정도이다(이은국 외, 2007; 환경부, 2009; 황계영, 2015). 환경보호청은 주정부가 기준을 준수하지 않으면 계획을 승인하지 않을 수 있으며, 계획에 대한 집행명령을 내릴 수도 있다(문태훈, 2003).

1995년 5월 도입된 국가 환경성과 파트너십 제도National Environment Performance Partnership System, NEPPS는 미국 환경보호청과 주정부의 역량을 최대한 활용하여 환경성과를 높이기 위한 협력 시스템이다. 주정부는 환경 분야의 프로그램에 필요한 정보를 공유하며, 환경보호청과 협의하여 공동계획을 수립한다. 또한 환경문제를 해결하기 위한 전략과 지표개발을 위해 환경보호청과 협력할 수 있다. 국가 환경성과 파트너십 제도 아래 주정부와 환경보호청은 성과제휴협약Performance Partnership Agreements, PPA을 체결하여 프로그램 운영을 위한 계획의 우선순위, 자

원 배치 등을 합의하고 역할과 책임을 상세히 규정한다. 성과제휴협약 과정에서는 프로그램 운영의 유연성을 높이고 주정부와 환경보호청의 파트너십을 강화할 수 있도록 주정부에게 보조금Performance Partnership Grants, PPGs이 지급된다.[12]

(3) 미국 각 주State의 행정사무 체계

오레곤Oregon 행정사무 체계

오레곤은 계획의 기준 또는 목표가 주 전역에서 동일하고 높다. 오레곤 지역을 위한 실제 계획을 준비하고 집행하는 주체는 주정부가 아닌 241개의 시와 36개 카운티로서, 오레곤은 반드시 시와 카운티가 계획을 수립하도록 규정하고 있다. 오레곤의 277개 지방계획은 주정부의 기준에 맞추어 수립되며, 주정부가 검토하고 승인하는 절차를 거친다. 이 과정에서 지방정부의 계획은 주정부 정책에서 요구하는 사항들을 간과하지 않으며, 주정부의 정책 범위를 철저히 준수하고 있다(Cullingworth, 2002; Cullingworth, 2013).

오레곤은 계획의 모든 단계에서 시민들의 광범위한 참여를 보장하고 있다. 또한 오레곤은 시민의 참여 이외에도 주정부 계획에 19가지의 목표를 제시하여, 지방정부가 각각의 목표를 달성하도록 요구하고 있다. 주요 목표로는 농지의 보존 및 유지, 토지 이용계획, 자연 및 자원 보호, 대기 수질 및 토지 자원 보전, 자연재해 및 위험으로부터의 보호, 경제 활동의 기회 제공, 주택 제공, 공공시설 및 서비스의 계획 및 개발, 에너지 보존, 습지의 고유한 환경적 가치의 인정과 보호, 해안 연안 지역 보전, 해양자원과 천연자원의 보존 등이다. 지방정부의 행정 업무를 관리·감독하기 위해 주정부는 위원회를 설립하고 있으며, 오레곤의 주 위원회는 주 계획의 목표를 채택하고 검토 및 승인하는 역할을 담당하고 있다. 그러나 일반적으로 주 위원회는 지방정부의 계획 수정안을 채택할 권한은 없다. 오레곤은 항소위원회와 같은 별도의 기관이 계획 수정안과 관련한 분쟁을 해결하

12 미국 환경보호청(EPA), 국가 환경성과 파트너십 제도(National Environment Performance Partnership System, NEPPS), www.epa.gov/ocir/national-environmental-performance-partnership-system-nepps

기 위한 방안을 제시한다. 항소위원회의 결정은 오레곤 주 대법원 등 상급 법원이 검토하고 집행할 수 있다. 이 과정에서 지방정부는 공식적으로 승인받은 시민자문위원회Citizen Advisory Committee, CAC와 이해관계를 대표하는 위원회를 지원함으로써 대중의 참여를 촉진하고 있다. 시민자문위원회는 회비 또는 회원 가입의 절차가 없는 개방적인 형태로서, 매월 정기적인 회의를 통해 제시된 의견을 주정부 계획에 반영하고 있다(Cullingworth, 2002; Cullingworth, 2013).

오레곤은 주정부가 지방정부의 계획을 반드시 승인하도록 명시하고 있다. 만약 지방정부의 계획승인 과정이 지체되는 경우, 상위기관으로부터의 집행 명령의 위협이 있다. 지방정부가 계획을 수립하지 않으면, 주정부는 지방정부의 세수를 원천 징수할 수 있는 강제 권한을 갖고 있다. 따라서 지방정부는 계획을 수립하여 철저히 집행하고 있다. 주정부의 법률은 지방정부의 행정 전반에 관여하고 있지만, 지방정부에게 경제적인 인센티브를 보장해주지 못하면 강제 권한에 대한 법적인 효력이 없다. 따라서 주정부는 지방정부가 계획을 준비하고 정책을 승인받는 과정에서 예산지원과 같은 확실한 인센티브를 제공하고 있다. 또한 지방정부의 계획이 승인된 이후는 주정부의 역할이 크게 축소되어 지역 의사 결정을 용이하게 하는 행정구조 체계를 갖고 있다(Cullingworth, 2002; Cullingworth, 2013).

버몬트Vermont 행정사무 체계

버몬트는 오래전부터 주정부의 권한이 매우 약했으며, 분산된 지방정부의 형태를 유지하고 있었다. 그러나 버몬트의 스키산업이 발달하여 고속도로가 확장되었고 외부 지역으로부터의 접근성이 향상되기 시작하였다. 버몬트의 인구는 급증하였을 뿐만 아니라 개발압력 또한 높아져서 많은 주택이 건설되는 등 환경이 급변하게 되었다. 1960년대의 인구 증가율은 지난 50년 동안의 인구 증가율을 상회했다. 버몬트의 환경은 변화하였지만, 지방정부는 지역의 행정을 처리할 수 있는 자본예산 프로그램 등과 같은 견고한 시스템을 갖추지 못했다. 이에 따라 주정부는 1970년 법안 Act250을 통과시키고 행정사무를 효율적으로 처리하기 위해 노력하였다. Act250은 지방정부의 계획 수립에 필요한 10가지 기준을 제시하고 있으며, 기준에 미달하게 되면 버몬트 주정부는 지방정부 계획에 대한 승인을 거절했다. 10가지 기준에는 물 또는 대기 오염 방지, 토양 침식을 일으키지 않는 등의 환경적인 규제 이외에도 지방정부의 행정은 주민에게 불합리한 부담을 주지 말아야 한다는 내용이 담겨 있다. 그러나 Act250은 법률 자체에 계획의 목적과 범위에 대한 명확한 규정이 없었을 뿐만 아니라, 주정부 계획과 환경보호의 가치가 충돌하면서 어떠한 사항에 더 비중을 두고 프로그램을 집행해야 하는지에 대한 갈등이 발생했다. 또한 버몬트의 지방정부는 행정 역량이 부족하여 모든 업무를 관리할 수 없는 상황임에도 불구하고, 지역의 재량권을 제한하는 것과 주정부에 더 많은 권한이 부여되는 것을 반대하였다. 지방정부는 주정부의 권한과 결정에 대해 저항하면서 주정부와 지방정부 간 이해관계가 대립하였다. 또한 주정부의 계획에 대한 대중의 불신까지 더해지면서 관련 법 조항의 폐지로 이어졌다(Cullingworth, 2002; Cullingworth, 2013).

이러한 문제를 해결하기 위해 Act250이 제정된 같은 해에 Act200이 제정되었다. Act200은 토지이용, 주택, 교통, 기반시설, 교육 및 천연 자원을 포함하여 지역 계획의 최소한의 내용을 명시하고 있으며, 지역계획위원회의 권한을 확대하고 다른 기관 및 주정부와 협력할 것을 촉구했다. 지역계획위원회는 지역 계획을 검토하고 주정부에 의견을 제시할 책임이 있으며, 지방정부의 계획은 광범위한 주계획의 목표와 일치하도록 하였다. Act200은 버몬트 지방정부의 계획이 주정부의 목표와 일관성을 갖추어야 한다는 요건을 제시하고 있으며, 정책의 집행을 위한 효율적인 사무체계를 제시하고 있다. 1988년 제정된 버몬트의 성장관리법안 Growth Management Act은 지방정부의 새로운 계획 시스템을 제안하고 있다. 성장관리법은 지역계획 수립 과정에서 효과적인 의사 결정이 공공투자 결정에 영향을 미치며, 규제 프로세스를 경감시키는 데 도움을 주고 있음을 명시하였다. 성장관리법에 따라 기존의 지역계획위원회 권한은 확대되었으며, 지역계획위원회는 계획 승인, 주정부계획에 대한 의견 제시, 주정부 예산 지출 검토에 대한 책임성이 강화되었다. 또한 지역위원회 이사회 Council of Regional Commissions는 지역정부와 주정부의 계획을 검토하기 위한 목적으로 설립되었으며, 지역계획위원회를 지원하기 위한 기금을 마련하였다. 버몬트의 행정 체계는 지방정부와 주정부의 계획이 균형을 유지하고 있으며, 주 정책의 범위 내에서 상향식Bottom-Up으로 작동하고 있다(Cullingworth, 2002; Cullingworth, 2013).

플로리다Florida 행정사무 체계

제2차 세계대전 이후인 1950년에 280만 명이었던 플로리다 인구는 1990년에 1,290만 명으로 크게 증가했다. 이러한 성장은 플로리다의 독특하고 복잡한 자연 환경으로 인해 다양한 문제를 발생하게 하였으며, 문제를 해결하기 위한 강력한 계획의 수립이 필요했다. 초기에는 포괄적인 주 계획을 수립하지 못했고, 계획을 집행하기 위한 예산이 부족했다. 플로리다의 행정 전반에 문제가 발생하면서 지역계획 시스템의 변경이 필요했다. 플로리다는 1980년대 중반 주정부 및 지방정부의 계획을 철저히 조사하여, 주정부와 지방정부의 계획을 일치시키는 포괄적인 계획을 채택하였다. 주정부의 계획은 교육, 아동, 가족, 노인, 주거, 건강, 공공안전, 수자원, 연안 및 해양 자원, 자연 및 휴양지, 대기 질, 에너지 등을 포함하는 25가지 목표와 관련 프로그램을 포함하고 있다(Cullingworth, 2002; Cullingworth, 2013).

플로리다의 초기 행정 시스템은 상향식이었지만, 점차 하향식Top-Down시스템으로 전환하였다. 지방정부인 시 및 카운티는 포괄적인 계획의 준비가 필요하며, 반드시 주정부의 계획과 일치해야 한다. 만약 주정부의 방향과 목표와 일치하지 않을 경우에 주정부는 지방정부에게 자금의 원천징수를 부과하는 등 강력한 제재를 시행할 수 있다. 예를 들어, 만약 지방정부가 새로운 개발을 주정부로부터 승인받았다고 하더라도, 개발 지역 내에 기반 시설을 조성하지 않는다면 지방정부의 계획은 위법이다. 지방정부의 계획에 필요한 자금 조달은 중단되며, 지방정부는 개발에 의해 발생하는 비용을 지불해야 한다. 지방정부는 지역 주민들의 공공시설 및 서비스 이용 권리를 위해 기반시설 설치 의무사항을 규정하고 있는 주정부의 계획을 준수해야 하는 것이다(Cullingworth, 2002; Cullingworth, 2013).

캘리포니아California 행정사무 체계

캘리포니아는 연방정부의 환경규제 수준을 넘는 엄격한 정책을 시행하고 있다.[13] 캘리포니아의 입법, 사법 시스템은 지방정부 계획의 규칙을 설정하고 있으며, 주정부는 지방정부의 계획 수립 과정에서 강력한 영향력을 행사한다. 캘리포니아는 사업시행자, 임대업자, 부동산 협회 등의 민간단체도 의사결정에 참여하고 있을 뿐만 아니라, 주택협회, 환경단체, 역사보존 옹호단체, 상공회의소 및 기타 기관 등을 대표하는 시민단체도 계획 과정에 참여하는 등 폭넓은 기회를 제공하고 있다(Fulton & Shigley, 2012).

① 캘리포니아 환경행정 조직

캘리포니아 환경행정 관련 조직으로는 의회Congress, 환경보호청Environmental Protection Agency, EPA, 캘리포니아 환경보호청California Environmental Protection Agency, CalEPA, 전략적 성장 위원회Strategic Growth Council, SGC, 캘리포니아 주정부·지방정부 등이 있다(Fulton & Shigley, 2012).

첫째, 의회는 캘리포니아 지역의 토지이용에 영향을 미치는 환경 관련 법들을 통과시킴으로써 연방정부에 권한을 부여한다. 대표적인 사례는「대기 및 수질 법」Air and Water Quality Laws으로서, 캘리포니아 토지 개발과정에서 오염물질의 감소를 요구하여 산업 용지의 크기, 위치, 특성에 영향을 미치는 법률이다(Fulton & Shigley, 2012).

둘째, 환경보호청은 독성, 대기 오염 및 수질을 포함하는 등 광범위한 환경 문제를 다루는 연방정부 규제 기관 중 하나이며, 환경보호청의 지역사무소가 캘리포니아 주정부의 환경관리업무를 감독하고 조정한다. 예를 들어, 환경보호청은 캘리포니아 일부 지역의 사업 개발을 중단하도록 요청하기도 하였으며, 차량이용을 최소화하기 위한 프로그램에 동참하도록 하고 있다(Fulton & Shigley, 2012). 환경보호청은 캘리포니아 주정부에 집행권한을 위임하되 집행성과가 부실한 경우 권한을 회수할 수 있으며, 예산 삭감 등의 제재를 가한다(정정만 외, 2006).

13 박광국 외(2006)에 따르면 캘리포니아 LA는 지역 내 강력한 대기오염억제 정책을 시행하고 있다. 가구당 자동차수를 제한할 뿐만 아니라 자동차를 1인만 이용하는 경우 주차요금을 더 부과하고, 자동차 타이어는 환경오염 유발 물질이 덜 배출되는 유형으로 구입하도록 하며, 대중교통은 청정연료만 사용하도록 규정하고 있다.

셋째, 캘리포니아 환경보호청은 1991년 7월 17일 주정부 행정개혁에 따라 설립되었다. 캘리포니아 환경보호청은 주정부의 각 부서에서 수행하였던 물, 대기, 폐기물 등의 환경 관련 업무를 통합하여 수행하고 있다.[14]

넷째, 2008년 설립된 캘리포니아 전략적 성장 위원회는 캘리포니아 주의 지속가능성, 경제적 번영 및 삶의 질을 향상시키기 위해 주 정부 및 이해 관계자의 활동에 협조하고 있다. 캘리포니아 전략적 성장 위원회는 공기 및 수질 개선, 공중보건 및 형평성 증진, 지속 가능한 지역사회의 기후 변화 등 주요 환경 목표를 달성하기 위해 노력하며, 주정부의 정책을 조정할 수 있는 강력한 영향력을 갖고 있다. 또한 지방정부의 계획에 협조하며, 환경영향평가서EIR 수집과 같은 프로세스를 관리하는 역할도 담당하고 있다.[15]

다섯째, 캘리포니아 주정부는 지방정부가 계획을 채택하고 집행하는 데 필요한 요구사항을 규정하고 있다. 캘리포니아 주정부는 캘리포니아 환경법CEQA에 따라 지방정부가 계획을 실행하거나 구상할 때 광범위한 정책 이슈 등을 고려할 것을 요구하며, 때로는 지방정부가 특정 분야의 정책도 집행할 것을 요구한다. 캘리포니아 주정부의 계획은 지방정부가 지역 사회의 문제를 자세하고 명확하게 밝히기 위한 방법으로 기술 분석Technical Analysis 등을 사용하여 문서화할 것을 명시하고 있다. 최근 캘리포니아 주정부는 계획지침을 개정하여(2003년) 계획 과정에 대중의 참여를 강조하였으며, 공공시설 및 서비스, 산업 지역 등을 계획할 때는 특히 환경 정의Environmental Justice를 고려해야 함을 밝혔다(Fulton & Shigley, 2012).

여섯째, 캘리포니아 지방정부는 계획을 세우고 집행할 때 광범위한 정책 문제를 고려해야 하며, 특히 토지이용, 유통, 주택, 광장, 보전, 안전, 소음의 7가지 주제 영역을 반드시 포함해야 한다. 지방정부는 계획을 수립할 때 독자적인 정책 방향을 선택할 수 있으나, 여전히 주 및 연방 법률 및 규제에 의해 제약을 받고 있다(Fulton & Shigley, 2012).

캘리포니아 지방정부는 계획의 집행에 따라 환경에 어떠한 영향을 미치는지에

14 캘리포니아 환경보호청(CalEPA), www.calepa.ca.gov

15 캘리포니아 전략적 성장 위원회(SGC), sgc.ca.gov

대한 분석을 반드시 포함하도록 하며, 환경영향 검토 과정이 지방정부의 계획과 동시에 실행되도록 하고 있다. 지방정부의 계획이 캘리포니아 환경법CEQA의 지침Guidelines을 집행하지 않을 경우, 지방정부에 법을 준수할 수 있도록 강제하는 방법은 캘리포니아 주법State Law과 법무부에 의한 강력한 권한, 환경단체 등에 의한 소송이다. 지방정부가 주법에 명시된 환경요인을 고려하지 않거나, 환경 검토 프로세스의 집행을 거부하며 저항할 경우 법원은 지방정부의 계획을 늦추거나 전면 무효화할 수 있다(Fulton & Shigley, 2012).

(사례 1) 1999년 캘리포니아 법무부 장관 빌 록키어Bill Lockyer는 툴레어 카운티Tulare County를 고소하였다. 툴레어 카운티Tulare County는 거대한 수십 개의 낙농업 착유장 개발사업을 승인하였으나, 그 과정에서 수천 마리의 젖소들을 사육하면서 발생하는 환경오염 물질이 대기 및 수질에 미치는 심각한 영향성을 검토하지 않았기 때문이다. 빌 록키어의 고소에 의해 샌 오아킨 밸리San Joaquin Valley에 위치해 있는 툴레어 카운티뿐만 아니라 다른 카운티들도 착유장 개발을 중지하고 환경영향평가서EIR 프로그램을 준비하였다(Fulton & Shigley, 2012).

(사례 2) 2007년 캘리포니아 법무부 장관 제리 브라운Jerry Brown은 샌버너디노 카운티San Bernardino County를 고소하였다. 샌버너디노 카운티의 계획이 온실가스 배출로서 발생하는 환경오염 문제를 고려하지 않았기 때문이다. 샌버너디노 카운티는 온실가스 배출의 정량화가 간단한 문제가 아니며, 당시에 계획법이나 환경법이 지방정부가 온실가스 배출량을 고려해야한다고 명시적으로 밝히고 있지 않다는 이유로 잘못을 인정하지 않고 저항하였다. 이 소송은 추후 지방정부가 계획을 수립하는 과정에서 온실가스 배출에 따른 기후변화를 고려하도록 하는 선도적인 사례가 되었다. 제리 브라운은 지방정부의 역할을 변화시켰고 샌버너디노 카운티와 합의에 도달하였다. 계획법과 환경영향평가서에 온실가스 배출량을 포함하도록 하였고, 주법은 CEQA review의 주제로 온실가스 배출량을 다루도록 하였다. 샌버너디노 카운티는 계획에 1990년대의 온실가스 배출량 목록과 2020년까지 예측되는 온실가스 배출량 목록, 온실가스 배출 감량을 위한 노력 등의 내용을 포

함하였다(Fulton & Shigley, 2012).

(사례 3) 스톡턴 시City of Stockton는 기후변화에 대한 계획을 준비하고, 기후변화를 유발할 수 있는 요인을 제한하기로 동의함으로써 캘리포니아 환경단체인 시에라 클럽Sierra Club과의 소송을 해결하였다(Fulton & Shigley, 2012).

(사례 4) 캘리포니아 주법State Law은 도로, 철도, 항공시설, 산업 기반시설을 포함하여 광범위한 활동에 포함된 소음문제를 파악하고 분석하기 위해 소음요인Noise Elements을 명시하였다. 주법은 지방정부가 계획을 수립할 때 소음요인 지침Noise Element Guidelines을 집행하도록 요구하였다. 이 지침에 따라 지방정부는 소음에 대한 기술 분석 과정을 거쳐야 한다. 해변가에 위치한 멘도시노 카운티Mendocino County는 개발과정에서 도시의 조용한 분위기를 저해하지 않을 것이라는 이유로 소음분석을 거부하였고 고소당하였다. 법원은 멘도시노 카운티의 모든 계획이 무효임을 선언하였으며, 멘도시노 카운티는 그 문제를 해결할 때까지 개발허가권을 발급받을 수 없었다(Fulton & Shigley, 2012).

캘리포니아 주정부는 또한 연방정부가 환경에 대한 철저한 기준을 마련하지 못하여 주정부의 계획과 상충되는 경우, 연방정부를 상대르 소송을 제기할 수 있다. (사례 5)는 캘리포니아 주가 연방법원에 환경청을 고소하여, 연방정부 차원의 기준을 마련하도록 한 사례이다.

(사례 5) 2007년 캘리포니아 법무부 장관 제리 브라운은 캘리포니아 주 온실가스 배출 규제 계획을 반대한 환경보호청을 연방법원에 고소했다. 캘리포니아 주에서 2002년 통과된 조례는 2009년부터 생산되는 차량의 배기가스 배출량을 30% 감축해야 한다는 내용이었다. 환경보호청은 그 당시 에너지법으로도 온실가스 감축이 충분하다는 이유로 캘리포니아 주 계획을 저지하였다. 법무부 장관 제리 브라운은 "환경보호청은 온실가스를 감축하기 위해 지금까지 한 일이 없다. 그리고 지금은 캘리포니아 주 온실가스 배출 규제를 위한 계획을 부당하게 불법적으로 방해하고 있다."고 전하였다. 이러한 소송은 캘리포니아 주 아놀드 슈워츠네거Arnold Alois Schwarzenegger 주지사가 승인했으며, 슈워츠네거 주지사는 지구온난화를 해결하기 위해 정부가 행동을 취하길 기대하는 수백만 명의 의지를 연방공무원들이 간과하고 있다고 밝혔다. 15개의 다른 주도 캘리포니아 주와 뜻을 같이해 연방법원에 환경보호청을 고소하였다.[16] 법원은 주정부의 손을 들어줌에 따라 환경보호청에 자동차 온실가스 규제를 명하였고, 연비와 온실가스를 동시에 규제하는 단일법이 제정되어 연방정부 차원의 기준이 마련되었다(오상기 외, 2010).

샌버너디노 카운티와 스톡턴 시의 사례(사례 2, 3)를 보면, 지방정부는 계획을 수정하여 소송을 해결하였는데, 이러한 이유는 1980년대 동안 경험했던 멘도시노 카운티 사례(사례 4)와 같은 법원의 업무정지Shut-Down 위협 때문이었다. 즉, 캘리포니아 주 법무장관의 소송은 특정 이슈에 대한 관심을 집중시키고 지역 정책 또는 과정에 변화를 촉구하기도 한다. 몇 가지 드문 사례를 제외하고는 캘리포니아 주정부는 지방정부의 계획이 불충분해도 지방정부를 처벌할 권한을 갖지 못한다. 오직 법원Court만이 처벌의 권한을 갖고 있다(Fulton & Shigley, 2012).

만약, 지방정부의 계획과정이나 수정안 등에 만족하지 못할 경우, 그 계획이 유효하지 않음을 선언할 수 있도록 고소할 수 있다. 이러한 이유로 시민단체와 건축업계 등 관련 이해관계자도 소송을 제기할 수 있으며, 지방정부의 계획에 상당한 권한을 갖고 있다. 지방정부의 계획과 관련한 소송은 다른 계획과의 일관성, 계획의 내적인 일관성, 캘리포니아 주법과의 일치성, 환경영향평가서EIR의 적합성 등의 기준에 부합하지 않을 경우 제기되고 있다. 따라서 법원이 지방정부의 계획이 유효하지 않음을 발견하면, 지방정부의 토지사용의 권한 일부 또는 전부를 박탈할 수 있다. 지방정부의 모든 계획과정은 법원에 의해 지방정부가 새로운 또는 수정된 계획이 적법하게 통과할 때까지 업무정지된다. 법원의 업무정지 위협뿐만 아니라 계획 수정 과정에서 상당한 비용과 시간의 압력이 작용하는 두 가지 요인은 지방정부가 계획과정에서 적법한 절차를 따르도록 하는 강력한 도구로 작용하고 있다(Fulton & Shigley, 2012).

16 미주 한국일보, "남가주, EPA 상대로 법정에서 붙는다.", dc.koreatimes.com/article/20080104/425535

② 캘리포니아 환경법과 환경영향평가제도

캘리포니아 주의 환경영향평가제도는 캘리포니아 환경법California Environmental Quality Act, CEQA의 규정에 따라 시행되며, 주정부 및 지방자치단체 등 공공기관에서 수행하는 사업에 적용한다. 캘리포니아 환경법은 계획의 수립 전 단계에서 환경영향을 공개하여 피해를 방지하기 위한 목적으로 시행된 제도로서, 공공정책 및 환경의 보호 측면에만 관여하는 단일법이다. 이는 미 연방의 환경정책법National Environmental Policy Act, NEPA과 형태가 비슷하다. 캘리포니아 환경법의 주된 역할은 정보를 제공하는 것으로, 'Full Disclosure Law(완전 공개 법)'라고 불리기도 한다. 캘리포니아 환경법은 의사 결정자와 대중에게 프로젝트의 중대한 환경영향성 또는 환경피해를 방지하거나 저감할 수 있는 방법을 알려주는 역할을 한다. 또한 환경에 영향을 주는 프로젝트라 하더라도 왜 승인할 수밖에 없었는지 대중에게 공개하며, 프로젝트에 대한 부처 간 검토 및 공공참여를 촉진하기도 한다(Fulton & Shigley, 2012).

만약 지방정부가 계획의 환경적합성을 수행하고자 하면 '환경영향평가서Environmental Impact Report, EIR'를 준비해야 하며, 환경영향평가서는 대형 프로젝트나 특정 프로젝트를 위한 준비와 보충자료로서 활용한다. 환경영향평가서는 일반계획 환경영향평가서General Plan EIR, 종합 환경영향평가서와 단계영향평가Master EIRs and Tiering, 추가·보충 및 기타 영향평가서Additions, Supplements, etc. EIR, 환경영향평가서 초안과 최종 환경영향평가서Draft and Final EIR의 네 가지 형태로 구분할 수 있다(Fulton & Shigley, 2012).

첫째, '일반계획 환경영향평가서'는 일반계획General Plan의 준비와 수정을 위해 준비하는 광범위한 형태의 환경영향평가서이다. 둘째, '종합 환경영향평가서와 단계영향평가'는 하나의 프로그램에서 연속하여 관계를 맺는 사업에 대한 영향평가이다. 종합영향평가서는 자세한 환경영향평가 내용을 담고 있으며, 단계영향평가는 오랜 기간이 소요되는 큰 프로젝트와 관계된 개념이다. 셋째, '추가·보충 및 기타 영향평가서'는 프로젝트 내용이 변경되거나 새로운 정보에 의해 환경영향에 대한 평가가 바뀌는 등 비교적 작은 변경이 발생하게 되면 보충자료로서 기능을 한다.

프로젝트의 중대한 변경이 발생하게 되면 '후속 환경영향평가서Subsequent EIR'를 작성하게 되고, 후속 환경영향평가서의 보충자료로서 '보충 환경영향평가서Supplemental EIR'를 준비하게 된다. 넷째, 지방 공무원과 컨설턴트의 환경 분석의 내용을 담아 작성한 초기 문서가 '환경영향평가서 초안'이며, 시민단체, 연방기구 등의 제안과 수정을 거쳐 최종 완성된 형태가 '최종 환경영향평가서'이다. 환경영향평가서는 환경피해와 피해를 완화하기 위한 방법이 포함되어야 하며, 초기 조사Initial Study와 계획에 대한 공개토론의 토대를 형성해야 한다(Fulton & Shigley, 2012).

캘리포니아의 도시계획과Governor's Office of Planning and Research, 천연자원국the Natural Resources Agency은 캘리포니아 주 환경보호법이 지방정부의 계획에도 일관성 있게 반영되도록 캘리포니아 환경법CEQA의 집행을 위한 지침Guideline을 준비한다. 캘리포니아 환경법의 지침은 지방정부에 대한 구속력을 가지며, 법원은 법만큼이나 이 지침에 많은 비중을 부여하고 있다. 캘리포니아 환경법의 지침은 초기에 10페이지 정도였지만 200페이지 이상으로 증가하였다. 캘리포니아 환경법의 지침은 법만큼 비중이 있기 때문에 이를 수정하는 것은 쉽지 않다. 그러나 기후변화와 온실가스 문제가 새로운 환경이슈로 등장하게 되면서, 2010년에는 지침 개정에 따라 기후 변화와 온실가스 배출 분석 분야를 처음으로 제시하였다. 캘리포니아 환경법의 절차에 대한 요구사항은 매우 광범위하고 유연하기 때문에 법정에서 제기될 수 있으며, 소송을 통해서만 강제할 수 있다. 따라서 1970년 캘리포니아 환경법이 통과된 이후 300건이 넘는 항소에 대한 법원 판결을 발표하였다(Fulton & Shigley, 2012).

캘리포니아 환경법의 항소 중에서도 가장 중요한 판결 중 하나는 1972년 주 최고재판소의 '맘모스 프렌즈Friends of Mammoth 판결'[17]이다. 모노 카운티Mono County는 맘모스 호수Mammoth Lake 지역 주변을 콘도미니엄으로 개발하는 프로젝트를 승인하는 과정에서 환경적인 영향을 고려하지 않았다. 지역 환경단체인 맘모스 프렌즈는 모노 카운티를 고소하였으며, 민간 프로젝트의 경우라 하더라도 캘리포니아 환경법을 준수해야 한다는 주장을 제기하였다. 법원은 초기에 '프로젝트Project'

17 Friends of Mammoth v. Board of Supervisors of Mono County, 8 Cal.3d 247

의 법률용어를 공공사업에만 해당하는 것으로 해석하여 민간의 프로젝트는 포함시키지 않았다. 그러나 환경단체인 맘모스 프렌즈의 소송으로 대법원은 재량권이 조금이라도 발동된 모든 정책, 계획은 환경영향평가의 대상이 됨을 1972년에 판결하였으며,[18] 사업의 허가, 임대, 권리부여 등을 모두 포함하는 의미로 해석하였다. 따라서 공공 건설 프로젝트뿐만 아니라 민간 건설 프로젝트도 캘리포니아 환경법의 적용을 받게 되었으며, 주정부의 재량권이 발동하였다(Fulton & Shigley, 2012).

③ 캘리포니아 환경영향평가 과정

캘리포니아 지방정부는 개발 계획과정에서 환경영향평가는 캘리포니아 환경법이 규정한 3단계(예비검토단계-초기조사-환경영향평가서제출)로 진행해야 한다. 환경영향평가의 첫 번째 단계는 예비검토Preliminary Review로서, 해당 사업이 캘리포니아 환경법의 대상이 되는 사업인지, 면제대상은 아닌지에 대해 검토를 받는 단계이다. 캘리포니아 환경법에서 사업Project으로 규정한 사업[19]이 아닌 경우 또는 환경에 영향을 미치지 않거나 면제대상 사업에 해당하면, 주관 기관은 면제 통지서를 제출할 수 있다.[20]

두 번째 단계는 초기조사Initial Study로서 해당사업의 심각한 영향 정도를 파악하는 과정이다. 만약, 초기조사에서 해당 사업이 환경에 미치는 영향이 심각하지 않다고 판단되면 영향 부재 선언Negative Declarations을 한다.[21] 영향 부재 선언은 이해관계자들에게 약 1개월 간 공개하여 의견을 교환하며, 이의가 없는 경우 최종 승인한다(김지영 외, 2010).

18 Friends of Mammoth 판결(Friends of Mammoth v. Board of Supervisors of Mono County), www.rmmenvirolaw.com

19 CEQA가 규정한 사업은 다음의 세 가지 경우를 의미한다. 첫째, 환경에 직접적이거나 간접적으로 변화를 줄 수 있는 경우, 둘째, 중대한 판단을 요하는 승인인 경우, 셋째 다음 중 한 가지 유형에 해당하는 경우이다. 공공부문의 건설, 토지정비, 개보수, 용도제한의 설정과 변경, 지역 계획에 대한 채택과 수정, 공공기관에서 지원을 받는 활동 등이다(김지영 외, 2010).

20 LA, 환경영향평가법 프로세스(Process), eng.lacity.org/ceqa-process-overview

21 환경검토과정(ABOUT THE ENVIRONMENTAL REVIEW PROCESS)' www.ca-ilg.org/sites/main/files/file.../ceqa_overview.pdf

〈그림 3-2〉 우리나라와 캘리포니아의 환경영향평가 절차 비교

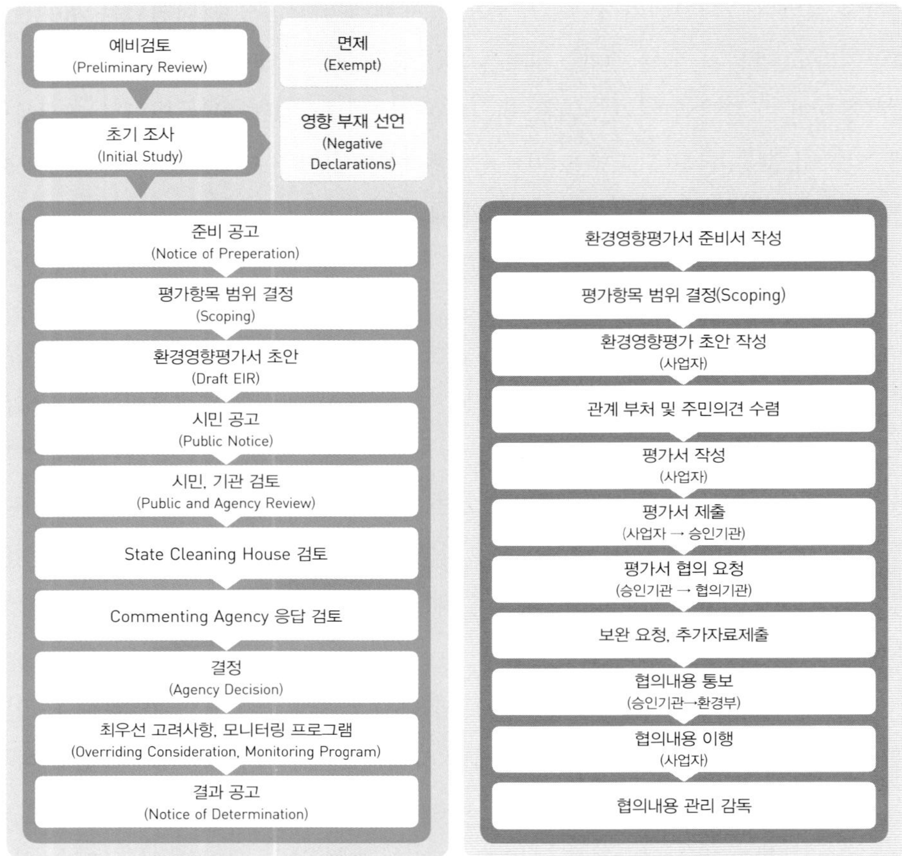

캘리포니아 CEQA 절차 | 우리나라 환경영향평가 절차

자료: 김지영(2010), p. 29; 환경부(2016), p. 21을 수정 보완

마지막으로 초기조사에 따라 해당 사업이 환경에 영향을 미칠 수 있는 것으로 판단되면, 환경영향평가서 작성을 위한 준비를 통지Notice of Preparation한다. 준비 공고Notice of Preparation는 웹 사이트 및 게시판에 게시되며 의견 접수 기간은 약 1개월이다. 이후에는 해당 사업이 환경영향평가서에서 다루어야 할 환경영향성에 대해 이해관계자의 의견을 듣고 범위를 조정한다Scoping. 환경영향평가서 초안은 환경영향성에 대해 자세히 작성하고 공개하며, 대중은 환경영향평가서 초안 공개

이후 약 45일 안에 의견을 제출할 수 있다. 사업자 또는 컨설턴트는 의견에 대한 서면 답변을 준비해야 하며, 답변서는 의사 결정자가 최종 환경영향평가서에 대해 심의하기 전에 공개한다. 의사결정자는 검토 및 모니터링으로 해당 사업의 환경영향성에 대한 보고서가 충분히 다양한 요인을 고려하여 작성되었다고 판단되면 최종 심의를 거쳐 결과를 공개한다.[22]

④ 환경영향평가서의 구성과 고려사항

캘리포니아 환경영향평가서는 대기, 수질, 교통, 산업기반시설, 동식물 생태계를 포함하는 항목에 대한 프로젝트의 환경 영향성을 확인하는 영향분석Impact Analysis의 내용을 포함해야 한다. 영향분석은 네 가지 영역으로 구성되는데 현재 환경 상태, 영향 분석, 완화조치 목록, 프로젝트가 끝나고 완화조치가 이루어진 후 환경상태에 대한 설명을 포함하고 있다. 영향분석은 과학적인 분석이 요구되기도 하며, 종종 법적 분쟁의 대상이 되기도 한다. 그러나 최근에는 과학적인 분석으로 기술한 내용보다는 환경영향평가서의 마지막 부분Back-of-the-Book에 포함되어 있는 '누적영향Cumulative Impacts', '성장유도영향Growth-Inducing Impacts', '대안Alternatives' 등과 '완화조치Mitigation Measures'의 효과성에 대해 더 관심을 갖고 있다(Fulton & Shigley, 2012).

과거에는 환경영향평가서의 마지막 부분에 포함되어 있는 누적영향, 성장유도영향, 대안 등은 내용의 비중이 1~2 페이지 정도로 적었을 뿐만 아니라 많은 관심을 받지 못했다. 그러나 성장과 성장관리에 대한 관심이 높아지고 정치와 입법의 이슈로 많이 거론되면서, 캘리포니아 정부 기관들은 환경영향분석 이외에도 계획이 유발하는 다양한 환경영향성에 대해서도 심도 있게 다루게 되었다(Fulton & Shigley, 2012).

첫째, '누적영향'은 일련의 소규모 프로젝트들이 함께 진행될 때 환경에 미치는 영향을 고려하지 않으면 개발을 승인하지 않는 것을 의미한다. 또한 누적영향을

22 캘리포니아 환경법 과정 집행 방법(HOW TO PARTICIPATE IN THE CEQA PROCESS), lagunabeachcity.net/civicax/filebank/blobdload.aspx?BlobID=8782)

적용한 이후, 캘리포니아 환경법의 환경영향성 검토를 피하기 위해 대규모 프로젝트를 작은 단위로 나누어 개발하는 것이 어려워졌다. 누적영향과 관련한 대표적인 판례를 살펴보면 다음과 같다. 1984년 샌프란시스코 시City of San Francisco 법원은 고층건물 건설사업 진행 과정에서 누적영향을 고려하지 않았다는 이유로 샌프란시스코 시 정부에게 환경평가서의 재작성을 요구하였다. 법원은 샌프란시스코 계획 위원회에게 고층건물 건설사업을 진행하고자 할 때, 이미 승인되었거나 또는 토론의 여지가 있는 인근 지역의 오피스 건설사업도 해당 사업과 함께 동시에 진행되는 프로젝트로 보았다. 따라서 고층건물 건설사업과 인근 지역의 오피스 건설사업과 같은 일련의 프로젝트들이 환경에 미치는 영향을 함께 고려해야한다고 밝혔다.[23] 또한 누적영향을 고려하여 사업계획이 취소된 다른 사례는 샌프란시스코 캠퍼스 이전계획이다. 1988년 캘리포니아 대학교 샌프란시스코 캠퍼스University of California, San Francisco는 로렐 헤이츠Laurel Heights 지역으로 의료실험실을 이전하려는 계획을 수립하였다. 캘리포니아 대학교 샌프란시스코 캠퍼스는 모든 의료실험실에 대한 이전 계획을 명료하게 명시하였다. 그러나 환경영향평가서에 단지 의료실험실 이전 후 초기 단계의 환경영향에 대해서만 제시하였으며, 장기적으로 환경에 어떠한 영향을 미치는지에 대한 누적영향Cumulative Impact을 고려하지 않았다. 따라서 대법원은 프로젝트 초기 단계뿐만 아니라 진행 이후 누적되는 미래의 환경영향성에 대해서도 합리적으로 예측 가능할 수 있는 내용을 담아야 한다는 이유로 이 계획을 취소하였다.[24]

둘째, '성장유도영향'은 캘리포니아에서 성장관리의 개념이 중요해지기 시작하면서 중요성이 부각된 요인이다. 일례로 오렌지 카운티Orange County는 새로운 유료 고속도로를 건설하는 과정에서 '성장유도영향'이 중요한 이슈가 되었다. 개발지지자들은 고속도로를 건설함으로써 교통 체증이 경감될 수 있음을 제시하였으나, 반대자들은 고속도로 건설로 새로운 지역이 개발되기 때문에 개발자들을 지

23 San Franciscans for Reasonable Growth v. City and County of San Francisco, 151 Cal.App. 3d 61.

24 Laurel Heights Improvement Association v. Regents of the University of California, 47 Cal.3d 376(Fulton & Shigley, 2012).

원하고 있다는 이유로 반대하였다. 새로운 고속도로의 건설이 주유소, 모텔, 편의점 건설을 촉진시키고 지역 성장을 유도할 가능성이 있기 때문이다. 따라서 성장유도영향을 고려하여, 지역의 사업계획이 주변 지역에 미치는 영향을 다각적으로 검토할 필요성이 있다(Fulton & Shigley, 2012).

셋째, 캘리포니아 환경법 지침에 따라 해당 사업의 환경영향성 보고서를 검토한 이후에 만약 환경영향을 경감할만한 다른 '대안Alternatives'이 있는 경우, 프로젝트를 승인하지 않는다. 이러한 이유로 환경영향평가서를 작성할 때는 사업의 실행 가능한 범위 내에서 환경영향성을 최소화하는 합리적인 대안을 선택해야한다. 누적영향에서 언급한 1988년 로렐 헤이츠 판례를 보면, 캘리포니아 대법원은 적어도 공공 사업이 포함된다면 환경영향평가서에 대체 부지를 광범위하게 탐색하도록 명시했다. 캘리포니아 대학교 샌프란시스코 캠퍼스는 모든 대안에 대한 집행이 불가능하며, 대안에 대한 토론의 필요성이 크지 않다고 주장하였다. 그러나 법원은 대안 분석은 의사 결정자들이 아니라 대중에게 알리기 위한 목적임을 제시하였다. 대안 분석이 없다면 캘리포니아 환경법 집행 과정에서 법원이나 대중 모두 그들의 역할을 충분히 수행할 수 없음을 밝혔다.[25] 또한 1990년 산타 바바라Santa Barbara 해변 근처 부지에 하얏트 호텔Hyatt Hotel을 건설하는 사업계획에 대해 대법원은 대체부지가 있다면, 만약 민간 프로젝트라 할지라도 환경영향평가서에 대체 부지에 대한 내용을 제시해야 한다고 밝혔다(Fulton & Shigley, 2012).[26]

캘리포니아 주정부는 위와 같은 다양한 요인을 고려하여 환경영향평가서를 검토한 이후에 사업을 거부하거나, 대안사업을 허가할 수 있다. 만약 환경평가서에서 중대한 환경영향이 밝혀지는 경우 해당 사업을 거부할 수 있으며, 대안사업이 환경에 친화적이라면 계획을 허가할 수도 있다. 또한 환경영향을 완화할 수 있는 조치가 있거나, 환경에 영향을 미치는 사업이지만 우선 사항(경제적 파급효과, 조세혜택, 정치적 이유)을 고려하여 허가하기도 한다. 그러나 정부 기관이 프로젝트를 거부하거나 대안사업허가 결정을 내리는 것은 흔하지 않은 경우이며, 완화조치나 우

25 Laurel Heights Improvement Ass'n v. Regents of the Univ. of California, 47 Cal. 3d 376.

26 Citizens of Goleta Valley v. Board of Supervisors, 52 Cal. 3d 553.

선 고려사항을 전제로 프로젝트를 승인하는 경우가 많다. 캘리포니아 환경법은 지방정부가 완화 조치에 대한 모니터링 프로그램을 시행하도록 요구한다(Fulton & Shigley, 2012).

뉴저지 주State of New Jersey 행정사무 체계

1980년대 중반, 뉴저지 주는 경제가 활성화되고, 이주인구가 급격히 증가하면서 지역의 성장을 위한 효과적인 계획이 필요했다. 이에 따라 1985년 계획법이 제정되었다. 계획법Planning Act은 '상호수용협의Cross Acceptance'로 명명된 상호협력 과정을 요구한다. 상호수용협의는 주 계획 수립과정에서 21개 카운티, 566개 기초지방자치단체의 계획, 규제, 목표, 전략, 정책, 기준과 비교함으로써 상호수용해야 하는 제도이다. 연방정부 차원의 정책을 주, 카운티, 시 계획의 목적과 비교·검토하여 협력 체계를 구축하는 것이다. 주, 카운티, 시 정부는 효과적인 서비스를 제공하기 위해 서로 협력하며 통합해야 하고, 그들의 계획 또는 목표가 합의 또는 수정에 도달하기까지는 복잡하고 오랜 기간이 소요된다(Cullingworth, 2002; Cullingworth & Caves, 2013).

'상호수용협의'는 다양한 이해관계자가 실행 가능한 계획을 수립할 수 있으며, 계획에서 '상향식Bottom-up' 접근으로 파트너십을 형성한다. 상호수용협의의 협상기관은 카운티 계획위원회 또는 카운티가 협상 주체가 될 수 없는 주 계획위원회State Planning Commission가 지정한 기관이다. 협상 기관들은 지역 계획과 정책을 예비 계획과 비교하고 국가 계획위원회, 협상 위원회와 협상하여 예비 계획과 지역계획 간의 차이점을 조정할 뿐만 아니라 이 과정에서 주 계획의 변경을 제안할 수도 있다. 특히 주 계획위원회는 상호수용협의 과정에서 포괄적인 접근을 고려하며, 이를 위해 협의 과정에서 대중 참여의 기회를 제공한다(Cullingworth, 2002; Cullingworth & Caves, 2013).

뉴저지 주 상호수용협의가 시작되기 전 사전 절차를 거치려면, 최소 90일이 소요된다. '상호수용협의' 시작 전 첫 번째 단계는 예비 계획Preliminary Plan 초안에 대한 의견을 듣기 위해 주 계획청The Office of State Planning이 주정부 기관 및 대중에

게 예비 계획 초안을 배포하는 것이다. 예비 계획 초안이 발표된 후 15일 이내에 주 계획청은 카운티 또는 협상 기관에게 장소와 시간을 고려하여 공개 정보 회의 일정을 전달하고 이 회의는 예비 계획의 공표일로부터 45일~90일 이내에 개최해야 한다. 공개 정보 회의는 협상 주체가 소집하며, 대중이 질문하고 의견을 제시할 수 있다. 또한 예비 계획 발표 후 10일 이내에 세 번의 공개 발표Fresentation를 거치게 되며, 예비 계획 초안에 대해 주 사무국The State Agencies은 45일 이내에, 시민들은 60일 이내에 제안 또는 의견을 제출해야 한다. 지역 도서관에는 모든 서류 및 통지 사본을 제공해야 하며, 지방자치단체 대표에게는 모든 회의의 요약본을 제공해야 한다. 주 계획위원회State Planning Commission는 주 사무국과 시민들의 의견을 수집하여 계획 초안을 수정할 수 있으며, 예비 계획은 상호수용협의가 원활히 수행될 수 있도록 발표된다. 각 카운티들은 상호수용협의 시작 전에 상호수용협의 매뉴얼Cross Acceptance Manual, 2천만 달러의 재정보조 신청서, 상호수용협의 참가 또는 포기 통지서를 받게 된다(New Jersey State Planning Commission, 2004).

상호수용협의는 비교Comparison Phase, 협상Negotiation Phase, 영향평가Impact Assessment, 최종검토Final Review Phase, 계획 승인Adoption of the Plan의 단계로 진행한다(서울연구원, 2007). 예비 계획 발표 후 45일 이내에 각각의 카운티 및 지방정부는 상호수용협의에 참가할 것인지 불참할 것인지 통지한다. 참여 통보는 상호수용과정에서 협상 기관으로서의 참여를 승인하도록 요청하는 것이며, 포기 통지는 합법적인 권한을 포기하고 포기할 의사가 있음을 명시한 문서이다. 참가 통지를 받은 주 계획위원회는 해당 카운티에 대한 상호수용을 위한 협상 기관을 지명한다. 카운티 또는 참가 기관들은 상호수용협의 과정에서 어떻게 업무를 수행할 것인지에 대한 수행 프로그램Work Program을 제출해야 한다. 프로그램에는 예비 계획, 계획 비교 및 협상 일정, 프로젝트의 목적을 달성하기 위한 방법, 상호수용 보고서에 포함될 것으로 예상되는 요소의 목록, 공개 정보 프로그램의 개발, 예비 지출 예산 내역, 기술지원 요청 사항, 상호수용기관 리스트 등의 내용을 포함해야 한다.[27]

27 State of New Jersey Department of State, www.nj.gov/state, What is Cross-Acceptance

상호수용협의에 참가하는 카운티와 기관들은 주 계획위원회와 회의를 개최하여 시, 카운티, 주 계획과 규제들을 비교한다. 카운티는 상호수용협의 보고서를 작성하고, 공청회를 개최하며, 주 계획위원회에 최종 보고서를 제출하게 된다. 주 계획청은 카운티들의 보고서들을 검토하고, 주 계획위원회에게 수정안을 제안한다. 주 계획위원회는 이러한 사항을 검토하여 6번의 공청회를 개최하며, 공청회 이후 주 계획위원회는 최종 계획을 채택하는 것으로 협의를 종료한다. 특히 이 과정에서 상호수용협의가 시작될 때 각 협상 기관은 지역 계획을 발전시키기 위해 계획 정책의 비교와 협상을 용이하게 하는 보조금을 받을 수 있다(New Jersey State Planning Commission, 2004).

상호수용협의에서 중요한 절차 중의 하나는 대중의 의견을 수렴하여 계획을 조정하는 것이다. 주 계획위원회는 주 계획의 준비와 개정 및 수정의 역할을 하는 주체로서 주 전체 계획과정에 대한 대중의 참여를 전적으로 지지하고 장려한다. 대중은 모든 공개회의뿐만 아니라 협상세션에도 참가할 수 있으며 최종 공청회 후 30일까지 언제든지 주 기획위원회에 서면 또는 공개의견을 제출할 수 있다. 대중 참여 프로그램은 가능한 많은 정보를 적시에 광범위한 개인과 이해 집단에게 제공해야 하며, 적극적인 참여와 피드백을 위한 충분한 기회를 제공해야 한다. 또한 지방정부인 카운티나 시 차원에서는 공공의 참여뿐만 아니라 모든 지방자치단체의 기관들도 상호수용 과정에 참여하도록 한다. 그 예로는 교육위원회, 환경 및 역사위원회, 지역개발공사, 재개발기관, 조정위원회 등이다. 이러한 기관들은 지방정부가 계획에 대한 승인을 받을 수 있도록 지원하며, 한정된 재정자원을 효율적으로 활용할 수 있도록 관련 정보를 지방정부에게 제공하는 중요한 역할을 담당하고 있다. 관련 기관들은 협상과정에도 참여하여 지방자치단체의 계획과 규정을 상호 비교하며, 주 계획과 관련해 검토할 수 있다. 주, 지역 등의 계획을 비교하는 목적은 계획 활동을 조정하고 새로운 계획에 반영될 주 전체 계획 목표를 설정하는 데 있다. 이 과정에서 뉴저지 주 계획위원회는 주 계획의 핵심 개념과 정책 목표를 아래의 내용과 같이 제시하고 있다(New Jersey State Planning Commission, 2004).

〈표 3-5〉 상호수용협의 과정에서 고려해야 할 주 계획의 핵심개념과 정책목표

1. 국가 계획의 목표를 달성하기 위해서는 포괄적이고, 시민 중심이며, 협조적이어야 하고, 평등하며, 역량 분석에 기초한 계획이 필수적으로 요구된다.
2. 계획은 다양한 범위에서 집행되어야 하며, 반드시 관할 구역과 일치하지 않는 물리적 또는 기능적 특성에 초점을 맞추어야 한다.
3. 계획은 투자, 프로그램 및 규제 사항과 조화를 이루어야 하고, 지원되어야 한다.
4. 계획은 공공 및 민간 주체와 관련한 전체 비용을 고려해야 하며, 시장과 가격 매커니즘을 활용하여 구축해야 한다.
5. 계획은 기존 지역사회를 유지하고 활성화시켜야 한다.
6. 다양하고 밀집한 공동체의 창출에 기여하는 개발 및 재개발 프로젝트의 계획, 설계 및 건설이 요구된다.
7. 개발, 재개발 및 환경 보호 구역에 대한 확인이 요구된다.
8. 공공투자 및 정부정책에 대한 공공지원이 강조되어야 한다.
9. 자연자원과 시스템의 보호, 복원 및 통합과 농지에 대한 보존 계획도 마련되어야 한다.

자료: New Jersey State Planning Commission(2004)

주 계획위원회는 협상 단체 및 참가자들로부터 예비 계획에 대한 조사 결과와 이의 제기 및 권고를 요청받는다. 협상기관은 지역계획과 정책을 예비 계획과 비교하고 주 계획위원회의 협상위원회와 협상하여 예비 계획과 지역계획 간의 차이점을 조정한다. 협상단계에서 카운티 또는 지방자치단체가 결정한 모든 사항은 각 관리 기관의 조치를 따르며, 모든 합의는 예비 계획의 수정사항에 대해 주 계획위원회가 승인한 최종 주 계획 초안에 반영된다. 최종 계획의 초안은 공청회와 회의를 통해 제기된 의견문서이며, 주의회에 제출하여 입법 심사관들이 제시한 의견 및 제안을 검토해야 한다. 이 과정에서는 최종 기본계획 초안, 영향 평가 및 기반시설 요구사항 평가와 관련하여 제기된 문제를 적절하게 고려해야 한다. 상호 수용 보고서는 수정이 필요한 사항과 어떠한 항목에서 그 수정이 필요한지에 대한 표시를 제공함으로써 해당 지자체 차원에서 상호수용과정에서 계획을 변경할 수 있는 틀을 제공하고 있다. 최종 계획은 마지막 공청회 후 30일에서 60일 이내에 채택된다(New Jersey State Planning Commission, 2004).

상호수용협의는 뉴저지 주에만 존재하는 프로그램이다. 상호협의과정은 협의 기간을 예측하기 어렵지만 보통 12~15개월이 소요되며, 상호협의과정은 6번의 공청회 후 30일 이내에 종료된다(Cullingworth, 2002; Cullingworth & Caves, 2013). 상호수

용협의는 계획의 영향을 평가하기 위해 과학적인 근거를 제시하며, 계획에 합의를 이끌어내는 제도이다(서울연구원, 2007). 모든 참여자들이 지방단위 수준에서 계획을 수정하고 높은 수준의 일관성을 유지하며, 협의 사항에 동의함으로써 협력적인 파트너십을 구축할 수 있다(Cullingworth, 2002; Cullingworth & Caves, 2013).

2. 영국의 환경사무 환수 및 조정 제도

1) 영국의 환경 행정조직

(1) 영국의 행정조직

영국은 잉글랜드, 스코틀랜드, 웨일즈, 북아일랜드로 구성된 단일국가Unitary State이나, 지역별로 상이한 제도를 운영하는 연방국가적인 성격도 보유하고 있다. 영국의 지방행정은 일층제Single-Tier System와 이층제Two-Tier System의 형태이며, 지방정부는 주 지방정부와 준 지방정부Sub-Principal Authorities가 있다(주장환·윤성욱, 2014). 주 지방정부Principal Authorities는 광역 자치단체인 런던광역시Greater London Authority, 기초자치단체로는 버러Borough, 디스트릭트Districts 등이 있으며, 광역과 기초자치단체의 결합형태로는 단일 자치단체Unitary Authorities 등이 있다.[28]

준 지방정부는 주민대표를 선출하며, 자치권을 확보하는 등 자치단체에 준하는 기능이 있으나, 자치권한이 약하며 지방의회가 없다(하혜수 외, 2010). 영국은 지역 주민에게 제한된 행정 기능을 수행하는 기초자치 조직으로 패리쉬Parish, 마을공동체Town 등이 있다(최영출 외, 2012).

지방정부의 권한은 명확히 법률로서 정해지며 이 권한을 벗어나는 행위는 금지하고 있으나, 2000년 「지방정부법」Local Government Act 제정 이후에 지방정부의

28 영국의 지방정부(Local government in England), en.wikipedia.org/wiki/Local_government_in_England

권한은 점차 확대되었다(주장환·윤성욱, 2014). 지방정부의 주요 기능은 공공서비스를 제공하는 것으로서, 주택, 환경서비스, 지역개발계획 등의 분야에서 주민들의 생활과 밀접하게 관련한 계획을 수립하거나 관련 지원사업을 수행하고 있다(김의섭, 2013).

(2) 영국의 환경행정 조직체계

영국의 환경 관련 업무를 관장하는 대표적인 기관은 환경·식품·지역부Department of Environment, Food and Rural Affairs, DEFRA이다. 환경·식품·지역부는 홍수·질병·자연재해 등으로부터 환경 피해를 방지하기 위한 정책을 마련하고 식품 및 농수산물 산업을 지원하는 통합 기구이다.[29]

영국의 환경·식품·지역부 산하기관으로서 환경업무를 담당하고 있는 대표기관은 환경청Environment Agency, EA이다. 환경청은 1996년에 설립되었으며, 산업 및 폐기물 규제, 오염 토양 관리, 수질 및 자원 관리, 생태보전, 수산업 보호 등의 기능을 담당하고 있다. 환경을 보호하고 지속가능한 성장을 지원하는 규제 기관으로서, 지역별로 14개의 사무소를 관장하고 있다. 환경청은 특히, 물 관리를 위해 「홍수 및 물관리법」Flood and Water Management Act에 따라 홍수 및 연안위원회Regional Flood and Coastal Committees, RFCCs를 설립하였다. 홍수 및 연안위원회는 연안 침식의 위험을 식별하고 연안관리 계획을 수립하는 기관이다. 환경청과 기타 관련 기관과 연계하여 지역별 홍수 및 해안 침식의 위험성을 알리고, 지역사회의 지속가능한 발전을 위해 노력한다.[30]

영국 지방정부의 환경행정체계는 지역별로 차이가 있으며, 환경청은 동일한 기준에 의해 지방정부의 계획을 승인한다(김종순 외, 2001; 이성복 외, 2003). 영국의 지방정부는 대기·소음·폐기물 등과 관련된 규제와 집행의 기능을 주로 담당하고 있다(김종순 외, 2001).

29 영국, 환경·식품·지역부(DERFA), www.gov.uk/government/organisations/department-for-environment-food-rural-affairs/about

30 영국, 환경청(EA), www.gov.uk/government/organisations/environment-agency/about

2) 영국의 환경사무 환수 및 조정 제도

영국 환경법을 만드는 최상위 주체는 환경·식품·지역부이며, 지역별로 스코틀랜드 정부Scottish Government, 북아일랜드 정부Northern Ireland Executive, 웨일스 정부Welsh Assembly Government 등이 참여한다. 가장 기본이 되는 환경규제 주체는 잉글랜드 지역의 환경청, 웨일스 지역의 천연자원국Natural Resources Wales, 북아일랜드 지역의 환경청Northern Ireland Environment Agency, NIEA, 스코트랜드의 환경보호청Scottish Environment Protection Agency, SEPA이 있다. 영국은 각 지방의 의회Councils가 지역 환경오염에 관한 전반적 사항을 도시계획 및 토지이용 전반과 연계·통합하며, 예방적 조치에 힘을 쏟고 있다는 점이 가장 두드러진 장점이다. 전반적으로는 지방정부의 권한이지만, 도시계획, 토지이용, 개발허가에 관한 지방정부의 결정에 이견이 있을 때에는 중앙부처 장관에게 탄원할 수 있다. 이때 중앙정부는 판단 아래 지방정부의 결정을 취소할 수도 있다. 또한 중앙의 정책 기준을 지방으로 전달하여 일관된 행정을 펼치는 계획정책지침Planning Policy Guidance, PPG, 지역정책지침Regional Policy Guidance, RPG 제도를 시행하고 있다.[31]

영국의 사무 환수 및 조정 장치로 대표적인 제도는 월권행위 금지 원칙The Doctrine of Ultra Vires, 최고가치제도Best Value, 종합지역평가제도Comprehensive Area Assessment, CAA가 있다(하동현, 2012; 주장환·윤성욱, 2014; 양지숙·차경엽, 2016). 월권행위 금지의 원칙은 영국의 지방정부가 법률에서 명시적으로 부여된 사무권한 외에는 집행할 수 없도록 제한하는 제도이다. 즉 부여된 범위를 넘어선 행위는 월권행위로 간주되어 소송을 하여도 위법으로 무효화된다. 지방정부에 관련된 중앙정부의 지방정부 기능 환수는 일반법에서 규정하는 것이 아니고 각 서비스에 관련된 개별법에서 허용하고 있다. 특정 지방정부의 서비스 제공 내용이 매우 부실하거나 국가가 정한 기준에 현격하게 미달된다고 생각될 때는 지방정부의 해당 기능에 대한 권한을 회수하고 다른 지방정부에게 권한을 대신 집행하도록 한다.[32]

31 영국환경법, www.environmentlaw.org.uk

32 세계 주요국 지방자치제도, 영국의 지방자치제도, blog.naver.com/mj6783/130078386298

최고가치제도는 1999년에 제정된 「지방정부법」Local Government Act에 따라 지방정부의 행정 서비스를 향상시키고 이에 대해 중앙정부가 평가하여 행정기능을 회수할 수 있는 제도이다. 지방정부는 최고가치제도에 따라 사회 서비스, 환경 보건, 주거계획 등을 포함한 거의 모든 분야에서 중앙정부의 평가를 받게 된다. 최고가치제도에 따라 지방정부는 경제적이고 효율적인 서비스를 지속적으로 제공해야 하며, 행정 서비스 내용을 중앙정부에게 제시해야 한다. 중앙정부는 지방정부의 행정 서비스에 대한 감시와 감독의 역할을 하게 되며, 지속적으로 모니터링한다. 만약 지방정부가 목표를 달성하지 못하거나 개선 의무를 집행하지 않으면 중앙정부는 관련 기능을 통제하고 행정서비스 권한을 박탈한다.[33]

최고가치제도가 모든 행정서비스를 평가대상으로 하여 평가부담이 크다는 점이 지적되면서 기존 최고가치제도의 개념을 통합적으로 재구성한 것이 종합지역평가제도이다. 영국은 2002년에는 단일 계층Single Tier과 카운티 협의회County Councils에 2003년에는 디스트릭트 협의회District Councils에 지방정부의 성과를 평가하는 종합성과평가제도Comprehensive Performance Assessment, CPA를 도입하였다. 종합성과평가제도는 2009년 종합지역평가제도로 변경되었으며, 지역 공공서비스를 제공하는 기관(의회, 보건단체, 경찰국, 소방국)까지 포함하여 지방정부의 행정 성과를 종합적으로 평가하였다.[34] 만약, 지방정부의 행정 성과가 낮은 것으로 평가되면, 중앙정부 차원에서 적극적으로 개입이 이루어지며, 종합평가에 따른 지방정부의 등급을 매년 공개하고 있다(하동현, 2012; 양지숙·차경협, 2016 재인용).

3) 영국의 환경영향평가제도

영국의 환경영향평가는 1988년 법제화하여 시행하고 있으며, 평가를 위한 대상의 선정 기준은 동일하다. 일부 대상사업의 평가 기준은 유럽연합EU보다 높고 엄격하다(이용우 외, 2013). 영국의 환경영향평가제도는 지자체의 위임 권한으로서,

33 영국, 최고가치제도(Best Value), en.wikipedia.org/wiki/Best_value

34 영국, 종합지역평가제도(CAA), webarchive.nationalarchives.gov.uk

지자체는 다양한 지역 사업에 대해 이해관계자와 의견을 교환하는 과정으로서 대한 개발권과 허가권을 집행한다(Macrory, 1991; 김지영 외, 2010 재인용). 지방정부의 환경영향평가에 대해 중앙정부가 개입하는 경우는 평가서 제출 후 평가내용에 문제가 제기된 경우에 한정된다(류철상, 2005). 영국의 환경영향평가와 관련하여 통합적으로 적용되는 법률은 없으며, 지역정부별로 개발 사업에 맞는 법령을 마련하여 적용하고 있다(이용우 외, 2013).

3. 독일의 환경사무 환수 및 조정 제도

1) 독일의 행정조직 체계

독일 행정조직의 기본 구조는 연방행정Bundesverwaltung, 주행정Landesverwaltung, 지방자치Kommunalverwaltung이며, 지방자치단체는 다시 연방Bund, 주Land, 주정부관구Bezirksregierung, 군Kreis, 자치시kreisfreieStadt, 게마인데Gemeinde로 세분화된다. 독일연방공화국 기본법GG/Grundgesetz은 독일을 연방국가로 규정하고 있으며, 권력분립과 지방자치를 원칙으로 하고 있다. 주와 지방자치단체는 독립적인 권한을 갖고 있으며, 자율성이 보장된다.[35] 대부분의 행정업무는 연방행정에 의해 집행되고 있으며, 원칙적으로 연방은 기본법에서 명시적으로 법으로 규정된 사항에 따라 권한을 행사할 수 있다(정창화 외, 2007).

2) 독일의 환경사무 및 조정 제도

독일의 사무배분기준은 엄격하게 법률로 규정되어 있기 때문에 자치단체의 사무는 규정에 맞는 기준을 적용하여 시행하고 있다. 행정 사무이양은 자치단체 기관의 장이 신청하며, 실질적으로는 기관의 장은 소속정당의 의사를 대변하여 이

35 독일의 연방제, ko.wikipedia.org/wiki

양을 신청한다. 연방의회나 주의회는 기관의 장이 신청한 이양사무에 대한 내용을 최대한 신중하게 검토하기 때문에, 결정과정까지는 최대 2년 이상의 시간이 소요된다. 또한 이양사무가 결정되면 독일은 법률 규정에 의해 사무예산을 배분한다.[36] 지방자치단체가 독립적으로 이양사무를 수행하기 어려운 경우, 단위사무별 목적 조합을 결성하여 공동으로 수행하고 있다.[37] 독일의 연방정부는 전반적인 계획을 수립하고, 계획에 대한 집행이 효율적으로 이루어질 수 있도록, 주정부에게 보조금을 지급한다(심익섭·한형서, 2005).

독일의 환경 관련 최상위 기구는 1974년에 수립된 연방환경청the Federal Environment Agency, FEA이다. 연방환경청은 대기·물·폐기물 등 환경 분야 전반에 관한 정책을 수립하고, 환경정보 수집과 예측, 환경평가 결과를 공개하며, 환경법을 집행하는 역할을 담당하고 있다.[38]

36 홍성방(2009)은 독일 재정헌법 제104a조와 제109조에서 연방과 지방 사이에 재정고권을 구분하고 있음을 제시한다. 연방은 지방 위임 행정(기본법 제85조)에 대한 비용에 책임을 갖고 있으나 연방과 지방의 행정비용은 각각 책임을 지고 부담한다. 독일의 행정비용은 행정권한이 종속되고 있다.

37 세계 주요국 지방자치제도, 독일의 지방자치제도, blog.naver.com/mj6783/130078544883

38 독일, 연방환경청(FEA), www.umweltbundesamt.de/en/the-uba/about-us

III

환경정책 성과 제고를 위한 국내사례

1. 환경정책 분야 지방이양 및 협력 사례

중앙의 환경사무의 권한을 지방으로 위임·이양하는 과정에서 우수 지방이양으로 선정된 국내사례는 고경훈(2015)의 연구를 검토해 볼 수 있다. 고경훈(2015)은 지방사무가 1,982건(2015년 기준)이나 이양되었지만 아직까지 모니터링과 사후처리가 부족함을 제시하였다. 따라서 이양된 지방사무 가운데 우수사례를 발굴하고 지역에 대한 영향성을 평가하였다. 고경훈(2015)의 연구에서 환경정책 분야 중 지방으로 이양된 우수사례를 살펴봄으로써 향후 환경사무 분야에 대한 정책 집행 성과를 제고시킬 수 있는 방안을 논의해 볼 수 있다. 고경훈(2015)에서 평가한 우수 지방이양 환경사무 사례는 대기오염물질 관리기능, 대기환경보전법상 환경관리인 교육사무, 악취배출시설 개선명령 유보, 악취관리 실태조사, 하수종말처리장의 설치인가, 공장소음·진동의 규제(조업정지 명령), 폭약사용으로 발생하는 소음 등에 대한 조치 등이 있다.

환경 분야에서 우수 지방이양 사례로 선정된 환경사무를 보면, 지방이양의 긍정적 효과를 확인해 볼 수 있다. 우수사례로 선정된 이양 사무는 민원 편익 증진 및 현장에서의 효율적인 대처로 지역별 관리에 용이하다는 특징을 갖고 있다. 또한 지방의 책임이 명확해졌기 때문에 행정의 현지성이 보다 강화되는 긍정적인 측면이 있다.

〈표 3-6〉 환경정책 분야 우수 지방이양 사례

기능명	이양 효과
대기오염물질 관리기능 시·도 이양	• 수도권에 한정된 사무이고, 수도권의 지역적 특성과 형편을 고려가 필요한 사무임. • 지역 및 대상 사업장 사정에 밝은 서울특별시장 등의 자율적 판단에 따라 업무 추진이 가능하도록 하여 지방의 자율성을 제고함.
대기환경보전법상 환경관리인 교육사무	• 지자체 자체의 교육과 선발의 통보가 용이함.
악취배출시설 개선명령 유보	• 즉시 현장행정으로 처리함으로써 민원의 편익이 증진됨.
악취관리 실태조사	• 악취 민원에 능동적이고 효율적으로 대처가능하며, 지역별 관리에 용이함.
하수종말처리장의 설치 인가	• 지역에 맞는 사업시행 및 원활한 관리업무 추진과 인가 등에 필요한 행정절차가 간소화됨.
공장소음·진동의 규제 (조업정지 명령)	• 조업정지 명령 이후 집행상태의 확인이 용이함.
폭약의 사용으로 인한 소음·진동의 방지 조치 요청	• 기초자치단체장이 지방경찰청장에게 생활소음·진동규제기준에 맞는 시설의 설치, 폭약사용량, 사용횟수 등을 요청할 수 있어 행정의 현지성이 강화됨.

자료: 고경훈(2015), pp. 10~14

또한 전국지속가능발전협의회에서는 환경, 경제, 사회, 문화의 균형발전을 위해 노력하는 국내 우수사례의 선정하여 발굴하고 있다. 환경 분야에서 중앙과 지방의 협력 또는 지방 간 협력의 구축으로 상생협력을 도모하고 있는 사례를 살펴볼 수 있다.[39] 서울·인천·경기 지역은 2017년 지역 간 상호협력과 중앙-지방정부 간 수직적 협력 구축을 보여주는 모범적 사례로서 노후 경유차 운행 제한제도를 도입하기로 했다. 중앙부처와 지역 간에 합의한 이 사항은 수도권 대기관리권역에 등록한 노후경유차 운행제한 제도를 도입하기로 협약하였다. 서울은 2017년, 인천과 경기 지역은 2018년, 수도권 대기관리권역은 2020년이다. 경유차 운행차량을 저공해 조치할 때 소요되는 비용은 전액 정부가 지원하기로 했다.[40]

2016년에는 부산과 충남, 환경부가 '기후변화 정책협의회'를 구성하고 지자체 온실가스 감축 시범사업을 발표하였다. 환경부와 환경공단은 사업의 총괄역할로

39 지속가능발전포털, 지속가능발전 실천사례, ncsd.go.kr

40 연합뉴스, 노후경유차 내년부터 서울서 운행제한..인천·경기 2018년부터, www.yonhapnews.co.kr

서 온실가스 감축목표의 설정 및 집행계획을 컨설팅해주며 성과지표를 도출하고 시범 적용하는 역할을 맡게 된다. 지자체와 지역 연구기관은 지자체의 온실가스 배출원의 특성을 조사하고 분석할 뿐만 아니라 감축목표 분석 등도 지원하게 된다. 지자체의 정책은 대기오염물질을 감소하는 효과를 낼 수 있기 때문에 환경부와 지자체의 협력이 필요한 사항이라고 볼 수 있다.[41]

강원도 홍천 지역의 '친환경에너지타운'은 중앙, 지방정부, 지역주민, 기업 등의 협력적 체계로 상생협력을 도모하고 있는 사례로 볼 수 있다. 홍천의 친환경에너지타운은 에너지 문제 해결, 일자리 창출, 주민의 소득 향상, 공동체의식 고취 등의 성과를 보였다.[42]

중앙, 지방의 협력관계뿐만 아니라 지방 간 협력이 구축된 우수사례로는 남원시, 임실군, 순창군이 기관 간 협업을 통해 생활쓰레기 혐오시설을 공동으로 활

〈표 3-7〉 환경분야 협력구축 사례

구분		환경분야 협력체계 구축 내용
중앙·지방 협력구축	서울, 인천, 경기 (2017)	• 지역 기후변화 공동대응에 있어 지역 간 상호협력과 중앙·지방정부 간 수직적 협력구축을 보여주는 모범적인 사례 • 서울, 인천, 경기 지역의 노후 경유차 운행 제한을 2017년부터 수도권으로 점진적으로 확대 • 환경부의 협력 도출
	부산, 충남 (2016)	• 부산광역시, 충청남도-환경부가 기후변화 정책협의회를 구성 • 온실가스 감축지원 시범사업 진행 • 환경부, 환경공단: 사업총괄, 인벤토리 산정, 감축목표 설정 및 집행계획컨설팅, 성과지표 도출 및 시범 적용 등 • 지자체, 지역연구기관: 지자체 온실가스 배출원 특성 조사 및 분석, 감축목표 분석 등 지원
	홍천 (2016)	• 중앙, 지방정부, 지역주민, 기업 등의 업무협약으로 상생협력 도모 • 친환경에너지타운: 기피·혐오시설을 친환경에너지 시설로 전환하여 에너지 문제 해결, 일자리 창출, 마을 소득 증대, 마을 공동체 회복, 농촌관광활성화 등의 성과
지방 간 협력구축	남원, 임실, 순창 (2016)	• 생활쓰레기 혐오시설 공동 활용 사례 • 남원-임실-순창군 3개 지역이 기관 간 협력으로 생활쓰레기 공동 자동화 선별시설을 설치하여 예산을 절감하고 주민만족도를 제고 • 지방 간 개방, 공유, 소통, 협력체계를 구축하여 우수한 평가

41 연합뉴스, 환경부-부산·충남, 지자체 온실가스 감축 시범사업 나선다, www.yonhapnews.co.kr
42 홍천 친환경 에너지타운, www.hcenergytown.com/default.aspx

용하여 우수한 평가를 받은 사례가 있다. 남원시, 임실군, 순창군은 공동으로 쓰레기 자동화 선별 시설을 설치·활용하여 예산을 절감하고 주민만족도를 제고하였다.[43] 생활쓰레기 배출량 중 30~40%가 재활용쓰레기인 점에서 자동화선별시설 설치로 매립 비율을 낮추고 사용연한이 연장되는 등 현실적인 대안을 찾게 된 사례로 볼 수 있다.

2. 지속가능한 지역사회를 구축하기 위한 프로그램

1992년 환경과 개발에 관한 유엔회의United Nations Conference on Environment and Development, UNCED에서 채택된 '의제21'은 지속가능발전의 실현을 위한 행동지침으로서, 지역사회의 모든 구성원이 자발적으로 참여하여 파트너십과 거버넌스를 존중하는 21세기형 참여자치 운동이다.[44]

최근 지방 단위의 지방의제21의 추진 기구는 '지방지속가능발전협의회'로 명칭을 변경하여 실천 활동을 강화하고 있다. 지방지속가능발전협의회로서 제주도, 화성시, 충청북도의 사례를 대표적으로 살펴보기로 한다.

1988년 수립된 제주도 지속가능발전협의회는 지역구성원의 상호협력을 기반으로 제주도의 지속가능한 실천 사업을 추진하는 기구이다. 자연환경, 생활환경, 환경정책 등 5개 분야로 나누어 각각의 주요 의제에 따라 분야별 행동원칙을 선정해 다양한 활동을 하고 있다. 자연환경분과사업으로는 환경자원지킴이 실천사업, 도민 환경리더 양성교육 사업을 실시하고 있다. 2017년 '1단체 1오름 가꾸기' 사업은 도내 130여 개 기관·단체 등이 참여하고 있는 활동으로서 오름을 매월 정기적으로 탐방하면서 쓰레기 수거, 예초작업, 생태교육, 불법·불편사항에 대한 지적 및 개선 등 오름 가꾸기 활동을 꾸준히 전개해 나가 우수한 평가를 받고 있다.

43 중앙뉴스라인, 남원시, 정부 3.0 우수사례 전국 1위, www.baronews.net

44 지속가능발전포털, 지방의제 21, ncsd.go.kr

또한 온실가스 배출량 진단 및 컨설팅 사업, 저탄소 생활 실천 문화정착 사업, 기후변화교육 활동사례 공유 및 프로그램 개발 사업활동으로서 에너지 절약 및 기후변화 대응 실천을 위한 노력도 전개하고 있다.[45]

화성시 지속가능발전협의회는 지속가능발전을 추구하기 위한 화성시의 민관협력 기구로서 2003년 9월 29일 설립되었다. 2005년 화성의제21 실천협의회 설치 및 운영조례가 제정되었고, 화성시의 지속가능한 발전을 위한 10대 의제 작성과 화성의제21을 선포했다. 화성시는 지속가능발전목표화성SDGs에 따라 2016년 4개 위원회를 구성하여 11개 의제와 44개 목표를 새롭게 설정하였다. 특히 환경 분야에서는 도심의 녹지 공간 확충, 에너지 감축, 쓰레기 발생량을 최소화하는 의제를 설정하고 4단계의 목표를 추진 중이다. 첫 번째 목표인 도심의 녹지공간을 확충하기 위해 자연보호 연계활동, 생물종 다양성 개체 모니터링, 생물종 다양성 보호구간 확보를 위한 활동을 전개하고 있다. 두 번째 목표인 에너지 감축을 위해 에너지 교육 프로그램을 활성화하고 화석연료 사용량을 10% 감축하기 위한 목표를 수립하였으며, 생활형 태양에너지 및 풍력발전기 확대와 에너지 자립 전환 기금 조성을 추진하고 있다. 또한 탄소 중립마을을 조성하여 에너지 감축을 위해 노력하고 있다. 세 번째 목표인 쓰레기 발생량을 최소화하는 사업을 위해 쓰레기 발생량을 최소화하는 실천사업단의 구성 및 모니터링 활동, 지역사회 활동을 지원하고 있다.[46]

충청북도지속가능발전협의회는 지방의제21의 기본목표에 따라 1999년 설립되었다. 특히 충청북도지속가능발전협의회의 '미호천 유역 상생 프로젝트'는 2017년 지속가능발전 전국대회에서 우수사례로 평가되었다. 미호천 유역 상생 프로젝트는 금강의 수질을 악화시키는 근본적 원인인 미호천을 지속가능한 지역공동체로 만들어가기 위한 사업이다. '미호천 생태 축을 중심으로 한 유역공동체 형성방안'과 '한남금북정맥 생태 축 복원을 통한 공동체 형상 방안' 등이 논의되었다. 미호천 유역 상생 프로젝트는 민·관·산·학·언론이 기존의 정형화된 경계의

45 제주도지속가능발전협외회, www.la21jeju.or.kr

46 화성시지속가능발전협외회, www.hsag21.or.kr

〈표 3-8〉 지속가능발전협의회 사례

구분	사업활동
제주도 지속가능발전협의회	• 자연환경, 생활환경, 환경정책 등 5개 분야에 따라 분야별 행동원칙을 선정해 다양한 활동 전개 • 자연환경분과사업: 환경자원지킴이 실천사업, 도민 환경리더 양성교육 사업 • 2017년 '1단체 1오름 가꾸기' 사업: 도내 130여 개 기관 및 단체 참여. 오름 쓰레기 수거, 생태교육, 불편사항 개선 등 오름 가꾸기 활동을 꾸준한 전개로 우수한 평가 • 온실가스 배출량 진단 및 컨설팅 사업, 저탄소 생활 실천 사업, 기후변화 프로그램 사업 등의 활동 전개
화성시 지속가능발전협의회	• 2016년 11개 의제와 44개 목표를 수립 • 도심녹지공간 확충: 자연보호 연계활동, 생물종 다양성 개체 모니터링, 생물종 다양성 보호구간 확보 • 에너지 감축: 에너지 교육 프로그램 활성화, 화석연료 사용량 감축 생활형 태양 에너지 및 풍력발전기 확대, 에너지 자립전환 기금 조성, 탄소 중립마을 조성 • 쓰레기 발생량 최소화: 쓰레기량 최소화 위한 실천사업단의 구성 및 모니터링, 지역사회 활동 지원
충청북도 지속가능발전협의회	• 미호천 유역 상생 프로젝트 • 미호천 유역 상생 프로젝트는 민·관·산·학·언론이 기존의 정형화된 경계에서 벗어나 새로운 협력적 거버넌스를 통해 의제 생성에서 정책 제안까지 새로운 모델 제시 • 지속가능한 지역사회를 만들어가는 다양한 플랫폼 기반을 조성 • 주민과 함께 다양한 홍보활동을 전개하여 미호천 친환경 국가 생태 휴양벨트가 국정과제로 채택

틀에서 벗어나 새로운 협력적 거버넌스 모델을 통해 의제 생성부터 정책 제안까지 새로운 모델을 제시하였으며, 지속가능한 지역사회를 만들어가는 다양한 플랫폼 기반을 조성한 사례로 볼 수 있다. 또한 주민과 함께 다양한 홍보활동을 전개하여 미호천 친환경 국가 생태 휴양벨트가 국정과제로 채택되어 우수한 평가를 받았다.[47]

47 브레이크뉴스, 충북도, 미호천 유역 상생프로젝트 최우수상 수상, www.breaknews.com

제4장

환경사무 지방이양 성과분석

Ⅰ 환경사무에 관한 중앙-지방정부의 관계

Ⅱ 빅데이터를 이용한 환경사무 이양의 사회적 평가

I

환경사무에 관한 중앙-지방정부의 관계

1. 환경오염물질 지도·단속 업무의 변천

국가의 기능에 대한 점증주의적 시각에 따르면 중앙과 지방정부의 관계 설정은 오랜 시일을 거치면서 점진적으로 제도적 진화가 이루진 결과라고 한다(정용덕, 2002: 90). 따라서 환경사무에 대한 중앙과 지방정부의 관계를 검토하기 위해서는 먼저 그동안 환경사무가 역사적으로 어떻게 배분되고 진행되었는지를 살펴볼 필요가 있다. 환경오염물질 배출 규제를 위한 대표적 제도인 '배출시설 설치허가 및 지도단속' 제도는 1971년 「공해방지법」 개정법을 통해 처음 도입되었다. 이러한 '배출시설 설치허가 및 지도단속 제도'는 〈표 4-1〉에서 보는 바와 같이 중앙정부인 환경부와 지방정부 간의 위임과 회수를 반복하여 오늘에 이르고 있다.

1984년 이전에 환경사무는 지방정부에서 허가, 지도단속, 행정처분까지 전 지역 사업장을 대상으로 전담하고 있었으나, 1980년 환경청이 신설되고 난 이후 중앙지도·점검반과 시·도가 역할을 분담하는 체계로 바뀌었으며 점차 환경청의 권한이 강화되면서 지방정부가 가진 권한의 상당부분을 지방 환경청으로 이전하게 되었다(이희선, 2013). 이후 1990년에 환경청이 환경처로 승격되면서 지방정부가 보유하던 권한의 상당부분이 지방 환경청으로 이관되다가 1991년 3월 대구 페놀오염사고가 발생하면서 1992년 다시 관할 권한을 지방정부르 이전하게 되었다(제4기). 그러나 낙동강 식수오염사고로 다시 환경오염의 광역성이 부각되어 1994년

〈표 4-1〉 환경오염물질 지도, 단속업무의 변천

구분	기간	관리 주체		관리대상 사업장
		중앙정부	지방정부	
1기	1984년 이전		허가, 지도단속, 행정처분	전 지역사업장
2기	1984년 3월 ~ 1986년 1월	지도단속	허가, 행정처분	주요 공단 사업장 공단 외 1~3종 사업장
			허가, 지도단속, 행정처분	그 외 사업장
3기	1986년 12월 ~ 1991년 1월	허가, 지도단속, 행정처분		공단 내 사업장 특정유해물질 배출 사업장
		지도단속	허가, 행정처분	공단 외 1~3종 사업장
			허가, 지도단속, 행정처분	공단 외 4~5종 사업장
	1991년 1월 ~ 1992년 6월	허가, 지도단속, 행정처분		공단 내 사업장 특정유해물질 배출 사업장 먼지 다량 배출 사업장
			허가, 지도단속, 행정처분	공단 외 사업장
4기	1992년 7월 ~ 1994년		허가, 지도단속, 행정처분	전 지역 사업장
5기	1994년 5월 ~ 2002년	허가, 지도단속, 행정처분		국가, 지방공단 사업장
			허가, 지도단속, 행정처분	공단 외 사업장
6기	2002년 10월 ~ 현재		허가, 지도단속, 행정처분	전 지역 사업장

자료: 국립환경인력개발원(2017)

5월부터 공단 내 배출업소는 중앙정부가 담당하고 공단 외 배출업소 관리는 지방정부가 관리하는 이원화 체계로 변하게 되었다(제5기). 이후 2001년 7월에 개최된 제11회 지방이양추진실무위원회에서 대기, 수질, 유해화학물질 등 배출업소 관리를 다음해 6월 말까지 시·도로 일괄 위임하는 것으로 결정되었다(제6기)(국립환경인력개발원, 2017).

2002년 10월 이후 지역의 대기오염물질 배출업소 및 폐수배출업소에 대한 단속은 시·도 및 시·군·구가 진행하게 되었다. 또한 2013년부터 대기오염물질 배출업소 지도·점검 업무는 환경부에서 시도로 업무가 이양되었다. 환경부는 종전 임시적으로 운영하던 4대강 환경감시대를 정규화하여 상습 위반업체와 상수원 유역 배출업소에 대한 특별기동 점검업무를 수행하게 되었다(환경노동위원회 국정감사 정책자료집, 2014). 2009년에는 폐기물 처리시설 설치촉진, 순환골재 품질인증, 수질 및 수생태계 보전계획 수립, 비점오염원 관리, 폐자동차 재활용업 등록 등의 지방이양이 결정되었으나, 국회 환경노동위원회의 검토과정에서 반영되지 않거나 지방분권촉진위원회에서 재검토를 진행하고 있는 상황이다.

한편, 비산먼지 관리 업무는 환경부와 지방자치단체에서 공동으로 업무를 담당하다가 2005년 9월부터 지방자치단체의 자체 사무로 변경되었다. 또한 2000년 8월 지방이양추진위원회에서 축산폐수공공처리시설의 설치, 변경, 승인에 대한 업무를 국가에서 시도로 이양하기로 결정하고, 2002년 12월에 관련 법률이 개정되어 2003년 6월 26일부터 지방자치단체로 관련 업무가 이양되었다. 한편, 토양환경 분야는 2004년에 관련 법률이 개정되어 2005년 1월부터 토양오염방지조치 등에 관한 시도지사의 권한을 시군구로 이양 완료하였다.

〈표 4-2〉 주요 환경사무 지방분권 관련 현황

구분		내용
대기부문	비산먼지 관리	• 국가, 시도 → 시도(2005년 9월)
	대기오염물질 배출업소 지도·점검	• 국가 → 시도(2002년 10월): 업무 위임 • 국가 → 시도(2013년): 업무 이양
물환경	축산폐수의 처리	• 국가 → 시도(2003년 6월)
	폐수배출업소 지도·점검	• 국가 → 시도(2002년 10월): 업무 위임
토양환경	토양오염방지조치명령	• 시도 → 사군구(2005년 1월): 업무 이양

다만 유독물 영업 관리 등 13개 사무는 화학사고의 체계적인 예방·대응 등을 위하여 2013년 6월 국가 환수 입법이 추진되어 「유해화학물질관리법」을 「화학물질관리법」으로 변경하고, 2015년 1월부터 유해화학물질 영업자 관리 사무를 지자체에서 환경부로 이관하였다.

2. 환경사무 지방정부 집행 추세 분석

1) 분석의 개요

환경사무 중에서 지방으로 이양된 대표적인 분야가 대기분야로 비산먼지의 경우 2005년에 지방으로 이양이 확정되었고, 대기오염물질 배출업소 지도·점검의 경우도 2013년부터 지방에 업무가 이양되었다. 본 연구에서는 대기 부문 중에서 비산먼지 부문과 대기오염물질 배출업소 지도·점검 사무의 지방정부 집행 현황을 살펴보고 분권화 이후 집행 실적 등에 차이가 발생하였는지 여부를 검토하고자 한다. 구체적으로 비산먼지의 경우는 2009년부터 2015년 자료를 이용하여 비산먼지 배출 사업장에 대한 지도·점검 현황과 미세먼지 배출량 및 미세먼지 농도와의 상관관계 등을 알아보고, 대기오염물질 배출업소 지도·점검은 2008년부터 2015년 자료를 이용하여 2013년 업무의 지방이양이 지도·점검의 적발률과 강한 처분율에 미친 영향을 살펴보고자 한다.

2) 비산먼지 관리 업무

(1) 비산먼지 관리 업무 일반

비산먼지는 날림먼지라고도 하며 주로 건설업, 시멘트, 석탄, 토사, 골재 공장 등에서 발생하는 먼지를 말한다. 또한 먼지란 '대기 중에 떠다니거나 흩날려 내려오는 입자상 물질로 일정한 배출구 없이 대기 중에 직접 배출되는 경우'를 비산먼

〈표 4-3〉 비산먼지의 분류

구 분	내 용
TSP (Total Suspended Particles)	• 지름이 50㎛ 이하인 대기 중에 부유하는 총먼지
PM_{10} (Particulate Matter-10)	• 지름이 10㎛ 이하인 미세먼지 - 건축 및 건물해체, 석탄 및 석유연료 등에서 발생
$PM_{2.5}$ (Particulate Matter-2.5)	• 지름이 2.5㎛ 이하인 초미세먼지 - 대기 중 화학반응 및 산업공정 과정 중 발생

〈그림 4-1〉 전국 비산먼지 배출원별 기여율 (단위: %)

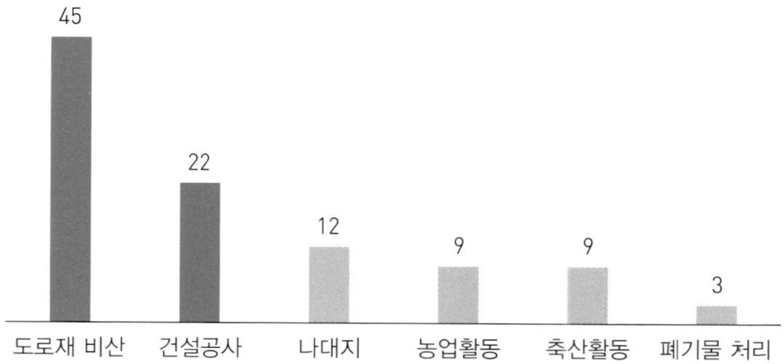

자료: 국립환경과학원(2013) 재구성

지라고 총칭하고 있다(대기환경보전법 제2조). 비산먼지의 분류도 일반적인 먼지의 분류 기준에 따라 〈표 4-3〉에서 보는 바와 같이 입자의 크기(직경)로 구분된다.

비산먼지의 주된 발생원은 비포장도로, 토사유입, 건설현장 등으로 볼 수 있다. 국립환경과학원(2013)이 조사한 '전국 비산먼지 배출원별 기여율'에 따르면 도로재 비산이 45%로 가장 많은 비산먼지 배출원임을 알 수 있고 다음으르 건설공사(22%), 나대지(12%), 농업활동(9%) 등임을 확인할 수 있다.

대기환경보전법에서 비산먼지 발생사업장은 시멘트 관련 제품의 제조업 및 가공업, 비금속물질 채취업, 제1차 금속원, 건설업 등 11개 업종 35개 대상사업으로 구분하고 있으며, 배출공정별로 비산먼지 발생을 억제하기 위한 시설의 설치 및 필요한 조치에 대한 기준도 정하고 있다.

비산먼지를 발생시키는 사업을 하려는 자는 사전에 신고하여야 하고, 신고 시 먼지 저감 조치사항을 함께 제출하여야 한다. 이러한 비산먼지 발생사업 신고와 관련하여 종전에는 환경부와 지방자치단체가 함께 규제를 시행하였으나 2002년 6월 지방이양 결정 후, 대기환경보존법이 2005년 9월 31일부터 비산먼지 발생사업자 규제 관련 사무는 지방자치단체에서 수행하게 되었다(〈표 4-5〉 참고).

또한 비산먼지 발생사업 신고를 한 자가 이러한 신고사항을 변경하는 경우에

〈표 4-4〉 전국 비산먼지 발생사업

구 분	내 용
1	시멘트, 석회, 플라스터 및 시멘트 관련 제품의 제조업 및 가공업
2	비금속물질의 채취업, 제조업 및 가공업
3	제1차 금속 제조업
4	비료 및 사료 제품의 제조업
5	건설업(지반조성공사, 건축물 축조 및 토목공사, 조경공사로 한정한다)
6	시멘트, 석탄, 토사, 사료, 곡물 및 고철의 운송업
7	운송장비 제조업
8	저탄시설의 설치가 필요한 사업
9	고철, 곡물, 사료, 목재 및 광석의 하역업 또는 보관업
10	금속제품의 제조업 및 가공업
11	폐기물 매립시설 설치 운영 사업(2015. 07. 20. 개정)

자료: 대기환경보전법 시행규칙 제57조

〈표 4-5〉 비산먼지 규제 관련 대기환경보전법 개정(2005. 03. 31.) 현황

개정 前	개정 後
제28조(비산먼지의 규제) ① 일정한 배출구 없이 대기중에 직접 배출되는 먼지(이하 '비산먼지'라 한다)를 발생시키는 사업으로서 대통령령이 정하는 사업을 하고자 하는 자는 환경부령이 정하는 바에 의하여 환경부장관 또는 시도지사에게 신고하고 비산먼지의 발생을 억제하기 위한 시설을 설치하거나 필요한 조치를 하여야 한다. 이를 변경하고자 하는 때에도 또한 같다.	제28조(비산먼지의 규제) ① 비산 배출되는 먼지(이하 '비산먼지'라 한다)를 발생시키는 사업으로서 대통령령으로 정하는 사업을 하려는 자는 환경부령으로 정하는 바에 따라 특별자치시장·특별자치도지사·시장·군수·구청장에게 신고하고 비산먼지의 발생을 억제하기 위한 시설을 설치하거나 필요한 조치를 하여야 한다. 이를 변경하려는 때에도 또한 같다.
제28조(비산먼지의 규제) ② 환경부 장관 또는 시도지사는 제1항의 규정에 의한 비산먼지의 발생억제를 위한 시설의 설치 또는 필요한 조치를 하지 아니하거나 그 시설이나 조치가 적합하지 아니하다고 인정하는 때에는 그 사업을 하는 자에 대하여 필요한 시설의 설치나 조치의 집행 또는 개선을 명할 수 있다.	② 특별자치시장·특별자치도지사·시장·군수·구청장은 제1항에 따른 비산먼지의 발생을 억제하기 위한 시설의 설치 또는 필요한 조치를 하지 아니하거나 그 시설이나 조치가 적합하지 아니하다고 인정하는 경우에는 그 사업을 하는 자에게 필요한 시설의 설치나 조치의 집행 또는 개선을 명할 수 있다.
제28조(비산먼지의 규제) ③ 환경부 장관 또는 시도지사는 제2항의 규정에 의한 명령을 집행하지 아니하는 자에 대하여는 당해 사업의 중지 또는 시설 등의 사용중지 또는 사용 제한을 명할 수 있다.	③ 특별자치시장·특별자치도지사·시장·군수·구청장은 제2항에 따른 명령을 집행하지 아니하는 자에게는 그 사업을 중지시키거나 시설 등의 사용 중지 또는 제한하도록 명할 수 있다.

자료: 법제처 국가법령정보센터

는 변경신고서를 미리 시장·군수·구청장에게 제출하여야 한다(대기환경보전법 제43조 제1항). 구체적인 변경신고 사항은 〈표 4-6〉에서 보는 바와 같다.

〈표 4-6〉 비산먼지 발생사업 변경신고

구 분	내 용
1	사업장의 명칭 또는 대표자를 변경하는 경우
2	비산먼지 배출공정을 변경하는 경우
3	사업의 규모를 늘리거나 그 종류를 추가하는 경우
4	비산먼지 발생억제시설 또는 조치사항을 변경하는 경우
5	공사기간을 연장하는 경우(건설공사의 경우에 한정)

자료: 대기환경보전법 시행규칙 제58조 제2항

이러한 비산먼지 시설기준을 준수해도 주민의 보건과 주변 환경에 상당한 위해를 가져올 우려가 있다고 인정되는 사업자(시멘트 제조업자, 콘크리트제품 제조업자, 석탄제품 제조업자, 건축물 축조공사자, 토목공사자)의 경우에는 〈표 4-7〉의 기준이 적용될 수 있다(대기환경보전법 시행규칙 제58조 제5항).

〈표 4-7〉 비산먼지 발생 억제 기준

배출공정	시설의 설치 및 조치에 관한 기준
1. 야적	가. 야적물질을 최대한 밀폐된 시설에 저장 또는 보관할 것 나. 수송 및 작업차량 출입문을 설치할 것 다. 보관·저장시설은 가능하면 한 3면이 막히고 지붕이 있는 구조가 되도록 할 것
2. 싣기와 내리기	가. 최대한 밀폐된 저장 또는 보관시설 내에서만 분체상 물질을 싣거나 나릴 것 나. 싣거나 내리는 장소 주위에 고정식 또는 이동식 물뿌림 시설(물뿌림 반경 7m 이상, 수압 5㎏/㎠ 이상)을 설치할 것
3. 수송	가. 적재물이 흘러내리거나 흩날리지 아니하도록 덮개가 장치된 차량으로 수송할 것 나. 다음 규격의 세륜시설을 설치할 것(금속지지대에 설치된 롤러에 차바퀴를 닿게 한 후 전력 또는 차량의 동력을 이용하여 차바퀴를 회전시키는 방법 또는 이와 같거나 그 이상의 효과를 지닌 자동 물뿌림 장치를 이용하여 차바퀴에 묻은 흙 등을 제거할 수 있는 시설) 다. 공사장 출입구에 환경전담요원을 고정배치하여 출입차량의 세륜·세차를 통제하고 공사장 밖으로 토사가 유출되지 아니하도록 관리할 것 라. 공사장 내 차량통행도로는 다른 공사에 우선하여 포장하도록 할 것

자료: 대기환경보전법 시행규칙 제58조 제5항

한편 비산먼지 발생사업장에 대한 지도·점검은 '환경오염물질 배출시설 등에 관한 통합지도·점검 규정(환경부 훈령 제1224호)'에 따라 3등급으로 분류하여 진행되고 있다.

〈표 4-8〉 비산먼지 지도·점검 대상사업장 분류

구 분	내 용
우수관리	최근 2년간의 지도·점검 결과 위반이 없었던 사업장 및 시설
일반관리	우수관리 및 중점관리 등급을 제외한 나머지 사업장 및 시설
중점관리	• 특별관리공사장(건축물축조공사, 토목공사, 조경공사 및 건축물해체공사 중 비산먼지 발생사업 신고대상 최소규모의 10배 이상 공사장) • 특별관리지역 내 공사장(단지지역 내 건축물축조공사장의 연면적이 비산먼지 발생사업 신고대 상 최소규모의 100배 이상 또는 토목공사, 조경공사, 건물해체공사의 연면적이 비산먼지 발생 사업 신고대상 최소규모의 10배 이상이 되는 공사장이 있는 지역)

자료: 환경오염물질 배출시설 등에 관한 통합지도 점검 규정 제5조

비산먼지 발생사업자가 이러한 규정을 준수하지 않을 경우 부과되는 행정처분은 〈표 4-9〉에서 보는 바와 같이 경고조치집행명령, 개선명령, 사용중지 등으로 구분된다.

〈표 4-9〉 비산먼지 발생사업자에 대한 행정처분

위반사항	근거법령	행정처분 기준	
		제1차	제2차
(1) 법 제43조에 따른 비산먼지 발생사업과 관련된 다음의 경우 (가) 비산먼지 발생사업의 신고 또는 변경신고를 하지 아니한 경우 (나) 법 제43조 제1항에 따른 필요한 조치를 집행하지 아니한 경우	법 제43조 제1항 및 제2항	경고조치 집행명령	사용중지
(2) 법 제43조 제1항에 따른 시설이나 조치가 기준에 맞지 아니한 경우	법 제43조 제2항 및 제3항	개선명령	사용중지
(3) 법 제43조 제2항에 따른 조치의 집행 또는 개선명령을 집행하지 아니한 경우	법 제43조 제3항	사용중지	

자료: 대기환경보전법 시행규칙 제134조

(2) 시·도별 관리 현황

비산먼지 관련 사무가 지방이양되기 전인 2001년 비산먼지 발생사업장 지도·점검 현황을 살펴보면 전국 총 46,215개 업소 점검 결과 3,283개소가 관련 법령

등을 위반하여 적발률이 7.1% 정도인 것으로 나타났다. 구체적인 위반내역을 살펴보면 시설기준 부적정 건수가 1,415개소로 전체 30.6%를 차지하고 있었으며, 조치내역으로는 개선명령이 9,281건, 경고가 1,460건 그리고 과태료가 1,558건 등으로 나타났다(환경부, 2002).

또한 환경부와 지방자치단체는 비산먼지의 특성상 건설공사 등 산업활동이 활발해지고 건조하며 바람이 많은 봄에 특별점검을 실시해으고 있는데 이양 전 특별점검 현황을 살펴보면 〈표 4-10〉과 같다.

〈표 4-10〉 비산먼지 발생사업장 봄철 특별 지도·점검

구분(연도)	점검 업소수	위반 건수	적발률	조치내역				
				경고	조치집행	개선명령	과태료	고발
1999	11,341	470	4.1%	–	–	293	91	86
2000	22,300	1,396	6.3%	–	–	360	628	294
2001	10,276	705	6.9%	–	–	262	275	154
2002	12,442	615	4.9%	253	158	183	270	130
2003	12,142	712	5.9%	304	128	230	314	120
2004	12,577	523	4.2%	225	81	201	264	67
2005	11,966	541	4.5%	230	78	230	243	61

자료: 환경부 보도자료 재구성

〈그림 4-2〉 비산먼지 발생사업장 지도·점검 적발률(2009~2015년) (단위: %)

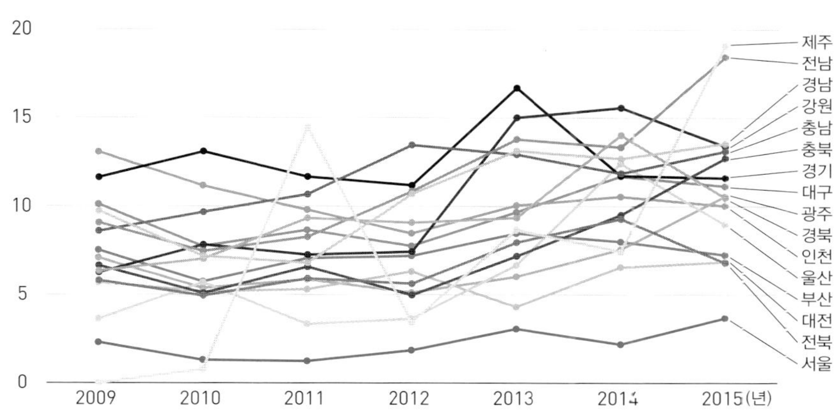

자료: 환경통계포털

한편, 비산먼지 관련 사무가 지방에 이양된 이후 2009년부터 2015년까지 지역별 비산먼지 발생사업장 지도·점검 적발률을 살펴보면 〈그림 4-2〉에서 보는 바와 같이 대체로 적발률이 증가하고 있는 추세를 볼 수 있다.

또한 비산먼지 발생사업장에 대한 전국 평균적인 지도·점검 적발률의 경우도 2009년 6.9%와 2010년 6.5%에서 2014년 10.2%, 2015년 10.3%로 증가하고 있음을 알 수 있다. 특히 지방이양 전이었던 2001년 전국 평균 적발률이 7.1%인 것과 비교하여도 증가하고 있는 추세임을 확인할 수 있다.

〈표 4-11〉 비산먼지 발생사업장 지도·점검 적발률(전국 평균)

2001년	2009년	2010년	2011년	2012년	2013년	2014년	2015년
7.1%	6.9%	6.5%	5.6%	7.0%	9.4%	10.2%	10.3%

자료: 환경통계포털

비산먼지 발생사업장에 대한 지도·점검 내역은 사용중지, 고발과 같은 강한 처분과 조치집행명령, 개선명령, 경고와 같은 약한처분으로 구분할 수 있다. 비산먼지 발생사업장에 대한 지도·점검 내역 중에서 강한처분의 비율을 살펴보면 〈그림 4-3〉과 같이 대체로 증가 추세를 보이고 있다. 특히 전국의 사업장을 기준으로도 2011년까지는 강한 처분율이 다소 감소하였지만 2012년부터 매년 조금씩 상승하고 있는 것을 확인할 수 있다.

한편, 조치집행명령, 개선명령, 경고는 비산먼지 배출사업장에 직접적인 규제효과보다는 경고 및 통보적 성격이 강하다. 이러한 약한 처분율은 〈그림 4-4〉에서 보는 바와 같이 강한 처분율에 비해 높다는 것을 확인할 수 있다. 다만 약한 처분율의 경우에도 2011년까지 감소하다가 2012년부터 지속적으로 증가하는 추세를 보이고 있음을 알 수 있다.

비산먼지로 인한 민원 발생건수를 살펴보면 경기도와 서울이 가장 많은 민원을 제기하는 지역이다. 대체로 민원발생 건수도 증가하는 추세를 나타나고 있어 지도·점검을 통한 적발률 증가에도 불구하고 여전히 비산먼지에 감소에 대한 요구가 높다는 것을 알 수 있다.

〈그림 4-3〉 비산먼지 발생사업장 지도·점검 강한 처분율(2009~2015년) (단위: %)

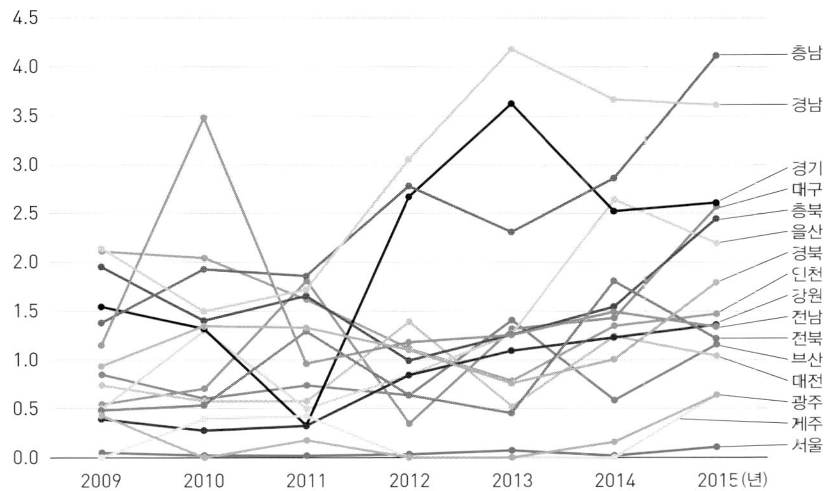

자료: 환경통계포털

〈그림 4-4〉 비산먼지 발생사업장 지도·점검 약한 처분율(2009~2015년) (단위: %)

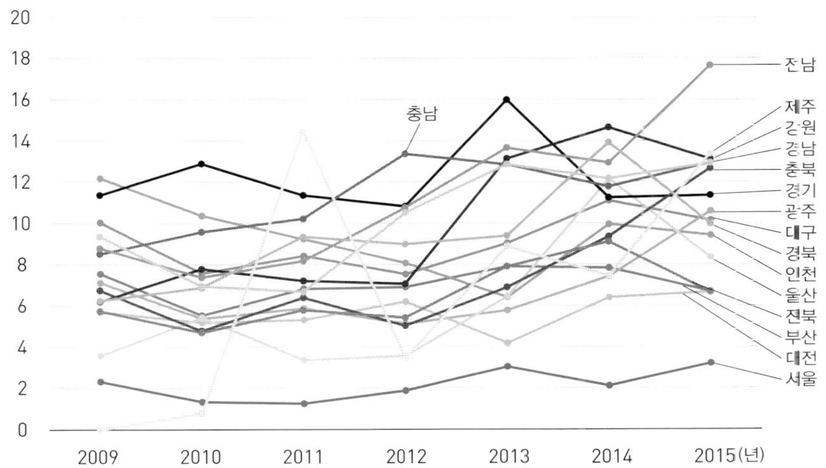

자료: 환경통계포털

〈그림 4-5〉 비산먼지 민원발생 건수(2008~2015년) (단위: 건)

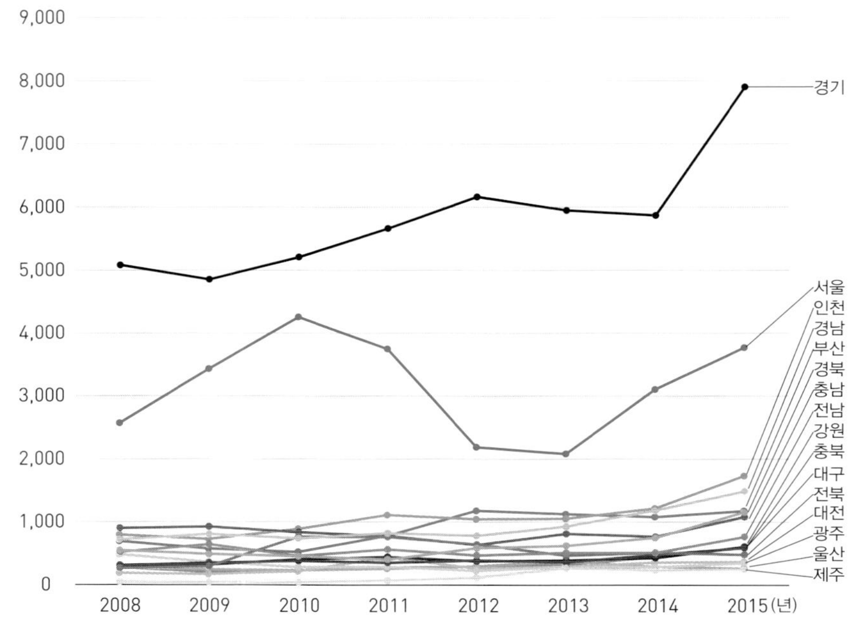

자료: 환경통계포털

(3) 비산먼지 발생사업장 지도·점검과 미세먼지

비산먼지 발생사업장에 대한 지도·점검 적발률과 미세먼지(PM_{10}) 배출량과의 상관관계를 살펴보면 〈그림 4-6〉과 같이 유의미한(+) 상관관계를 보이고 있다(0.275, $P<0.01$). 또한 비산먼지 발생사업장에 대한 강한 처분율 역시 미세먼지 배출량 간에 유의미한 상관관계를 나타내고 있다(0.175, $P=0.087$).

그러나 비산먼지 발생사업장에 대한 지도·점검과 미세먼지 농도와의 상관관계를 살펴보면 〈그림 4-7〉에서 보는 바와 같이 유의미한 상관관계를 발견하지 못하였다(−0.03, $P=0.753$). 이러한 현상은 비산먼지 발생사업장에 대한 강한 처분율에서도 동일하게 나타나고 있다(0.094, $P=0.320$).

〈그림 4-6〉 비산먼지 사업장 지도·점검과 미세먼지 배출량의 상관관계

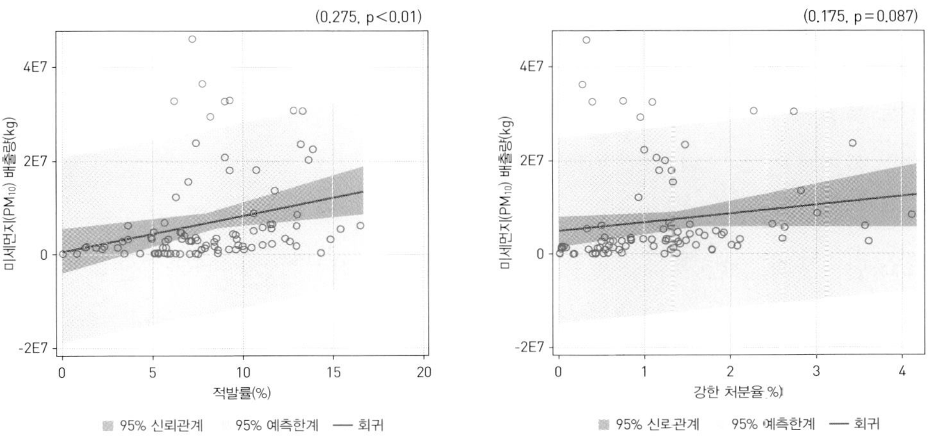

〈그림 4-7〉 비산먼지 사업장 지도·점검과 미세먼지 농도의 상관관계

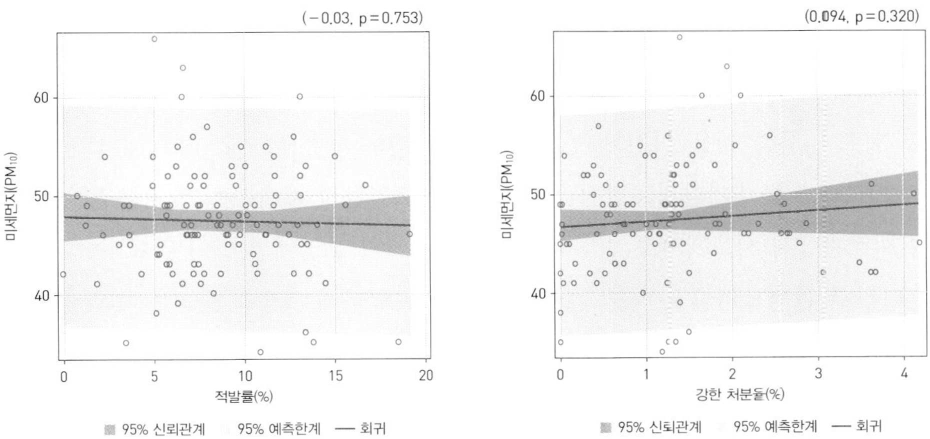

(4) 소결

비산먼지 발생사업장에 대한 지도·점검은 환경부와 시·도가 함께 담당하다가 2005년 이후에는 시·도에서 담당하고 있다. 다만, 환경부도 비산먼지가 심해지는 봄철 특별단속은 계속 진행하고 있다. 비산먼지 발생사업장에 대한 지도·점검 현황을 살펴보면 2009년부터 2015년까지 적발률 및 강한 처분율 모두 증가하고 있으며, 관련 민원도 지속적으로 증가하고 있음을 알 수 있다. 한편, 비산먼지 배출업소 단속률과 강한 처분율은 미세먼지 배출량과 직접적인 상관관계를 보여주고 있으나, 미세먼지 농도와는 유의미한 상관관계를 발견하지 못하였다. 배출업소 단속은 배출량 기준으로 이루어지지만 미세먼지 농도의 경우 날씨와 지형, 중국의 먼지 등 다양한 외부 요인이 영향을 미치기 때문으로 추정할 수 있다.

3) 대기오염물질 배출업소 지도·점검

(1) 대기오염물질 배출업소 지도·점검 지방이양

앞서도 간략히 언급하였지만 환경오염 물질 배출업소 관리업무(대기, 수질, 유해화학물질)는 2001년 7월 제11회 지방이양추진실무원회에서 2002년 6월 30일까지 시·도로 위임할 것을 결정하고, 지방이양 심의는 보류되었다(김태한, 2001: 48). 이후 2012년 5월 대기환경보전법 개정을 통해 오염물질 배출시설의 처분권한이 환경부 장관에서 시도지사로 변경되면서 2013년 5월 26일에 이양이 완료되었다.

따라서 환경오염물질 배출시설 단속 및 관리업무에 지방분권화가 미친 영향을 살펴보기 위해서는 배출업소 관리업무가 광역시·도로 위임된 2002년뿐만 아니라 실질적인 처분권한이 이양된 2013년도를 기준으로 살펴볼 필요가 있다.[1]

---

1 일부 선행연구에서와 같이 분석기간을 2010년까지로 설정할 경우 지방위임 이후 대기오염물질 배출업소에 대한 단속이 느슨해졌다고 분석할 가능성이 있다. 특히 2003년 지방이양 이후 지방자치단체에서 환경사무 집행을 수행하는 노하우 등이 축적되고, 관련 조직과 인원이 정비되면서 추세가 달라질 수 있다.

〈표 4-12〉 대기환경보전법 개정(2012. 05. 23.) 전후 대비표

개정 前	개정 後
제33조(개선명령) 환경부 장관은 제30조에 따른 신고를 한 후 조업 중인 배출시설에서 나오는 오염물질의 정도가 제16조나 제29조 제3항에 따른 배출허용기준을 초과한다고 인정하면 대통령령으로 정하는 바에 따라 기간을 정하여 사업자(제29조 제2항에 따른 공동 방지시설의 대표자를 포함한다)에게 그 오염물질의 정도가 배출허용기준 이하로 내려가도록 필요한 조치를 취할 것(이하 '개선명령'이라 한다)을 명할 수 있다.	제33조(개선명령) 시도지사는 제30조에 따른 신고를 한 후 조업 중인 배출시설에서 나오는 오염물질의 정도가 제16조나 제29조 제3항에 따른 배출허용기준을 초과한다고 인정하면 대통령령으로 정하는 바에 따라 기간을 정하여 사업자(제29조 제2항에 따른 공동 방지시설의 대표자를 포함한다)에게 그 오염물질의 정도가 배출허용기준 이하로 내려가도록 필요한 조치를 취할 것(이하 '개선명령'이라 한다)을 명할 수 있다.
제34조(조업정지명령 등) ① 환경부 장관은 제33조에 따라 개선명령을 받은 자가 개선명령을 집행하지 아니하거나 기간 내에 집행은 하였으나 검사결과 제16조 또는 제29조 제3항에 따른 배출허용기준을 계속 초과하면 해당 배출시설의 전부 또는 일부에 대하여 조업정지를 명할 수 있다.	제34조(조업정지명령 등) ① 시도지사는 제33조에 따라 개선명령을 받은 자가 개선명령을 집행하지 아니하거나 기간 내에 집행은 하였으나 검사결과 제16조 또는 제29조 제3항에 따른 배출허용기준을 계속 초과하면 해당 배출시설의 전부 또는 일부에 대하여 조업정지를 명할 수 있다.

자료: 법제처 국가법령정보센터

〈표 4-13〉 대기환경사무 지방분권의 구분

구 분	시 점	의 미
위임 (delegation)	2002년	중앙정부가 의사결정 및 행정기능에 대한 책임을 하위 또는 지방정부에 분산시키는 것으로 중앙정부의 모든 통제를 받는 것은 아니지만 궁극적인 책임은 중앙정부에 있는 형태의 분권화
이양 (devolution)	2013년	중앙정부가 의사결정, 재정 그리고 행정에 대한 책임 등을 지방정부에 전면적으로 분산하는 것

자료: 박순애·이희선(2013)

(2) 대기오염물질 배출업소 지도·점검 현황

대기환경사무의 지방분권 시점을 고려하여 대기환경과 관련된 배출시설 단속 및 처분현황을 살펴보면 〈그림 4-8〉에서 보는 바와 같다. 2002년 지방위임 이후부터 위반율이 감소하다가 2010년을 기점으로 다시 증가하고 있는 것을 확인할 수 있다. 즉, 지방위임 이후 'U자형' 곡선을 나타내고 있는 것을 알 수 있다.

대기오염물질 배출시설 적발률이 최근 다시 증가하고 있는 원인 중의 하나는 대기오염물질 배출업소 단속대상의 변화가 요인이 될 수 있다. 〈그림 4-9〉에서 보는 바와 같이 전국적으로 대기오염물질 배출업소 단속대상 수가 2006년까지는

〈그림 4-8〉 대기오염물질 배출업소 적발률(1996~2015년) (단위: %)

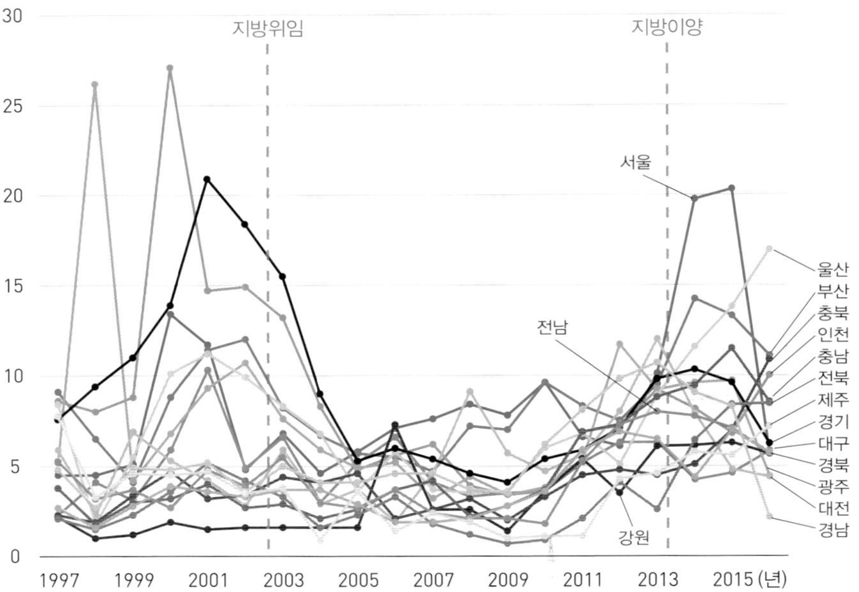

자료: 환경통계연감(2016)

〈그림 4-9〉 대기오염물질 배출업소 단속대상(전국, 2003~2015년) (단위: 개소)

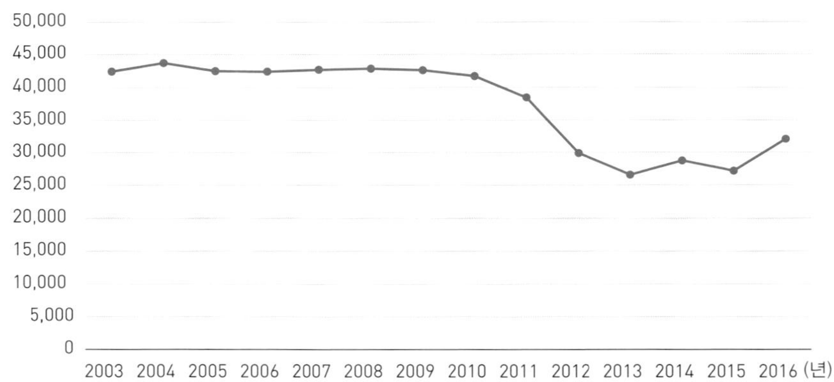

자료: 환경통계연감(2016)

〈그림 4-10〉 대기오염배출시설 강한 처분율(1997~2016년) (단위: %)

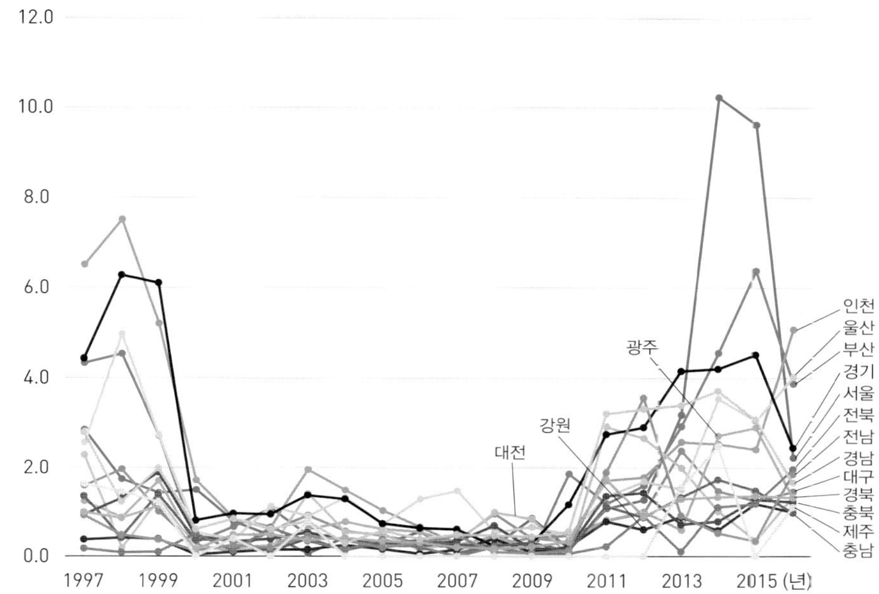

자료: 환경통계연감(2016)

증가하다가 다시 감소하고 있는 추세를 확인할 수 있다. 대기오염물질 배출업소 단속대상이 매년 감소하는 이유는 자율점검제도의 자율점검대상 기업이 늘고 있거나[2] 「환경오염물질배출시설 등에 관한 통합지도·점검 규정」에 따라 각 사업장의 규모별(1~5종), 등급별(우수, 일반, 중점)로 지도·점검의 횟수가 상이하기 때문으로 추정할 수 있다(황계영, 2014).[3]

2 「환경오염물질배출시설 등에 관한 통합지도·점검 규정」 제36조(자율점검업소에 대한 지도·점검 면제) 점검기관의 장은 자율점검업소에 대하여 지정기간 중에는 제6조 제1항에 따른 정기지도·점검을 실시하여서는 아니 된다.

3 「환경오염물질배출시설 등에 관한 통합지도·점검 규정」 정기지도·점검 기준(제6조 제1항 관련)
1. 대기오염물질배출시설 및 폐수배출시설 설치사업장

등 급	사업장규모별 점검횟수(회/년)				
	1종	2종	3종	4종	5종
우수관리	1	1/2년	1/2년	1/2년	1/2년
일반관리	3	2	2	1	1
중점관리	4	4	3	3	3

대기오염물질 배출업소에 대한 조업정지, 허가취소, 고발과 같은 강한 처분 현황을 살펴보면 〈그림 4-10〉에서 보는 바와 같이 2003년 이후 감소하다가 2010년을 기점으로 다시 증가하고 있는 추세를 확인할 수 있다.

(3) 대기오염물질 배출업소 지도·점검과 배출량 및 오염도 관계

대기환경 기준은 1978년 이산화황에 대한 기준이 설정된 이후 1983년 이산화질소가 추가되고 기준이 강화되어 왔다(박순애 외, 2012). 본 연구에서는 아직 국제기준에 미흡한 이산화질소를 중심으로 배출량과 오염도의 관계를 살펴보고자 한다. 대기오염물질 배출업소에 대한 지도·점검과 질소산화물NOx 배출량 사이의 관계를 살펴보면(〈그림 4-11〉 참조) 유의미한 상관관계가 존재하지 않았으며, 배출업소에 대한 강한 처분율과 배출량 사이에도 유의미한 상관관계를 발견하지 못하였다.

한편, 대기오염물질 배출업소에 대한 지도·점검과 이산화질소NO_2 오염도 사이의 관계를 살펴보면(〈그림 4-12〉 참조) 양자 간에 유의미한(+) 상관관계가 존재하는 것으로 나타났다(0.300, $p<0.01$). 또한, 배출업소에 대한 강한 처분율과 이산화질소NO_2 농도 사이에도 유의미한(+) 상관관계가 존재하는 것으로 나타났다(0.282, $p<0.01$).

〈그림 4-11〉 대기오염물질 배출업소 지도·점검과 NOx 배출량 상관관계

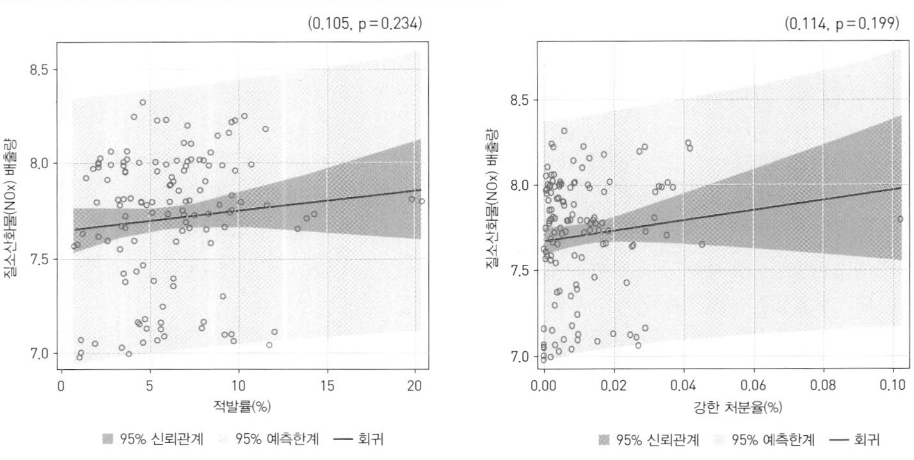

〈그림 4-12〉 대기오염물질 배출업소 지도·점검과 NO_2 농도의 상관관계

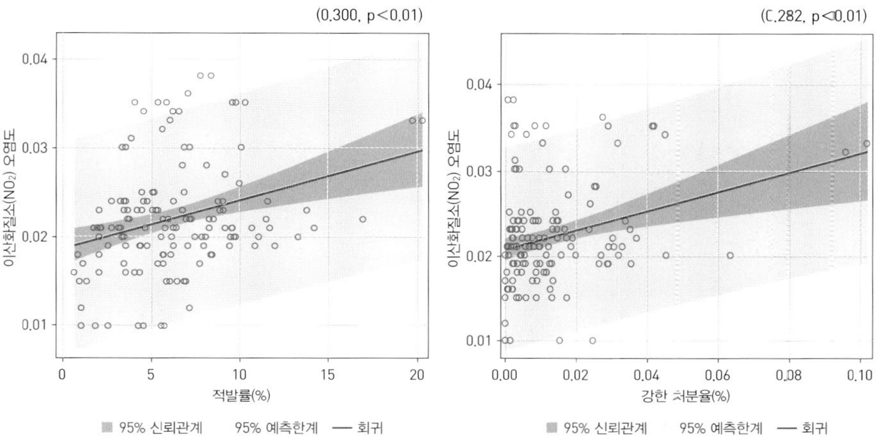

(4) 소결

대기오염물질 배출업소에 대한 지도·점검은 2003년 이후 시·도에 위임되어 시행되다가 2013년 지방에 이양되었다. 다만, 환경부도 시·도와 함께 합동단속반을 운영하여 지방정부의 집행을 보완하고 있다. 대기오염물질 배출업소에 대한 지도·점검 현황을 살펴보면 지방이양 시점인 2003년부터 2010년까지는 적발률과 강한 처분율 모두 감소하는 추세를 보이다가 2010년부터 2015년까지 적발률 및 강한 처분율 모두 점차 증가하고 있는 것을 알 수 있다.

3. 지방정부 환경사무 집행의 영향 요인

1) 분석의 틀

본 연구는 배출업소 환경관리업무가 지자체에 위임된 이후 지방정부의 환경규제집행에 영향을 미치는 요인을 분석하고자 하였다. 특히 대기오염물질의 경우에

〈그림 4-13〉 대기부문 환경사무 지방분권 현황

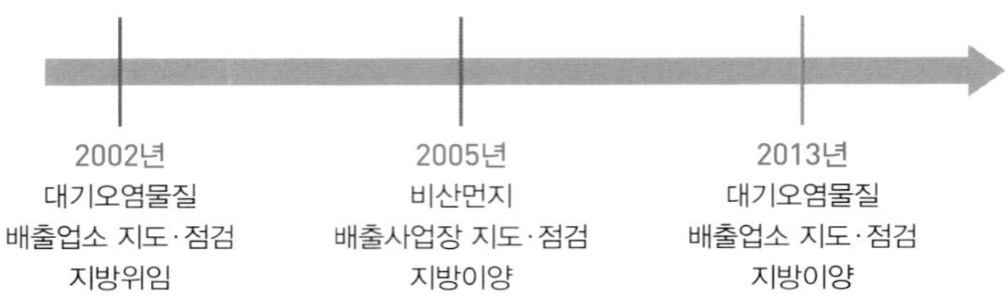

는 2013년 이후 지방에 이양되어 집행되고 있다는 점에서 비산먼지 배출업소 지도·점검과 대기오염물질 배출업소 지도·점검에 영향이 있었는지를 살펴보고자 한다.

그 외에 지방환경사무에 영향을 주는 요인은 지자체의 행정 역량 외에 지역의 정치, 경제, 사회, 환경 등 다양한 분야에서 요인을 찾을 수 있다. 본 연구는 박순애 외(2012; 2013)의 연구에서 제시된 모형을 바탕으로 지방정부의 재정력, 환경관련 예산, 담당 공무원 수, 지자체장의 성향, 관련 사업장 비중, 1인당 GRDP 등을 변수로 포함하였다.

〈그림 4-14〉 환경사무 집행 영향 요인 분석의 틀

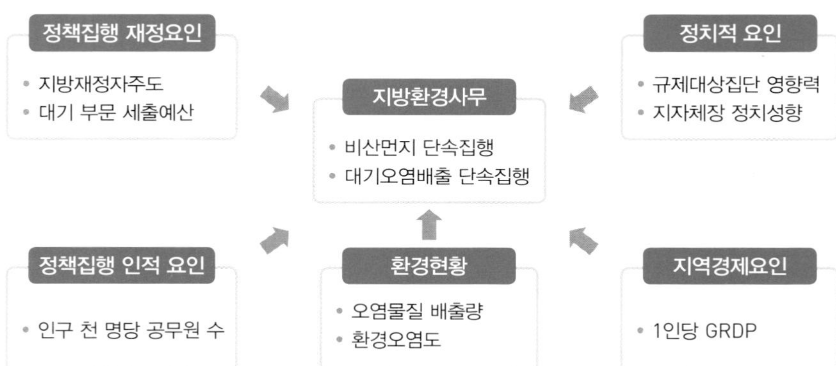

2) 자료의 수집과 측정

(1) 광역시·도 환경부문 예산

지방정부의 정책집행 자원 중에서 재정적 요인은 중요한 역할을 담당한다. 16개 광역시·도의 2016년 지방재정 통합공시 현황 중 환경부문 세출예산 현황을 살펴보면 〈표 4-14〉에서 보는 바와 같이 지방자치단체별로 차이가 있음을 알 수 있다.[4] 특히 바다와 인접한 인천, 부산, 전남 등에는 해양환경 관련 예산이 포함되어 있고, 경북의 경우 대기 부문 세출예산은 인천에 비해 적지만 낙동강과 형산강 등의 하천이 많아 상하수도·수질 부문 예산은 3배 이상 높은 것을 알 수 있다. 또한 경기도의 경우 상수원 보호구역 등의 영향으로 상수도·수질 관련 예산이 서

〈표 4-14〉 2016년 지방자치단체 환경 부문 세출예산 (단위: 백만 원)

구 분	상하수도·수질	대기	폐기물	자연	해양	환경노호	계
서울	1,460,439	387,893	792,172	75,205	–	105,627	2,821,336
부산	590,862	37,877	208,868	10,895	7,785	12,004	868,291
대구	448,393	13,323	150,436	21,875	–	29,749	663,776
인천	580,386	30,651	214,312	2,633	18,627	90,692	937,301
광주	267,640	7,982	103,311	5,060	–	3,879	387,872
대전	239,712	563	121,599	6,755	–	12,826	381,455
울산	276,603	23,910	94,907	29,065	–	18,508	442,993
경기	4,772,916	175,181	1,421,092	55,735	–	108,267	6,533,191
강원	1,390,221	3,737	197,960	59,739	14,084	17,301	1,683,042
충북	1,036,900	14,759	142,964	22,694	–	14,443	1,231,760
충남	1,482,856	9,904	255,354	74,475	1,703	47,423	1,871,715
전북	1,090,464	3,862	208,788	42,747	60	35,727	1,381,648
전남	1,488,899	29,313	210,094	58,746	32,982	60,889	1,880,923
경북	2,177,032	26,989	337,925	53,186	7,651	77,367	2,680,150
경남	1,792,463	24,081	298,171	79,371	1,082	55,593	2,250,761
제주	384,018	2,754	129,933	37,755	10,134	8,672	573,266

자료: 지방재정365

4 지방재정법 제60조에 따라 행정안전부의 지방재정통합시스템인 「지방재정365」 홈페이지(login.mois.go.kr)에서는 지방자치단체의 연간 세출예산을 항목별로 공시하고 있다.

울보다 많지만, 대기 관련 예산은 서울의 1/2 수준이다. 이와 같이 지역별 환경 특성에 따라 예산 비중에 차이가 있음을 알 수 있다.

(2) 지방자치단체 재정자주도

지방자치단체의 재정상황을 나타내는 지표로 재정자립도와 재정자주도가 있다. 재정자립도는 지방자치단체의 일반회계세입 중에서 자체재원이 차지하는 비율을 말한다. 한편, 재정자주도는 지방세와 세외수입뿐 아니라 지방교부세, 조정교부금을 포함하는 지자체 재원을 일반회계세입으로 나눈 값으로 세입 중 지자체 재량권이 어느 정도 되는지를 나타낸다. 재정자립도는 재원 조달 면에서 자립 정도를 나타내는 반면 재정자주도는 재원의 사용 측면에서 자율성을 나타낸다는 차이점이 있다. 본 연구에서는 환경사무의 재원사용 측면을 고려한 재정자주도를 포함하였다. 지방자치단체별 재정자주도의 현황은 〈그림 4-15〉에서 보는 바와 같이 연도별로 다소 편차가 있으나 서울이 가장 높은 수준의 재정자주도를 나타내고 있으며, 제주도와 전남이 낮은 수준을 보이고 있다.

〈그림 4-15〉 지방자치단체 재정자주도 (단위: %)

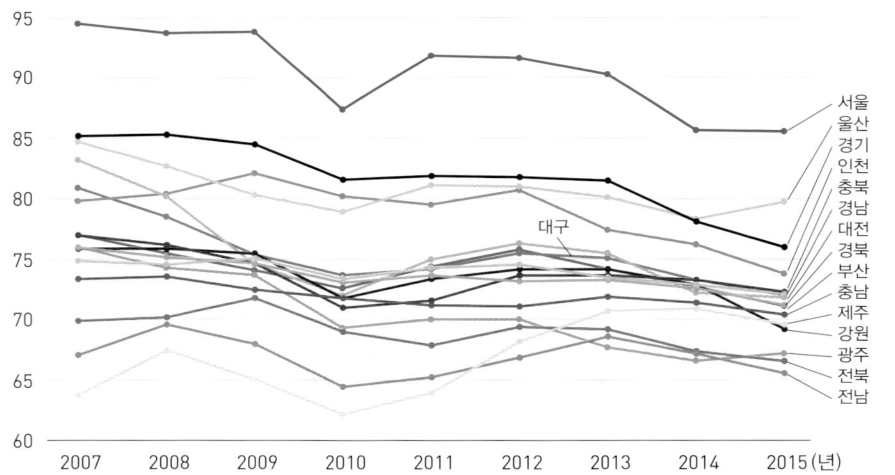

자료: 국가통계포털(KOSIS)

(3) 지방자치단체 공무원 규모

환경정책의 집행도 결국 사람이 하는 일이므로 업무를 담당하는 공무원 수는 정책 집행 및 성과에 영향을 미칠 수밖에 없다. 특히 지방자치단치에 따라 환경오염 물질을 배출하는 사업장 수가 차이가 있기 때문에 담당 공무원 한 명당 배출업소의 수가 작을수록 시설점검 및 단속의 실효성이 높아질 것이다. 다만, 본 연구에서는 자료의 한계로 지자체별 배출업소 단속 공무원 수가 아닌 인구 천 명당 자치단체 공무원 수를 활용하였다(〈그림 4-16〉 참조). 강원도와 전남이 인구 천 명당 공무원 수가 많은 지역으로 나타났으며, 광주와 대구가 상대적으로 공무원 수가 적은 것으로 나타났다. 공무원 인력구조의 특성상 연도별 큰 폭의 변화는 없음을 확인할 수 있다.

〈그림 4-16〉 지방자치단체 인구 천 명당 공무원 수 (단위: 명)

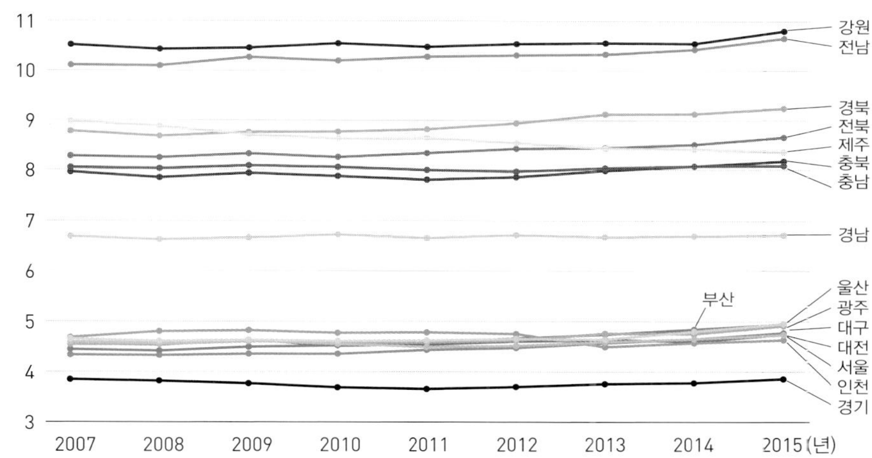

자료: 국가통계포털(KOSIS)

(4) 규제대상 집단의 영향력

환경사무 중 배출업소 점검 및 단속 업무는 대표적인 규제정책이라고 할 수 있다. 규제정책은 피규제집단의 저항을 불러일으킬 수 있다. 규제대상 집단에 종사하는 사람의 수가 많거나, 규제대상 집단이 지역경제에서 차지하는 비중이 크다면 그렇지 않은 경우보다 정책집행에 더 많은 영향을 미칠 수 있다. 특히 환경 규제정책과 관련하여 지방분권이 정책 집행의 하향평준화를 유도하게 된다는 "RTB Race to Bottom" 이론의 근거가 되는 것이 규제대상 집단의 경제적 영향력이다. 지역의 주요 관심사인 경제발전에 규제대상 집단의 영향력이 큰 경우 지방자치단체에서는 환경 규제 집행을 완화하거나 줄이게 되는 유인이 발생하기 때문이다.

환경오염물질 배출업소는 대부분 광업·제조업·건설업 사업장이다. 따라서 지역 내 총부가가치생산에서 이들 업종이 차지하는 비중을 규제대상 집단의 영향력으로 볼 수 있다. 제조업생산액 대비 지역내총생산GRDP 비중을 고려한 선행연구와 달리 본 연구에서는 보다 정확한 경제적 영향력을 파악하기 위해 지역 내 총부가가치생산에 광업, 제조업, 건설업이 차지하는 비중을 측정하였다. 〈그림 4-17〉에서 보는 바와 같이 울산과 충남이 규제대상집단의 영향력이 높은 것으로 나타났고, 서울과 제주가 상대적으로 낮은 편으로 나타났다.

〈그림 4-17〉 지역 내 총부가가치생산 중 광업·제조업·건설업 비중 (단위: %)

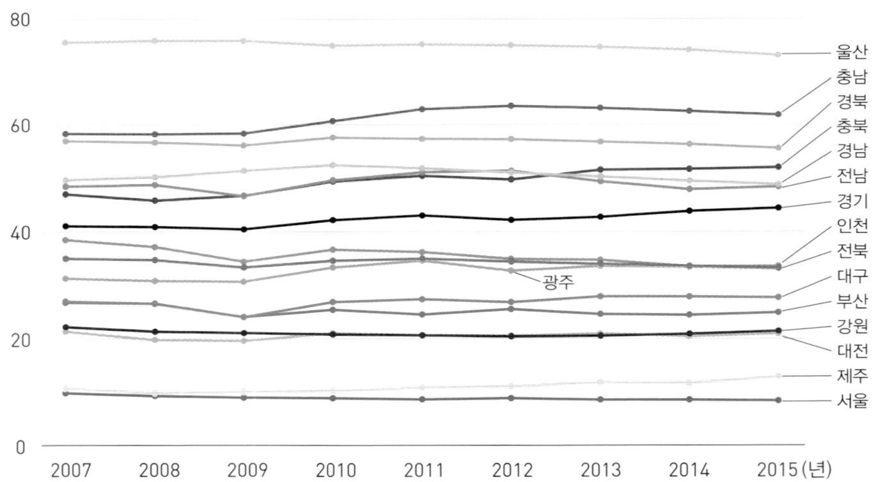

자료: 국가통계포털(KOSIS)

(5) 자치단체장 정치성향

지방자치단체장의 정치성향도 정책집행에 영향을 미치는 핵심 요인 중 하나로 볼 수 있다. 동일한 정책자원이 있다고 하더라도 집행 주체의 리더십에 따라 정책의 성과는 다르게 나타날 수 있다. 그러나 우리나라의 경우 지방자치단체의 정치성향이 지역주의와 연결되는 경우가 많고 연구기간인 2008~2015년은 보수정권이 집권당이었으므로 여당의 경우 주로 보수성향, 야당의 경우 자유선진당을 제외하고 대체로 진보성향으로 구분될 수 있다. 구체적인 정부와 지방자치단체장의 소속 정당 현황은 〈표 4-15〉에서 보는 바와 같다.

〈표 4-15〉 대통령 소속 정당과 지방자치단체장의 정당(2008~2015년)

구 분	2008	2009	2010	2011	2012	2013	2014	2015
중앙정부	이명박 행정부(한나라당)					박근혜 행정부(새누리당)		
지방정부	민선 4기		민선 5기				민선 6기	
서울	한나라당		한나라당		새정치민주연합		새정치민주연합	
부산	한나라당		한나라당				새누리당	
대구	한나라당		한나라당				새누리당	
인천	한나라당		민주당				새누리당	
광주	민주당		민주당				새정치민주연합	
대전	한나라당		자유선진당				새정치민주연합	
울산	한나라당		한나라당				새누리당	
경기	한나라당		한나라당				새누리당	
강원	한나라당		민주당				새정치민주연합	
충북	한나라당		민주당				새정치민주연합	
충남	한나라당		민주당				새정치민주연합	
전북	열린우리당		민주당				새정치민주연합	
전남	민주당		민주당				새정치민주연합	
경북	한나라당		한나라당				새누리당	
경남	한나라당		무소속				새누리당	
제주	무소속		무소속				새누리당	

자료: 중앙선거관리위원회

(6) 지역경제요인(1인당 GRDP)

환경문제에 있어 지역의 경제수준은 환경오염물질 배출을 증가시키는 환경적 압력으로 작용하기도 하지만, EKCEnvironmental Kuznets Curve 가설에서 주장하는 바와 같이 일정 경제수준을 넘어서면 쾌적한 환경에 대한 수요가 높아지는 임계점으로 작용하기도 한다. 따라서 지역별 경제수준의 차이는 환경규제 정책의 집행 여건에 영향을 주는 요인으로 볼 수 있다. 따라서 지역의 환경사무에 미치는 영향 요인을 분석하기 위해서는 이를 통제하고 분석할 필요가 있다. 1인당 GRDP는 〈그림 4-18〉에서 보는 바와 같이 지역별로 큰 차이를 보이고 있으며 글로벌 경제위기가 있었던 2009년에 다소 감소하다가 대체로 증가하고 있는 추세를 보이고 있다.

이상의 변수 내용과 측정방법을 정리하면 〈표 4-16〉과 같다. 종속변수인 환경규제집행 수준은 비산먼지 발생사업장과 대기오염물질 배출업소 각각의 적발률로 단속업소 대비 기준위반업소 적발건수로 측정한다. 환경규제집행의 강도는 단속에 대한 처분 중에서 조업정지, 허가취소, 고발과 같은 강한 처분 건수 비율로 측정한다.

〈그림 4-18〉 지역별 1인당 GRDP 현황(2007~2015년) (단위: 백만 원)

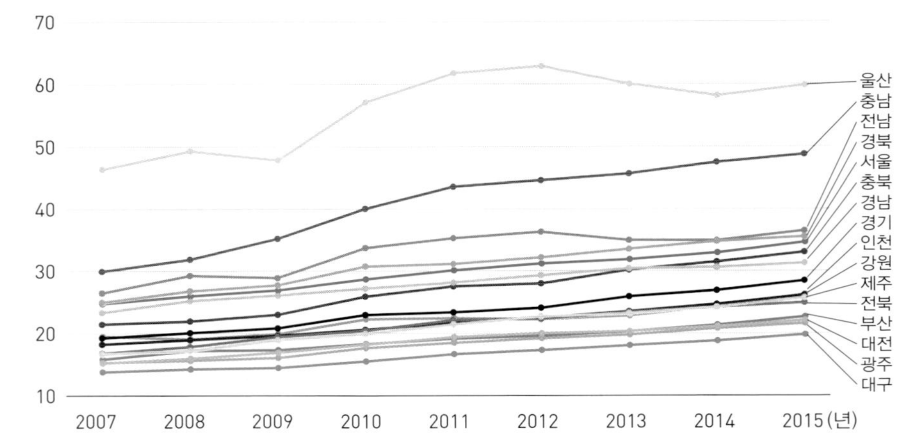

자료: 국가통계포털(KOSIS)

〈표 4-16〉 변수의 조작적 정의 및 측정 방법

변수명		측정 방법	자료 출처
환경규제집행의 수준 (비산먼지 / 대기배출업소)		단속적발률: 적발업소 / 단속업소	환경통계연감
환경규제집행의 강도 (비산먼지 / 대기배출업소)		강한 처분율 (조업정지 + 허가취소 + 고발) / 단속업소	환경통계연감
대기부문 지방이양	배출업소 지도·점검 사무 지방이양 시점	대기오염물질 배출업소 지방이양 시점: 2012년 이전 = 0, 2013년 이후 = 1	법제처 국가법령정보센터
정책집행 재정적 요인	대기부문 지방자치단체 세출 예산	대기부문 지방자치단체 환경 세출 예산액	지방저정365
	재정자주도	재원 사용면에서 자율성 지표: 자체수입 + 자주재원 / 일반회계예산 규모	통계청 국가통계포털
정책집행 인적 자원	지방자치단체 공무원 규모	인구 천 명당 지방자치단체 공무원 수(현원)	통계청 국가통계포털
지방의 정치적 요인	규제대상 영향력	규제대상이 지역경제에 기여하는 정도: 광업·제조업·건설업 부가가치생산액 / 지역 내 총부가가치생산액	통계청 국가통계포털
	지자체장 정치성향	진보정당 출신 지자체장 = 1, 그 외 = 0	중앙선거관리위원회
지역경제 요인	1인당 GRDP	지역의 소득수준: 1인당 지역내총생산(GRDP)	통계청 국가통계포털
환경 현황	NOx 배출량 NO_2 오염도	지역 내 질소산화물(NOx) 배출량 지역 내 이산화질소(NO_2) 오염도	환경통계포털
	PM_{10} 배출량 PM_{10} 농도	지역 내 미세먼지(PM_{10}) 배출량 지역 내 미세먼지(PM_{10}) 오염도	환경통계포털

4. 배출업소 단속 영향 요인 패널 분석

1) 비산먼지 발생사업장 단속업무

(1) 변수의 기술통계

비산먼지 발생사업장에 대한 적발률은 평균 8.52%를 보이고 있으며 최대 19.11%를 보이고 있다. 또한 비산먼지 발생사업장에 대한 강한 처분율은 평균 1.23%를 보이고 있으며 최대 4.18%를 나타내고 있다. 한편, 지방자치단체의 재

〈표 4-17〉 변수의 기술적 통계(비산먼지)

변수	평균값	표준편차	최솟값	최댓값
비산먼지 적발률	8.518	3.762	0	19.108
비산먼지 강한 처분율	1.230	0.968	0	4.180
ln(환경부문별 세출 예산_대기)	10.162	0.760	7.623	11.670
재정자주도	74.73	6.259	62.10	94.40
지방자치단체 공무원 규모	6.595	2.260	3.65	10.80
규제대상 영향력	37.421	17.983	8.486	75.699
ln(1인당 GRDP)	7.400	0.146	7.141	7.798
ln(미세먼지(PM_{10}) 배출량)	6.505	0.563	5.548	7.663
미세먼지(PM_{10}) 농도	47.401	5.604	34.00	66.00

정자주도는 평균 74.73%를 보이고 있으며, 인구 천 명당 지방자치단체 공무원 수는 평균 6.595명으로 나타났다. 이상의 지표에 대한 기술적 통계는 〈표 4-17〉에서 보는 바와 같다.

(2) 상관관계 분석

종속변수인 비산먼지 발생사업장에 대한 적발률 및 강한 처분율과 다른 설명변수와의 상관관계는 〈표 4-18〉에서 보는 바와 같다. 적발률의 경우 강한 처분율과 양의 상관관계(0.584, $p<0.01$)를 나타내고 있으며, 공무원의 규모, 규제대상 영향력, 미세먼지 배출량과도 유의미한 양의 상관관계를 보이고 있다. 한편, 강한 처분율은 규제대상의 영향력과 강한 양의 상관관계(0.538, $p<0.05$)를 보이며, 미세먼지 배출량, 1인당 GRDP와도 양의 상관관계를 나타내고 있다.

〈표 4-18〉 변수 간 상관관계(비산먼지)

	적발률	강한 처분율	재정적 요인		인적 요인	규제대상 영향력	미세먼지 배출량	미세먼지 농도	1인당 GRDP
			대기환경 세출예산	재정 자주도	공무원 규모				
적발률	1.000								
강한 처분율	0.584***	1.000							
대기환경 세출예산	-0.006***	0.039	1.000						
재정자주도	-0.236**	-0.083	0.626***	1.000					
공무원 규모	0.229**	0.061	-0.290***	-0.576***	1.000				
규제대상 영향력	0.286***	0.538***	0.002	-0.085	0.128	1.000			
미세먼지 배출량	0.413***	0.430***	0.279***	-0.007	0.507***	0.558***	1.000		
미세먼지 농도	-0.03	0.094	0.145	0.232**	0.006	0.092	0.176*	1.000	
1인당 GRDP	0.132	0.361***	0.199**	0.168*	0.203**	0.726***	0.505***	-0.065	1.000

(3) 패널데이터 분석

비산먼지 배출사업장의 적발률에 영향을 주는 요인에 대한 분석결과는 〈표 4-19〉와 같다. 이원오차모형two-way error component에 대한 하우스만 테스트Hausman test) 결과, 이원고정효과모형보다는 개체고정-시간확률효과 모형이 적정한 것으로 나타났다. 분석결과를 살펴보면 1인당 GRDP와 재정자주도 등은 유의미한 영향을 미치지 못한 것으로 나타났으며, 미세먼지 농도와 배출량도 유의미한 영향을 미치지 못한 것으로 나타났다. 그러나 대기부문 환경예산의 경우에는 5% 유의수준에서 (+) 영향을 미치는 것으로 나타났다. 또한 대기브문 지방이양의 경우 다른 변수들을 통제한 경우에도 1% 유의수준에서 적발률에 (+) 영향을 미치는 것으로 나타났다. 비산먼지 배출사업장에 대한 지도·점검은 2005년부터 지방정부 업무로 집행되었지만, 대기오염물질 배출업소 지도·점검 업무가 지방으로 이양된 2013년 이후에 적발률이 유의미하게 증가된 것으로 나타났다.

〈표 4-19〉 비산먼지 단속업무에 영향을 미치는 요인 분석

	종속변수: 적발률 (개체고정-시간확률효과)		종속변수: 강한 처분율 (개체고정-시간확률효과)	
	추정치	z-value	추정치	z-value
C	-138.565 (101.50)	-1.38	-58.116** (27.768)	-2.11
1인당 GRDP	0.393 (13.696)	0.03	8.525 (3.901)	2.19
재정자주도	0.165 (0.132)	1.25	-0.031 (0.037)	-0.83
대기부문 환경예산	2.166** (0.858)	2.52	-0.105 (0.244)	-0.43
지방자치단체 공무원 규모	3.404 (2.713)	1.25	0.466 (0.772)	0.60
규제대상 영향력	-0.107 (0.288)	-0.37	-0.139* (0.082)	-1.69
대기부문 지방이양	2.427*** (0.740)	3.28	-0.028 (0.211)	-0.13
자치단체장 소속 정당	0.113 (0.935)	0.12	-0.063 (0.266)	-0.24
미세먼지 농도	-0.010 (0.079)	-0.14	0.042* (0.022)	1.85
미세먼지 배출량	0.181 (1.239)	0.15	0.462 (0.352)	1.31
R^2	within = 0 716 between = 0.936 overall = 0.748		within = 0 692 between = 0.853 overall = 0.698	
Hausman test	chi2(6) = 2.66 (p = 0.849)		chi2(6) = 1.91 (p = 0.928)	

주: *, **, ***은 각각 10%, 5%, 1%에서 유의미적임을 나타냄

한편, 비산먼지 배출사업장에 대한 조업정지, 고발 등과 같은 강한 처분율의 경우도 하우스만 테스트 결과 이원오차모형 중에서 개체고정-시간확률효과 모형이 적정한 것으로 나타났다. 구체적인 분석결과를 살펴보면 적발률의 경우 유의미한 영향을 주는 것으로 나타난 대기부문 지방이양 시기는 통계적으로 유의미한 영향을 미치지 못하는 것으로 나타났다. 또한 지방자치단체장 소속 정당도 유의미한 영향을 미치지 못한 것으로 나타났다. 그러나 규제대상 영향력의 경우 10%

유의수준에서 강한 처분율에 부(−)의 영향을 미치는 것으로 나타났으며, 미세먼지(PM_{10}) 농도의 경우도 10% 유의수준에서 정(+)의 영향을 미치는 것으로 나타났다. 이를 통해 강한 처분율은 환경질인 미세먼지 농도가 증가하는 경우 처분율이 상승하고, 규제대상의 영향력이 증가하는 경우 감소한다는 것을 확인할 수 있다.

2) 대기오염물질 배출업소 단속업무

(1) 변수의 기술통계

대기오염물질 배출업소에 대한 적발률은 평균 5.96%를 보이고 있으며 최대 20.3%의 적발률을 기록하였다. 또한 대기오염물질 배출업소에 대한 강한 처분율은 평균 1.27%를 보이고 있으며 최대 10.23%를 나타내고 있다. 한편, 질소산화물 배출량ln은 평균 7.71로 나타났으며, 최댓값은 8.32를 보여주고 있다. 이산화질소 농도는 평균 0.02에 최댓값 0.04를 나타내고 있다. 이상의 지표에 대한 기술적 통계는 다음 〈표 4-20〉에서 보는 바와 같다.

〈표 4-20〉 변수의 기술적 통계(대기오염물질)

변수	평균값	표준편차	최솟값	최댓값
대기배출업소 적발률	5.961	3.349	0.70	20.30
대기배출업소 강한 처분율	1.268	1.573	0	10.227
ln(환경부문별 세출 예산_대기)	10.084	0.760	7.623	11.670
재정자주도	74.73	6.259	62.10	94.40
지방자치단체 공무원 규모	6.595	2.260	3.65	10.80
규제대상 영향력	37.421	17.983	8.486	75.699
ln(1인당 GRDP)	7.400	0.146	7.141	7.798
ln(질소산화물 배출량)	7.708	0.351	6.980	8.316
이산화질소 농도	0.022	0.006	0.001	0.038

(2) 상관관계 분석

종속변수인 대기오염물질 배출업소에 대한 적발률 및 강한 처분율과 다른 설명변수와의 상관관계는 〈표 4-21〉과 같다. 적발률과 강한 처분율의 경우 동일하게 대기환경 세출예산, 재정자주도, 이산화질소 농도, 1인당 GRDP와는 양의 상관관계를 보여주고 있는 반면, 공무원 수와는 음의 상관관계를 나타내고 있다.

〈표 4-21〉 변수 간 상관관계(대기오염물질)

	적발률	강한 처분율	재정적 요인		인적 요인	규제대상 영향력	질소산화물 배출량	이산화질소 농도	1인당 GRDP
			대기환경 세출예산	재정 자주도	공무원 규모				
적발률	1.000								
강한 처분율	0.803	1.000							
대기환경 세출예산	0.345***	0.324***	1.000						
재정자주도	0.262***	0.186**	0.519***	1.000					
공무원 규모	-0.381***	-0.293***	-0.295***	-0.592***	1.000				
규제대상 영향력	-0.054	-0.04	-0.012	-0.084	0.120	1.000			
질소산화물 배출량	0.105	0.114	0.211**	0.294***	0.220**	0.509***	1.000		
이산화질소 농도	0.300***	0.282***	0.715***	0.758***	-0.634***	0.039	0.400***	1.000	
1인당 GRDP	0.288***	0.236***	0.153*	0.101	0.188**	0.705***	0.417	0.079	1.000

(3) 패널데이터 분석

대기오염물질 배출업소 적발률에 영향을 미치는 요인에 대한 패널데이터 분석 결과는 〈표 4-22〉과 같다. 이원오차모형two-way error component 중에서 하우스만 테스트 결과 개체고정-시간확률효과 모형이 적정한 것으로 나타났다. 분석결과를 살펴보면 재정자주도와 대기부문 환경예산의 경우 유의미한 영향을 미치지 못하는 것으로 나타났으며, 규제대상의 영향력과 NO_2 농도 및 NOx 배출량의 경우도 통계적으로 유의미한 영향을 주지 못하는 것으로 나타났다. 또한 지방자치단체장의 정치성향의 경우도 유의미한 영향을 미치지 못한 것으로 나타났다. 그러나 1인당 GRDP와 대기부문 지방이양 변수의 경우 1% 유의수준에서 정(+)의 영향을 미치는 것으로 나타났다. 이는 대기오염물질 배출업소에 대한 적발률에 1인당 GRDP 증가가 정(+)의 영향을 미치며, 2013년 대기부문 지방이양 이후 적발률이 유의미하게 증가되었다는 것을 의미한다.

〈표 4-22〉 대기오염배출업소 단속에 영향을 미치는 요인 분석

	종속변수: 적발률 (개체고정-시간확률효과)		종속변수: 강한 처분율 (개체고정-시간확률효과)	
	추정치	z-value	추정치	z-value
C	-162.587** (74.715)	-2.18	-53.586 (44.637)	-1.20
1인당 GRDP	23.433*** (8.431)	2.78	14.206*** (5.037)	2.82
재정자주도	-0.090 (0.107)	-0.85	-0.072 (0.064)	-1.14
대기부문 환경예산	0.057 (0.623)	0.09	-0.343 (0.372)	-0.92
지방자치단체 공무원 규모	-0.938 (2.027)	-0.46	-1.581 (1.211)	-1.31
규제대상 영향력	-0.107 (0.198)	-0.54	-0.115 (0.118)	-0.97
대기부문 지방이양	2.015*** (0.572)	3.52	0.691** (0.341)	2.02
자치단체장 소속 정당	0.176 (0.737)	0.24	-0.021 (0.440)	-0.05
NO_2 농도	-43.009 (120.705)	-0.36	-51.378 (72.113)	-0.71
NOx 배출량	1.208 (6.163)	0.20	-3.769 (3.682)	-1.02
R^2	within = 0 621 between = 0.920 overall = 0.730		within = 0.329 between = 0.862 overall = 0.516	
Hausman test	chi2(21) = 12.48 (p = 0.925)		chi2(21) = 12.78 (p = 0.913)	

주: *, **, ***은 각각 10%, 5%, 1%에서 유의미함을 나타냄

한편, 대기오염물질 배출사업장에 대한 영업정지, 고발 등과 같은 강한 처분율의 경우도 하우스만 테스트 결과 이원오차모형 중에서 개체고정-시간확률효과 모형이 적정한 것으로 나타났다. 구체적인 분석결과를 살펴보면 대기오염물질 배출업소 적발률과 같이 1인당 GRDP와 대기부분 지방이양의 경우만 유의미한 정(+)의 영향을 미치고 다른 변수들은 통계적으로 유의미한 영향을 미치지 못하는 것으로 나타났다. 이는 앞서 〈그림 4-8〉과 〈그림 4-10〉에서 살펴본 바와 같이 적발률과 강한 처분율 모두 거의 비슷한 U자형 추세형태를 보여주고 있다는 점에서 일정부분 예견된 결과라고 할 수 있다. 따라서 대기오염물질 배출업소 지도·점검의 경우 2013년 지방이양이 적발률과 강한 처분율 모두에 정(+)의 영향을 주는 것으로 나타나 지방위임 이후 일정기간이 지나 노하우 등이 축적될 경우 지방이양이 환경정책 성과 제고에 긍정적인 영향을 준 것으로 추정할 수 있다.

3) 소결

최근 미세먼지와 초미세먼지에 대한 국민적 관심이 높아지면서 대기부문의 환경사무 집행현황에 대한 관심도 증가하고 있다. 대기의 경우 바람에 따른 공기의 순환으로 인해 한 지역의 오염원만으로 대기질이 결정되지 않는 광역적 특성을 가지고 있다. 그럼에도 불구하고 대기부문의 환경사무는 다른 분야에 비해 비교적 지방분권 수준이 높은 편이며, 비산먼지와 대기오염물질 배출업소에 대한 지도·점검은 지방정부로 이양된 대표적인 환경사무이다. 앞서 11개 광역시·도 환경 담당 공무원의 자문결과 광역시·도가 기초자치단체에 위임한 업무 중에서 성과가 좋은 분야로 폐기물 분야 다음으로 대기부문을 많이 선정하고 있다. 이는 대기의 오염도와 관계없이 대기오염물질 배출업소에 대한 지도·점검은 현장에 근접한 지방정부에서 담당하는 것이 효과적일 수 있다는 점을 의미한다. 아래는 인천광역시 산하 기초자치단체 환경 담당 공무원과의 인터뷰 내용이다.

> "2003년 입사 당시 인천광역시 환경직렬로 입사한 동기가 12명이었는데 당시 인천시 환경직렬 공무원 전체가 120명이었습니다……2003년 인천O구청의 환경보전과

는 2개의 팀으로 구성되어 있었고 인원도 지금보다 적었습니다. 배출업소 단속뿐만 아니라 각종 환경관련 생활민원 및 행정업무로 인해 배출업소 단속업무에 집중하기 힘들었습니다. 이후 환경보전과 인원이 보충되고 2개 팀에서 6개 팀으로 점차 조직이 개편되고 업무분장이 정리가 되어 배출업소 단속업무에 집중할 수 있게 되었습니다. 2017년 인천시 환경직렬 공무원은 200여 명으로 증가하였고 그동안 업무노하우 등도 축적되었다고 생각됩니다........또한 자율점검업소와 우수등급 사업장에 대한 지도·점검 횟수의 부담이 줄어들면서 ......배출업소 단속률이 증가한 것으로 보입니다."

대기오염물질 배출업소에 대한 지도·점검의 경우 2003년 지방의임 이후 적발률 및 강한 처분율이 줄어든 것으로 나타났으나(박순애 외, 2012), 본 연구의 시간적 범위인 2008~2015년 사이에서는 2013년 대기부문 지방이양이 적발률에 유의미한 정(+)의 영향을 미친 것으로 나타나, 지방위임 이후 일정한 시간이 지나면서 적발률 및 강한 처분율도 증가한 것으로 볼 수 있다. 따라서 환경사무의 지방이양 성과가 나타나기 위해서는 지방정부의 업무적응 및 노하우 등이 축적되는 시간이 필요한 것으로 추정할 수 있다. 이는 위의 인천시 산하 환경 담당 공무원과 인터뷰한 결과에서도 확인할 수 있다. 그러나 선행연구와 시간적 범위가 달라 보다 정치한 연구결과를 도출하기 위해서는 매체별 장기 시계열 자료를 확보하여 심층적 분석연구가 필요한 것으로 보인다.

II

빅데이터를 이용한 환경사무 이양의 사회적 평가*

1. 분석방법

1) 분석목표 설정

본 장에서는 환경부가 지방자치단체에 이양한 환경사무들이 한국사회에서 어떤 평가를 받아왔는지 살펴보고자 언론을 통해 나타난 사회적 관심과 특성을 분석하고자 하였다.

본 장의 문제의식은 '국민들이 어떤 환경사무에 주로 관심을 기울여 왔는가?', '이양사무에 대한 관심은 시기에 따라 어떻게 달라졌는가?', '환경사무에 대한 매체별 언론의 사회적 평가가 어떠한가?'라는 질문에서 출발한다. 사무이양을 다룬 선행연구들은 원칙적이고 당위적인 차원에서 권한배분의 필요성에 초점을 맞추었다. 따라서 논리적이고 합리적인 관점에서 연구 결과를 제시하고 있다. 또한 설문조사 역시 해당 분야에 풍부한 경험을 가지고 있는 전문가를 대상으로 하고 있기 때문에 실제 국민들이 중요하다고 생각하거나 느끼는 부분에 대해서는 간과했을 수 있다. 따라서 선행연구에서 제시된 결과만으로 사무이양 정책을 평가하거나 대안을 제시하기에는 한계가 있다. 이는 실제 정책으로 인하여 영향을 받는 일반 시민에 대한 고려가 배제되어 있기 때문이다.

* 이 글은 "빅데이터 분석을 이용한 환경사무의 사회적 평가", 「환경정책」(2018. 9.)에 게재된 내용을 편집한 것임.

이에 본 연구에서는 사무이양에 대한 언론보도 자료를 유형별로 구분한 다음 비율을 살펴봄으로써 한국사회가 어떠한 이양사무에 관심을 보이고 있는지 평가하여 보았다. 또한 시기에 따라 관심도가 어떻게 달라지고 있는지 시계열적 특성을 분석하여 봄으로써 관심도의 시기적 변화를 추적해 보았다. 마지막으로 이러한 정량적 특성의 변화는 외형적 특성을 살펴보는 데 유리하지만 내용적인 측면에서 어떠한 사회적 이슈 특성이 달라지는지는 보여주지 못한다. 따라서 텍스트 마이닝text mining을 통하여 이양사무에 대한 이슈 또는 관심사가 어떻게 달라지는지 살펴보았다.

2) 대상의 선정

환경부의 사무이양 현황에서 살펴본 바와 같이 이양 대상 환경사무는 대기, 자연환경(물관리), 자연보전, 자원순환, 토양, 생활환경 그리고 환경정책 일반 등 7가지 분야로 구분되어 있다. 본 연구는 이 가운데 이양율이 90%가 넘어 원활한 이양이 진행되고 있는 자연보전과 토양을 제외하고 정책적 범위가 너무나 넓은 환경정책 일반을 제외한 4개 부문(대기, 자연환경(물관리), 자원순환, 생활환경)에 대한 사무이양 특성을 분석하였다. 각 분야에 속한 단위사무는 모두 395개로 대기사무가 83개, 자연환경(물관리) 사무가 203개, 생활환경 사무가 86개이다. 이를 기능에 따라 분류하고 유사한 기능을 통폐합하면 각 분야별 이양사무가 가지고 있는 고유의 기능을 파악할 수 있다.

〈표 4-23〉 자료수집 대상의 단위사무와 기능 수

구 분	단위사무	기능
대기	83	19
자연환경(물관리)	203	23
생활환경	86	13
자원순환	23	6
합계	395	61

자료: 환경부 내부자료(2017)

3) 검색 키워드 설정

이렇게 선택된 사무에 따라 적절한 키워드를 추출하고 이를 기반으로 기사검색을 통하여 이양 대상이 되는 사무에 대하여 사회적으로 어떠한 관심을 받고 있는지 살펴보았다. 다만 기능적으로 중복되는 부분이 있어 각각의 기능에 따라 키워드를 설정하기보다는 상황에 따라 적절하게 분할하거나 통합하는 방법을 사용하였다.

전체적으로 대기의 경우 13개의 이양사무를 대상으로 키워드를 추출하였으며 자연환경(물관리)의 경우 23개의 이양사무를 대상으로 키워드를 추출하였다. 생활환경의 경우 11개의 이양사무를 대상으로 키워드를 추출하였으며 마지막으로 자원순환의 경우 5개의 이양사무를 대상으로 키워드를 선정하여 관련기사를 검색하였다.

개별 사무유형에 따른 키워드는 다음과 같다. 대기의 경우 총량할당, 대기환경, 오염물질 배출, 비산먼지, 대기오염, 대기환경 개선, 악취, 자동차 검사·운행·배출, 저공해 자동차, 고유황高硫黃, 미세먼지 같은 키워드를 추출하였다. 자연환경(물관리)의 경우 23개의 이양사무를 대상으로 한강·낙동강·영산강 수계, 가축분뇨, 축산폐수, 폐수배출, 분뇨처리, 폐수처리, 공공처리, 상수원 보호, 수질 및 수생태계, 호소 수질, 먹는 물, 먹는 샘물, 수도관리, 간이상수도, 관할구역 급수, 고랭지 경작, 비점오염원, 공공수역, 오수정화, 오수처리, 하수도, 하수종말 등 25개의 키워드를 사용하였다. 생활환경의 경우 11개 환경사무를 대상으로 키워드를 추출하였다. 추출된 키워드는 소음, 진동, 환경보건, 다중이용시설, 유독물, 어린이 공간, 운행차 규제, 배출가스 규제, 지하 공기, 실내 공기, 잔류성 유기 등이다. 마지막으로 자원순환의 경우 5개의 키워드를 추출하였다. 추출된 키워드는 순환골재, 재활용센터, 제품포장, 폐기물 그리고 폐자동차 등이다.

이렇게 추출된 키워드를 바탕으로 기사를 검색하였다. 연구 초기에는 [키워드] + [사무이양] 또는 [키워드] + [권한이양]이라는 조합을 사용하였으나 다수의 시도 결과 경험적으로 사무이양 또는 권한이양이라는 키워드 대신에 '자치단체'라는

〈표 4-24〉 자료수집 대상의 단위사무와 기능

구 분	기능
대기	총량할당, 대기환경, 오염물질 배출, 비산먼지, 대기오염, 대기환경 개선, 악취, 자동차 검사, 자동차 운행, 자동차 배출, 저공해 자동차, 고유황, 미세먼지
자연환경(물관리)	한강·낙동강·영산강 수계, 가축분뇨, 축산폐수, 폐수배출, 분뇨처리, 폐수처리, 상수원 보호, 수질, 수생태계, 호소 수질, 먹는 물, 먹는 샘물, 수도관리, 간이상수도, 관할구역 급수, 고랭지 경작, 비점오염원, 공공수역, 오수정화, 오수처리, 하수도, 하수종말
생활환경	소음, 진동, 환경보건, 다중이용시설, 유독물, 어린이 공간, 운행차 규제, 배출가스 규제, 지하 공기, 실내 공기, 잔류성 유기
자원순환	순환골재, 재활용센터, 제품 포장, 폐기물, 폐자동차

자료: 환경부 내부자료(2017)

키워드와 조합하였을 때 더 의미 있는 자료가 도출되는 것으로 나타났다. 따라서 본 연구에서는 4개 환경분야에서 추출된 53개의 키워드를 바탕으로 [키워드] + [자치단체]라는 검색결과를 도출하였다.

이렇듯 선정된 키워드를 기반으로 1990년에서부터 2017년 6월까지 언론에 보도된 기사를 대상으로 자료를 수집하였다. 자료의 수집은 국내에서 가장 규모가 큰 포털 서비스인 네이버www.naver.com에서 제공하는 뉴스 제공 서비스를 활용하였다. 언론기사 분석의 경우 오래전부터 한국언론재단이 구축한 종합 뉴스 데이터베이스인 카인즈www.bigkinds.or.kr가 널리 이용되어 왔으나 1990년 이전 뉴스는 제공하지 않을 뿐만 아니라 조선일보, 중앙일보 그리고 동아일보 같은 대형 언론사가 제외되어 있어 그 위상과 규모가 대폭 축소되는 상황이다. 반면 네이버 뉴스 포털의 경우 1920년부터 최근에 이르기까지 시계열적 뉴스 자료를 제공하고 있을 뿐만 아니라 국내에서 가장 많은 언론사가 참여하고 있어 다양한 뉴스 정보를 얻기에 가장 바람직하다고 판단하였다.

4) 기사의 분류

수집된 자료는 기사가 포함하고 있는 내용에 따라 대기, 자연환경(물관리), 자원순환 그리고 생활환경 등의 네 가지 유형으로 구분하였다. 또한 기간별르는 1970년대부터 2017년까지 10년 단위로 구분하여 모두 5개의 기수로 구분하였다.

〈표 4-25〉 자료의 분류 기준

구 분	분류 기준
유형별 (4개)	대기, 자연환경(물관리), 생활환경, 자원순환
기간별 (5기)	1기(1970~1979), 2기(1980~1989), 3기(1990~1999), 4기(2000~2009), 5기(2010~2017)

2. 데이터 및 현황 분석

1) 유형별 특성

최종적으로 선정된 기사는 모두 30,712건으로 대기환경이 36.9%(11,325건), 자연환경(물관리)이 36.6%(11,229건)로 가장 많은 부분을 차지하였으며 그 뒤를 이어 생활환경이 22.4%(6,887건) 그리고 자원순환이 4.1%(1271건)으로 나타났다. 기수별로는 1~3기(1970~1999)보다 최근인 4기와 5기(2000~2017)에 집중적으로 기사가 분포하고 있는 것으로 나타났다.

〈표 4-26〉 유형별·기수별 기사의 분포(시기별)

구 분	1기 (1970~1979)	2기 (1980~1989)	3기 (1990~1999)	4기 (2000~2009)	5기 (2010~2017)	합계
대기	43	79	810	2,986	7,407	11,325 (36.9)
자연환경 (물관리)	12	19	955	4,025	6,218	11,229 (36.6)
생활환경	18	6	175	1,857	4,831	6,887 (4.1)
자원순환	2	–	175	792	302	1,271 (22.4)
합계	75 (0.2)	104 (0.3)	2,115 (6.9)	9,660 (31.5)	18,758 (61.6)	30,712 (100)

자료: 네이버 뉴스(1970~2017), news.naver.com

유형별로 어떠한 이슈들이 많이 등장하였는지를 빈도분석과 워드 클라우드를 사용하여 분석하여 보면 다음과 같다. 대기의 경우 악취, 대기오염, 미세먼지, 오염물질 같은 이슈에 대한 관심이 높은 것으로 나타났다. 자연환경(물관리)의 경우 시설, 사업, 처리, 하수도, 수질 같은 문제에 대하여 관심이 높은 것으로 나타났다. 생활환경의 경우 다른 이슈에 비하여 소음문제에 대한 관심이 두드러지게 높은 것으로 나타났으며 그 뒤를 이어 다중이용시설 및 안전, 진동 같은 문제에 대한 관심이 높은 것으로 나타났다. 마지막으로 자원순환의 경우 폐기물, 재활용, 쓰레기, 순환골재 등의 이슈에 비하여 높은 관심을 보이는 것으로 나타났다.

〈표 4-27〉 유형별·기수별 기사 빈출 단어

구 분	빈출 단어
대기	악취, 대기오염, 미세먼지, 오염물질 등
자연환경(물관리)	시설, 사업, 처리, 하수도, 수질 등
생활환경	소음, 다중이용시설 및 안전, 진동 등
자원순환	폐기물, 재활용, 쓰레기, 순환골재 등

자료: 네이버 뉴스(1970~2017), news.naver.com

〈표 4-28〉 대기 워드 클라우드

빈출 단어	빈도	빈출 단어	빈도
환경	5,244	정부	1,934
악취	3,017	사업	1,778
대기오염	2,519	시설	1,735
지역	2,477	주민	1,525
배출	2,344	오염	1,516
개선	2,314	전국	1,509
관리	2,116	물질	1,389
미세먼지	2,018	수도권	1,362
자동차	1,977	문제	1,320
환경부	1,965	쓰레기	1,250

자료: 네이버 뉴스(1970~2017), news.naver.com

〈표 4-29〉 자연환경(물관리) 워드 클라우드

빈출 단어	빈도	빈출 단어	빈도
시설	3,563	환경부	1,732
사업	3,436	전국	1,658
지역	3,062	지방	1,613
환경	2,908	폐기물	1,592
처리	2,824	지원	1,407
관리	2,482	요금	1,375
하수도	2,048	개발	1,366
수질	2,003	설치	1,338
정부	1,893	주민	1,325
하수	1,782	상하수도	1,318

자료: 네이버 뉴스(1970~2017), news.naver.com

〈표 4-30〉 생활환경 워드 클라우드

빈출 단어	빈도	빈출 단어	빈도
소음	3,543	정부	1,091
다중이용시설	1,861	점검	942
안전	1,839	기관	882
환경	1,699	전국	854
지역	1,491	사업	832
시설	1,464	대책	703
관리	1,340	공항	693
진동	1,259	이전	677
주민	1,253	추진	650
피해	1,131	설치	644

자료: 네이버 뉴스(1970~2017), news.naver.com

〈표 4-31〉 자원순환 워드 클라우드

빈출 단어	빈도	빈출 단어	빈도
폐기물	1,153	지역	224
재활용	444	관리	216
환경	365	건설	206
쓰레기	341	자원	184
기관	298	생활	181
사업	296	공공	164
순환골재	268	대상	157
제품	246	시설	157
환경부	237	지원	152
정부	235	전국	151

자료: 네이버 뉴스(1970~2017), news.naver.com

2) 시대별 특성

본 연구에서 구분한 기수별로 1기에서 5기까지 이슈가 어떻게 달라져 왔는지 살펴보면 다음과 같다. 대기의 경우 1기(1970~1979)에는 공해 문제가 이슈의 중심에 위치한 것으로 나타났다.

2기(1980~1989)와 3기(1990~1999)에는 대기오염으로 인하여 오염된 환경을 개선하는 문제가 화두로 등장하는 모습을 보였으며 4기에서는 악취문제가 본격적으로 등장하는 모습을 보였고, 5기에 이르게 되면 배출권 문제나 자동차 오염물질 배출에 관한 이슈가 가장 핵심에 위치하는 모습을 보였다.

〈표 4-32〉 대기관련 이슈의 시대별 변화

1기 (1970~1979)	2기 (1980~1989)	3기 (1990~1999)

4기 (2000~2009)	**5기 (2010~2017)**	**기수별 특징**
		• 1기: 공해, 환경 • 2기: 환경, 개선 • 3기: 환경, 문제 • 4기: 환경, 대기오염, 악취 • 5기: 환경, 미세먼지, 배출

자료: 네이버 뉴스(1970~2017), news.naver.com

〈표 4-33〉 자연환경(물관리) 관련 이슈의 시대별 변화

1기 (1970~1979)	2기 (1980~1989)	3기 (1990~1999)

4기 (2000~2009)	**5기 (2010~2017)**	**기수별 특징**
		• 1기: 환경, 사업 • 2기: 환경, 수질, 하수 • 3기: 환경, 시설, 처리 • 4기: 처리, 시설, 사업 • 5기: 사업, 지역, 하수도

자료: 네이버 뉴스(1970~2017), news.naver.com

자연환경(물관리)의 경우 대기와는 다르게 1기에서 5기까지 이슈나 사회적 관심사가 일관적으로 이어지는 모습을 보였다. 1기에는 환경사업과 관련된 이슈가 가장 중심에 위치하는 모습을 보였으며 2기에는 수질과 하수 문제, 3기에서는 환경처리 시설 문제에 대한 관심이 가장 높은 것으로 나타났다. 이러한 흐름은 4기와 5기에서도 계속 이어져 하수도와 같은 처리시설에 대한 관심이 지속적으로 높게 나타나는 모습을 보였다.

생활환경의 경우 1기에는 물리적인 토지이용 및 국토개발과 관련된 이슈가 중심을 이루었으며 2기에 이르게 되면 급속한 도시화로 인한 사회환경 이슈에 대한 관심이 집중되는 모습을 보였다. 이러한 흐름은 3기부터 가장 중심을 이루는 소음문제와 본격적으로 연결되어 있다고 할 수 있다. 〈표 4-34〉에서 명확하게 드러

<표 4-34> 생활환경 관련 이슈의 시대별 변화

1기 (1970~1979)	2기 (1980~1989)	3기 (1990~1999)

4기 (2000~2009)	**5기 (2010~2017)**	**기수별 특징**
		• 1기: 토지이용, 개발 • 2기: 사회, 환경 • 3기: 환경, 소음 • 4기: 소음, 다중이용시설 • 5기: 소음, 다중이용시설, 안전

자료: 네이버 뉴스(1970~2017), news.naver.com

나듯이 1990년대부터 최근에 이르기까지 소음이슈는 생활환경 문제의 가장 중심에 위치하고 있다. 4기에 이르게 되면 소음과 함께 다중이용시설에 대한 이슈가 본격적으로 관심을 받기 시작한 것으로 나타났으며 마지막으로 5기에 이루게 되면 안전문제가 새로운 이슈로 등장하고 있는 것으로 나타났다.

자원순환 관련 이슈의 변화를 살펴보면 2기까지는 커다른 관심을 받지 못하다가 3기부터 폐기물과 쓰레기를 중심으로 이슈가 본격화되는 모습을 보이고 있다. 4기에서는 재활용이라는 단어가 새롭게 등장하는 것으로 나타났으며 5기에 이르게 되면 순환골재 및 재활용 같은 단어들이 새롭게 주목받는 모습을 보였다.

이렇듯 시대에 다른 이슈유형별 변화를 살펴보았을 때 대기는 대기오염 문제에서 미세먼지 문제로 확장되는 모습을 보였고 자연환경(물관리)은 수질과 하수도

〈표 4-35〉 자원순환 관련 이슈의 시대별 변화

1기 (1970~1979)	2기 (1980~1989)	3기 (1990~1999)
	-	
4기 (2000~2009)	**5기 (2010~2017)**	**기수별 특징**
		• 1기: 하천, 골재, 채취 • 2기: - • 3기: 폐기물, 쓰레기 • 4기: 폐기물, 쓰레기, 재활용 • 5기: 순환골재, 재활용

자료: 네이버 뉴스(1970~2017), news.naver.com

문제에 대한 관심이 지속적으로 이어지는 모습을 보였다. 생활환경의 경우 3기를 기점으로 물리적 생활환경 문제에서 사회적인 문제로 전환되는 모습을 보였으며 자원순환의 경우 폐기물 문제에서 자원 활용 문제로 이슈가 발전·확장되는 모습을 보였다.

〈표 4-36〉 변화 유형별 이슈 특성

구 분	변화 유형	특성
대기	확장형	대기오염 → 미세먼지
자연환경	지속형	수질, 하수도, 처리 등 일관성 유지
생활환경	전환형	물리적 환경(개발) → 사회적 환경(소음, 안전)
자원순환	확장형	폐기물 처리 → 자원순환, 재활용

3. 환경사무의 사회적 평가(감성분석)

1) 개요

언론보도는 뉴스를 제공할 때 일정한 방향과 입장을 정립하고 정형화된 틀에 맞추어 독자에게 유목화categorization된 메시지를 전달한다(강범일 외, 2013). Liu(2010)는 감성분석을 텍스트 내에 포함되어 있는 감성 또는 의견에 대한 기계적이고 기술적인 분석이며, 특정한 사건이나 이슈 등에 관하여 기록된 텍스트를 분석하여 사람들의 인식이나 태도 등을 파악하는 연구로 정의하고 있다(Liu, 2012). 이렇듯 구분되어 있는 메시지의 의도를 파악하기 위해서는 다양한 방법들을 활용할 수 있으나 텍스트 데이터에 담겨져 있는 감성의 종류와 정도를 기반으로 기사의 논조 또는 내용이 긍정 또는 부정으로 구분하는 방식들이 많이 이용되고 있다(최진호·한동섭, 2012).

이에 본 연구에서는 기계학습machine learning을 통하여 전체 기사의 긍정·부정 비율을 파악한 다음 대기, 자연환경(물관리), 생활환경 그리고 자원순환까지 네 개의 주제topic에 따라 긍·부정 비율이 어떻게 나타나는지 살펴보았다. 또한 환경이라는 정책분야의 특성상 긍정보다는 부정적 기사가 나올 확률이 높기 때문에 2005년부터 2016년까지 네이버 뉴스 스탠드에 등록된 전체 기사와 비교함으로써 해당 분야의 부정기사 확률이 어느 정도 되는지 살펴보았다.

2) 방법

기계학습을 활용한 감성분석은 감독학습supervised learning과 비감독 학습unsupervised learning으로 분류되며 이 가운데 사람이 학습과정에 개입하는 감독학습이 많이 이용된다. 감독학습이란 전체 데이터에서 부분적으로 샘플링 데이터를 추출하여 사람이 긍정과 부정 같은 분류 기준을 코딩하고 이를 학습시킨 다음 전체 데이터에 적용하는 방법이다. 감성분석sentiment analysis에서 감성분석은 분류classification 방법론을 활용한다. 텍스트 데이터의 분류는 일반적으로 나이브 베이지안na-

〈그림 4-19〉 감정분석 분류방법

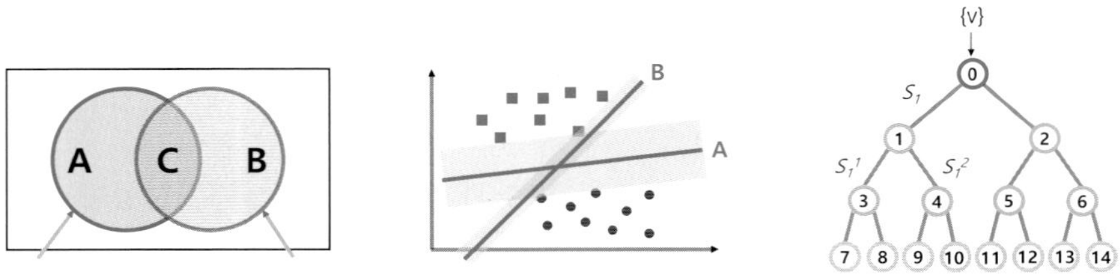

나이브 베이지안
(naive baysian)

서포트 벡터 머신
(support vector machine)

랜덤 포레스트
(random forest)

자료: www.cs.cornell.edu/courses/cs4780/2017sp/lectures/lecturenote05.html

ive baysian, 서포트 벡터 머신support vector machine 그리고 랜덤 포레스트random forest 등 세 가지 방식으로 구분된다.

나이브 베이지안은 샘플링 데이터에서 구한 사전확률을 기반으로 전체 데이터에서 특정한 단어가 등장할 때 긍정과 부정의 확률을 계산하는 방법이다. 서포트 벡터 머신SVM의 경우 각각의 단어를 하나의 차원으로 설정한 다음 이를 기반으로 각각의 기사를 매핑mapping하고 긍정과 부정 기사를 분리하는 최적의 선을 찾아 기사를 분류하는 방식이다. 마지막으로 랜덤 포레스트는 다양한 텍스트를 바탕으로 특정 단어가 나타났을 때 해당 기사가 긍정인지 부정인지 확률을 계산함으로써 예측하는 방법이다.

이러한 다양한 방법 가운데 나이브 베이지안의 경우 가장 간단할 뿐만 아니라 계산에 비하여 상대적으로 예측이 높게 나타나기 때문에 많이 이용된다. 최근의 텍스트 마이닝은 여러 가지 기법을 통하여 예측된 결과를 비교함으로써 보다 우수한 감성 분류기sentiment classifier를 선택하는 경향이 있다. 이에 본 연구에서는 가장 널리 사용되는 감성 분류기법인 나이브 베이지안과 서포트 벡터 머신을 적용하여 전체 기사의 특성을 살펴보았다.

3) 절차 및 결과

감성분석 절차는 크게 세 단계로 구분된다. 첫째는 전체 데이터에서 샘플링을 추출한 다음 각각의 기사를 두 명의 코더가 분류함으로써 학습하는 과정이다. 본 연구에서는 전체 기사 30,712건의 약 10%인 3,000건의 기사를 랜덤 추출한 다음 각 기사의 감성을 긍정과 부정이라는 두 가지 방향으로 분류하였다. 일반적으로 기사는 크게 긍정과 중립 그리고 부정이라는 세 가지 방향성을 가지고 있으나 다양한 선행연구들에서 드러나듯이 단순 정보제공을 목적으로 하는 중립형 기사와 긍정형 기사가 명확하게 구분되지 않는 경우가 많다(성연신 외, 2001; 사공원 외, 2016). 따라서 본 연구에서는 전체 3만여 건의 기사 가운데 3,000건의 기사를 임의추출 방식으로 추출한 다음 2명의 코더가 긍정과 부정이라는 두 가지 기준에 의거하여 분류하였다. 둘째는 코딩된 3,000개의 기사를 나이브 베이지안 방법과 서포트 벡터 머신 등 두 가지 방법으로 훈련train하고 검증validate하는 절차를 거친다. 나이브 베이지안의 경우 R의 e1071 라이브러리를 사용하였으며 서포트 벡터 머신의 경우 Rtextools 라이브러리를 활용하였다. 이때 전체 3,000개의 기사 가운데 앞부분에 위치한 2,000개의 기사를 트레이닝 세트로 설정하여 학습한 다음 뒤쪽에 위치한 1,000개의 기사에 적용함으로써 실제 정확도가 얼마나 되는지 평가하였다. 마지막으로 세 번째는 평가 결과 우수하다고 판단되는 분류기를 기준으로 전체 3만여 개의 데이터에 적용함으로써 전체 기사에 대한 감성분류를 실시하였다.

감성분석에 대한 평가 결과는 confusion matrix로 나타낼 수 있다. 평가 결과 나이브 베이지안 모델의 경우 전체 1,000개의 테스트 세트 기사 가운데 긍정에 대한 정확도가 28%(360개 기사 가운데 100개만 정확하게 예측), 부정에 대한 정확도가

〈표 4-37〉 모델 성능 평가(confusion matrix)

나이브 베이지안

		실제		
	구분	긍정	부정	합계
예측	긍정	100	95	195
	부정	260	545	805
	합계	360 (28%)	640 (85%)	1,000
	정확도	56%		

서포트 벡터 머신

		실제		
	구분	긍정	부정	합계
예측	긍정	257	103	360
	부정	103	537	640
	합계	360 (71%)	640 (83%)	1,000
	정확도	77%		

85%(640개 기사 가운데 545개 정확하게 예측)로 전체 기사에 대한 긍·부정 분류 정확도는 56%에 불과하였다. 한편 서포트 벡터 머신의 경우 긍정에 대한 정확도가 71%, 부정에 대한 정확도가 83%로 나타나 전체 긍·부정 분류에 대한 종합 정확도가 77%로 나타났다. 따라서 나이브 베이지안 분류방법에 비하여 서포트 벡터 머신을 활용한 분류방법이 보다 정확하게 나타나고 있어 전체 데이터에 대한 분류는 서포트 벡터 머신 방법을 적용하였다.

4) 분석

(1) 시기별 감성 변화

각 기수별로 긍정과 부정 기사의 분포를 보면 전체적으로 긍정 기사는 증가하는 추세를 보이는 반면 부정 기사는 감소하는 것으로 나타났다. 1기의 경우 긍정 기사는 29.4%에 불과하였으나 시간의 경과에 따라 증가하면서 5기에 이르게 되면 37.9%까지 증가하였다. 반면에 부정 기사는 1기에 70.7%를 차지하였으나 시간의 경과에 따라 감소하면서 5기에 이르게 되면 62.1%까지 낮아지는 모습을 보였다.

〈표 4-38〉 모델 기수별 긍·부정 비율의 변화 (단위: 건, %)

행 레이블	긍정(정보제공)	부정	합계
1기 (1970~1979)	22 (29.3)	53 (70.7)	75 (100)
2기 (1980~1989)	29 (27.9)	75 (72.1)	104 (100)
3기 (1990~1999)	520 (24.6)	1,595 (75.4)	2,115 (100)
4기 (2000~2009)	3,279 (33.9)	6,381 (66.1)	9,660 (100)
5기 (2010~2017)	7,109 (37.9)	11,649 (62.1)	18,758 (100)
합계	10,959 (35.7)	19,753 (64.3)	30,712 (100)

(2) 유형별 감성 변화

대기, 자연환경(물관리), 자원순환 그리고 생활환경 등 네 가지 유형에 따라서 긍정과 부정 비율을 살펴보았을 때 자연환경(물관리) 부문에 대한 긍정 비율이 가장 높은 것으로 나타났으며 그 뒤를 이어 대기와 생활환경 부문에 대한 긍정 비율이 높은 것으로 나타났다. 반면 자원순환의 경우 전체의 82.8%에 해당하는 기사가 부정적으로 나타나 다른 분야에 비하여 부정적 평가가 높은 것으로 나타났다.

개별 유형별로 시간에 따른 변화를 살펴보면 다음과 같다. 대기와 자연환경(물관리)의 경우 1~2기에서는 긍정과 부정 기사 모두 미미하였으나 3기부터 증가하

〈표 4-39〉 모델 유형별 긍·부정 비율의 변화 (단위: 건, %)

구 분	긍정형(정보제공형)	부정형	합계
대기	3,920 (34.6)	7,405 (65.4)	11,325 (100)
자연환경 (물관리)	4,389 (39.1)	6,840 (60.9)	11,229 (100)
자원순환	218 (17.2)	1,053 (82.8)	1,271 (100)
생활환경	2,432 (35.3)	4,455 (64.7)	6,887 (100)
합계	10,959 (35.7)	19,753 (64.3)	30,712 (100)

〈그림 4-20〉 대기, 자연환경(물관리) 기수별 긍·부정 기사의 변화 (단위: 건)

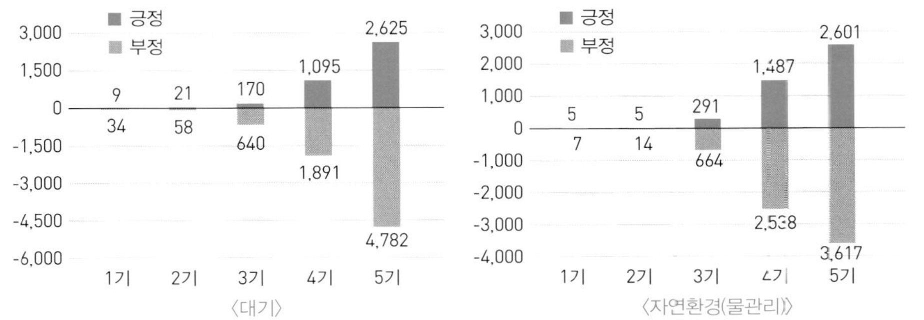

〈그림 4-21〉 생활환경, 자원순환 기수별 긍·부정 기사의 변화 (단위: 건)

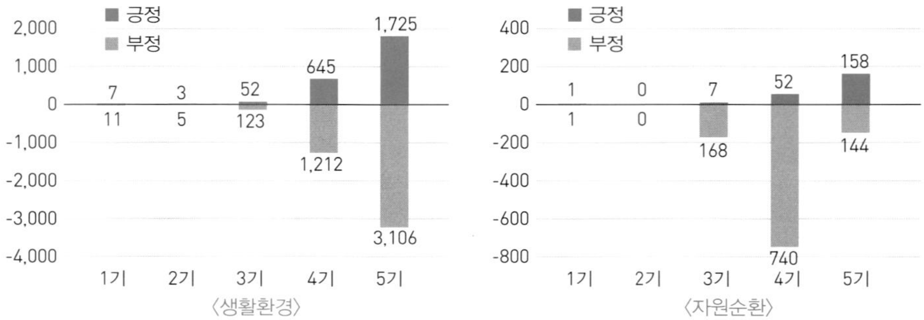

기 시작하여 5기에 급증하는 비슷한 패턴을 보이고 있다.

생활환경의 경우도 이전의 대기 및 자연환경(물관리)과 비슷한 패턴변화를 보여주고 있다. 한편 자원순환의 경우 대부분의 기사가 긍정보다는 부정에 편중된 모습을 보여주고 있다. 흥미로운 것은 부정적 기사가 4기에 해당하는 쓰레기 대란이 심각하였던 2000년대에 집중적으로 나타났다는 것이다. 반면 최근인 5기에는 상대적으로 기사의 발생량이 급격히 감소한 것으로 나타났다.

2000년대 이후 자원순환 관련 기사의 흐름

2000년에서 2009년 사이 자원순환 이슈는 폐기물 발생과 관련된 부정적 기사가 대부분을 차지하고 있다. 1990년대부터 시작된 쓰레기 처리문제는 2000년대에 들어서 심각한 사회문제로 부각되는 경향을 보였다. 2000년 10월 13일 동아일보의 「서울-인천-경기 자치단체 '쓰레기 대란' 비상」은 당시 김포매립지를 중심으로 한 쓰레기 사회 문제가 얼마나 심각하였는지 보여주고 있다. 이와 함께 1997년 체결된 교토의정서에 따라 지구온난화 방지를 위하여 쓰레기 줄이기 논의가 본격적으로 시작되면서 2000년대에는 한국 사회의 쓰레기에 대한 문제점을 지적하는 기사들이 많이 등장하였다. 하지만 2000년대 초반의 기사는 대부분 현재 상황의 문제점 지적에만 초점을 맞추고 있을 뿐 뚜렷한 대책을 제시하지는 못하였다. 이후 2000년대 중반과 후반에 들어서면서 폐기물 에너지화 정책이나 쓰레기 재활용 정책이 본격적으로 시작되면서 2010년대 이후에는 자원순환 문제가 쓰레기 문제를 넘어 재활용으로 이동되는 흐름을 보인다.

(3) 유형별 긍정·부정기사 내용 비교

연관어 네트워크 분석을 통하여 긍정 기사와 부정 기사의 내용을 살펴보면 명확하게 구분되는 모습을 보인다. 대기 기사 가운데 긍정형(또는 정보제공형) 기사는 '개선'이라는 단어를 중심으로 대기오염 문제, 자동차 매연 문제 그리고 악취문제 등 세 개의 카테고리로 세분화된 모습을 보이고 있다. 한편 대기 관련 부정형 기사는 '악취'와 '(오염물질) 배출'이라는 두 개의 축을 중심으로 논의가 구분되어 있는 모습을 보이고 있다.

자연환경(물관리) 기사 가운데 긍정형(또는 정보제공형) 기사는 '시설'이라는 단어를 중심으로 수질개선 문제와 하수종말처리 같은 세부적인 문제로 구분되는 형태를 보인다. 부정형 기사의 경우 하수종말 시설이나 폐기물 같이 처리 문제가 커다란 축을 이루고 있으며 다른 한편으로는 수도요금 같은 공공요금 인상에 관한 문제로 구분되어 나타나는 경향을 보인다.

〈그림 4-22〉 대기 긍·부정 기사의 네트워크

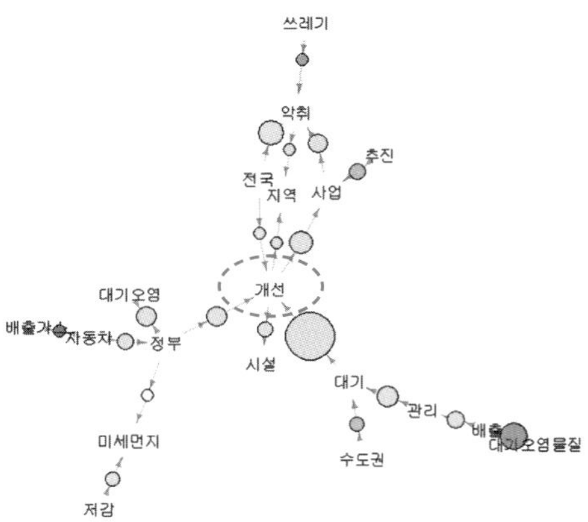

긍정(정보제공형): 대기오염 문제의 개선

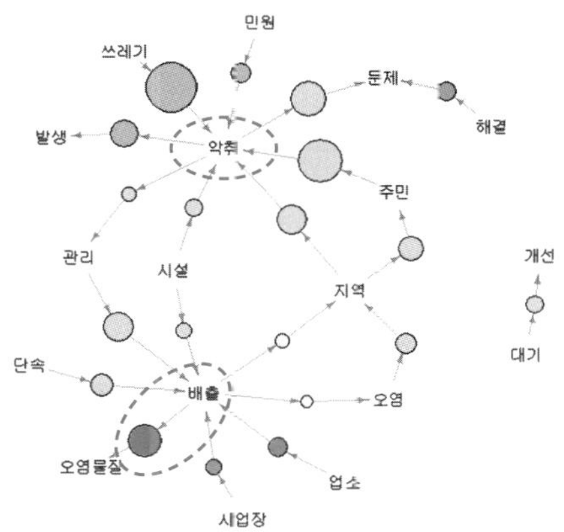

부정: 악취 및 오염물질 배출

〈표 4-40〉 대기 긍정 기사 규칙

rules	support	confidence	lift
{수질오염} => {총량}	0.022	0.680	13.740
{수계} => {총량}	0.027	0.586	11.833
{검사} => {자동차}	0.025	0.703	4.956
{자동차} => {배출가스}	0.028	0.196	4.895
{사업장} => {배출}	0.021	0.500	4.317
{쓰레기} => {악취}	0.028	0.736	4.160
{운행} => {자동차}	0.025	0.576	4.064
{전기} => {자동차}	0.024	0.536	3.781
{중앙} => {정부}	0.024	0.572	3.727
{대기오염물질} => {배출}	0.036	0.419	3.617
{총량} => {관리}	0.025	0.500	3.328
{전국} => {최초}	0.022	0.141	3.261
{수계} => {관리}	0.022	0.481	3.199
{시설} => {설치}	0.023	0.225	2.963
{추진} => {사업}	0.030	0.363	2.563
{수도권} => {대기}	0.029	0.383	2.491
{미세먼지} => {대책}	0.024	0.141	2.448
{저감} => {미세먼지}	0.029	0.368	2.164
{발생} => {악취}	0.023	0.360	2.032

〈표 4-41〉 대기 부정 기사 규칙

rules	support	confidence	lift
{배출, 업소} => {오염물질}	0.022	0.590	12.271
{배출, 오염물질} => {업소}	0.022	0.473	11.006
{오염물질} => {업소}	0.022	0.461	10.727
{쓰레기} => {음식물}	0.021	0.254	9.534
{매립지} => {수도권}	0.022	0.775	9.120
{검사} => {자동차}	0.023	0.682	6.528
{업소} => {단속}	0.022	0.519	6.468
{업소, 오염물질} => {배출}	0.022	1.000	5.606
{단체} => {시민}	0.022	0.374	5.556
{배출} => {오염물질}	0.047	0.263	5.464
{자동차} => {운행}	0.025	0.239	5.221
{업소} => {배출}	0.038	0.874	4.900
{해결} => {문제}	0.037	0.677	4.544
{경유} => {미세먼지}	0.023	0.537	4.385
{사업장} => {배출}	0.034	0.681	3.817
{적발} => {배출}	0.026	0.612	3.431
{음식물} => {악취}	0.022	0.822	3.288
{배출} => {위반}	0.025	0.141	3.279
{먼지} => {발생}	0.021	0.332	3.251

〈그림 4-23〉 자연환경(물관리) 긍·부정 기사의 네트워크

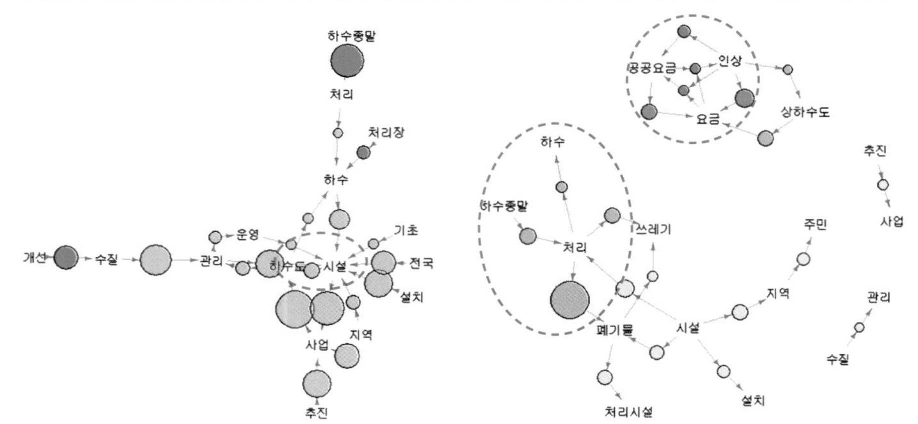

긍정(정보제공형): 시설 개선　　　부정: 하수처리 문제, 상하수도 요금

〈표 4-42〉 자연환경(물관리) 긍정 규칙

rules	support	conf.	lift
{보호} => {상수원}	0.024	0.486	9.355
{공사} => {수자원}	0.021	0.216	8.478
{최우수} => {평가}	0.026	0.713	8.123
{선정} => {최우수}	0.022	0.269	7.391
{자원} => {가축분뇨}	0.024	0.580	6.195
{단지} => {산업}	0.024	0.460	6.139
{처리장} => {하수}	0.044	0.864	6.138
{관리, 운영} => {평가}	0.022	0.513	5.851
{평가} => {우수}	0.026	0.294	5.751
{하수종말} => {처리}	0.060	0.820	5.583
{우수} => {선정}	0.023	0.455	5.552
{개선, 관리} => {수질}	0.021	0.811	5.359
{상수원 보호구역} => {규제}	0.021	0.267	5.118
{개선} => {수질}	0.053	0.700	4.627
{선정} => {평가}	0.033	0.403	4.592
{중앙} => {정부}	0.024	0.561	4.003
{운영, 평가} => {관리}	0.022	0.829	3.999
{수질} => {보전}	0.020	0.134	3.896
{공공} => {처리시설}	0.035	0.321	3.450

〈표 4-43〉 자연환경(물관리) 부정 규칙

rules	support	conf.	lift
{상하수도,인상} => {공공요금}	0.025	0.754	15.000
{요금, 인상} => {공공요금}	0.035	0.693	13.770
{기준} => {초과}	0.020	0.378	13.482
{공공요금, 상하수도, 요금} => {인상}	0.023	0.812	12.919
{공공요금, 요금} => {인상}	0.035	0.785	12.487
{인상} => {공공요금}	0.039	0.621	12.346
{공공요금, 상하수도, 인상} => {요금}	0.023	0.930	11.590
{상하수도, 요금} => {인상}	0.031	0.710	11.287
{공공요금} => {요금}	0.045	0.892	11.119
{물가} => {요금}	0.024	0.875	10.902
{봉투} => {쓰레기}	0.021	0.986	10.380
{인상} => {요금}	0.051	0.809	10.083
{버스} => {요금}	0.021	0.807	10.050
{보호} => {상수원}	0.030	0.562	8.719
{음식물} => {쓰레기}	0.029	0.696	7.329
{공공요금, 요금, 인상} => {상하수도}	0.023	0.664	7.140
{공공요금, 요금} => {상하수도}	0.029	0.642	6.901
{상하수도} => {공공요금}	0.032	0.340	6.753
{상하수도} => {요금}	0.044	0.476	5.936

자원순환 기사 역시 다른 유형의 기사들과 마찬가지로 긍정형의 기사와 부정형의 기사가 명확하게 구분된다. 긍정형의 기사는 '순환골재'와 '활용'이라는 단어가 중심에 위치하고 있으며 이를 중심으로 건설업체의 재활용 문제와 공공기관의 재활용 문제로 세분화되는 모습을 보인다. 부정형 기사의 경우 가장 중심에 위치하고 있는 폐기물이란 단어를 중심으로 대부분의 재활용 관련 단어가 밀집하는 모습을 보인다.

생활환경 기사 가운데 긍정형(정보제공형) 기사는 '다중이용 시설'이라는 단어를 중심으로 시설 안전관리 문제 등이 중심을 이루고 있는 모습을 보이고 있다. 반면 부정형 기사는 다중안전시설에 대한 안전관리 문제도 있지만 소음 문제에 보다 더 집중되어 있는 것으로 나타났다.

〈그림 4-24〉 자원순환 긍·부정 기사의 네트워크

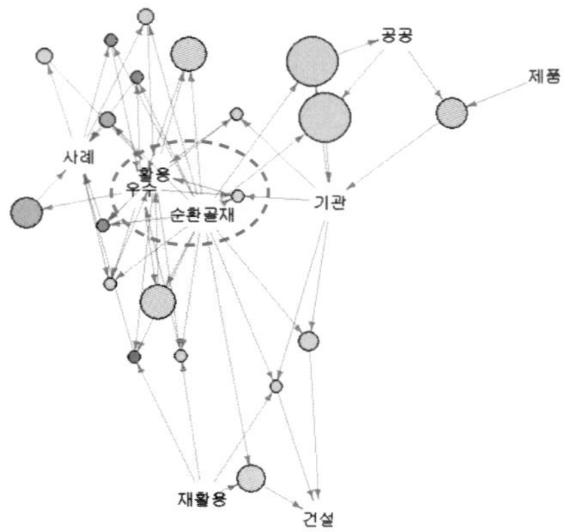

긍정(정보제공형): 순환골재 활용

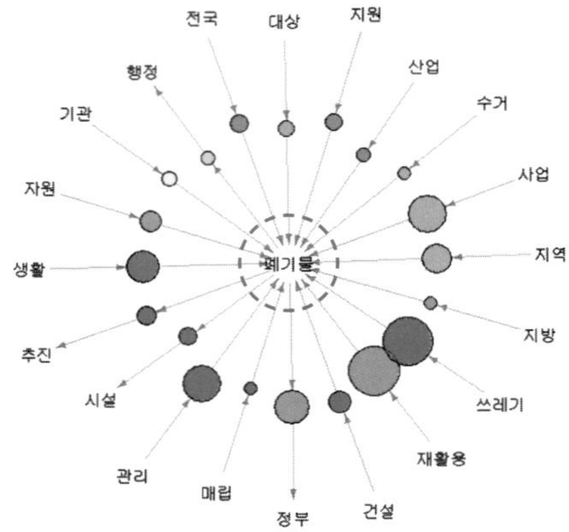

부정: 폐기물 문제

〈표 4-44〉 자원순환 긍정 기사 규칙

rules	support	conf.	lift
{순환골재, 재활용, 활용} => {사례}	0.151	0.917	5.124
{순환골재, 우수} => {사례}	0.151	0.846	4.730
{순환골재, 우수, 활용} => {사례}	0.151	0.846	4.730
{우수} => {사례}	0.174	0.776	4.335
{사례, 순환골재} => {우수}	0.151	0.971	4.318
{기관, 순환골재, 재활용} => {건설}	0.151	0.786	4.078
{순환골재, 재활용, 활용} => {우수}	0.151	0.917	4.078
{사례, 순환골재} => {활용}	0.156	1.000	3.964
{순환골재, 우수} => {활용}	0.179	1.000	3.964
{사례, 순환골재, 우수} => {활용}	0.151	1.000	3.964
{기관, 순환골재, 우수} => {활용}	0.151	1.000	3.964
{순환골재, 활용} => {사례}	0.156	0.708	3.959
{순환골재, 재활용} => {건설}	0.170	0.725	3.766
{기관, 우수} => {활용}	0.151	0.917	3.633
{순환골재, 활용} => {우수}	0.179	0.813	3.615
{기관, 순환골재} => {건설}	0.161	0.686	3.562
{기관, 순환골재, 재활용, 제품} => {공공}	0.151	0.892	3.535
{사례} => {활용}	0.156	0.872	3.455
{사례, 우수} => {활용}	0.151	0.868	3.442

〈표 4-45〉 자원순환 부정 기사 규칙

rules	support	conf.	lift
{소각} => {폐기물}	0.061	1.000	1.131
{폐기물} => {추진}	0.097	0.110	1.120
{매립} => {폐기물}	0.077	0.988	1.117
{에너지} => {폐기물}	0.070	0.987	1.116
{생활} => {폐기물}	0.137	0.980	1.108
{폐기물} => {시설}	0.092	0.104	1.097
{주민} => {폐기물}	0.074	0.963	1.089
{관리} => {폐기물}	0.150	0.958	1.083
{산업} => {폐기물}	0.081	0.955	1.080
{관련} => {폐기물}	0.066	0.946	1.070
{건설} => {폐기물}	0.104	0.940	1.063
{지원} => {폐기물}	0.089	0.940	1.063
{쓰레기} => {폐기물}	0.189	0.939	1.062
{전국} => {폐기물}	0.092	0.933	1.055
{개발} => {폐기물}	0.075	0.929	1.051
{지역} => {폐기물}	0.127	0.912	1.031
{지방} => {폐기물}	0.076	0.909	1.028
{자원} => {폐기물}	0.103	0.900	1.018
{사업} => {폐기물}	0.150	0.898	1.015

〈그림 4-25〉 생활환경 긍·부정 기사의 네트워크

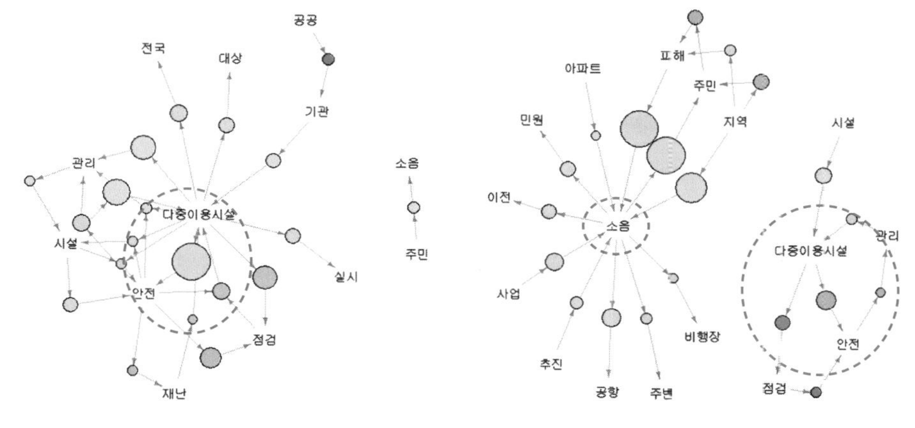

긍정(정보제공형): 다중이용시설 안전점검

부정: 소음, 다중이용시설 안전관리

〈표 4-46〉 생활환경 긍정 기사 규칙

rules	support	conf.	lift
{사회} => {복지}	0.020	0.527	9.353
{주택} => {공동}	0.032	0.467	8.284
{다중이용시설, 실시, 안전} => {점검}	0.020	0.681	6.085
{복지} => {보건}	0.020	0.358	5.028
{지진} => {진동}	0.036	0.870	5.014
{공공} => {기관}	0.049	0.580	4.828
{관리, 다중이용시설, 안전} => {점검}	0.025	0.530	4.743
{다중이용시설, 시설, 안전} => {점검}	0.023	0.518	4.633
{점검} => {특별}	0.021	0.188	4.427
{기관, 다중이용시설} => {공공}	0.022	0.371	4.354
{시설, 안전} => {점검}	0.028	0.476	4.252
{점검} => {대비}	0.021	0.188	4.145
{다중이용시설, 안전} => {재난}	0.033	0.258	4.048
{안전, 재난} => {점검}	0.020	0.441	3.947
{다중이용시설, 재난} => {안전}	0.033	0.786	3.817
{다중이용시설, 실시} => {점검}	0.025	0.416	3.720
{다중이용시설, 사고} => {안전}	0.021	0.761	3.695
{다중이용시설, 시설, 점검} => {안전}	0.023	0.750	3.641
{관리, 점검} => {안전}	0.029	0.740	3.590

〈표 4-47〉 생활환경 부정 기사 규칙

rules	support	conf.	lift
{소음, 이전} => {비행장}	0.026	0.448	10.903
{이전} => {비행장}	0.026	0.416	10.136
{공항, 소음, 피해} => {이전}	0.020	0.634	10.048
{보건} => {센터}	0.024	0.399	9.562
{소음, 이전, 피해} => {공항}	0.020	0.652	8.621
{소음, 이전} => {공항}	0.033	0.575	7.605
{공항} => {이전}	0.033	0.442	7.010
{다중이용시설, 안전} => {점검}	0.037	0.503	6.243
{기관} => {공공}	0.025	0.282	5.586
{진동} => {지진}	0.024	0.141	5.197
{실시} => {점검}	0.020	0.407	5.054
{해결} => {문제}	0.024	0.574	4.769
{다중이용시설, 점검} => {안전}	0.037	0.613	4.573
{마련} => {대책}	0.021	0.440	4.515
{보상} => {피해}	0.021	0.764	4.332
{단체} => {시민}	0.022	0.393	4.317
{점검} => {안전}	0.045	0.554	4.136
{관리, 다중이용시설} => {안전}	0.025	0.544	4.057
{시민} => {보건}	0.021	0.234	3.964

이렇듯 연관분석을 통하여 긍정(정보제공형) 기사와 부정 기사를 구분하여 보았을 때 그 중심에 위치하고 있는 논의가 뚜렷하게 대비되는 모습을 보였다. 이 가운데 특히 주목할만한 부분은 부정 기사이다. 대기의 경우 악취와 오염물질 배출에 관한 논의가 가장 중심에 위치하였으며, 자연환경(물관리)의 경우 하수처리 문제와 함께 의외로 상하수도 요금 문제 역시 많이 논의되는 모습을 보였다. 자원순환의 경우 다양한 유형의 폐기물과 관련된 논의가 중심을 이루었으며 생활환경의 경우 소음과 함께 다중이용시설의 안전 문제를 부정적 기사에서 많이 다룬 것으로 나타났다.

〈표 4-48〉 연관분석 결과 논의의 중심에 위치하고 있는 단어

구 분	긍정(정보제공형)	부정
대기	개선	악취, (오염물질) 배출
자연환경(물관리)	시설	하수처리, 상하수도 요금
자원순환	순환골재, 활용	폐기물
생활환경	다중이용시설	소음, 다중이용시설

5) 기사의 긍정 및 부정 기준 산정

본 연구에서 살펴본 환경 관련 기사가 네이버 전체 뉴스에 비하여 얼마나 부정적인지 살펴보기 위하여 2005년부터 2016년까지 전체 네이버 뉴스 자료를 수집하고 이 가운데 일부분을 임의 추출random sampling한 다음 서포트 벡터 머신svm을 통하여 비교하였다. 네이버 뉴스 스탠드는 2005년부터 현재까지 포털에 등록되어 있는 기사를 데이터베이스화해 놓았으며 전체 자료수집 결과 2005년부터 현

〈표 4-49〉 네이버 전체 뉴스기사 건수 (단위: 만 건)

연도	2005	2006	2007	2008	2009	2010	합계
건수	26	42	70	98	112	115	1,380
연도	2011	2012	2013	2014	2015	2016	
건수	129	126	143	158	182	180	

자료: 네이버 뉴스(2005~2016), news.naver.com

재까지 네이버 뉴스 스탠드에 등록된 전체 기사 수는 약 1,380만 건이다.

네이버 전체 기사 1,380만 건 가운데 각 월별로 30건의 기사를 무작위 추출하여 4,320건의 기사를 선정한 다음 이를 대상으로 네이버 전체 기사의 긍정과 부정이 어떻게 분포되었는지 살펴보았다.

$$30건/월 \times 12개월 \times 12년 = 4,320건$$

무작위 추출한 4,320건의 기사를 대상으로 기계학습machine learning을 위하여 임의로 500개의 기사를 추출한 다음 서포트 벡터 머신 알고리즘을 활용하여 트레이닝(훈련) 세트 400, 테스트(검증) 세트 100으로 학습시켰다. 학습 결과 긍정에 대한 정확도 62.5%, 부정에 대한 정확도 76.9%로 전체 테스트 세트 100건에 대한 긍·부정 정확도는 69.7%로 나타났다.

〈표 4-50〉 네이버 전체 기사 대상 SVM 모델 성능 평가

		실제		
	구분	긍정	부정	합계
예측	긍정	30	12	42
	부정	18	40	58
	합계	48 (62.5%)	52 (76.9%)	100 (69.7%)

분류 정확도 69.7%의 서포트 벡터 머신svm 분류기를 기준으로 네이버 전체 기사에서 추출한 데이터를 바탕으로 2005년에서부터 2016년까지 긍·부정을 분류한 결과는 다음과 같다.

분류 결과 전체 기사의 긍정은 54.3%이며 부정은 45.7%로 나타나 긍정 기사가 조금 더 많은 것으로 나타났다. 분야 및 분류 정확도의 차이로 네이버 전체 기사와 환경 기사를 구분하기 어렵지만 흥미로운 부분은 환경 기사가 상대적으로 부정적 기사의 비율이 높음을 의미한다.

시간에 따라 긍·부정 비율의 변화 역시 정확한 비교는 어렵지만 전반적인 흐름

을 살펴보면 네이버 전체 기사는 긍정 비율이 감소하고 부정 비율이 증가하는데 비하여 환경기사의 경우 긍정 비율이 증가하고 부정 비율이 감소하는 반대적 현상을 보이고 있다.

〈표 4-51〉 네이버 전체 기사 긍·부정 SVM 분석 결과(2005~2016년) (단위: 건, %)

연도	긍정	부정	합계
2005	203(56.4)	157(43.6)	360(100)
2006	230(63.9)	130(36.1)	360(100)
2007	239(66.4)	121(33.6)	360(100)
2008	204(56.7)	156(43.3)	360(100)
2009	208(57.8)	152(42.2)	360(100)
2010	208(57.8)	152(42.2)	360(100)
2011	187(51.9)	173(48.1)	360(100)
2012	157(43.6)	203(56.4)	360(100)
2013	144(40.0)	216(60.0)	360(100)
2014	190(52.8)	170(47.2)	360(100)
2015	186(51.7)	174(48.3)	360(100)
2016	188(52.2)	172(47.8)	360(100)
합계	2,344(54.3)	1,976(45.7)	4,320(100)

자료: 네이버 뉴스(2005~2016), news.naver.com

〈표 4-52〉 전체 기사와 환경사무 기사의 긍·부정 비교 (단위: %)

구분	긍정	부정
네이버 전체 기사	54.3	45.7
환경사무 기사	35.7	64.3

자료: 네이버 뉴스(1970~2017), news.naver.com

〈표 4-53〉 시간에 따른 기사의 긍·부정 변화 (단위: %)

구분	긍정	부정
네이버 전체 기사 (2005~2016)	56.4 → 52.2	43.6 → 47.8
환경사무 기사 (1970~2017)	29.3 → 37.9	70.7 → 62.1

자료: 네이버 뉴스(1970~2017), news.naver.com

따라서 일반적으로 네이버 전체 기사와 환경 기사의 긍정, 부정 비율이나 시간에 따른 흐름은 전체적으로 반대적 현상으로 나아가고 있는 것으로 보인다. 이는 한국 사회의 발전과 변화로 인하여 환경에 대한 부정적인 인지는 감소하는데 반하여 반대로 사회 고도화로 인한 한국 사회의 전반적인 문제는 더욱 다양한 영역으로 확산·심화되고 있는 것으로 추정할 수 있다.

4. 빅데이터 분석 소결

본 장에서 환경분야 이양사무에 대한 빅데이터 분석은 대기, 자연환경, 환경보건 그리고 자원순환 이상 네 가지 매체를 대상으로 이루어졌다. 한국 사회가 어떠한 이양사무에 가장 관심을 가지고 있는지 살펴보고 시기에 따라 사회적 관심과 평가가 어떻게 달라져 왔는지 분석하여 보았으며 빅데이터 분석 결과를 정리하면 다음과 같다.

첫째, 대기, 자연환경, 환경보건 그리고 자원순환이라는 네 가지 매체 가운데 한국 사회가 가장 많은 관심을 기울이는 분야는 '대기'와 '자연환경'인 것으로 분석되었다. 환경보건이 그 뒤를 잇고 있으며 사회적 관심의 총량이라는 차원에서 보면 자원순환에 대한 관심이 가장 작은 것으로 나타났다. 세부적으로 '대기'와 관련된 이슈들은 악취 문제, 대기오염 문제, 미세먼지 문제 그리고 오염물질과 관련된 논의들이 많이 나타났으며, '자연환경'의 경우 하수도 문제와 수질 문제에 대한 관심이 가장 높은 것으로 나타났다.

둘째, 시간에 따라서 이슈들이 어떻게 달라졌는지 살펴본 결과 크게 이슈 지속형, 확장형 그리고 전환형 같은 세 가지 유형으로 구분되는 것으로 나타났다. 자연환경의 경우 1기에서부터 5기까지 수질 문제와 하수도 문제가 지속적으로 등장하고 있어 지속형으로 분류하였다. 대기의 경우 대기오염 문제에서 시작된 논의가 최근에는 미세먼지 문제로 확장되는 모습을 보였으며, 자원순환의 경우 단순

폐기물 처리 문제가 자원순환과 재활용이라는 분야로 이슈가 확장되는 모습을 보여 확장형으로 분류하였다. 마지막으로 환경보건의 경우 1기에는 단순히 물리적 개발과 관련된 논의들에 한정되었으나 시간이 지남에 따라 소음과 안전 같은 사회적 환경문제로 전환되는 모습을 보이고 있어 전환형으로 구분하였다.

셋째, 네 가지 매체에 대한 사회적 평가 결과 부정적 기사가 64.3%를 차지하고, 사무이양 대상 환경정책에 대하여 전체적으로 긍정보다는 부정적 평가가 높은 것으로 나타났다. 이때 주목해야 할 부분은 부정적 이슈이다. 대기의 경우 악취와 오염물질 배출이 크게 부각되었으며, 자연환경의 경우 하수처리 문제가 커다란 이슈로 나타나고 있다. 자원순환의 경우 폐기물 문제가 집중적으로 나타났으며 생활보건의 경우 소음과 다중이용시설 이슈에 대한 부정적 기사 비중이 높은 것으로 나타났다. 이러한 부정적 기사 비율 가운데 흥미로운 부분은 자원순환이다. 평균적으로 부정 기사의 비율이 60%대에 머무르고 있으나 자원순환의 경우에는 부정적 기사의 비율이 80%를 넘어서고 있어 다른 분야에 비하여 상대적으로 정책에 대한 인식이 부정적인 것으로 나타났다. 특히 2000년대 초반의 쓰레기·매립장 문제가 불거지면서 정책에 대한 부정적인 평가가 급증하였던 것으로 나타났다. 다만 2010년대 들어서면서 쓰레기 문제를 넘어 재활용 문제로 이슈가 전환되면서 현재 부정적 평가는 과거에 비하여 크게 감소하는 모습을 보였다. 물론 환경기사의 특성상 부정적인 이슈를 다룰 수밖에 없기 때문에 결과 해석에 있어서 네이버 전체 기사에 비하여 상대적으로 부정적 정도가 높게 나타난다는 특성을 감안할 필요가 있다.

본 장에서는 1970년부터 10년 단위로 환경사무 이양에 대한 사회적 평가를 빅데이터 분석을 통해 살펴보았다. 빅데이터 구축과정에서 관련 키워드는 해당 환경사무의 근거가 되는 법률을 토대로 선정되었기에 당시 사회적 이슈를 정확하게 반영하지는 못한 한계가 있음을 밝힌다.

제5장

환경정책 성과에 대한 전문가 인터뷰 및 공무원 설문조사

I

전문가 인터뷰 및 공무원 설문 개요

본 장에서는 환경정책 집행성과 제고방안 마련을 위한 설문분석 내용을 다루고 있다. 선행연구 부문에서 검토한 이론적 논의를 반영하여 환경정척의 성과평가와 중앙과 지방의 권한 배분 그리고 지방자치단체의 역량에 관한 이슈를 다룬다.

1. 환경정책 성과평가

환경정책의 성과를 평가하기 위한 다양한 지표가 개발되었다. 이 같은 지표들은 단지 환경상태를 확인하는 차원에 머무르지 않고 사회적이고 경제적인 문제와 함께 국제적 측면의 인식까지 반영하는 폭넓은 접근방법을 취하고 있다. OECD 국가들은 오래전부터 이러한 지표에 대한 중요성을 인식하고 1990년대 이후부터 다양한 변수의 환경지표를 지속적으로 발전시켜 왔다. OECD 환경지표의 경우 일반적인 기준이 제시되어 있지는 않고 OECD 회원국 상호 간의 협력과 합의로 구성되며 지표선정에 대한 상대적인 유연함을 보인다. 정책관련성, 사용자의 유용성, 분석적 건전성, 측정가능성으로 구성된 4가지 기준에 의하여 지표가 선정되며 핵심환경지표, 주요환경지표, 분야별 환경지표, 연계차단지표로 구성된다 (배수호 외, 2012).

이외에도 환경정책 성과평가의 좋은 예로서 환경성과지수Environmental Performance Index, EPI를 들 수 있다. EPI는 세계경제포럼World Economic Forum, WEF에서 발표된다. 상황과 여건이 서로 다른 국가들이 환경적으로 지속가능성을 담보하는 발전을 이루고 있는지에 대한 성과결과를 비교하는 지표이다(박순애 외, 2014). 또 다른 예로서 지속가능발전지표Sustainable Development Index, SDI를 들 수 있다. 이는 환경, 경제, 사회 요소들 중에서 대표적인 내용을 포함함으로써 현재뿐만 아니라 미래에까지 영향력을 행사할 수 있는 정보를 확정하여 앞으로도 지속가능발전에 대한 포괄적이고 통합적인 정보를 제공하는 기능을 한다.

이를 토대로 본 연구에서는 환경정책 성과평가에 관한 전문가 및 공무원 대상 설문의 내용을 다음과 같이 구성하였다.

〈표 5-1〉 환경정책 성과평가 설문 문항

공무원 설문 문항	• 귀하는 환경정책의 성과를 평가하는 데 있어 가장 핵심적인 기준이 어떠한 것이라고 생각하십니까? • 위에서 귀하가 답변한 가장 중요한 기준이 현행 성과평가에서 어느 정도로 반영되고 있다고 생각하십니까? • 현행 환경정책 성과평가가 지니고 있는 문제점은 무엇이라고 생각하십니까?
전문가 설문 문항	• 현행 환경정책 성과평가가 지니고 있는 문제점은 무엇이라고 생각하는지 귀하의 견해를 제시해 주십시오. • 문제점이라고 생각하시는 근거나 이유는 무엇입니까? • 환경정책의 집행 성과제고를 위하여 어떻게 개선·보완되어야 한다고 생각하는지 구체적인 의견을 주시기 바랍니다.

2. 중앙-지방정부 간의 권한 및 역할 분담

환경정책 성과평가에 있어서 중요한 이슈 중의 하나는 중앙과 지방의 기능과 권한 배분에 따른 집행성과라고 볼 수 있다. 중앙과 지방의 환경행정 기능과 권한에 대한 배분은 환경사무의 효과적 집행을 위해 중요하다. 이하에서는 관련 선행연구를 반영하여 관련된 설문 문항을 구성하도록 한다.

1) 환경분야 국정과제의 중앙-지방정부 역할분담

중앙정부와 지방정부의 역할이 어떠해야 하는지에 대한 논쟁은 오랜 역사를 가지고 있으며, 최근 환경분야에 대한 국민적 관심이 고조됨에 따라 국정과제에서 환경분야에 대한 관심이 상대적으로 커졌다. 이를 반영하여 본 설문분석에서는 환경분야 국정과제의 중앙과 지방정부 간 역할분담에 대한 설문내용을 다음과 같이 구성하였다.

〈표 5-2〉 환경분야 국정과제의 중앙-지방정부 역할 분담 설문 문항

구분	내용
공무원 설문 문항	• 지방이양을 위한 사무배분의 원칙에 따라 어느 주체가 환경과제를 집행하는 것이 효율적이고 바람직한지 체크하여 주십시오. • 다음은 환경사무의 지방이양에 관한 설문입니다. 지방이양을 위한 사무배분의 원칙에 따라 어느 주체가 환경사무를 집행하는 것이 효율적이고 바람직한지 환경사무 매체별로 체크하여 주십시오.
전문가 설문 문항	• 환경사무 집행에 있어 자치단체의 역량, 환경자원의 입지 고정적 특성, 지역 및 지리적 특수성 등과 같은 문제점의 이유로 중앙-지방정부 간의 권한배분의 모호성에 관한 논의가 지속되어 왔습니다. 아래의 표는 문재인 정부의 환경분야 국정과제에 대한 내용을 제시하고 있습니다. 각 과제의 중요성·시급성, 중앙-지방정부 역할 분담(정책기획, 집행, 재정부담, 감시·단속, 성과평가 등)에 대한 구체적인 의견을 주시기 바랍니다.

2) 환경사무 지방위임 및 이양효과

우리나라는 1993년부터 2017년 5월까지 385건의 환경사무를 중앙에서 지방으

〈표 5-3〉 환경분야의 광역 및 지역영향권 분류

구분	분류기준		지방자치단체 분류		구분 (관리·지도의 용이성)
	외부성, 광역성, 종합성	현지성, 대응성	광역자치단체	기초자치단체	
광역 영향권	• 대기환경 • 물환경 • 자연보전 • 환경정책 일반		• 대기환경 관련 환경사무 • 수질 및 수계 관리 환경사무	• 대기환경 관련 환경사무 • 수질 및 수계 관리 환경사무	×
지역 영향권		• 토양환경 • 자원순환 • 생활환경 및 환경보건	• 상하수도 관리사무	• 자원순환 및 자원 재활용 환경사무	○

자료: 박상철 외(2015), p. 160

로 이양하였다. 그럼에도 여전히 환경정책의 양적성장 대비 실질적 집행은 미흡하다는 의견과 이양된 권한의 집행력과 효율성에 대한 문제가 꾸준히 제기되고 있다. 이에 대해 환경분야의 영향권에 따라 관리주체가 합리적으로 결정되어야 한다는 주장은 설득력이 있다(〈표 5-3〉 참조).

이를 토대로 본 연구에서는 환경사무 지방위임 및 이양효과와 관련하여 다음과 같이 설문내용을 구성하였다.

〈표 5-4〉 환경사무 지방위임 및 이양 효과 설문 문항

구분	문항
공무원 설문 문항	• 중앙정부에서 지방정부로 각 환경사무가 위임 및 이양된 이후의 변화에 대하여 귀하의 생각과 일치하는 곳에 표시해 주십시오.
전문가 설문 문항	• 「환경정책기본법」에 근거하여 지방자치단체는 환경계획의 수립·환경규제의 단속의 업무를 담당하고 있으며 이는 산업이 밀집된 산업단지 또는 공단 내의 환경오염물질 배출업체에 대한 관리나 환경개선을 위한 부담금의 부과징수와 같은 업무를 포함하고 있습니다. 배출업소 지도 및 점검 권한이 지방자치단체로 이양된 이후, 환경오염에 대한 검사와 단속이 좀 더 확실하게 이루어진다고 생각하십니까? • 환경사무의 지방위임 및 이양 효과에 대한 질문입니다. 지역의 상황을 고려하여 행정의 효율성을 증가시킨다는 목적으로 지난 1993년부터 2017년 5월까지 385건의 환경사무가 이양되었습니다. 하지만 환경정책의 양적 성장 대비 실질적 집행은 미흡하다는 의견과 이양된 권한의 집행력과 효율성에 대한 문제가 꾸준히 제기되고 있습니다. 이에 관하여 중앙정부에서 지방정부로 환경사무가 위임 및 이양된 이후의 변화에 대하여 귀하의 의견을 주시기 바랍니다.

3) 중앙정부의 역할

중앙정부와 지방정부 간에 환경오염에 대한 감시와 단속기능은 위임과 회수가 반복되었다. 이는 어느 관리주체의 해당 환경사무를 수행하는 것이 효율적이라는 것에 대한 합의형성이 되지 않았기 때문이다. 환경사무를 주관하는 중앙정부와 이를 집행하는 지방정부 사이의 명확한 업무영역이 어떻게 형성되는 것이 바람직한지를 파악하는 것이 중요하다. 이를 위해 본 연구에서는 기존연구를 토대로 환경사무에 관한 중앙정부의 역할과 관련하여 다음과 같이 설문을 구성하였다.

〈표 5-5〉 중앙정부의 역할 설문 문항

구분	문항
공무원 설문 문항	• 오염물질 배출업소에 대한 중앙정부 차원의 특별 단속과 관리가 필요하다고 생각하십니까? • 중앙정부 차원의 오염물질 배출업소의 특별 단속과 관리가 필요하다고 답하셨다면, 그 이유는 무엇이라고 생각하십니까? • 중앙정부의 특별 감시·단속을 강화하기 위한 다음 요인들이 얼마나 효과가 있다고 생각하십니까?
전문가 설문 문항	• 환경사무를 주관하는 중앙정부(환경부와 지방환경청, 유역환경청, 대기환경청)가 환경규제 및 관리에 관한 역할을 제대로 수행하고 있다고 생각하십니까?

4) 부분선점제도가 필요한 지방이양 사무

부분선점제도는 지방자치단체의 환경행정 역량을 살펴보고 평가하여 그 의지를 반영하여 중앙정부가 가지고 있는 실질적인 행정권한을 이양하되, 지방자치단체의 사무수행능력을 평가하여 부적절하다고 판단되면 이양된 행정권한을 환원하게 하는 제도이다. 부분선점제도를 도입함으로써 중앙정부에게 조정권한이 부여되어 정책집행의 효과성을 높일 수 있으며, 중앙과 지방 간의 권한 배분을 보다 합리화할 수 있다. 본 연구에서는 부분선점제도가 우리나라에서 정책적으로 시행될 수 있는지에 대한 가능성 검토를 위해 다음과 같이 설문 문항을 구성하였다.

〈표 5-6〉 부분선점제도가 필요한 지방이양 사무 설문 문항

구분	문항
공무원 설문 문항	• 부분선점제도가 가장 필요한 지방이양 사무가 무엇인지 해당하는 항목에 체크하여 주십시오.
전문가 설문 문항	• 부분선점제도가 우리나라에 도입되는 것이 바람직하다고 생각하십니까? 부분선점제도가 가장 필요한 사무는 무엇이라고 생각하십니까?

5) 중앙정부와 지자체 간의 협력방안

환경문제를 해결하기 위한 중앙정부와 지방정부 간의 협력은 매우 중요하기 때문에 이를 위한 협력적 거버넌스 구축은 필수적이다. 본 연구의 설문에서는 다양한 차원의 협력적 거버넌스 모델을 제시하고 이들에 대한 적절한 평가와 방향을 제시하고자 하였다. 이를 위해 본 설문에서는 선행연구를 토대로 중앙정부와 지방정부 간 협력방안에 대한 다음과 같은 설문을 구성하였다.

〈표 5-7〉 중앙정부와 지자체 간의 협력 방안 설문 문항

구분	문항
공무원 설문 문항	• 이양된 환경사무 처리 시, 중앙정부의 사후적인 관리 차원에서 다음의 사항에 대해 중앙정부의 지원이 어느 수준까지 이루어져야 한다고 생각하십니까? • 환경사무 처리를 위한 중앙-지방 간 협력적 규제 거버넌스가 구축되기 어려운 이유는 무엇이라고 생각하십니까? • 귀하는 성공적인 환경사무 처리를 위해서는 중앙-지방 간 협력 메커니즘으로는 어떤 형태가 적절하다고 생각하십니까?
전문가 설문 문항	• 성공적인 환경사무 처리를 위해서는 어떤 형태의 중앙-지방 간 협력체계나 거버넌스가 적절하다고 생각하십니까? 그 이유는 무엇입니까?

3. 지방자치단체의 역량

환경사무를 집행하는 지방자치단체의 역량은 환경정책의 성과평가에 있어서 중요한 기능을 한다. 지방자치단체의 역량을 구성하는 요소들은 다양하겠으나 본 연구에서는 환경사무와 관련된 지방자치단체의 역량을 살펴보기 위해 지방자치단체의 독립성, 업무권한, 지자체 주요사무 중 환경사무의 비중, 지자체 연간예

〈표 5-8〉 지방자치단체의 역량 설문 문항

구분	문항
공무원 설문 문항	• 종합적으로 볼 때, 지방자치단체 환경사무를 담당하는 조직의 역량을 어떻게 평가하십니까? • 지자체의 배출업소의 지도, 감시, 단속업무에 대한 질문입니다. • 지자체에 의한 오염물질 배출업소의 위반업체 적발률과 고발비율이 상대적으로 낮다고 생각하십니까? • 지자체에 의한 오염물질 배출업소의 위반업체 적발률과 고발비율이 상대적으로 낮다고 생각하신다면, 다음 중 그 중요한 이유는 무엇이라고 생각하십니까? • 지자체의 정기 감시·단속을 강화하기 위한 다음 요인들이 얼마나 효과가 있다고 생각하십니까?
전문가 설문 문항	• 지방자치단체의 환경사무 담당 조직과 업무에 있어 독립성, 업무권한, 예산 및 담당인력 등 부문별로 역량수준이 충분한지 평가해 주세요. • 523건의 지방이양 대상 환경사무 중 385(73.6%)가 이양 완료되었고, 13개(2.5%)가 국가로 다시 환수되었으며 125개(23.9%)가 아직 미이양되었습니다. 이 중 물환경 관련 사무가 38.3%(203개)를 차지하며 대기(15.9%, 83개), 자연보전(10.7%, 56개)이 뒤를 잇고 있습니다. 분야별 이양사무에 차이가 나는 이유가 무엇이라고 생각하십니까? 지방자치단체 조직역량의 차이가 환경사무의 분야(대기, 자연환경, 생활환경, 자원순환)별 이양률에 영향을 미쳤다고 생각하십니까?

산 중 환경사무 예산의 비중, 지자체 전체 공무원 인력 중 환경사구 담당 인원의 비중을 주요 변수로 사용하였다. 선행연구를 토대로 작성된 지방자치단체의 역량과 관련한 본 설문의 내용구성은 〈표 5-8〉과 같다.

II

전문가 의견

1. 전문가 인터뷰 개요

본 연구는 환경정책, 지방자치, 거버넌스 등 관련 분야의 전문가 20명을 대상으로 2017년 11월 집단 심층 인터뷰Focus Group Interview, FGI를 실시하여 환경정책

〈표 5-9〉 전문가 인터뷰 대상자

번호	소속	직함	전공분야
1	○○대학교	교수	환경정책
2	○○대학교	교수	환경정책 성과평가
3	○○대학교	교수	환경정책
4	○○대학교	교수	환경계획
5	○○대학교	교수	지속가능발전
6	○○대학교	교수	지방행정
7	○○대학교	교수	환경정책
8	○○대학교	교수	지방 거버넌스
9	○○대학교	겸임교수	환경경영
10	○○○ 연구원	연구위원	환경정책이양
11	○○○ 연구원	연구위원	환경정책평가
12	○○○ 연구원	연구위원	환경정책평가
13	○○○ 연구소	소장	지속가능한 발전
14	시민단체 ○○○○	사무총장	환경오염 피해구제
15	○○부	국장	환경정책
16	○○부	과장	물환경정책
17	○○광역시 ○○구청	주무관	오염물질배출사업장 지도단속
18	○○○○도 도청	계장	환경오염 관리
19	○○도 ○○시청	과장	수질오염 관리
20	○○도 ○○시청	계장	폐기물 관리

성과의 현황 및 진단, 개선방안 등에 대한 의견을 취합, 분석하였다. 〈표 5-9〉는 는 본 FGI 대상인 20명 전문가의 소속 및 전문분야에 대한 정보를 요약하고 있다.

2. 전문가 인터뷰 분석 결과

총 6가지 이슈(① 현행 환경정책 성과평가 제도의 실효성, ② 중앙-지방정부 간의 바람직한 권한 및 역할분담, ③ 환경사무의 지방위임 및 이양 효과, ④ 지방자치단체의 역량 진단, ⑤ 바람직한 중앙-지방 거버넌스의 형태, ⑥ 부분선점제도 도입에 대한 인식)에 대한 인터뷰 분석 결과는 다음과 같다.

1) 현행 환경정책 성과평가 제도의 실효성

현행 환경정책 성과평가 제도의 문제점에 대하여 전문가들은 평가대상과 지표 선정 시 환경정책의 업무 특성 및 집행 과정의 다양한 맥락적 요인들이 고려되지 않은 채 산출 위주의 단편적 정량지표 위주로 구성되는 것을 가장 큰 문제점으로 인식하고 있다. 또한 성과평가 지표가 최근 새롭게 대두된 환경적 이슈나 환경정의 및 환경 거버넌스의 성과 등은 고려하지 못하고 있으며, 평가의 전 과정에 있어 국민의 의견 반영이 미흡한 점도 문제라 지적한다. 평가결과가 실질적으로 정책과정에 반영되지 않는 등 환류가 미흡하다는 의견도 있다. 각 전둔가 집단별(교수 및 연구원, 시민단체 활동가, 중앙 및 지방 공무원) 의견은 〈표 5-10〉과 같이 정리된다.

이러한 문제점에 대한 해결방안으로 전문가들은 지표 설정 시 정책 분야 및 과제의 특성을 고려한 성과목표를 설정하고 이러한 성과의 달성 과정을 평가할 수 있는 지표를 설계해야 함을 강조한다. 산출만을 중심으로 하는 성과평가보다는 성과목표의 달성 및 근접 정도를 평가할 수 있도록 지표를 설정하고, 국가환경종합계획 등과 연계한 정성적 평가를 확대하며, 주민참여 및 환경 거버넌스의 성

〈표 5-10〉 현행 환경정책 성과평가 제도의 실효성

교수 및 연구원 집단
▸ 평가지표의 부적절성: 산출지표보다 투입지표가 다수임. 성과와 그 달성 과정의 인과관계가 논리적으로 분명하지 않음. 평가지표가 새로이 대두되는 환경문제(대기오염, 기후변화, 화학물질 등)를 민감하게 반영하지 못함. 중앙정부, 지자체, 지방청 등의 이해관계자들이 협력적으로 이룬 성과에 대해 평가하는 지표 미흡
▸ 평가결과 환류의 미흡: 평가결과가 실질적인 정책과정에 반영되지 않음
▸ 평가과정상의 국민 참여 미흡: 평가기준 설정 및 평가 시 국민의 의견이 반영되지 않아 실질적인 정책적 성과에 대한 체감도와 평가 결과가 유리됨
시민단체 활동가 집단
▸ 평가 대상 및 지표 선정 기준이 불명확
▸ 정량평가, 산출 중심의 평가로 인하여 정책 집행 과정에 대한 평가 미흡
▸ 환경정의와 관련한 평가항목 및 지표구성이 부적절
▸ 환경 거버넌스에 대한 평가 부재
중앙 및 지방 공무원 집단
▸ 업무분야별 난이도, 성과달성 및 평가의 용이도 등이 반영되지 않음
▸ 환경적으로 최근 이슈가 되는 분야(예를 들어, 실내공기질, 악취 등)가 평가 시 더욱 중요하게 다뤄져야 할 필요가 있음
▸ 각 지역의 고유한 환경적, 지형적, 재정적 특성을 고려한 정성평가가 미흡
▸ 지표 설정 시 국민의 의견 반영 미흡
▸ 성과평가 결과에 따른 환류 미흡

자료: 자체 전문가 인터뷰

과에 대한 지표를 추가적으로 고려할 필요가 있음을 역설한다. 국민 체감도와 유리되지 않는 성과평가가 이루어지기 위해서는 최근 민원이 많이 발생하여 대안이 필요한 환경분야를 성과평가 대상으로 포함시키고 국민환경인식조사를 평가과정에 도입하는 등 보다 적극적으로 국민의 의견을 성과평가 전 과정에서 반영해야 할 필요가 있음을 제안하고 있다.

2) 중앙-지방정부 간의 바람직한 권한 및 역할 분담

문재인 정부의 환경분야 4가지 국정과제(생활안전 강화, 미세먼지 개선, 지속가능한 국토환경 조성, 신기후체제 집행체계 구축)를 성공적으로 집행하기 위하여 중앙과 지방정부 간의 권한 및 역할분담이 어떻게 이루어져야 하는지에 대해서는 전문가들의 부분적인 공감대만 확인할 수 있었다. 소속 집단에 관계없이 전문가들은 미세먼지 개선과 지속가능한 국토환경 조성의 경우 중앙정부가 주도적으로 정책을 수립, 집행할 필요가 있음에 동의하고 있다. 하지만 생활안전 강화와 신기후체제 집행체계 구축과 관련하여 교수 및 연구원, 중앙정부 소속 공무원 집단과 시민단체, 지방정부 소속 공무원 집단 간의 차이가 존재하는 것으로 분석된다. 생활안전 강화의 경우 학계 전문가와 중앙정부 소속 공무원들은 화학물질, 먹거리 안전 등 사안에 관계없이 중앙정부가 강력한 권한을 가지는 것이 바람직하다고 인식하는 반

〈표 5-11〉 중앙-지방정부 간의 바람직한 권한 및 역할 분담

교수 및 연구원 집단
▸ 생활안전 강화: 화학물질 관리, 먹거리 안전 관리 등의 광역성을 고려했을 때 범국가적 정책을 수립하여 관리해야 할 필요가 있으므로, 중앙정부는 정책기획(위해성 평가체계 마련 등), 재정지원, 연구개발(유해물질 DB 구축 등), 성과평가를 담당하는 것이 바람직. 지방정부는 세부조례 제정을 통해 중앙정부가 수립한 정책을 실질적으로 집행하고 감시, 단속을 실시하는 것이 바람직. 단, 협력적 거버넌스의 체계하에서 역할과 권한의 분담이 이루어져야 할 것. ▸ 미세먼지 개선: 생활안전 강화와 마찬가지로 미세먼지 문제의 광역성으로 인하여 중앙정부가 정책기획, 연구개발, 성과평가를 담당하는 것이 바람직. 지방정부는 집행, 감시, 단속의 역할을 담당하는 것이 바람직. 단, 대기배출업소의 감시 및 단속에 있어서는 중앙과 지방의 협력적 거버넌스가 필요. ▸ 지속가능한 국토환경 조성: 중앙정부는 지속가능발전기본법, 공간환경계획 등 법·제도 마련 및 정비, 정책기획, 연구개발, 재정지원, 성과평가, 백두대간 및 4대강 등 감시단속을 담당하는 것이 바람직. 지방정부는 중앙정부와의 공조를 통해 집행, 감시, 단속을 담당하는 것이 바람직. ▸ 신기후체제 집행체계 구축: 중앙정부는 정책수립(배출권거래제도의 효과적 운영과 시장 활성화, 온실가스 감축 목표달성을 위한 지역별 할당 및 배출기준 강화 등), 국제적 협상, 연구개발, 정책홍보, 성과평가를 담당하는 것이 바람직. 지방정부는 지역의 특성을 고려한 구체적 실행계획을 수립하여 중앙정부의 정책을 집행하고 감시 및 단속을 시행하는 것이 바람직.
시민단체 활동가 집단
▸ 생활안전 강화: 화학물질 등의 관리에 있어서는 정책기획, 집행, 관리 전반에 걸쳐 중앙정부의 역할이 중요하나 먹거리 안전과 관련해서는 지역별 특성이 상이하므로 지방정부의 역할이 더 중요할 것. ▸ 미세먼지 개선, 지속가능한 국토환경 조성: 중앙정부는 정책적 의지를 표명하고 방향을 제시하는 역할을 담당하는 것이 바람직하고 지방정부는 이를 집행하는 것이 바람직. ▸ 신기후체제 집행체계 구축: 중앙정부가 정책수립 및 집행을 주도하되 지방정부 차원의 개별적인 정책적 노력이 필요.
중앙 및 지방 공무원 집단
▸ 생활안전 강화: 중앙정부가 정책의 기획 및 집행, 재정지원, 성과평가의 전반을 담당하고 지방정부는 관련 역량을 함양시켜 감시 및 단속 역할을 담당하는 것이 바람직. ▸ 미세먼지 개선, 지속가능한 국토환경 조성: 중앙정부가 정책기획과 재정지원을 담당하고 지방정부는 실질적인 집행, 감시, 단속을 담당하는 것이 바람직. 중앙정부의 역할이 더 큰 것이 바람직. ▸ 신기후체제 집행체계 구축: 중앙정부가 주된 역할을 담당하여 온실가스 감축 정책 등을 기획하여 집행하는 것이 바람직. 지방정부는 세부적인 정책을 수립하여 중앙정부를 보조하는 역할을 하는 것이 바람직.

자료: 자체 전문가 인터뷰

면, 시민단체와 지방정부 소속 공무원들은 먹거리 안전의 경우 지방정부의 권한과 역할이 더욱 확대되어야 할 필요가 있다고 주장한다. 신기후체제 집행체계 구축과 관련하여 학계 전문가와 중앙정부 소속 공무원들은 중앙정부가 정책의 큰 틀을 계획하고 법·제도를 정비하는 정도의 제한된 권한과 역할을 담당하는 것이 바람직하다고 생각하는 반면, 시민단체와 지방정부 소속 공무원들은 중앙정부가 전적으로 주도하되 지방정부는 이를 보조하는 역할을 담당하는 것이 바람직하다고 인식하고 있다. 세부적인 각 전문가 집단별 의견은 〈표 5-11〉과 같다.

3) 환경사무의 지방위임 및 이양 효과

환경사무의 지방위임 및 이양 효과에 대해서는 긍정적 시각과 부정적 시각이 모두 존재하나 부정적 시각이 보다 지배적이다. 긍정적인 의견을 지닌 전문가들은 지방위임 및 이양된 이후 각 지역의 환경 질이 개선되었고 지역별 특성과 상황을 고려한 정책 집행 및 감시·단속이 가능해졌다고 평가한다. 또한 아직 가시적이지는 않지만 장기적으로 지역별 환경정책의 차별화 및 고도화, 지방정부 환경행정 역량의 제고가 이루어질 가능성이 크다고 보고 있다.

반면, 부정적 의견을 지닌 전문가들은 위임·이양 이후 행정의 집행력과 효율성이 오히려 감소했다고 평한다. 그 이유로 중앙정부인 환경부가 지방정부의 집행률과 성과달성 여부를 체계적이고 엄격하게 관리하지 못하고, 위임·이양된 사무에 대해 여전히 실질적인 권한을 가지고 있어 지방정부의 역량을 강화시키지 못하고 있기 때문임을 꼽고 있다. 또한 지방정부 내 인적, 물적 자원이 부족하고 담당 공무원의 전문성이 부족한 등 정책집행 역량이 낮은 상태에서 효율적이고 효과성 높은 집행이 이루어지기 힘든 상태임을 지적하고 있다. 한편, 중앙정부 공무원들은 지방정부의 정치적, 온정적 행태에 가장 큰 문제가 존재한다고 인식하는 반면, 지방정부 공무원들은 위임·이양되는 사무 종류의 선별과 권한 및 역할 배분에 있어 중앙정부가 합리적이지 못하기 때문인 것으로 인식하고 있어 동일한 사안에 대해 중앙과 지방공무원의 시각 차이를 확인할 수 있다. 부정적 시각을 가지는 이유에 대한 구체적인 의견은 각 소속 집단별로 아래와 같이 정리된다.

〈표 5-12〉 환경사무의 지방위임 및 이양 효과

교수 및 연구원 집단
▸ 중앙정부가 지방정부의 집행 성과를 철저히 관리하지 못하고 있는 데 기인.
▸ 인력과 예산에 대한 지원이 수반되지 않은 채 위임·이양이 이루어짐. 중앙정부의 지원이 이루어진다 하더라도 지방정부 내에서 배정받은 인력과 예산을 다른 정책분야 집행에 배치하는 등 왜곡된 행태가 나타남
▸ 지방분권 강화라는 패러다임 하에서 지방역량에 대한 고려와 역량 배양 관련 제도 개편이 미비한 채 급진적으로 추진되었기 때문.
시민단체 활동가 집단
▸ 위임·이양된 사무를 처리하는 데 필요한 전문성 부족.
▸ 지방정부 내 위임·이양된 사무를 처리할 인력 및 예산 부족.
▸ 지역민과의 유착에 따른 효과성 저하.
중앙 및 지방 공무원 집단
▸ 중앙정부 공무원: 위임·이양된 사무를 처리하는 데 있어 정치적 영향(지방선거 등)을 크게 받고 위반행위를 온정적으로 처리하는 행태를 보이기 때문.
▸ 지방정부 공무원: 환경부나 지역청이 해결하기 힘든 환경적 사안을 지자체에게 위임·이양의 형식으로 떠넘겼기 때문. 환경부가 여전히 많은 권한을 가지고 있고 실질적인 위임·이양이 이루어지지 않았기 때문. 위임·이양된 사무에 대한 전문성이 적고 업무량이 증가하여 효율적 집행이 어려움.

자료: 자체 전문가 인터뷰

배출업소 지도 및 점검 권한이 지방자치단체로 이양된 이후 감시·단속이 보다 철저하게 이루어지고 있는지에 대하여 기초자치단체 소속 공무원을 제외한 모든 집단의 전문가들이 감시·단속의 빈도와 강도 측면 모두에서 완화된 것으로 인식하는 것으로 나타났다. 기초자치단체 소속 공무원들은 지역의 여건과 특성을 더 잘 파악하고 있는 지자체가 오히려 강화된 감시·단속을 실시하고 있다는 의견을 가지고 있었다. 각 집단별 구체적인 의견은 〈표 5-13〉과 같다.

한편, 중앙정부가 환경규제 및 관리에 관한 역할을 제대로 수행하고 있는지에 대해서는 부정적인 의견이 지배적으로 나타났다. 교수 및 연구자들은 중앙정부가 개입 근거가 미약하다는 이유로 지방정부가 집행하는 정책의 실질적 성과에 대해 무관심하고 지방이양 사무에 대한 성과평가 및 관리를 부실하게 실시하고 있다는 의견을 제시하였다. 시민단체 전문가들은 사회적으로 이슈화되고 여론이 집중되는 사안에 대해서만 중앙정부가 규제 및 관리를 강화하는 측면이 있어 정책의 일

〈표 5-13〉 환경사무 지방이양 후 단속 집행 성과

교수 및 연구원 집단
▸ 감시·단속이 완화된 것으로 인식(특히 화학물질, 수질 등의 분야). ▸ 이유: 감시·단속 인력의 부족, 순환보직에 따른 감시·단속 인력의 계속성 및 전문성 부족, 지자체장의 무관심, 환경보호 및 규제보다는 지역경제 성장 및 지역개발 정책 우선시에 따른 환경 부서의 재정 및 인력 부족, 지역민 및 기업과의 유착.
시민단체 활동가 집단
▸ 감시·단속이 완화된 것으로 인식. ▸ 이유: 지자체 내부에서 단속의 집행성과에 대한 평가 및 관리 미흡, 정부와 지역유지 간의 유착, 감시·단속 인력의 부족.
중앙 및 지방 공무원 집단
▸ 중앙 및 광역자치단체 소속 공무원: 감시·단속이 완화된 것으로 인식. 그 이유로 자체의 업무량 증가에 따른 과부하, 감시·단속 인력의 전문성 부족, 지방선거나 지역민과의 유탁에 의한 영향을 꼽음. ▸ 기초자치단체 소속 공무원의 경우 강화된 것으로 인식. 그 이유로 감시·단속 현장의 여건 및 지역 특성에 대한 높은 이해도, 감시·단속에 따른 즉각적 조치의 용이성, 우수한 성과평가를 받기 위한 집행성과 제고 노력을 꼽음.

자료: 자체 전문가 인터뷰

관성에 문제가 있음을 지적하였다. 공무원 집단 중 특히 기초자치단체 소속 공무원들은 중앙정부의 역할에 대해 부정적인 의견을 가지고 있었으며, 중앙정부가 각 시와 군의 현황을 제대로 파악하지 못한 채 규제 및 관리를 실시하기 때문이라는 이유를 들었다. 긍정적인 시각을 가지고 있는 소수의 전문가들은 중앙정부가 환경규제 및 관리를 통합관리체계로 전환하고 최적가용기법BAT 방안을 도입하는 등 적절한 역할을 수행하고 있다는 의견을 피력하였다. 하지만 통합관리체계 운영의 실효성을 보다 강화하기 위해서는 기술적이고 재정적인 지원을 보다 확대하여야 할 필요가 있음을 강조하였다.

4) 지방자치단체의 역량 진단

지방자치단체의 환경사무 담당 조직과 업무에 있어 독립성, 업무권한, 예산 및 인력 등 각 부문별 역량 수준에 대하여 전문가들은 지역마다 편차가 매우 크지만 일반적으로 독립성과 업무권한과 관련한 역량은 일정 수준 이상 갖춰져 있는 반면 예산과 인력의 측면에서 역량이 매우 부족한 현실이라는 점에 의견을 모았다.

다만 중앙정부에 의해 일정 수준 이상의 독립성과 권한이 지방정부에 주어지더라도 지역 내 정치적, 사회적 상황(지방선거 실시, 시의회에 의한 예산편성, 지역민과의 유착 정도 등)에 따라 정책집행의 현장에서 훼손되는 경우가 빈번하게 있음을 지적하였다. 각 소속 집단별 의견을 요약하면 아래와 같다.

〈표 5-14〉 지방자치단체의 역량

교수 및 연구원 집단
▸ 독립성: 중간 수준 이상 ▸ 업무권한: 중간 수준 이상 ▸ 예산 및 인력: 매우 낮은 수준
시민단체 활동가 집단
▸ 독립성: 중간 수준 ▸ 업무권한: 높은 수준 ▸ 예산 및 인력: 예산은 어느 정도 갖춰져 있으나 인력이 부족한 상태
중앙 및 지방 공무원 집단
▸ 독립성: 높은 수준 ▸ 업무권한: 적정한 수준 ▸ 예산 및 인력: 매우 낮은 수준

자료: 자체 전문가 인터뷰

일부 부문에 있어 지방정부의 역량이 미흡한 것으로 진단되는 바, 이러한 역량 부족이 환경사무 분야별 이양률에 영향을 미치는지에 대하여 전문가들의 의견을 구하였다. 전문가들은 지방분권의 확대와 같은 여타 정치적, 사회적 풍조나 환경사무 자체의 특성(외부성, 광역성 등)에 이양률이 크게 영향을 받기는 하지만 지방정부의 전문성과 관리 능력 등이 일정 부분 작용하고 있는 것으로 분석하고 있다. 가장 이양률이 높은 물환경이나 폐기물 관리 사무의 경우 지방정부가 이미 어느 정도의 독립성과 전문성을 갖추고 있기에 이양이 쉽게 이루어질 수 있다는 것이다. 반면 대기나 자연보전 관련 사무는 독립성 확보가 어렵고 지자체별로 역량의 차이가 크게 나타나 상대적으로 이양이 쉽게 이루어지지 못하는 것으로 분석하였다.

5) 바람직한 중앙-지방 거버넌스의 형태

성공적인 환경 사무처리를 위해 가장 바람직하다고 생각하는 중앙-지방간 거버넌스의 유형을 묻는 질문에 각 전문가 집단은 다섯 가지의 유형(① 중앙 및 지방 환경분쟁조정위원회 등의 현행 거버넌스, ② 중앙정부 부처와 개별 지방자치단체의 담당업무(자) 간 거버넌스, ③ 중앙정부와 지방자치단체장 간 거버넌스, ④ 행정협의조정위원회 등 기존 중앙-지방 조정제도의 확대를 통한 거버넌스, ⑤ 중앙-지방 간 종합적 환경 협의회를 통한 거버넌스) 중 각기 다른 형태의 거버넌스 체계를 우선 순위로 꼽았다. 먼저 교수 및 연구원 집단의 경우 바람직한 특정 형태를 논하기에 앞서 환경 사안의 광역성 등을 고려하여 각 환경 분야별로 적합한 거버넌스 형태가 상이할 수 있음을 주지해야 한다고 강조하였다. 모든 형태의 거버넌스가 각기 다른 장점을 가질 수 있음을 피력하며, 다양한 혼합 형태의 거버넌스를 창의적으로 구상하여 적용해 볼 필요성이 있다고 하였다. 시민단체 활동가 집단의 경우 현재 환경분쟁 및 갈등 조정 기능을 갖춘 거버넌스를 갖추는 것이 가장 시급하다는 판단 하에 중앙 및 지방 환경분쟁조정위원회 등

〈표 5-15〉 바람직한 중앙-지방 거버넌스의 형태

교수 및 연구원 집단
▸ 환경적 사안의 광역성 등을 고려하여 각 환경 분야별로 적합한 거버넌스 형태가 다를 수 있음을 주지해야 함. 대기권, 생물권 등 권역 중심의 거버넌스를 구성하는 방안과 다양한 혼합 형태를 구상해 볼 필요가 있음. ▸ ② 중앙정부 부처와 개별 지방자치단체의 담당업무(자) 간 거버넌스: 부서간 긴밀한 협조 가능. 특히 오염배출업체 단시·감속 사무의 경우 이러한 형태가 바람직. ▸ ③ 중앙정부와 지방자치단체장 간 거버넌스: 지자체장의 정책 집행 성과제고 의지를 강화시키는 형태. ▸ ④ 행정협의조정위원회 등 기존 중앙-지방 조정제도의 확대를 통한 거버넌스: 계획수립 및 목표설정을 효율적으로 이루어질 수 있게 하는 형태. ▸ ⑤ 중앙-지방 간 종합적 환경 협의회를 통한 거버넌스: 정부기관 간 협력체계를 넘어서 시민사회까지 광범위하게 결합되는 통합적 체계 구축 가능.
시민단체 활동가 집단
▸ ① 중앙 및 지방 환경분쟁조정위원회 등의 현행 거버넌스와 ④ 행정협의조정위원회 등 기존 중앙-지방 조정제도의 확대를 통한 거버넌스: 환경분쟁 및 갈등 조정 기능을 갖춘 거버넌스가 가장 필요함.
중앙 및 지방 공무원 집단
▸ ② 중앙정부 부처와 개별 지방자치단체의 담당업무(자) 간 거버넌스와 ③ 중앙정부와 지방자치단체장 간 거버넌스의 혼합 형태: 전문성과 실질적 집행력을 가진 담당업무(자) 간의 거버넌스가 가장 필요하며 기관장들 간의 거버넌스도 보완적으로 구성될 필요가 있음.

자료: 자체 전문가 인터뷰

의 현행 거버넌스와 행정협의조정위원회 등 기존 중앙-지방 조정제도의 확대를 통한 거버넌스가 가장 바람직하다는 의견을 제시하였다. 공무원 집단의 경우 정책을 실질적으로 집행하는 실무자 간의 협력체계가 가장 중요함을 강조하며 중앙정부 부처와 개별 지방자치단체의 담당업무(자) 간 거버넌스를 구성한 후 이를 보완하는 차원에서 중앙정부와 지방자치단체장 간 거버넌스를 구성하는 것이 바람직하다고 주장하였다. 각 전문가 집단별로 제시한 바람직한 거버넌스의 형태 및 구체적인 이유는 〈표 5-15〉에 요약되어 있다.

6) 부분선점제도 도입에 대한 인식

소속 집단에 관계없이 전문가들은 우리나라에 부분선점제도의 도입이 필요하다는 의견에 대체적으로 찬성하는 것으로 나타났다. 다만 기초자치단체 소속 공무원들 중 일부는 반대 의견을 제시하기도 하였는데, 현재는 중앙정부가 지방정부의 역량과 성과를 객관적이고 공정하게 평가할 수 있는 체계를 충분히 갖추지 못하였기 때문이라는 점을 그 이유로 꼽았다. 찬성하는 의견을 가지고 있는 전문가 중 일부도 우선적으로 중앙정부가 제도운영 역량을 갖추는 것을 전제로 찬성하는 것임을 강조하며 부분선점제도가 중앙정부의 일방적인 통제수단으로 작동하지 않도록 유의해야 한다고 언급하였다.

대기, 자연환경, 생활환경, 자원순환 분야의 사무 중 부분선점제도의 도입이 가장 필요한 환경사무가 무엇인지에 대한 질문에는 전문가 집단별로 의견에 차이가 존재하였다. 교수 및 연구원 집단과 시민단체 활동가 집단의 경우 대기와 자연환경 분야에 제도의 도입이 가장 필요한 것으로 인식하고 있었다. 공무원 집단의 경우, 중앙정부 및 광역자치단체 소속 공무원들은 대기환경과 환경보건 분야에 도입이 가장 시급하다고 응답한 반면, 기초자치단체 소속 공무원들은 자연환경과 자원순환 분야에 도입이 가장 시급하다고 응답하였다. 각 소속 집단별로 구체적인 의견은 〈표 5-16〉에 요약되어 있다.

〈표 5-16〉 부분선점제도 도입에 대한 인식

교수 및 연구원 집단
▸ 규제관련 업무(특히 대기 및 수질 규제)에 도입되는 것이 적절함. ▸ 지방정부의 역량과 의지가 충분하더라도 외부성과 광역성이 두드러지고 관리의 전문성이 요구되는 대기 및 자연환경 분야에는 도입되는 것이 적절함.
시민단체 활동가 집단
▸ 대기환경 개선, 상수원보호, 수질·수생태계 보호, 야생동식물 특별관리, 환경보건 관리에 있어서 제도 도입 필요. ▸ 특히 난개발 문제가 일정 기준 이상으로 심각한 지자체에게 부분선점제도를 도입할 필요가 있음.
중앙 및 지방 공무원 집단
▸ 중앙정부 및 광역자치단체: 대기환경, 환경보건 관리 분야가 가장 시급. ▸ 기초자치단체: 자연환경 보호, 폐기물 처리 분야가 가장 시급.

자료: 자체 전문가 인터뷰

3. 전문가 인터뷰 소결

교수, 연구원, 시민단체 활동가, 중앙 및 지방 공무원을 포함하여 전문가 20명을 대상으로 실시한 FGI 결과는 다음과 같이 요약할 수 있다.

첫째, 현행 환경정책 성과평가 제도의 운영과 관련하여 각 분야별 환경사무의 특수성과 난이도를 고려하지 못한 채 획일적인 성과평가 기준이 설정되어 있고 성과평가 전 과정에 있어 국민의 관심사와 의견을 적극적으로 반영하지 못하는 것이 가장 큰 문제점인 것으로 인식되고 있다. 전문가들은 보다 유연하고 다양한 성과목표 및 평가 기준의 설계와 보다 적극적인 결과 환류가 필요하며, 국민들이 성과평가 과정에서 배제되지 않도록 법제도적 정비가 필요함을 강조하고 있다.

둘째, 중앙-지방정부 간 바람직한 권한 및 역할분담과 관련하여 미세먼지 개선과 지속가능한 국토환경 조성 과제 수행의 경우 중앙정부가 지방정부보다 강력한 권한과 책임을 지니는 것이 바람직하다는 데 전문가들의 의견이 일치한다. 하지만 생활안전 강화, 신기후체제 집행체계 구축 과제에 있어서는 전문가의 시각에 따라 의견에 차이가 존재하고 있다.

셋째, 환경사무의 지방위임 및 이양의 효과와 관련하여 전문가들은 전반적으로 부정적인 의견을 가지고 있는 것으로 나타났다. 배출업소 지도 및 점검에 있어 감시·단속이 위임·이양 이전보다 완화된 경향이 있으며 이는 중앙정부가 위임·이양된 사무에 대하여 지방정부의 성과를 체계적으로 관리하고 있지 못하는데 일부 기인하는 것으로 분석하고 있다.

넷째, 위임·이양된 사무를 집행·집행하는 지방정부의 역량과 관련하여 전문가들은 지역마다 차이가 크게 존재하지만 일반적으로 높은 수준의 독립성과 업무권한을 지니고 있는 반면 예산과 인력의 측면에서 역량이 미흡한 것으로 분석하고 있다. 이처럼 지방정부가 지니는 재정 및 인적자원의 한계는 각 환경사무 분야별 이양률에 일정 부분 영향을 미치는 것으로 나타났다.

다섯째, 바람직한 중앙-지방 거버넌스의 형태에 관하여 각 전문가 소속 집단별로 다양한 의견이 제시되었으나, 환경적 사안의 외부성과 광역성 등을 고려하여 환경 분야별로 다양한 형태의 거버넌스가 조직되어 운영되어야 한다는 데 전문가들의 의견이 일치한다. 특히 최근, 전례 없이 새롭고 각 지역의 경계를 넘나드는 환경 문제들이 사회적으로 대두되고 있는 만큼 각 형태의 장점을 취하여 창의적으로 혼합한 형태의 거버넌스 체계 마련이 필요함을 언급하고 있다.

여섯째, 부분선점제도의 도입과 관련하여 대부분의 전문가들이 긍정적인 시각을 지니고 있는 것으로 나타났으며 특히 대기환경 분야에 있어서 도입이 시급하다는 의견이 제시되었다. 하지만 제도 도입 이전에 중앙정부가 지방정부의 역량과 성과를 타당하고 신뢰성 있게 평가할 수 있는 법·제도적 체계와 역량을 충분히 갖추는 것이 전제되어야 함을 강조하고 있다.

III

중앙 및 지방 환경공무원 인식조사*

1. 공무원 설문조사 개요

본 연구는 환경부, 지방환경청, 광역 및 기초자치단체 환경 담당 공무원 총 304명을 대상으로 2017년 10월부터 11월까지 한 달간 온라인 설문조사를 실시하였다. 설문문항은 〈표 5-17〉에 나열되어 있는 10가지 항목을 포함하였으며, 각 항목별로 핵심 대상과 일반 대상을 구분하여 분석 시 고려하였다.

본 연구의 모집단은 중앙정부, 지방환경청, 광역 및 기초자치단체의 환경사무 담당 공무원 10,281명으로 구성되었으며, 이를 중앙정부 및 지방환경청, 광역자치단체, 기초자치단체의 세 가지 집단으로 층화하여 각 집단에서 100명씩 동수 표본추출을 하였다.[1] 최종적으로 설문에 응한 총 304명은 중앙부처 및 특별지방

* 이 글의 일부 내용은 A Study on the Perception Difference Among Experts and Public Officials for an Enforcement Agent of Environmental Affairs and National Tasks, *Journal of People Plants and Environment*(2019)에 게재되었음.

1 본 연구에서는 기초자치단체 소속 공무원에 비하여 중앙부처 및 지방환경청, 광역자치단체 소속 공무원이 과소 대표되는 것을 방지하기 위하여 비례배분이 아닌 동수배분을 실시하였다.

집단 구분	모집단	표본	
		동수배분 시	비례배분 시
중앙부처 및 특별지방행정기관	1,531(14.9%)	100	45
광역자치단체	1,802(17.5%)	100	53
기초자치단체	6,948(67.6%)	100	203
합계	10,281	300	300

〈표 5-17〉 설문조사의 내용

설문의 주제	설문의 세부 내용	설문의 주요 대상*			
		환경부 공무원	지방 환경청 공무원	광역 자치 단체 공무원	기초 자치 단체 공무원
I. 환경정책의 전반적 성과	환경정책의 성과의 기준	○	○	○	○
	성과평가에 반영 여부	○	○	○	○
	환경정책 성과평가의 문제점	○	○	○	○
II. 환경분야 국정과제의 시급성과 중요성(생활안전 강화, 미세먼지 개선, 지속가능한 국토환경 조성, 신기후체제 집행체계 구축)	시급성	◎	○	○	○
	중요성	◎	○	○	○
	환경사무 집행주체	◎	○	○	○
III. 환경사무 지방위임 및 이양효과(대기, 자연환경, 생활환경, 자연순환)	행정절차 간소화	○	○	◎	◎
	지역실정 반영	○	○	◎	◎
	지역주민 관심도	○	○	◎	◎
	지역주민 체감도	○	○	◎	◎
	지역 자원과의 연계	○	○	◎	◎
	환경개선효과	○	○	◎	◎
	보전과 이용의 조화	○	○	◎	◎
	인간과 자연의 공생	○	○	◎	◎
IV. 지자체 조직과 업무	독립성	○	○	○	○
	업무권한	○	○	○	○
	사무비중	○	○	○	○
	예산비율	○	○	○	○
	인력비율	○	○	○	○
V. 지자체 조직역량(대기, 자연환경, 생활환경, 자원순환)	공무원의 전문성	○	○	◎	◎
	공무원 교육 필요성	○	○	◎	◎
	공무원 증원 필요성	○	○	◎	◎
	예산 증액 필요성	○	○	◎	◎
	종합적 조직역량	○	○	◎	◎
VI. 지자체 지도감시단속 업무실태	규정에 대한 명확한 적용	○	○	◎	◎
	점검 이후 사후관리	○	○	◎	◎
	환경의 질 개선 효과	○	○	◎	◎
	권한의 지방이양 후 효과	○	○	◎	◎
	위반업체 적발률과 고발비율	○	○	◎	◎
	정기감사 및 단속강화 수단의 효과	○	○	◎	◎
VII. 중앙정부의 역할	중앙정부 특별 단속과 관리 필요성	◎	○	○	○
	특별단속과 관리 필요한 이유	◎	○	○	○
	특별단속과 관리 수단의 효과성	◎	○	○	○
VIII. 부분선점제도가 필요한 지방이양 사무	대기	◎	◎	◎	◎
	자연환경	◎	◎	◎	◎
	생활환경	◎	◎	◎	◎
	자연순환	◎	◎	◎	◎
IX. 중앙정부와 지자체 간의 협력방안	지자체 위임 후 업무협조	◎	◎	◎	◎
	지도 및 점검 원활성	◎	◎	◎	◎
	감시단과 지자체 간 역할분담	◎	◎	◎	◎
	협력강화 필요 기능	◎	◎	◎	◎
	중앙정부 지원 필요 정도	◎	◎	◎	◎
	협력적 거버넌스 구축의 장애요인	◎	◎	◎	◎
	협력적 거버넌스의 바람직한 형태	◎	◎	◎	◎
X. 응답자의 일반적인 특성	응답자 분류를 위한 정보	◎	◎	◎	◎

자료: 자체 공무원 설문조사

* ◎: 핵심 대상, ○: 일반 대상

행정기관 소속 103명, 광역자치단체 소속 100명, 기초자치단체 소속 101명으로 구성되었다. 보다 세부적인 응답자의 소속은 아래 표에 제시되어 있다.

〈표 5-18〉 응답자 소속

구분	중앙부처 및 특별지방행정기관	광역자치단체	기초자치단체	합계
중앙부처	48	-	-	48
특별행정기관	55	-	-	55
특별시	-	7	-	7
광역시	-	59	-	59
도	-	34	-	34
시(인구 50만 이상)	-	0	16	16
시(인구 50만 미만)	-	0	38	38
군	-	0	15	15
자치구	-	0	32	32
합계	103	100	101	304

자료: 자체 공무원 설문조사

〈표 5-19〉 광역 및 기초자치단체 지역별 진행수

지역	광역자치단체	기초자치단체	지역	광역자치단체	기초자치단체
서울	10	15	강원	6	7
부산	10	6	충북	3	3
대구	7	4	충남	4	6
인천	9	4	전북	5	5
광주	4	3	전남	1	5
대전	6	1	경북	6	8
울산	7	3	경남	6	5
세종	7	1	제주	3	1
경기	6	24	합계	100	101

자료: 자체 공무원 설문조사

2. 공무원 설문 결과 분석

1) 환경정책의 전반적 성과

(1) 환경정책의 성과평가 시 중요한 기준 평가

절반 이상의 공무원이 환경정책의 성과를 평가하는 가장 중요한 기준은 '국민의 체감도(48.4%)', '정책적 산출물의 질(32.2%)'이라고 응답했으며, '재정 및 인력 투입 대비 산출량(11.8%)', '성과향상 정도(3.6%)', '국정과제 달성 정도(3.3%)'는 상대적으로 덜 중요한 기준으로 작동하고 있다고 응답했다.

〈그림 5-1〉 환경정책 성과평가 시 중요 기준 (단위: %)

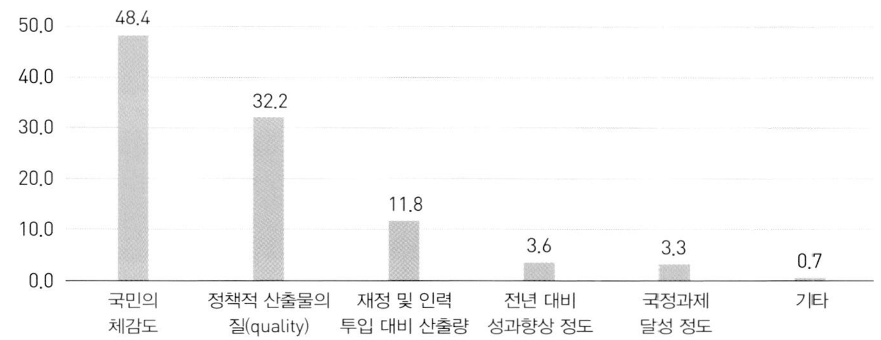

자료: 자체 공무원 설문조사

응답자의 소속(중앙부처 및 특별행정기관, 광역자치단체, 기초자치단체)에 따른 교차분석 결과, 소속 집단 간의 응답에 통계적으로 유의미한 차이가 존재하는 것으로 나타났으나 세 집단 모두에서 '국민의 체감도'가 가장 중요한 기준으로 인식되고 있는 것을 확인할 수 있다.

〈표 5-20〉 환경정책의 성과평가 시 중요 기준

문1) 귀하는 환경정책의 성과를 평가하는 데 있어 가장 중요한 기준이 무엇이라고 생각하십니까?

	사례수	재정 및 인력 투입 대비 산출량	정책적 산출물의 질	국민의 체감도	국정과제 달성 정도	전년 대비 성과 향상 정도	기타	계
	명	%	%	%	%	%	%	%
전체	304	11.8	32.2	48.4	3.3	3.6	0.7	100.0
중앙	103	2.9	37.9	53.4	3.9	1.9	0.0	100.0
광역	100	14.0	36.0	43.0	1.0	5.0	1.0	100.0
기초	101	18.8	22.8	48.5	5.0	4.0	1.0	100.0
χ^2	21.801*							

자료: 자체 공무원 설문조사

* $p<0.05$

〈그림 5-2〉 환경정책 성과평가 시 중요 기준(응답자 소속별) (단위: %)

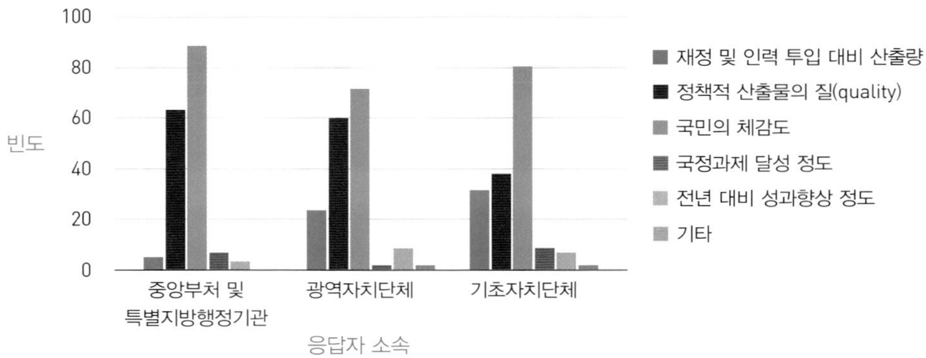

자료: 자체 공무원 설문조사

(2) 현행 성과평가에서의 반영 정도

앞서 질문한 환경정책의 성과평가에 있어 가장 중요한 기준이 현행 성과평가 제도하에서 어느 정도 반영되고 있는지에 대한 질문에 공무원의 절반 이상이 '보통(52.6%)' 수준이라고 응답하였다. '반영되고 있다'는 긍정적인 평가는 28.9%, '반영되고 있지 않다'는 부정적인 평가는 18.4%인 것으로 나타났다.

분산분석 결과, 응답자의 소속을 3개 집단(중앙부처 및 특별행정기관, 광역자치단체, 기초

〈그림 5-3〉 환경정책 성과평가 시 중요 기준 반영 정도 (단위: %)

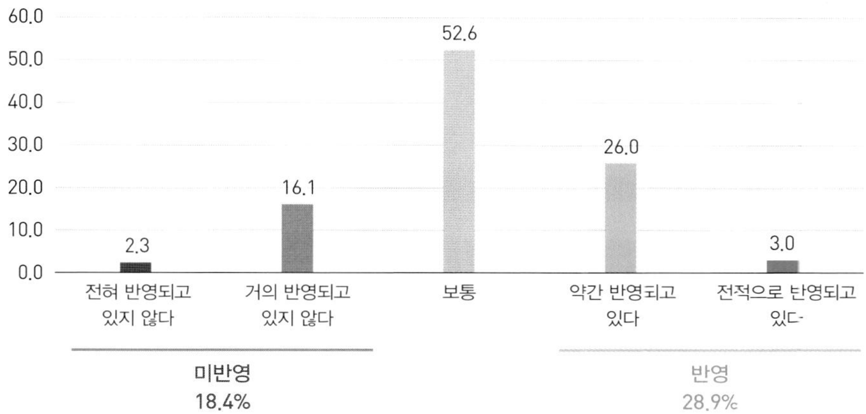

자료: 자체 공무원 설문조사

〈표 5-21〉 환경정책의 성과평가 시 중요한 기준 반영 정도

문1-1) 위에서 귀하가 답변한 가장 중요한 기준이 현행 성과평가에서 어느 정도로 반영되고 있다고 생각하십니까?

	사례수	① 전혀 반영 되지 않음	② 거의 반영 되지 않음	미반영	③ 보통	④ 약간 반영	⑤ 전적으로 반영	반영	평균
	명	%	%	%	%	%	%	%	점
전체	304	2.3	16.1	18.4	52.6	26.0	3.0	28.9	3.11
중앙	103	1.0	15.5	16.5	53.4	26.2	3.9	30.1	3.17
광역	100	4.0	13.0	17.0	52.0	29.0	2.0	31.0	3.12
기초	101	2.0	19.8	21.8	52.5	22.8	3.0	25.7	3.05

자료: 자체 공무원 설문조사

자치단체)으로 구분한 경우와, 9개 집단(중앙부처, 특별행정기관, 특별시, 광역시, 도, 인구 50만 이상 시, 인구 50만 미만 시, 군, 자치구)으로 세분하여 구분한 경우 모두 소속에 따른 통계적 유의미한 차이는 존재하지 않는 것으로 나타났다.

(3) 현행 성과평가의 문제점

현행 환경정책 성과평가가 지니고 있는 문제점에 대하여 공무원들이 1순위로 가장 많이 꼽은 것은 '정량적으로 측정하기 어려운 성과에 대한 질적 평가가 잘

〈그림 5-4〉 환경정책 성과평가의 문제점 (단위: %)

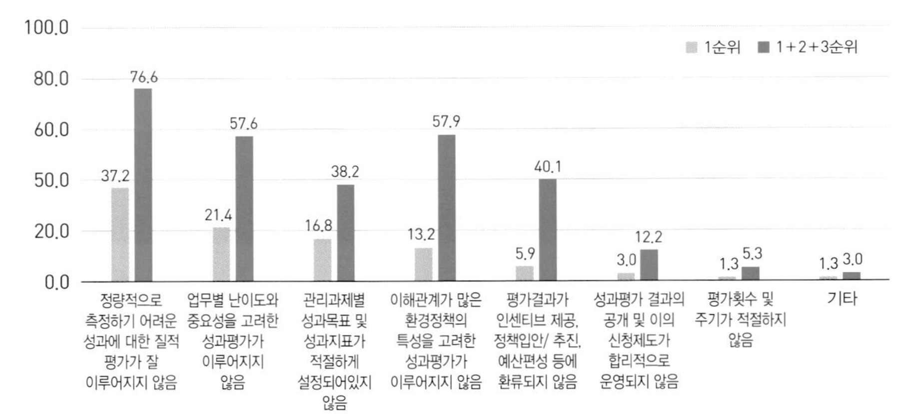

자료: 자체 공무원 설문조사

이루어지지 않는다는 것(37.2%)'이었으며, 1순위부터 3순위까지의 응답을 통합할 경우에도 가장 다수인 76.6%가 이를 가장 큰 문제점으로 인식하였다. '이해관계가 많은 환경정책의 특성을 고려한 성과평가가 이루어지지 않는 점(57.9%)', '업무별 난이도와 중요성을 고려한 성과평가가 이루어지지 않고 있는 것(57.6%)'도 시급한 문제로 꼽았다. 반면, '평가횟수 및 주기의 부적절성(5.3%)'과 '결과 공개 및 이의신청 제도의 비합리적 운영(12.2%)'은 상대적으로 중요치 않은 문제로 인식하고 있는 것을 확인할 수 있다.

2) 환경분야 국정과제의 시급성과 중요성

(1) 문재인 정부 환경분야 국정과제의 시급성

문재인 정부의 현행 환경분야 국정과제인 생활안전 강화, 미세먼지 개선, 지속가능한 국토환경 조성, 신기후체제 집행체계 구축과 관련하여 각 과제의 시급성을 1~5점으로 평가하라는 질문에 공무원들은 생활안전 강화(3.96점), 미세먼지 개선(3.95점), 지속가능한 국토환경(3.82점), 신기후체제 집행체계 구축(3.67점) 순으로 점수를 제시하였다. 생활안전 강화, 미세먼지 개선 등 국민 생활과 밀접하고 보다 직접적으로 그 성과를 체감할 수 있는 분야가 보다 시급한 과제라 인식하고 있음을 알 수 있다.

응답자의 소속 집단별로 각 과제별 시급성에 대한 인식에 차이가 있는지 확인하기 위하여 분산분석을 실시한 결과, 생활안전 강화와 미세먼지 개선 과제에 있어서 집단별로 유의미한 통계적 차이가 존재하였다. 중앙부처 소속 공무원의 경우 다른 집단에 비하여 이들 과제의 시급성을 더욱 심각한 것으로 인식하고 있다.

〈그림 5-5〉 문재인 정부의 환경분야 국정과제 시급성 (단위: 점)

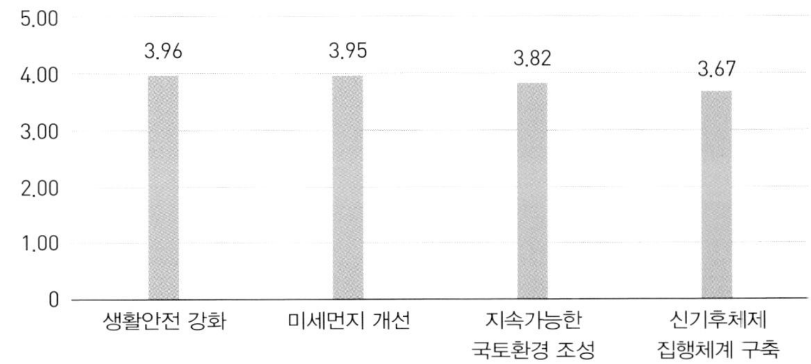

자료: 자체 공무원 설문조사

〈표 5-22〉 문재인 정부의 환경분야 국정과제 시급성

문2) 다음은 문재인 정부의 환경분야 국정과제의 내용과 목표입니다. 이들의 시급성에 대하여 귀하의 생각과 일치하는 곳에 표시해 주십시오.

	사례수	① 매우 부정	② 부정	부정	③ 보통	④ 긍정	⑤ 매우 긍정	긍정	평균
	명	%	%	%	%	%	%	%	점
생활안전 강화	304	0.7	3.3	3.9	26.6	38.2	31.3	69.4	3.96 (8.729**)
미세먼지 개선	304	1.3	5.6	6.9	21.7	39.1	32.2	71.4	3.95 (5.421**)
지속가능한 국토환경 조성	304	1.3	5.3	6.6	28.0	40.8	24.7	65.5	3.82 (0.476)
신기후체제 집행체계 구축	304	1.3	5.9	7.2	36.5	36.5	19.7	56.3	3.67 (1.463)

자료: 자체 공무원 설문조사

* p<0.05, ** p<0.01. 괄호 안은 분산분석 결과 도출된 F값.

(2) 문재인 정부 환경분야 국정과제의 중요성

문재인 정부의 환경분야 국정과제의 중요성에 관하여는 생활안전 강화(4.02점), 미세먼지 개선(3.95점), 지속가능한 국토환경 조성(3.83점), 신기후체제 집행체계 구축(3.69점)의 순으로 중요성을 인식하는 것으로 나타났다. 이는 앞선 시급성에

〈그림 5-6〉 문재인 정부의 환경분야 국정과제 중요성 (단위: 점)

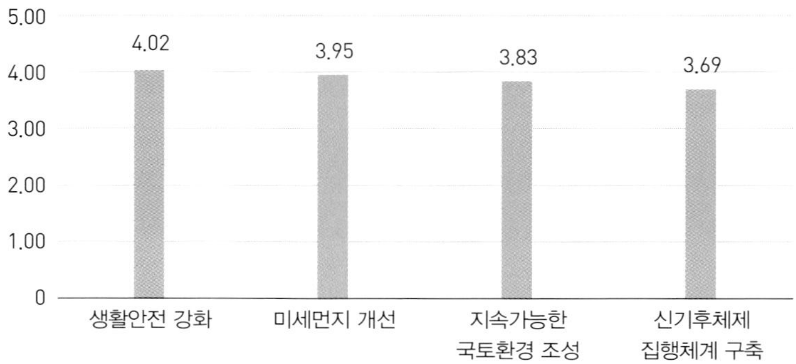

자료: 자체 공무원 설문조사

〈표 5-23〉 문재인 정부의 환경분야 국정과제 중요성

문2-1) 다음은 문재인 정부의 환경분야 국정과제의 내용과 목표입니다. 이들의 중요성에 대하여 귀하의 생각과 일치하는 곳에 표시해 주십시오.

	사례수	① 매우 부정	② 부정	부정	③ 보통	④ 긍정	⑤ 매우 긍정	긍정	평균
	명	%	%	%	%	%	%	%	점
생활안전 강화	304	0.0	3.0	3.0	24.7	39.5	32.9	72.4	4.02 (3.935**)
미세먼지 개선	304	1.0	6.6	7.6	20.1	41.4	30.9	72.4	3.95 (5.218**)
지속가능한 국토환경 조성	304	1.6	4.3	5.9	28.0	41.4	24.7	66.1	3.83 (0.602)
신기후체제 집행체계 구축	304	1.3	7.6	8.9	31.6	40.1	19.4	59.5	3.69 (0.106)

자료: 자체 공무원 설문조사

* $p<0.05$, ** $p<0.01$. 괄호 안은 분산분석 결과 도출된 F값.

대한 결과와 유사하며 국민들의 일상생활과 밀접한 관련이 있는 과제들을 더욱 중요하게 평가하고 있는 것으로 유추해볼 수 있다.

분산분석 결과, 생활안전 강화와 미세먼지 개선 분야의 중요성에 대하여 소속 집단별로 유의미한 차이가 있는 것으로 나타났다. 시급성에 대한 분석결과와 마찬가지로 중앙부처 소속 공무원이 광역·기초 자치단체 소속 공무원에 비하여 해당 과제를 보다 중요하게 인식하고 있는 것으로 나타났다.

(3) 환경사무의 집행주체

가. 생활안전 강화의 집행주체

생활안전 강화 과제의 적합한 집행주체에 관하여 응답자의 절반 이상인 57.2%가 환경부라고 응답했으며 지방·유역·대기환경청(27.0%), 광역자치단체(22.4%), 기초자치단체(11.2%)의 순으로 적합한 것으로 인식하고 있었다. 한편 교차분석을 실시한 결과, 소속 집단에 따른 통계적으로 유의미한 차이는 없는 것으로 나타나 공무원들의 의견이 어느 정도 일치하는 것을 알 수 있다.

〈그림 5-7〉 환경사무의 집행주체: 생활안전 강화 (단위: %)

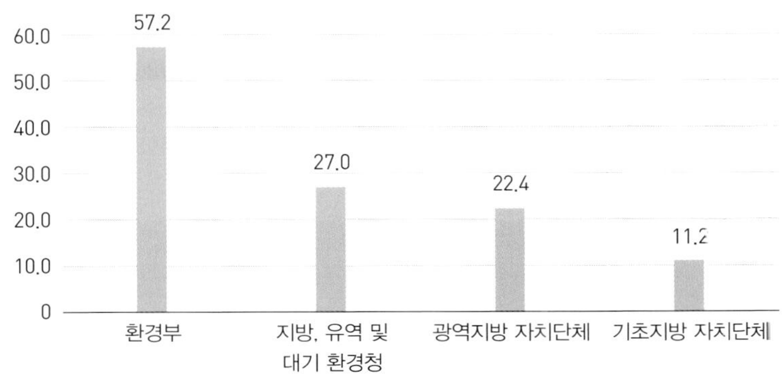

자료: 자체 공무원 설문조사

〈표 5-24〉 환경사무의 집행주체: 생활안전 강화

		단수 응답				복수 응답			계
		환경부	지방, 유역 및 대기 환경청	광역 지방 자치 단체	기초 지방 자치 단체	환경부 + 환경청	광역 +기초	환경부 + 광역 + 기초	
전체	빈도	139	53	46	23	17	3	23	304
	%	45.7	17.4	15.1	7.6	5.6	1.0	7.6	100.0
중앙	빈도	55	11	13	4	8	1	11	103
	%	18.1	3.6	4.3	1.3	2.6	0.3	3.6	33.9
광역	빈도	47	18	15	9	3	2	6	100
	%	15.5	5.9	4.9	3.0	1.0	0.7	2.0	32.9
기초	빈도	37	24	18	10	6	0	6	101
	%	12.2	7.9	5.9	3.3	2.0	0.0	2.0	33.2
x^2		18.109							

자료: 자체 공무원 설문조사

〈그림 5-8〉 환경사무의 집행주체: 생활안전 강화(응답자 소속별) (단위: %)

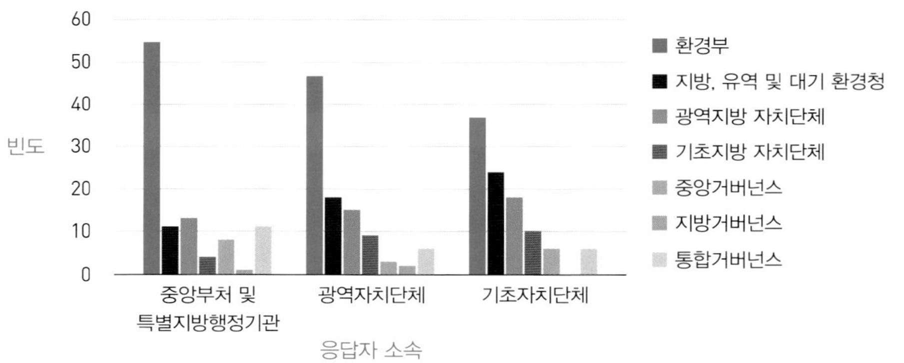

자료: 자체 공무원 설문조사

가. 미세먼지 개선의 집행주체

미세먼지 개선 과제 역시 환경부가 집행하는 것이 효율적이고 바람직하다는 응답이 52.3%로 가장 많았으며 광역자치단체(34.5%), 지방, 유역 및 대기환경청

(24.0%), 기초자치단체(16.4%)의 순으로 결과가 나타났다. 교차분석 결과 소속 집단 간의 응답에 통계적으로 유의미한 차이는 발견되지 않았다.

〈그림 5-9〉 환경사무의 집행주체: 미세먼지 개선 (단위: %)

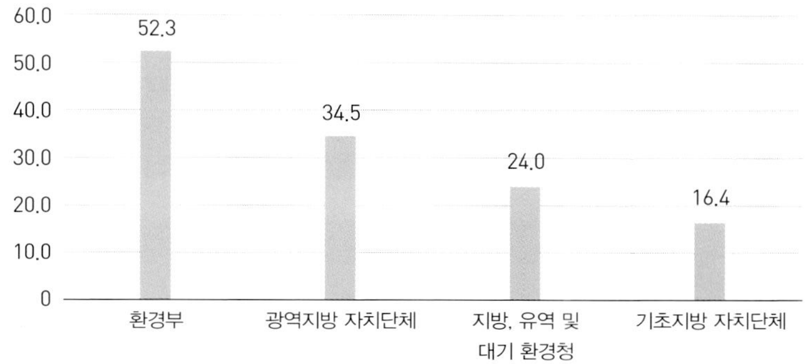

자료: 자체 공무원 설문조사

〈표 5-25〉 환경사무의 집행주체: 미세먼지 개선

		단수 응답				복수 응답			계
		환경부	지방, 유역 및 대기 환경청	광역 지방 자치 단체	기초 지방 자치 단체	환경부 + 환경청	광역 -기초	환경부 + 광역 + 기초	
전체	빈도	123	38	65	22	10	11	35	304
	%	40.5	12.5	21.4	7.2	3.3	3.6	11.5	100.0
중앙	빈도	45	7	24	2	4	3	18	103
	%	14.8	2.3	7.9	0.7	1.3	1.0	5.9	33.9
광역	빈도	40	15	18	9	2	6	10	100
	%	13.2	4.9	5.9	3.0	.7	2.0	3.3	32.9
기초	빈도	38	16	23	11	4	2	7	101
	%	12.5	5.3	7.6	3.6	1.3	0.7	2.3	33.2
χ^2	20.076								

자료: 자체 공무원 설문조사

〈그림 5-10〉 환경사무의 집행주체: 미세먼지 개선(응답자 소속별) (단위: %)

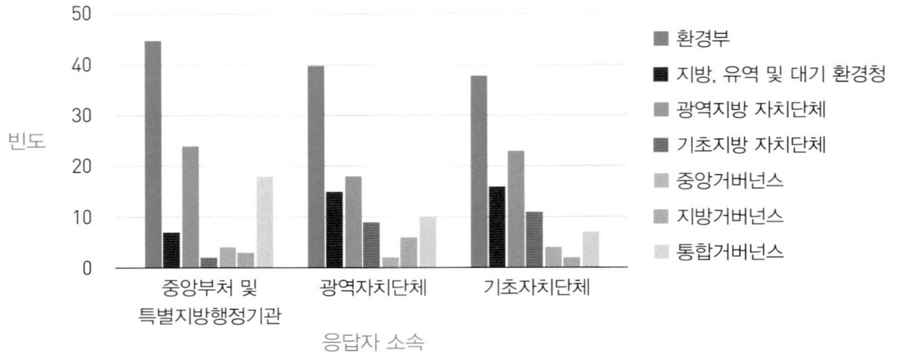

자료: 자체 공무원 설문조사

나. 지속가능한 국토환경 조성의 집행주체

지속가능한 국토환경 조성 과제 역시 환경부가 집행하는 것이 적합하다는 응답이 55.6%로 가장 많았으며 그다음으로 지방·유역·대기환경청(35.2%), 광역자치단체(28.0%), 기초자치단체(8.2%) 순으로 나타났다.

교차분석을 실시한 결과, 응답자 소속별로 유의미한 차이가 존재하였다. 특히 광역자치단체 소속 공무원들의 경우 가장 높은 비율로 광역자치단체가 가장 바람

〈그림 5-11〉 환경사무의 집행주체: 지속가능한 국토환경 조성 (단위: %)

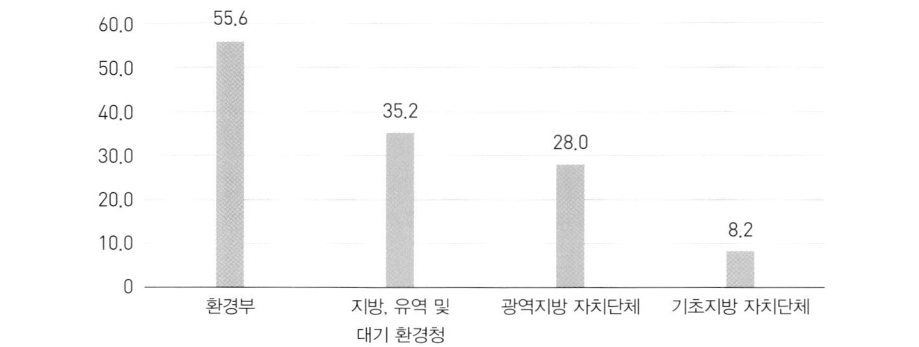

자료: 자체 공무원 설문조사

〈표 5-26〉 환경사무의 집행주체: 지속가능한 국토환경 조성

		단수 응답				복수 응답			계
		환경부	지방, 유역 및 대기 환경청	광역 지방 자치 단체	기초 지방 자치 단체	환경부 + 환경청	광역 + 기초	환경부 + 광역 + 기초	
전체	빈도	124	66	58	7	15	4	30	304
	%	40.8	21.7	19.1	2.3	4.9	1.3	9.9	100.0
중앙	빈도	43	23	12	1	7	0	17	103
	%	14.1	7.6	3.9	.3	2.3	0.0	5.6	33.9
광역	빈도	44	16	27	1	4	2	6	100
	%	14.5	5.3	8.9	.3	1.3	.7	2.0	32.9
기초	빈도	37	27	19	5	4	2	7	101
	%	12.2	8.9	6.3	1.6	1.3	0.7	2.3	33.2
χ^2		24.415*							

자료: 자체 공무원 설문조사

* $p<0.05$, ** $p<0.01$

〈그림 5-12〉 환경사무의 집행주체: 지속가능한 국토환경 조성(응답자 소속별) (단위: %)

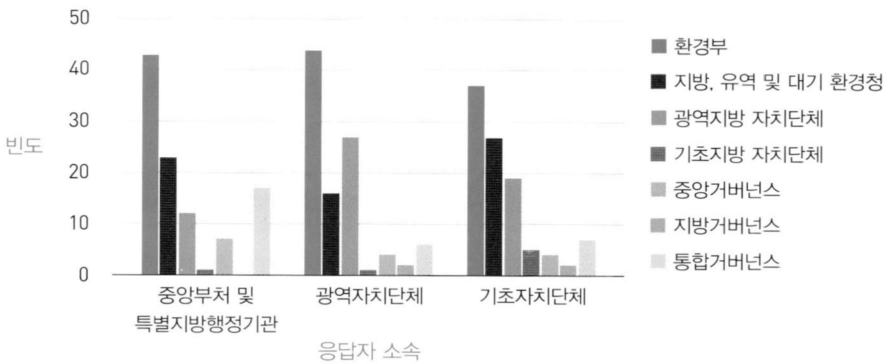

자료: 자체 공무원 설문조사

직한 집행 주체라고 응답한 것으로 나타났다. 거버넌스의 형태(중앙 거버넌스, 지방 거버넌스, 통합 거버넌스)[2] 중에서는 중앙정부와 지방정부가 협력체계를 갖춘 통합 거버

2 중앙 거버넌스는 환경부와 환경청의 복수 응답, 지방 거버넌스는 광역자치단체와 기초자치단체의 복수 응답, 통합 거버넌스는 중앙정부와 지방정부의 복수 응답으로 구분하였다.

넌스가 담당하는 것이 적합하다는 의견이 가장 많았다.

다. 신기후체제 집행체계 구축의 집행주체

응답자의 대다수인 71.7%가 신기후체제 집행체계 구축을 주도적으로 집행할 주체로 환경부를 꼽았으며, 그다음으로 지방, 유역 및 대기환경청(21.1%), 광역자치단체(19.7%), 기초자치단체(8.9%)를 꼽았다. 교차분석을 실시한 결과, 응답자의 소속에 따른 인식의 차이는 통계적으로 유의미하지 않은 것으로 나타났다.

〈그림 5-13〉 환경사무의 집행주체: 신기후체제 집행체계 구축 (단위: %)

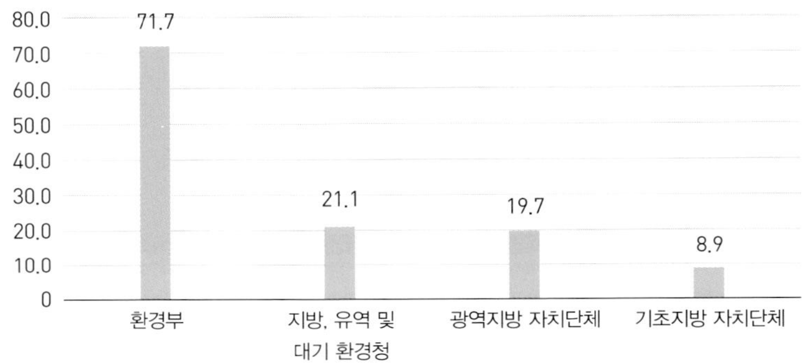

자료: 자체 공무원 설문조사

〈그림 5-14〉 환경사무의 집행주체: 신기후체제 집행체계 구축(응답자 소속별) (단위: %)

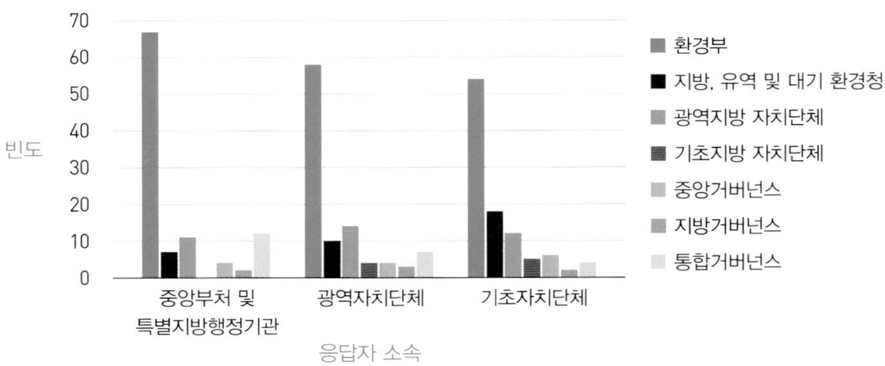

자료: 자체 공무원 설문조사

〈표 5-27〉 환경사무의 집행주체: 신기후체제 집행체계 구축

		단수 응답				복수 응답			계
		환경부	지방, 유역 및 대기 환경청	광역 지방 자치 단체	기초 지방 자치 단체	환경부 + 환경청	광역 + 기초	환경부 + 광역 + 기초	
전체	빈도	179	35	37	9	14	7	23	304
	%	58.9	11.5	12.2	3.0	4.6	2.3	7.6	100.0
중앙	빈도	67	7	11	0	4	2	12	103
	%	22.0	2.3	3.6	0.0	1.3	0.7	3.9	33.9
광역	빈도	58	10	14	4	4	3	7	100
	%	19.1	3.3	4.6	1.3	1.3	1.0	2.3	32.9
기초	빈도	54	18	12	5	6	2	4	101
	%	17.8	5.9	3.9	1.6	2.0	0.7	1.3	33.2
χ^2	17.049								

자료: 자체 공무원 설문조사

종합하면, 환경분야 네 가지 국정과제의 적합한 집행주체에 관하여 공무원들은 네 가지 과제 모두 중앙정부인 환경부가 담당하는 것이 바람직하다고 인식하고 있으며 특히 신기후체제 집행체계 구축 과제를 환경부가 담당해야 한다고 본다. 이는 다른 국가와의 협력관계를 구축하고 전문적인 역량을 바탕으로 기후변화 리스크를 예측하는 등 지역환경청이나 지방정부가 담당하기 어려운 고도의 기획 및 집행력이 필요하기 때문인 것으로 유추된다.

〈표 5-28〉 국정과제의 바람직한 집행주체 결과 종합

문2-2) 지방이양을 위한 사무배분의 원칙에 따라 어느 주체가 환경과제를 집행하는 것이 효율적이고 바람직한지 체크하여 주십시오.

	사례수	환경부	지방, 유역 및 대기 환경청	광역지방 자치단체	기초지방 자치단체
	명	%	%	%	%
생활안전 강화	304	57.2	27.0	22.4	11.2
미세먼지 개선	304	52.3	34.5	24.0	16.4
지속가능한 국토환경 조성	304	55.6	35.2	28.0	8.2
신기후체제 집행체계 구축	304	71.7	21.1	19.7	8.9

자료: 자체 공무원 설문조사

3) 환경사무 지방위임 및 이양효과

(1) 환경사무 집행주체

가. 대기 분야의 집행주체

대기 분야 환경사무의 집행은 환경부가 수행하는 것이 효율적이고 바람직하다는 의견이 44.4%로 가장 많았으며 광역자치단체(34.9%), 지방·유역·대기환경청(28.9%), 기초자치단체(26.0%)가 그 뒤를 이었다. 교차분석 결과, 응답자의 소속별로 통계적으로 유의미한 차이는 나타나지 않았다.

〈그림 5-15〉 환경사무 집행주체: 대기 분야 (단위: %)

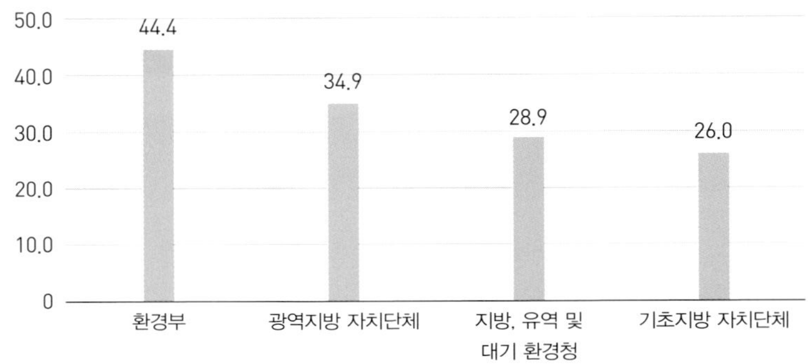

자료: 자체 공무원 설문조사

〈그림 5-16〉 환경사무 집행주체: 대기 분야(응답자 소속별) (단위: %)

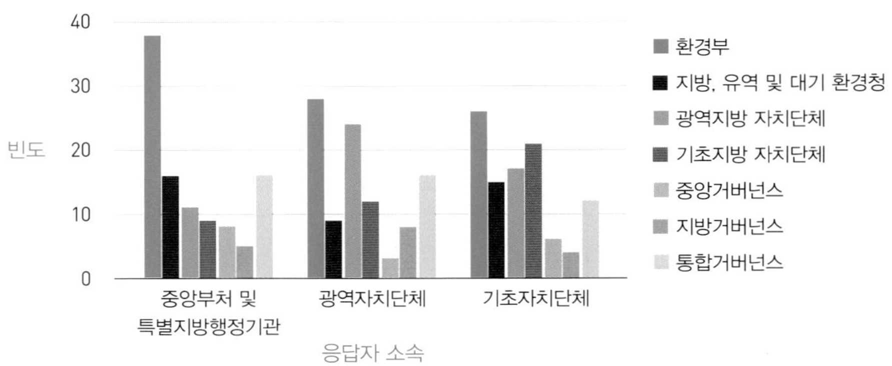

자료: 자체 공무원 설문조사

〈표 5-29〉 환경사무 집행주체: 대기 분야

		단수 응답				복수 응답			계
		환경부	지방, 유역 및 대기 환경청	광역 지방 자치 단체	기초 지방 자치 단체	환경부 + 환경청	광역 + 기초	환경부 + 광역 + 기초	
전체	빈도	92	40	52	42	17	17	44	304
	%	30.3	13.2	17.1	13.8	5.6	5.6	14.5	100.0
중앙	빈도	38	16	11	9	8	5	16	103
	%	12.5	5.3	3.6	3.0	2.6	1.6	5.3	33.9
광역	빈도	28	9	24	12	3	8	16	100
	%	9.2	3.0	7.9	3.9	1.0	2.6	5.3	32.9
기초	빈도	26	15	17	21	6	4	12	101
	%	8.6	4.9	5.6	6.9	2.0	1.3	3.9	33.2
x^2		19.735							

자료: 자체 공무원 설문조사

나. 자연환경 분야의 집행주체

응답자의 절반가량(49.7%)은 자연환경 분야의 집행주체로 지방·유역·대기환경청이 가장 적합하다고 응답하였으며, 광역자치단체(37.5%), 기초자치단체(27.3%), 환경부(20.7%) 순으로 바람직한 주체라 인식하는 것으로 나타났다.

〈그림 5-17〉 환경사무 집행주체: 자연환경 (단위: %)

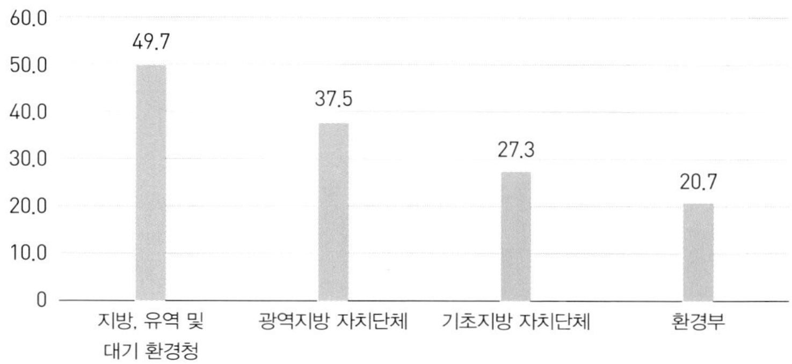

자료: 자체 공무원 설문조사

〈표 5-30〉 환경사무 집행주체: 자연환경

		단수 응답				복수 응답			계
		환경부	지방, 유역 및 대기 환경청	광역 지방 자치 단체	기초 지방 자치 단체	환경부 + 환경청	광역 + 기초	환경부 + 광역 + 기초	
전체	빈도	33	102	56	37	7	18	51	304
	%	10.9	33.6	18.4	12.2	2.3	5.9	16.8	100.0
중앙	빈도	11	41	12	7	6	6	20	103
	%	3.6	13.5	3.9	2.3	2.0	2.0	6.6	33.9
광역	빈도	10	28	29	9	0	8	16	100
	%	3.3	9.2	9.5	3.0	.0	2.6	5.3	32.9
기초	빈도	12	33	15	21	1	4	15	101
	%	3.9	10.9	4.9	6.9	0.3	1.3	4.9	33.2
χ^2		31.770**							

자료: 자체 공무원 설문조사
* p<0.05, ** p<0.01

교차분석 결과는 자연환경 분야 환경사무의 집행주체에 대한 인식이 응답자의 소속에 따라 통계적으로 유의미한 차이가 있음을 보여준다. 중앙정부 소속 공무원들은 환경청의 역할을 가장 중시하는 반면, 광역 및 기초자치단체 소속 공무원들은 각각 광역자치단체와 기초자치단체의 역할을 환경청과 유사한 비중으로 중

〈그림 5-18〉 환경사무 집행주체: 자연환경(응답자 소속별) (단위: %)

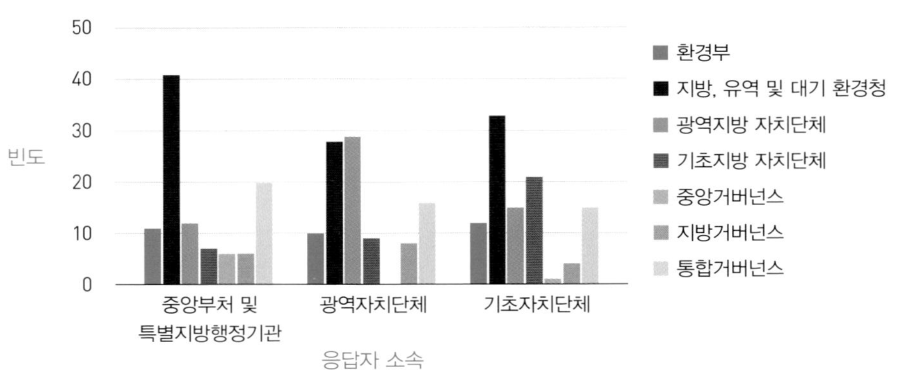

자료: 자체 공무원 설문조사

시하고 있다. 한편, 거버넌스의 형태(중앙 거버넌스, 지방 거버넌스, 통합 거버넌스) 중에서는 중앙정부와 지방정부가 협력체계를 갖춘 통합 거버넌스가 담당하는 것이 적합하다는 의견의 비율이 가장 높았다.

다. 생활환경 분야의 집행주체

생활환경과 관련된 환경사무의 효율적인 집행주체로는 기초자치단체(57.6%)라고 응답한 빈도가 가장 많았으며 그다음으로 광역자치단체(38.2%), 지방·유역·대기환경청(19.4%), 환경부(16.4%)의 순으로 높은 응답 빈도를 보였다.

〈그림 5-19〉 환경사무 집행주체: 생활환경 (단위: %)

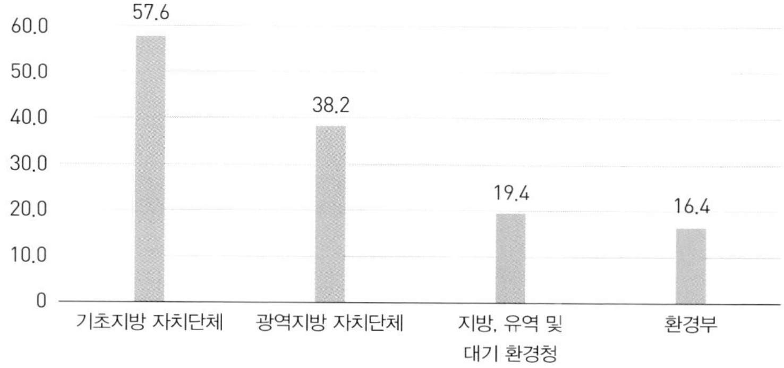

자료: 자체 공무원 설문조사

교차분석을 실시한 결과, 응답자 소속별로 생활환경분야 환경사무 집행주체에 대한 인식은 통계적으로 유의미한 차이가 있었다. 중앙정부 소속 공무원들의 경우 광역자치단체의 역할을 강조한 반면, 광역 및 기초자치단체 소속 공무원들은 기초자치단체의 역할을 보다 강조하고 있다. 거버넌스의 형태 중에서는 광역 및 기초자치단체 간 협력체계를 갖춘 지방 거버넌스가 담당하는 것이 적합하다는 의견이 가장 많았다.

〈표 5-31〉 환경사무 집행주체: 생활환경

		단수 응답				복수 응답			계
		환경부	지방, 유역 및 대기 환경청	광역 지방 자치 단체	기초 지방 자치 단체	환경부 + 환경청	광역 + 기초	환경부 + 광역 + 기초	
전체	빈도	23	34	59	116	4	35	33	304
	%	7.6	11.2	19.4	38.2	1.3	11.5	10.9	100.0
중앙	빈도	12	15	21	20	3	15	17	103
	%	3.9	4.9	6.9	6.6	1.0	4.9	5.6	33.9
광역	빈도	3	7	23	48	1	11	7	100
	%	1.0	2.3	7.6	15.8	0.3	3.6	2.3	32.9
기초	빈도	8	12	15	48	0	9	9	101
	%	2.6	3.9	4.9	15.8	0.0	3.0	3.0	33.2
x^2		33.441**							

자료: 자체 공무원 설문조사
* p<0.05, ** p<0.01

〈그림 5-20〉 환경사무 집행주체: 생활환경(응답자 소속별) (단위: %)

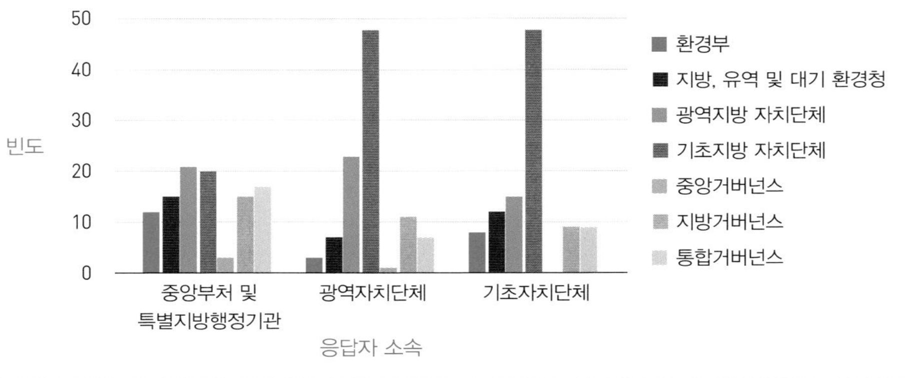

자료: 자체 공무원 설문조사

라. 자원순환 분야의 집행주체

응답자의 절반가량(48.4%)이 자원순환 분야 환경사무의 가장 적절한 집행주체로 기초자치단체를 꼽았으며 그다음으로는 광역자치단체(38.5%), 환경부(20.4%), 지방·유역·대기환경청(19.7%)의 순으로 응답률이 높았다.

〈그림 5-21〉 환경사무 집행주체: 자원순환 (단위: %)

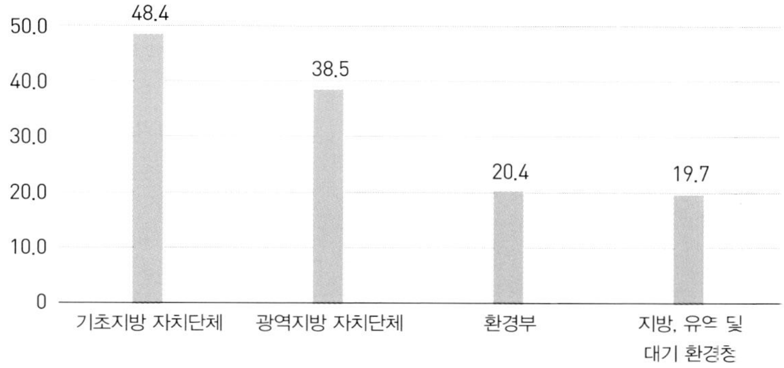

자료: 자체 공무원 설문조사

교차분석 결과, 바람직한 자원순환 분야 환경사무 집행주체에 대한 응답은 소속에 따라 통계적으로 유의미한 차이가 나타났다. 중앙정부 소속 공무원들은 광역자치단체의 역할을 강조하였으나, 광역 및 기초자치단체 소속 공무원들은 기초자치단체의 역할을 더욱 강조하고 있다. 거버넌스의 형태(중앙 거버넌스, 지방 거버넌

〈표 5-32〉 환경사무 집행주체: 자원순환

		단수 응답				복수 응답			계
		환경부	지방, 유역 및 대기 환경청	광역 지방 자치 단체	기초 지방 자치 단체	환경부 + 환경청	광역 + 기초	환경부 + 광역 + 기초	
전체	빈도	30	34	70	104	10	27	29	304
	%	9.9	11.2	23.0	34.2	3.3	8.9	9.5	100.0
중앙	빈도	14	16	22	18	5	12	16	103
	%	4.6	5.3	7.2	5.9	1.6	3.9	5.3	33.9
광역	빈도	6	5	29	44	2	6	8	100
	%	2.0	1.6	9.5	14.5	0.7	2.0	2.6	32.9
기초	빈도	10	13	19	42	3	9	5	101
	%	3.3	4.%	6.3	13.8	1.0	3.0	1.6	33.2
χ^2		33.160**							

자료: 자체 공무원 설문조사
* p<0.05, ** p<0.01

〈그림 5-22〉 환경사무 집행주체: 자원순환(응답자 소속별) (단위: %)

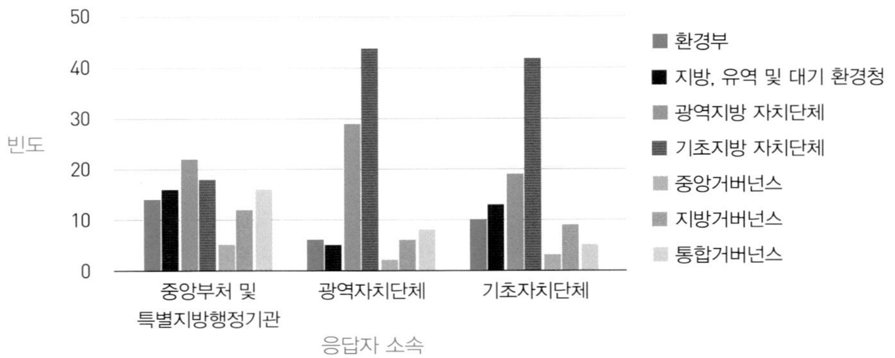

자료: 자체 공무원 설문조사

스, 통합 거버넌스) 중에서는 중앙정부와 지방정부가 협력체계를 갖춘 통합 거버넌스가 담당하는 것이 적합하다는 의견의 비율이 가장 높았다.

종합하면, 대기 분야의 경우 중앙정부인 환경부가, 자연환경의 경우 환경청이, 생활환경과 자원순환의 경우 기초자치단체가 가장 적합한 집행주체로 인식되는 것을 확인할 수 있다. 이러한 결과는 환경사무의 특성에 따라 효율적이고 바람직한 주체가 상이하므로, 지방이양을 위한 사무배분의 원칙을 적용 시 각 사무의 독특한 특성을 반드시 고려해야 할 필요가 있음을 시사하고 있다.

〈표 5-33〉 환경사무 집행주체 결과 종합

문3) 다음은 환경사무의 지방이양에 관한 설문입니다. 지방이양을 위한 사무배분의 원칙에 따라 어느 주체가 환경사무를 집행하는 것이 효율적이고 바람직한지 환경사무 매체별로 체크하여 주십시오.

환경사무	사례수(명)	집행 주체(%)			
대기	304	44.4 (환경부)	34.9 (환경청)	28.9 (광역)	26.0 (기초)
자연환경	304	49.7 (환경청)	37.5 (광역)	27.3 (기초)	20.7 (환경부)
생활환경	304	57.6 (기초)	38.2 (광역)	19.4 (환경청)	16.4 (환경부)
자원순환	304	48.4 (기초)	38.5 (광역)	20.4 (환경부)	19.7 (환경청)

자료: 자체 공무원 설문조사

(2) 환경사무의 지방위임·이양 효과 평가

가. 대기 분야의 위임·이양 효과

대기 분야 환경사무의 지방 이양의 효과에 관하여 응답자들은 대체로 '보통(3점)' 이상의 긍정적인 평가를 하였다. 응답자들은 '지역 주민들의 관심도 제고(3.28점)'를 가장 큰 긍정적 효과로 꼽았으며, 이 외에 '행정 간소화로 인한 업무 효율성 증가(3.26점)', '지역 내 잠재적 자원과의 연계 강화(3.24점)', '지역 실정에 맞는 정책 운영(3.23점)' 등이 이루어졌다고 응답하였다. 하지만 지역 내 대기 질 향상(2.93점), 미세먼지 발생량 감소(2.82점)와 같이 실질적인 대기 환경의 개선 효과는 상대적으로 미약하다는 의견이 있다.

〈그림 5-23〉 환경사무 지방위임·이양 효과평가: 대기 (단위: 점)

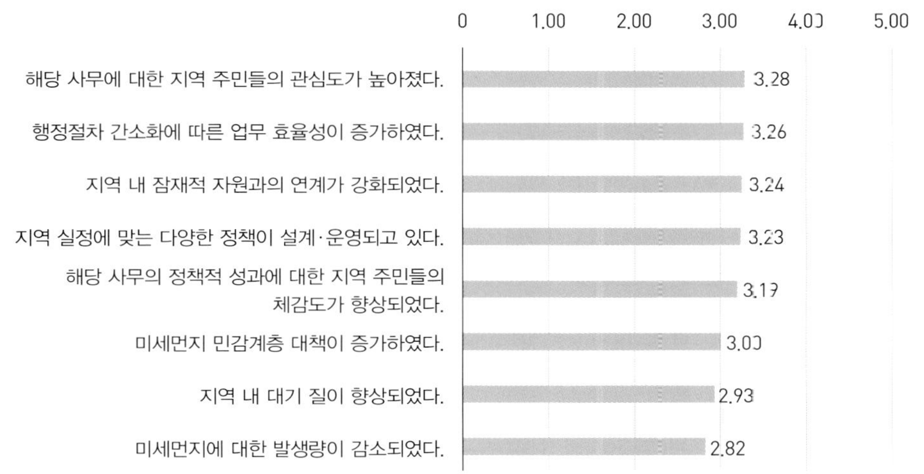

자료: 자체 공무원 설문조사

분산분석을 실시한 결과, 광역자치단체 소속 공무원들이 다른 집단에 비하여 주민관심도 증가, 주민체감도 향상, 자원연계성 강화, 환경질 향상 등에 있어서 더욱 긍정적인 평가를 내린 것으로 나타났다.

〈표 5-34〉 환경사무 지방위임·이양 효과: 대기

문3-1) 다음은 환경사무의 지방 위임 및 이양효과에 대한 질문입니다. 중앙정부에서 지방정부로 각 환경 사무가 위임 및 이양된 이후의 변화에 대하여 귀하의 생각과 일치하는 곳에 표시해 주십시오.

대기	사례수	① 매우 부정	② 부정	부정	③ 보통	④ 긍정	⑤ 매우 긍정	긍정	평균
	명	%	%	%	%	%	%	%	점
(1) 행정절차 간소화에 따른 업무 효율성 증가	304	3.9	12.5	16.4	44.4	31.6	7.6	39.1	3.26 (2.814)
(2) 지역 실정에 맞는 다양한 정책이 설계·운영	304	4.6	15.8	20.4	40.5	30.6	8.6	39.1	3.23 (1.349)
(3) 해당 사무에 대한 지역 주민들의 관심도 증가	304	3.9	15.5	19.4	34.9	40.5	5.3	45.7	3.28 (4.226*)
(4) 해당 사무의 정책적 성과에 대한 지역주민체감도 향상	304	4.3	16.8	21.1	40.5	32.6	5.9	38.5	3.19 (6.378**)
(5) 지역 내 잠재적 자원과의 연계 강화	304	3.0	15.8	18.8	41.4	33.6	6.3	39.8	3.24 (3.568*)
(6) 지역 내 대기 질 향상	304	6.6	22.4	28.9	46.4	21.1	3.6	24.7	2.93 (9.182**)
(7) 미세먼지에 대한 발생량 감소	304	7.9	26.0	33.9	44.4	19.7	2.0	21.7	2.82 (8.337**)
(8) 미세먼지 민감계층 대책 증가	304	6.9	22.0	28.9	40.5	25.7	4.9	30.6	3.00 (8.507**)

자료: 자체 공무원 설문조사
* $p<0.05$, ** $p<0.01$. 괄호 안은 분산분석 결과 도출된 F값.

나. 자연환경 분야의 위임·이양 효과

자연환경 분야의 이양 효과에 대해서도 대체로 '보통(3점)' 이상의 긍정적인 평가를 나타냈다. 앞선 대기 분야의 설문결과와 유사하게, '지역 주민들의 관심도 제고(3.37점)', '지역 내 잠재적 자원과의 연계 강화(3.30점)', '지역 실정에 맞는 정책 운영(3.29점)', '행정 간소화로 인한 업무 효율성 증가(3.26점)' 순으로 지방 이양의 효과가 나타난 것으로 분석되었다. 하지만 응답자들은 '인간과 자연이 공생하는 국토환경 조성(2.96점)', '지역 내 수량 향상(2.88점)'과 같이 실질적인 자연환경의 개

〈그림 5-24〉 환경사무 지방위임·이양 효과: 자연환경 (단위: 점)

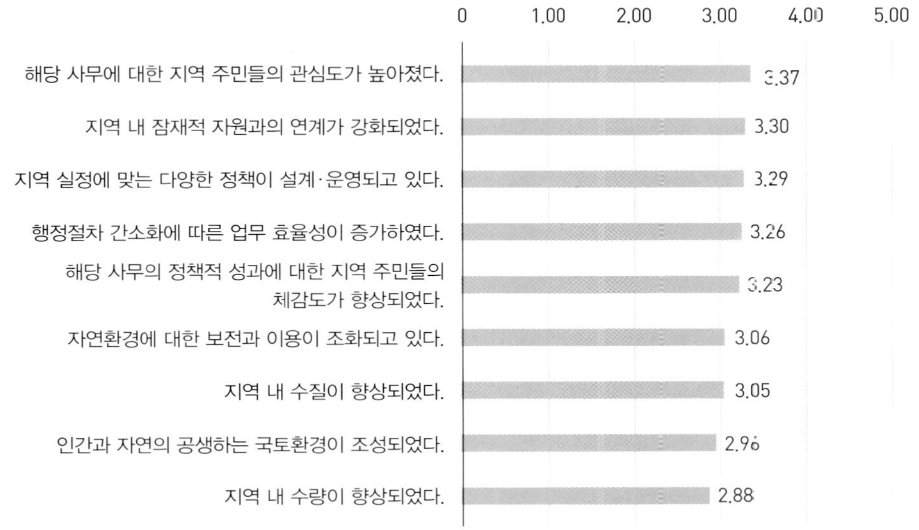

자료: 자체 공무원 설문조사

선 효과는 상대적으로 미약한 것으로 평가하였다.

분산분석 결과에 따르면 대부분의 항목에서 광역자치단체 소속 공무원들이 자연환경 분야 환경사무의 지방 이양 효과에 높은 점수를 부여한 것을 확인할 수 있다.

〈표 5-35〉 환경사무 지방위임·이양 효과: 자연환경

문3-1) 다음은 환경사무의 지방위임 및 이양효과에 대한 질문입니다. 중앙정부에서 지방정부로 각 환경 사무가 위임 및 이양된 이후의 변화에 대하여 귀하의 생각과 일치하는 곳에 표시해 주십시오.

자연환경	사례수	① 매우 부정	② 부정	부정	③ 보통	④ 긍정	⑤ 매우 긍정	긍정	평균
	명	%	%	%	%	%	%	%	점
(1) 행정절차 간소화에 따른 업무 효율성 증가	304	3.9	12.2	16.1	44.4	32.9	6.6	39.5	3.26 (1.903)
(2) 지역 실정에 맞는 다양한 정책 설계·운영	304	4.3	9.2	13.5	46.1	34.5	5.9	40.5	3.29 (4.260*)
(3) 해당 사무에 대한 지역 주민들의 관심도 증가	304	3.0	9.5	12.5	41.1	40.8	5.6	46.4	3.37 (4.913**)
(4) 해당 사무의 정책적 성과에 대한 지역 주민들의 체감도 향상	304	4.3	11.8	16.1	46.4	31.6	5.9	37.5	3.23 (6.744**)
(5) 지역 내 잠재적 자원과의 연계 강화	304	2.3	11.5	13.8	45.7	34.5	5.9	40.5	3.30 (4.401*)
(6) 지역 내 수질 향상	304	4.9	18.8	23.7	46.7	26.0	3.6	29.6	3.05 (9.326**)
(7) 지역 내 수량 향상	304	5.6	22.4	28.0	52.6	16.8	2.6	19.4	2.88 (6.425**)
(8) 자연환경에 대한 보전과 이용 조화	304	6.3	15.5	21.7	47.7	27.3	3.3	30.6	3.06 (9.336**)
(9) 인간과 자연의 공생하는 국토 환경 조성	304	6.3	21.1	27.3	45.4	25.0	2.3	27.3	2.96 (8.173**)

자료: 자체 공무원 설문조사

* $p<0.05$, ** $p<0.01$. 괄호 안은 분산분석 결과 도출된 F값.

다. 생활환경 분야의 위임·이양 효과

생활환경 분야 환경사무의 지방 이양의 효과에 대해서도 전반적으로 ‘보통(3점)’ 이상의 긍정적인 평가를 보였다. 응답자들은 ‘지역 주민들의 관심도 제고(3.42점)’, ‘행정 간소화로 인한 업무 효율성 증가(3.39점)’, ‘정책적 성과에 대한 지역 주민들의 체감도 향상(3.31점)’, ‘지역 실정에 맞는 정책 설계 및 운영(3.28점)’이 사무 이양의 긍정적 효과라고 응답했다.

하지만 그중 먹거리 및 화학물질·제품 안전관리의 개선에 대해서는 상대적으로 효과가 미약하며 향후 개선의 여지가 있는 것으로 보인다. 〈그림 5-25〉에서 나타나는 바와 같이 분산분석의 결과는 광역자치단체 공무원들이 대부분의 항목에서 다른 소속 공무원에 비해 높은 점수를 준 것으로 나타났다.

〈그림 5-25〉 환경사무 지방위임·이양 효과: 생활환경 (단위: 점)

자료: 자체 공무원 설문조사

〈표 5-36〉 환경사무 지방위임·이양 효과: 생활환경

문3-1) 다음은 환경사무의 지방위임 및 이양 효과에 대한 질문입니다. 중앙정부에서 지방정부로 각 환경 사무가 위임 및 이양된 이후의 변화에 대하여 귀하의 생각과 일치하는 곳에 표시해 주십시오.

생활환경	사례수	① 매우 부정	② 부정	부정	③ 보통	④ 긍정	⑤ 매우 긍정	긍정	평균
	명	%	%	%	%	%	%	%	점
(1) 행정절차 간소화에 따른 업무 효율성 증가	304	4.3	9.2	13.5	37.5	41.1	7.9	49.0	3.39 (1.448)
(2) 지역 실정에 맞는 다양한 정책 설계·운영	304	3.9	12.2	16.1	39.8	40.1	3.9	44.1	3.28 (5.860**)
(3) 해당 사무에 대한 지역 주민들의 관심도 증가	304	2.6	8.9	11.5	39.1	42.4	6.9	49.3	3.42 (5.448**)
(4) 해당 사무의 정책적 성과에 대한 지역 주민들의 체감도 향상	304	3.3	10.5	13.8	45.7	32.9	7.6	40.5	3.31 (5.379**)
(5) 지역 내 잠재적 자원과의 연계 강화	304	2.6	14.8	17.4	44.7	33.6	4.3	37.8	3.22 (1.786)
(6) 지역 내 화학 및 오염물질 관리 개선	304	5.3	16.1	21.4	51.3	24.7	2.6	27.3	3.03 (2.159)
(7) 화학물질과 제품에 대한 안전관리 개선	304	6.6	17.1	23.7	49.0	25.3	2.0	27.3	2.99 (1.280)
(8) 먹거리에 대한 안전관리 개선	304	6.6	18.1	24.7	47.7	25.0	2.6	27.6	2.99 (3.904*)

자료: 자체 공무원 설문조사

* $p<0.05$, ** $p<0.01$. 괄호 안은 분산분석 결과 도출된 F값.

라. 자원순환 분야의 위임·이양 효과

공무원들은 자원순환 분야 환경사무의 지방위임·이양의 효과와 관련한 모든 항목에서 '보통(3점)' 이상의 효과가 나타난다고 응답하였다. 가장 큰 효과가 나타난 것으로 '지역 주민들의 관심도 제고(3.45점)'를 꼽았으며, 그다음으로 '행정 간소화로 인한 업무 효율성 증가(3.36점)', '지역 실정에 맞는 정책 운영(3.35점)', '정책적 성과에 대한 지역 주민들의 체감도 향상(3.32점)'을 꼽았다. '지역 내 폐기물(토양) 관리 개선' 항목도 평균 3.02점을 기록하여 실질적인 환경개선 효과가 어느 정도 존재하고 있다고 인식하는 것으로 나타났다.

〈그림 5-26〉 환경사무 지방위임·이양 효과: 자원순환

(단위: 점)

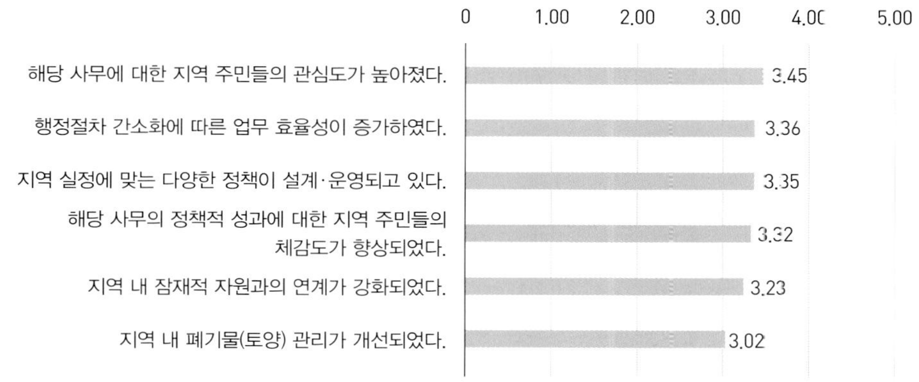

자료: 자체 공무원 설문조사

〈표 5-37〉 환경사무 지방위임·이양 효과: 자원순환

문3-1) 다음은 환경사무의 지방위임 및 이양 효과에 대한 질문입니다. 중앙정부에서 지방정부로 각 환경 사무가 위임 및 이양된 이후의 변화에 대하여 귀하의 생각과 일치하는 곳에 표시해 주십시오.

자원순환	사례수	① 매우 부정	② 부정	부정	③ 보통	④ 긍정	⑤ 매우 긍정	긍정	평균
	명	%	%	%	%	%	%	%	점
(1) 행정절차 간소화에 따른 업무 효율성 증가	304	3.0	10.9	13.8	40.8	38.5	6.9	45.4	3.36 (2.916)
(2) 지역 실정에 맞는 다양한 정책 설계·운영	304	2.3	10.9	13.2	41.4	40.1	5.3	45.4	3.35 (3.991*)
(3) 해당 사무에 대한 지역 주민들의 관심도 증가	304	2.0	9.2	11.2	36.5	46.4	5.9	52.3	3.45 (5.599**)
(4) 해당 사무의 정책적 성과에 대한 지역 주민들의 체감도 향상	304	2.3	13.5	15.8	41.1	36.5	6.6	43.1	3.32 (9.021**)
(5) 지역 내 잠재적 자원과의 연계 강화	304	3.3	10.9	14.1	50.0	31.3	4.6	35.9	3.23 (2.606)
(6) 지역 내 폐기물 관리 개선	304	4.9	19.4	24.3	47.7	24.7	3.3	28.0	3.02 (7.604**)

자료: 자체 공무원 설문조사

* $p<0.05$, ** $p<0.01$. 괄호 안은 분산분석 결과 도출된 F값.

한편, 네 가지 환경사무 분야(대기환경, 자연환경, 생활환경, 자원순환)별로 지방위임·이양 효과가 상이한지 알아보기 위하여 분산분석을 실시한 결과, 각 분야별로 통계적으로 유의미한 차이는 나타나지 않아 지방위임·이양 효과가 특정 분야에서만 두드러지게 나타나는 것은 아님을 알 수 있다.

〈표 5-38〉 환경사무 지방위임·이양 효과 분산분석 결과

문항	F값
(1) 행정절차 간소화에 따른 업무 효율성이 증가하였다.	1.645
(2) 지역 실정에 맞는 다양한 정책이 설계·운영되고 있다.	1.010
(3) 해당 사무에 대한 지역 주민들의 관심도가 높아졌다.	2.416
(4) 해당 사무의 정책적 성과에 대한 지역 주민들의 체감도가 향상되었다.	1.422
(5) 지역 내 잠재적 자원(자원봉사자, 이해관계자 등)과의 연계가 강화되었다.	0.569
(6) 지역 내 환경의 질이 향상되었다.	1.122

자료: 자체 공무원 설문조사

4) 지자체의 조직과 업무

(1) 지자체의 조직과 업무

위임·이양된 환경사무를 담당하는 지자체의 조직 독립성, 업무 권한, 환경사무의 비중 모두에 있어 '보통(3점)'보다 약간 낮은 수준으로 평가하였다. 구체적으

〈그림 5-27〉 환경사무 관련 지자체의 조직과 업무 (단위: 점)

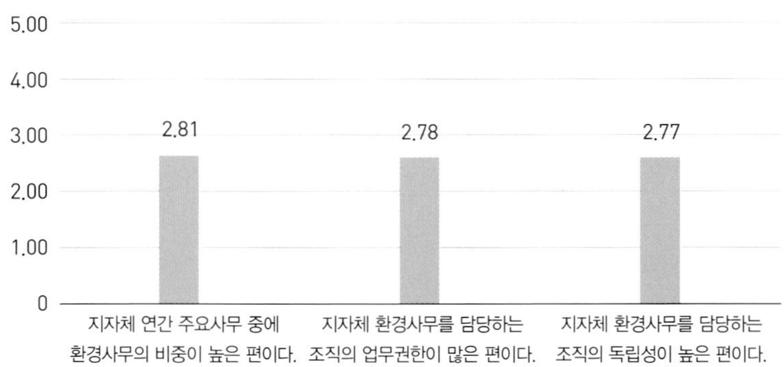

자료: 자체 공무원 설문조사

로, '지자체 연간 주요사무 중 환경사무의 비중이 높은 편이다.'는 항목은 2.81점, '지자체 환경사무를 담당하는 조직의 업무권한이 많은 편이다.'는 항목은 2.78점, '지자체 환경사무를 담당하는 조직의 독립성이 높은 편이다.'는 항목은 2.77점으로 조사되었다.

지자체의 조직 독립성, 업무권한, 환경업무의 부담 정도와 관련하여 응답자 소속별 교차분석을 실시한 결과, 중앙정부, 광역자치단체, 기초자치단체 소속 공무원들 간에 통계적으로 유의미한 차이는 나타나지 않았다.

〈표 5-39〉 환경사무 관련 지자체의 조직과 업무: 조직 독립성

문4) 다음은 환경사무와 관련된 지방자치단체의 조직과 업무에 관한 설문입니다.

(1) 지자체 환경사무를 담당하는 조직의 독립성이 높은 편이다.	사례수	① 매우 부정	② 부정	부정	③ 보통	④ 긍정	⑤ 매우 긍정	긍정	평균
	명	%	%	%	%	%	%	%	점
전 체	304	8.6	28.0	36.5	44.4	15.8	3.3	19.1	2.77
중앙부처 및 특별지방행정기관	103	10.7	27.2	37.9	43.7	16.5	1.9	18.4	2.72
광역자치단체	100	6.0	30.0	36.0	44.0	16.0	4.0	20.0	2.82
기초자치단체	101	8.9	26.7	35.6	45.5	14.9	4.0	18.8	2.78
χ^2	2.545								

자료: 자체 공무원 설문조사

〈표 5-40〉 환경사무 관련 지자체의 조직과 업무: 업무 권한

문4) 다음은 환경사무와 관련된 지방자치단체의 조직과 업무에 관한 설문입니다.

(2) 지자체 환경사무를 담당하는 조직의 업무권한이 많은 편이다.	사례수	① 매우 부정	② 부정	부정	③ 보통	④ 긍정	⑤ 매우 긍정	긍정	평균
	명	%	%	%	%	%	%	%	점
전 체	304	8.9	28.6	37.5	41.4	17.8	3.3	21.1	2.78
중앙부처 및 특별지방행정기관	103	10.7	26.2	36.9	43.7	16.5	2.9	19.4	2.75
광역자치단체	100	6.0	31.0	37.0	37.0	23.0	3.0	26.0	2.86
기초자치단체	101	9.9	28.7	38.6	43.6	13.9	4.0	17.8	2.73
χ^2	5.255								

자료: 자체 공무원 설문조사

〈표 5-41〉 환경사무 관련 지자체의 조직과 업무: 환경사무의 비중

문4) 다음은 환경사무와 관련된 지방자치단체의 조직과 업무에 관한 설문입니다.

(3) 지자체 연간 주요사무 중에 환경사무의 비중이 높은 편이다.	사례수	① 매우 부정	② 부정	부정	③ 보통	④ 긍정	⑤ 매우 긍정	긍정	평균
	명	%	%	%	%	%	%	%	점
전 체	304	11.2	25.3	36.5	40.1	18.1	5.3	23.4	2.81
중앙부처 및 특별지방행정기관	103	14.6	31.1	45.6	40.8	12.6	1.0	13.6	2.54
광역자치단체	100	10.0	25.0	35.0	32.0	24.0	9.0	33.0	2.97
기초자치단체	101	8.9	19.8	28.7	47.5	17.8	5.9	23.8	2.92
χ^2	5.255								

자료: 자체 공무원 설문조사

(2) 지자체의 환경사무 예산과 인력

가. 환경사무 예산 비율

지자체의 연간 예산 중 환경사무 예산의 비율은 평균 9.20%인 것으로 나타났다. 구체적으로, ‘6~10% 수준’이라는 응답이 31.3%로 가장 많았으며, 그다음으로 ‘3% 이하(28.7%)’, ‘4~5% 수준(20.1%)’, ‘10% 초과(20.1%)’ 순으로 높은 응답 빈도를 나타냈다.

〈그림 5-28〉 환경사무 예산 비율 (단위: %)

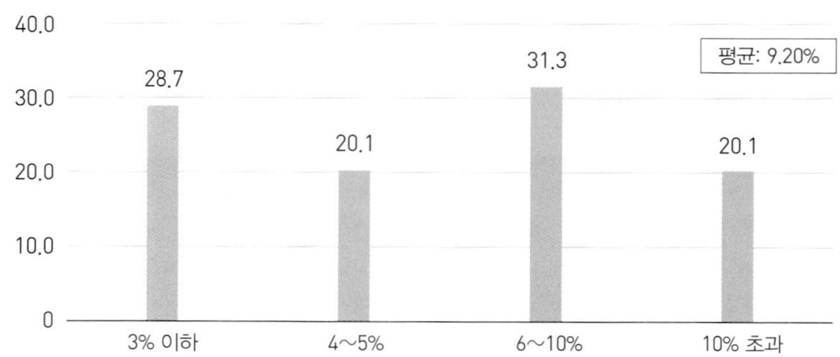

자료: 자체 공무원 설문조사

나. 환경사무 담당 인력 비율

지자체 전체 인력 중에서 환경사무를 담당하는 인력의 비율은 평균 7.29% 수준인 것으로 나타났다. 구체적으로, '3% 이하'라는 응답이 40.8%로 가장 많았으며, 그다음으로 '4～5% 수준(25.0%)', "6～10% 수준(23.0%)', '10% 초과(11.2%)' 순으로 높은 응답 빈도를 나타냈다.

〈그림 5-29〉 환경사무 담당 인력 비율 (단위: %)

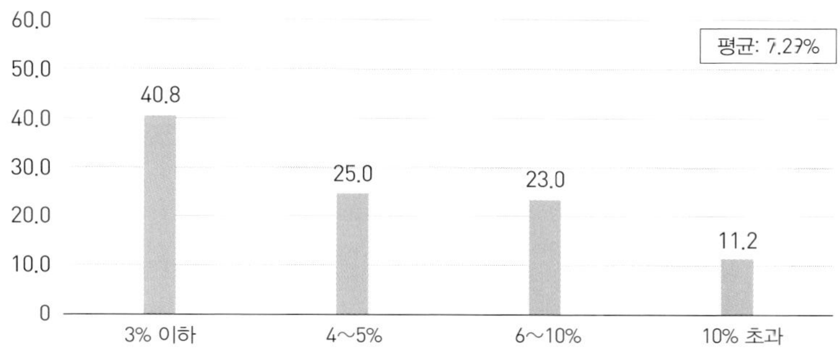

자료: 자체 공무원 설문조사

5) 지자체 조직역량

(1) 환경사무 분야별 지자체의 조직과 역량

가. 대기 분야의 지자체 조직 역량

대기 분야와 관련한 지자체의 조직역량에 대하여 '담당 공무원의 전문성이 높은 편이다(3.27점).'를 제외하고 '담당 공무원에 대한 교육이 필요하다(3.98점).', '담당 공무원의 증원이 필요하다(4.36점).', '환경사무에 대한 예산 증액이 필요하다(4.23점).'는 항목에 대해 보통(3점) 수준 이상의 높은 동의 정도를 보이는 것으로 나타났다.

분산분석 결과, 중앙정부 소속 공무원과 지방정부 소속 공무원 간의 인식에 통계적으로 의미 있는 인식의 차이가 발견되었다. 중앙정부 소속 공무원보다 지방정부 소속 공무원들이 담당 공무원의 전문성을 높이 평가하고 예산 증액이 필요하다는 데 더욱 동의하는 것으로 나타났다.

〈그림 5-30〉 지자체의 조직 역량: 대기 (단위: 점)

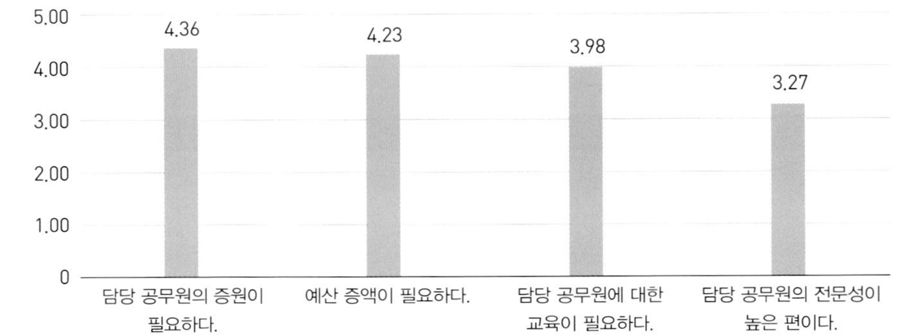

자료: 자체 공무원 설문조사

〈표 5-42〉 지자체의 조직 역량: 대기

문5) 다음은 환경사무의 분야별 지방자치단체의 조직 역량에 관한 설문입니다.

대기	사례수	① 매우 부정	② 부정	부정	③ 보통	④ 긍정	⑤ 매우 긍정	긍정	평균
	명	%	%	%	%	%	%	%	점
(1) 환경사무 담당 공무원 전문성 높은 편	304	4.9	11.8	16.8	40.5	36.5	6.3	42.8	3.27 (18.095**)
(2) 환경사무 담당 공무원 교육 필요	304	0.0	1.0	1.0	20.1	58.6	20.4	78.9	3.98 (1.303)
(3) 환경사무 담당 공무원 증원 필요	304	0.0	1.0	1.0	10.9	39.5	48.7	88.2	4.36 (2.840)
(4) 환경사무 예산 증액 필요	304	.3	.7	1.0	15.5	42.4	41.1	83.6	4.23 (4.763**)

자료: 자체 공무원 설문조사

* $p<0.05$, ** $p<0.01$. 괄호 안은 분산분석 결과 도출된 F값.

나. 자연환경 분야의 지자체 조직 역량

자연환경 분야와 관련한 지자체의 조직역량에 대하여 '담당 공무원의 전문성이 높은 편이다(3.26점).'를 제외하고 '담당 공무원에 대한 교육이 필요하다(4.02점).', '담당 공무원의 증원이 필요하다(4.19점).', '환경사무에 대한 예산 증액이 필요하다(4.15점).'는 항목에 대해 높은 동의 정도를 보이는 것으로 나타났다.

〈그림 5-31〉 지자체의 조직 역량: 자연환경 (단위: 점)

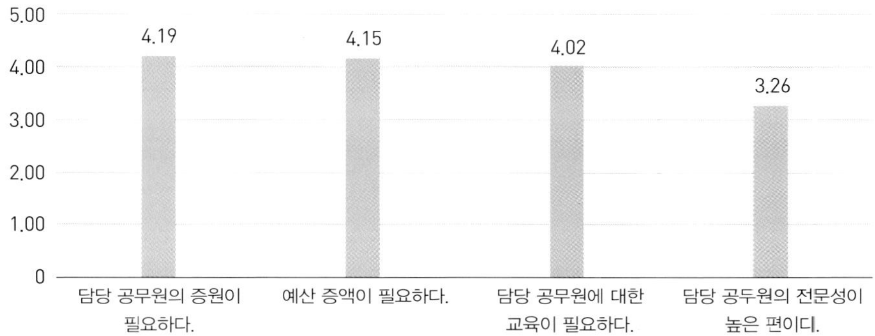

자료: 자체 공무원 설문조사

〈표 5-43〉 지자체의 조직 역량: 자연환경

문5) 다음은 환경사무의 분야별 지방자치단체의 조직 역량에 관한 설문입니다.

자연환경	사례수	① 매우 부정	② 부정	부정	③ 보통	④ 긍정	⑤ 매우 긍정	긍정	평균
	명	%	%	%	%	%	%	%	점
(1) 환경사무 담당 공무원 전문성 높은 편	304	3.0	11.5	14.5	47.7	31.9	5.9	37.8	3.26 (6.905**)
(2) 환경사무 담당 공무원 교육 필요	304	0.0	1.0	1.0	21.7	52.0	25.3	77.3	4.02 (2.811)
(3) 환경사무 담당 공무원 증원 필요	304	0.0	2.3	2.3	13.2	47.4	37.2	84.5	4.19 (1.614)
(4) 환경사무 예산 증액 필요	304	0.0	1.3	1.3	18.4	44.1	36.2	80.3	4.15 (3.053*)

자료: 자체 공무원 설문조사

* $p<0.05$, ** $p<0.01$, 괄호 안은 분산분석 결과 도출된 F값.

분산분석 결과, 앞서 대기 분야와 마찬가지로 중앙정부 소속 공무원보다 지방정부 소속 공무원들이 담당 공무원의 전문성을 높이 평가하고 예산 증액이 필요하다는 데 더욱 동의하는 것으로 나타났다.

다. 생활환경 분야의 지자체 조직 역량

생활환경 분야와 관련한 지자체의 조직역량에 대하여 '담당 공무원의 전문성이 높은 편이다(3.04점).'를 제외하고 '담당 공무원에 대한 교육이 필요하다(4.01점).', '담당 공무원의 증원이 필요하다(4.26점).', '환경사무에 대한 예산 증액이 필요하다(4.13점).'는 항목에 대해 높은 동의 정도를 보이는 것으로 나타났다.

〈그림 5-32〉 지자체의 조직 역량: 생활환경 (단위: 점)

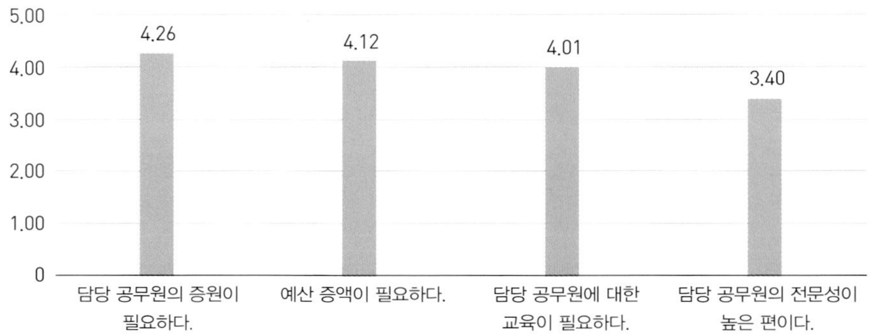

자료: 자체 공무원 설문조사

분산분석 결과, 모든 항목에 있어 광역자치단체 소속 공무원들이 동의하는 정도가 강하며, 교육의 필요성에 대해서는 중앙정부 및 광역자치단체 소속 공무원들이 기초자치단체 소속 공무원들보다 더욱 동의하는 것으로 나타났다.

〈표 5-44〉 지자체의 조직 역량: 생활환경

문5) 다음은 환경사무의 분야별 지방자치단체의 조직 역량에 관한 설문입니다.

생활환경	사례수	① 매우 부정	② 부정	부정	③ 보통	④ 긍정	⑤ 매우 긍정	긍정	평균
	명	%	%	%	%	%	%	%	점
(1) 환경사무 담당 공무원 전문성 높은 편	304	3.6	8.2	11.8	42.4	36.2	9.5	45.7	3.40 (14.408**)
(2) 환경사무 담당 공무원 교육 필요	304	0.0	1.3	1.3	20.7	53.9	24.0	78.0	4.01 (5.247**)
(3) 환경사무 담당 공무원 증원 필요	304	0.0	2.6	2.6	12.5	40.3	44.1	84.9	4.26 (3.573*)
(4) 환경사무 예산 증액 필요	304	2.6	2.6	17.8	44.1	35.5	79.6	4.13	3.31 (5.469**)

자료: 자체 공무원 설문조사

* $p<0.05$, ** $p<0.01$. 괄호 안은 분산분석 결과 도출된 F값.

라. 자원순환 분야의 지자체 조직 역량

생활환경 분야와 관련한 지자체의 조직역량에 대하여 '담당 공무원의 전문성이 높은 편이다(3.04점).'를 제외하고 '담당 공무원에 대한 교육이 필요하다(4.01점).', '담당 공무원의 증원이 필요하다(4.26점).', '환경사무에 대한 예산 증액이 필요하다(4.13점).'는 항목에 대해 높은 동의 정도를 보이는 것으로 나타났다.

〈그림 5-33〉 지자체의 조직 역량: 자원순환 (단위: 점)

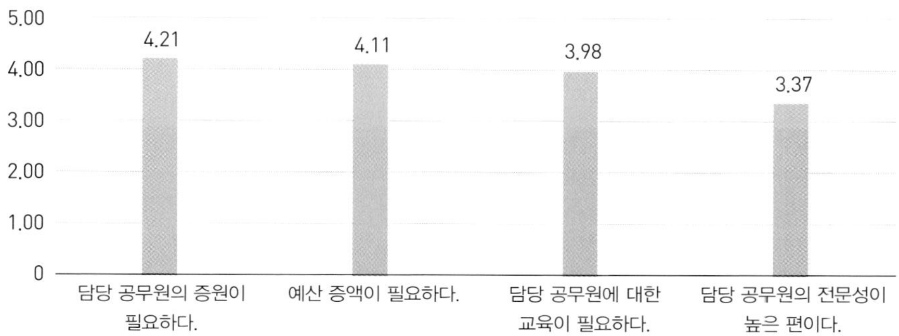

자료: 자체 공무원 설문조사

〈표 5-45〉 지자체의 조직 역량: 자원순환

문5) 다음은 환경사무의 분야별 지방자치단체의 조직 역량에 관한 설문입니다.

자원순환	사례수	① 매우 부정	② 부정	부정	③ 보통	④ 긍정	⑤ 매우 긍정	긍정	평균
	명	%	%	%	%	%	%	%	점
(1) 환경사무 담당 공무원 전문성 높은 편	304	3.0	8.9	11.8	45.1	34.9	8.2	43.1	3.37 (9.907**)
(2) 환경사무 담당 공무원 교육 필요	304	0.0	1.0	1.0	22.0	55.3	21.7	77.0	3.98 (5.380**)
(3) 환경사무 담당 공무원 증원 필요	304	0.0	2.0	2.0	14.5	43.8	39.8	83.6	4.21 (7.210**)
(4) 환경사무 예산 증액 필요	304	0.0	2.3	2.3	18.8	44.7	34.2	78.9	4.11 (5.083**)

자료: 자체 공무원 설문조사
* p<0.05, ** p<0.01. 괄호 안은 분산분석 결과 도출된 F값.

분산분석 결과, 모든 항목에 있어 광역자치단체 소속 공무원들이 동의하는 정도가 높은 것으로 나타났다.

한편, 네 가지 환경사무 분야(대기환경, 자연환경, 생활환경, 자원순환)별로 조직역량에 대한 인식에 차이가 있는지 알아보기 위하여 분산분석을 실시한 결과, 인력 증원의 필요성에 대해서만 통계적으로 유의미한 차이가 나타났다. 특히 대기 분야에 있어서 증원의 필요성을 높게 인식하는 것으로 나타났다.

〈표 5-46〉 지자체의 조직역량에 대한 분산분석 결과

문항	F값
(1) 환경사무 담당 공무원의 전문성이 높은 편이다.	1.733
(2) 환경사무 담당 공무원에 대한 교육이 필요하다.	0.219
(3) 환경사무 담당 공무원의 증원이 필요하다.	2.915*
(4) 환경사무에 대한 예산 증액이 필요하다.	1.572

자료: 자체 공무원 설문조사
* p<0.05

(2) 지자체의 조직과 역량 평가

종합적으로 지자체 환경사무 담당 조직의 역량을 어떻게 평가하느냐는 질문에 44.7%의 응답자들이 지자체 환경사무 담당 조직의 역량이 낮은 편('매우 작다'+'작다')이라고 응답했으며, 19.7%의 응답자가 지자체 환경사무 담당 조직의 역량이 높은 편('크다'+'매우 크다')이라고 답하였다.

분산분석 결과($F=5.454$, $p<0.01$), 중앙정부와 광역자치단체 소속 공무원들의 응답에 통계적으로 유의미한 차이가 존재하는 것으로 나타났다. 광역자치단체 소속 공무원들은 지자체의 조직 역량을 보다 높게 평가하는 것으로 나타났다.

〈그림 5-34〉 지자체의 조직 역량: 종합 (단위: %)

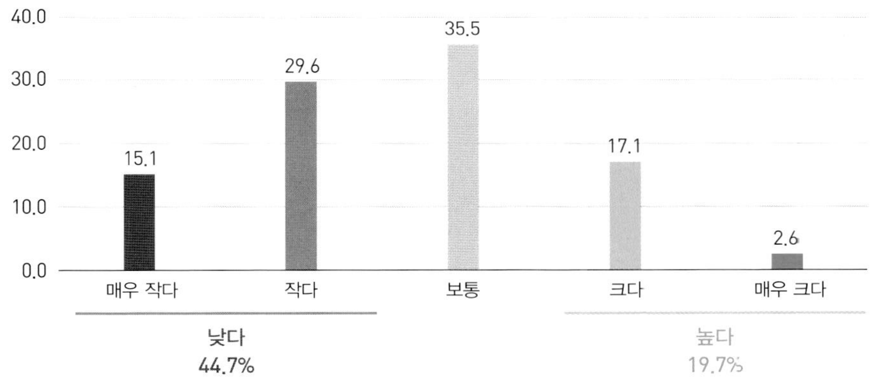

자료: 자체 공무원 설문조사

〈표 5-47〉 지자체의 조직 역량: 종합

문5-1) 종합적으로 볼 때, 지방자치단체 환경사무를 담당하는 조직의 역량을 어떻게 평가하십니까?

자원순환	사례수	① 매우 부정	② 부정	부정	③ 보통	④ 긍정	⑤ 매우 긍정	긍정	평균
	명	%	%	%	%	%	%	%	점
전체	304	15.1	29.6	44.7	35.5	17.1	2.6	19.7	2.63
중앙	103	17.5	35.0	52.4	40.8	6.8	0.0	6.8	2.37
광역	100	12.0	27.0	39.0	32.0	25.0	4.0	29.0	2.82
기초	101	15.8	26.7	42.6	33.7	19.8	4.0	23.8	2.69

자료: 자체 공무원 설문조사

6) 지자체의 지도감시단속 업무실태

(1) 지자체의 환경감시 업무평가

지방자치단체의 배출업소 관련 지도·감시·단속 업무에 대한 평가 결과, 지자체의 정책집행이 환경의 질 개선에 긍정적인 효과를 미치고 있다는 데 가장 많은 응답자들이 동의하였다(3.37점). 응답자들은 지방자치단체들이 통합지도·점검 규정을 구체적이고 명확하게 적용하고 있는 편이며(3.3점), 배출업소에 대한 사후관

〈그림 5-35〉 지자체의 환경감시 업무 평가 (단위: 점)

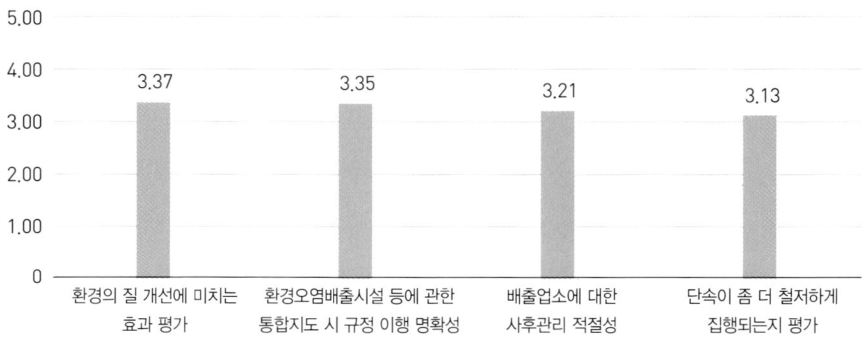

자료: 자체 공무원 설문조사

〈표 5-48〉 지자체의 환경감시 업무 평가

문6) 지자체의 배출업소의 지도, 감시, 단속업무에 대한 질문입니다.

	사례수	① 매우 부정	② 부정	부정	③ 보통	④ 긍정	⑤ 매우 긍정	긍정	평균
	명	%	%	%	%	%	%	%	점
(1) 환경오염배출시설 등에 관한 통합지도 시 규정 이행 명확성	304	3.9	11.5	15.5	40.1	34.2	10.2	44.4	3.35
(2) 배출업소에 대한 사후관리 적절성	304	5.6	16.4	22.0	36.2	34.9	6.9	41.8	3.21
(3) 환경의 질 개선에 미치는 효과 평가	304	5.3	12.2	17.4	32.9	39.8	9.9	49.7	3.37
(4) 단속이 좀 더 철저하게 집행되는지 평가	304	11.5	11.5	23.0	39.1	28.3	9.5	37.8	3.13

자료: 자체 공무원 설문조사

리를 적절하게 집행하고 있고(3.21점), 이양 이후 단속이 보다 철저하게 이루어지고 있는 편(3.13점)이라고 응답하였다.

(2) 지자체에 의한 오염물질 배출업소 위반업체 적발률 및 고발률 평가

지자체에 의한 오염물질 배출업소의 위반업체 적발률과 고발률이 상대적으로 낮다고 생각하느냐는 질문에 '보통' 수준이라고 응답한 공무원이 절반가량(54.9%)

〈그림 5-36〉 오염물질 배출업소 위반업체 적발률 및 고발률 평가 (단위: %)

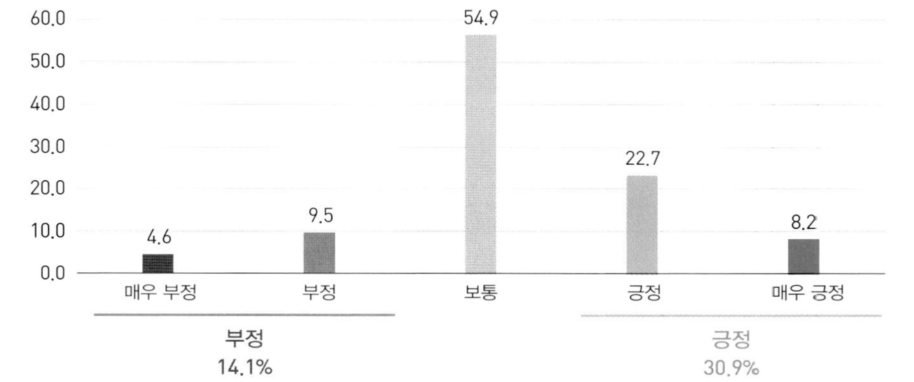

자료: 자체 공무원 설문조사

〈표 5-49〉 오염물질 배출업소 위반업체 적발률 및 고발률 평가

문6-1) 지자체에 의한 오염물질 배출업소의 위반업체 적발률과 고발비율이 상대적으로 낮다고 생각하십니까?

	사례수	① 매우 부정	② 부정	부정	③ 보통	④ 긍정	⑤ 매우 긍정	긍정	평균
	명	%	%	%	%	%	%	%	점
전체	304	4.6	9.5	14.1	54.9	22.7	8.2	30.9	3.20
중앙	103	3.9	8.7	12.6	42.7	25.2	19.4	44.7	3.48
광역	100	8.0	10.0	18.0	57.0	22.0	3.0	25.0	3.02
기초	101	2.0	9.9	11.9	65.3	20.8	2.0	22.8	3.11
χ^2	33.381**								

자료: 자체 공무원 설문조사
* p<0.05, ** p<0.01

〈표 5-50〉 오염물질 배출업소 위반업체 적발률 및 고발률

		① 매우 부정	② 부정	③ 보통	④ 긍정	⑤ 매우 긍정	전체
전체	빈도	14	29	167	69	25	304
	%	4.6	9.5	54.9	22.7	8.2	100.0
중앙	빈도	4	9	44	26	20	103
	%	1.3	3.0	14.5	8.6	6.6	33.9
광역	빈도	8	10	57	22	3	100
	%	2.6	3.3	18.8	7.2	1.0	32.9
기초	빈도	2	10	66	21	2	101
	%	0.7	3.3	21.7	6.9	0.7	33.2
χ^2	33.381**						

자료: 자체 공무원 설문조사

* p<0.05, ** p<0.01

〈그림 5-37〉 오염물질 배출업소 위반업체 적발률 및 고발률 평가(응답자 소속별) (단위: %)

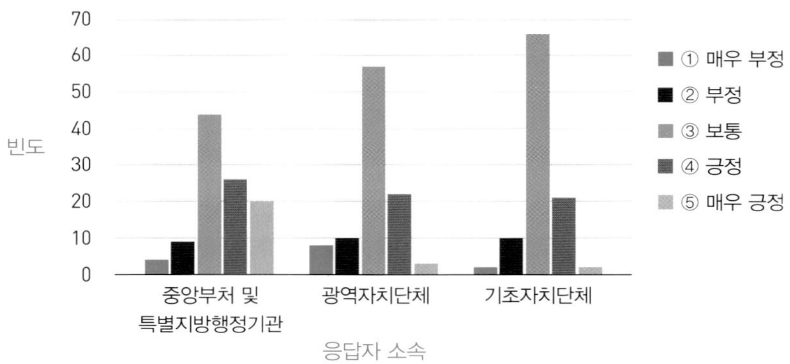

자료: 자체 공무원 설문조사

이었고, '낮은 편'이라고 인식하는 공무원이 30.9%, '낮지 않은 편'이라고 인식하는 공무원이 14.1%로 나타났다.

교차분석 결과, 응답자의 소속에 따라 인식의 차이가 존재하고 있는 것이 확인되었으며 중앙정부 소속 공무원들이 지자체의 정책집행 성과가 저조하다는 의견에 더욱 찬성하는 편인 것으로 나타났다.

(3) 위반업체 적발률 및 고발률이 낮은 이유

지자체의 오염물질 배출 위반업체 적발률 및 고발률이 낮은 편이라고 응답한 공무원 총 94명을 대상으로 그 이유에 대하여 추가 질문한 결과, 지자체의 담당 인력 및 장비 부족 등 행정 역량이 취약(3.99점)하기 때문이라는 의견이 가장 많았다. 또한 '단체장, 지역 유지, 지인과의 관계(3.68점)', '배출업체의 강력한 반발에 대한 우려(3.35점)' 등도 지자체들로 하여금 적극적인 적발 및 고발을 실시하지 못하게 하는 이유가 된다고 응답하였다.

〈그림 5-38〉 위반업체 적발률 및 고발률이 낮은 이유 (단위: 점)

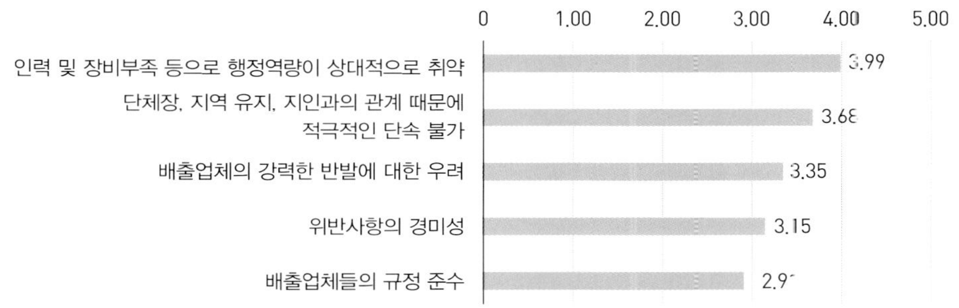

자료: 자체 공무원 설문조사

〈표 5-51〉 오염물질 배출업소 위반업체 적발률 및 고발률이 낮은 이유

문6-2) 지자체에 의한 오염물질 배출업소의 위반업체 적발률과 고발률이 상대적으로 낮다고 생각하신다면, 다음 중 그 중요한 이유는 무엇이라고 생각하십니까?

	사례수	① 매우 부정	② 부정	부정	③ 보통	④ 긍정	⑤ 매우 긍정	긍정	평균
	명	%	%	%	%	%	%	%	점
(1) 배출업체들의 규정 준수	304	10.6	19.1	29.8	45.7	17.0	7.4	24.5	2.91
(2) 위반사항의 경미성	304	6.4	16.0	22.3	41.5	28.7	7.4	36.2	3.15
(3) 단체장, 지역 유지, 지인과의 관계 때문에 적극적인 단속 불가	304	3.2	16.0	19.1	17.0	37.2	26.6	63.8	3.68
(4) 인력 및 장비부족 등으로 행정 역량이 상대적으로 취약	304	0.0	6.4	6.4	20.2	41.5	31.9	73.4	3.99
(5) 배출업체의 강력한 반발에 대한 우려	304	6.4	14.9	21.3	31.9	30.9	16.0	46.8	3.35

자료: 자체 공무원 설문조사

(4) 지자체의 정기 감시 및 단속 강화요인

지자체의 정기 감시 및 단속을 강화시키는 요인으로 응답자들은 '담당 공무원들의 관심 및 의지(3.98점)', '담당 공무원들의 전문성(3.88점)'과 같은 공무원 개인의 역량을 가장 중요한 것으로 꼽았다. 그다음으로는 '담당 공무원과 사업장 간 유착관계 차단(3.55점)', '담당 공무원들의 단속 횟수 증가(3.51점)', '계도 위주가 아닌 적발 위주의 점검(3.23점)' 순으로 중요하게 작용한다고 응답하였다.

〈그림 5-39〉 지자체의 정기 감시 및 단속 강화 요인 (단위: 점)

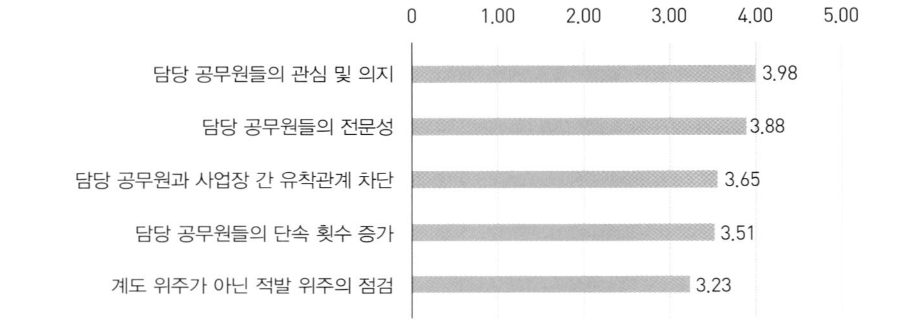

자료: 자체 공무원 설문조사

〈표 5-52〉 지자체의 정기 감시 및 단속 강화 요인

문6-3) 지자체의 정기 감시·단속을 강화하기 위한 다음 요인들이 얼마나 효과가 있다고 생각하십니까?

	사례수	① 매우 부정	② 부정	부정	③ 보통	④ 긍정	⑤ 매우 긍정	긍정	평균
	명	%	%	%	%	%	%	%	점
(1) 담당 공무원들의 전문성	304	0.3	2.6	3.0	25.0	52.6	19.4	72.0	3.88
(2) 담당 공무원들의 관심 및 의지	304	0.0	2.6	2.6	23.7	46.4	27.3	73.7	3.98
(3) 담당 공무원과 사업장 간 유착관계 차단	304	2.6	12.5	15.1	32.6	32.2	20.1	52.3	3.55
(4) 담당 공무원들의 단속 횟수 증가	304	0.3	5.3	5.6	47.4	36.8	10.2	47.0	3.51
(5) 계도 위주가 아닌 적발 위주의 점검	304	1.6	16.1	17.8	47.7	27.0	7.6	34.5	3.23

자료: 자체 공무원 설문조사

7) 중앙정부의 역할

(1) 중앙정부의 역할 평가

환경사무를 주관하는 중앙정부(환경부와 지방환경청, 유역환경청, 대기환경청)의 역할에 대하여, 중앙정부가 보통 수준 정도로 '사무이양 시 지자체 간의 권한과 책임범위를 명확히 설정(3.16점)'하고 '환경규제 및 관리에 대한 법령 및 제도 체계를 설정

〈그림 5-40〉 중앙정부의 역할 평가 (단위: 점)

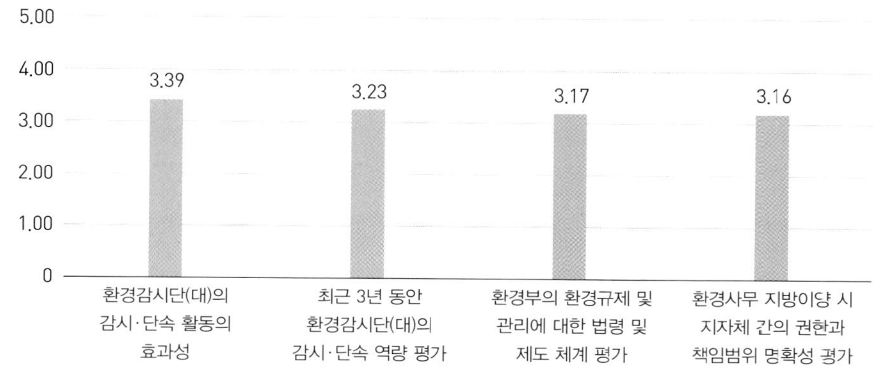

자료: 자체 공무원 설문조사

〈표 5-53〉 중앙정부의 역할 평가

문7) 환경사무를 주관하는 중앙정부(환경부와 지방환경청, 유역환경청, 대기환경청)의 역할에 관한 질문입니다.

	사례수	① 매우 부정	② 부정	부정	③ 보통	④ 긍정	⑤ 매우 긍정	긍정	평균
	명	%	%	%	%	%	%	%	점
(1) 환경사무 지방이양 시 지자체 간의 권한과 책임범위 명확성 평가	304	5.3	14.5	19.7	45.1	28.9	6.3	35.2	3.16
(2) 환경부의 환경규제 및 관리에 대한 법령 및 제도 체계 평가	304	4.3	13.2	17.4	47.4	31.6	3.6	35.2	3.17
(3) 환경감시단(대)의 감시·단속 활동의 효과성	304	2.3	12.2	14.5	39.1	36.5	9.9	46.4	3.39
(4) 최근 3년 환경감시단(대)의 감시·단속 역량 평가	304	2.6	11.8	14.5	50.7	29.6	5.3	34.9	3.23

자료: 자체 공무원 설문조사

(3.17점)'하는 것으로 나타났다. 환경감시단(대)의 감시·단속 활동이 환경의 질을 실질적으로 개선하는 데 효과적인지, 최근 3년 동안 환경감시단(대)의 역량이 강화되었는지에 대한 질문에는 각각 평균 3.39점, 3.23점이 집계되어 보통 수준 정도의 효과성과 역량을 갖추고 있는 것으로 평가되었다.

(2) 오염배출업소에 대한 중앙정부 차원의 특별 단속 및 관리

오염배출업소에 대한 중앙정부 차원의 특별 단속과 관리가 필요하다고 생각하는지에 대한 질문에 응답자들 중 62.2%는 '그렇다(긍정+매우 긍정).'고 하였으며 11.8%가 '아니다(매우 부정+부정).'라고 응답하였다.

교차분석 결과, 응답자의 소속에 따라 답변에 통계적으로 유의미한 차이가 존재하는 것으로 나타났다. 중앙정부 소속 공무원들의 경우 그 필요성을 지방정부 소속 공무원들에 비해 강하게 인식하고 있는 것을 확인할 수 있다.

〈그림 5-41〉 오염배출업소에 대한 중앙정부 차원의 특별 단속 및 관리 필요 여부 (단위: %)

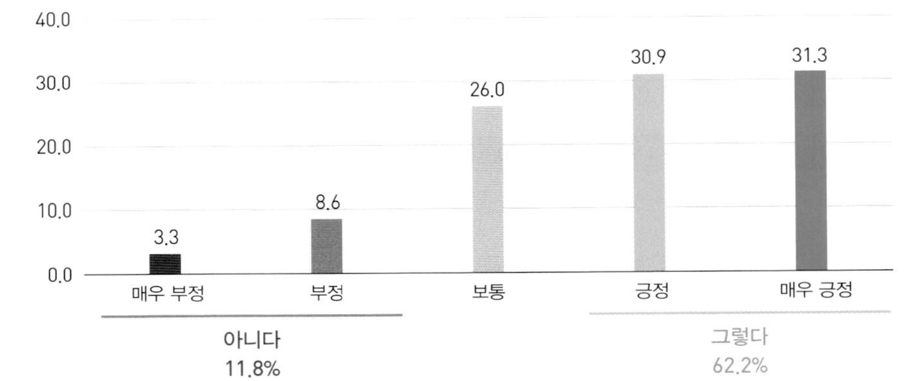

자료: 자체 공무원 설문조사

〈표 5-54〉 오염배출업소에 대한 중앙정부 차원의 특별 단속 및 관리 필요 여부

문7-1) 오염배출업소에 대한 중앙정부 차원의 특별 단속과 관리가 필요하다고 생각하십니까?

	사례수	① 매우 부정	② 부정	부정	③ 보통	④ 긍정	⑤ 매우 긍정	긍정	평균
	명	%	%	%	%	%	%	%	점
전체	304	3.3	8.6	11.8	26.0	30.9	31.3	62.2	3.78
중앙	103	1.9	1.9	3.9	16.5	31.1	48.5	79.6	4.22
광역	100	5.0	13.0	18.0	31.0	29.0	22.0	51.0	3.50
기초	101	3.0	10.9	13.9	30.7	32.7	22.8	55.4	3.61
χ^2	30.241**								

자료: 자체 공무원 설문조사
* p<0.05, ** p<0.01

〈그림 5-42〉 오염배출업소에 대한 중앙정부 차원의 특별 단속·관리 필요 여부(응답자 소속별) (단위: %)

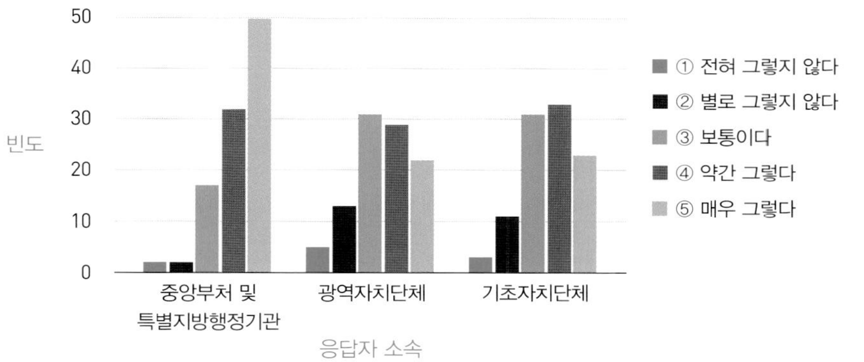

자료: 자체 공무원 설문조사

(3) 오염배출업소에 대한 중앙정부 차원의 관리 필요 이유

앞선 질문에 중앙정부 차원의 특별 단속 관리가 필요하다고 응답한 189명의 응답자를 대상으로 그 이유에 대하여 추가 질문한 결과, '중앙정부 차원의 광역적·전문적 관리의 필요(4.11점)', '지자체의 종합적 단속·관리 시스템 미흡(3.55점)', '지자체의 적극적인 오염배출 감시·단속 불집행(3.39점)', '지자체 간 비협조(3.27점)' 때문이라고 응답하였다.

〈그림 5-43〉 오염배출업소에 대한 중앙정부의 특별 단속 관리 필요 이유 (단위: 점)

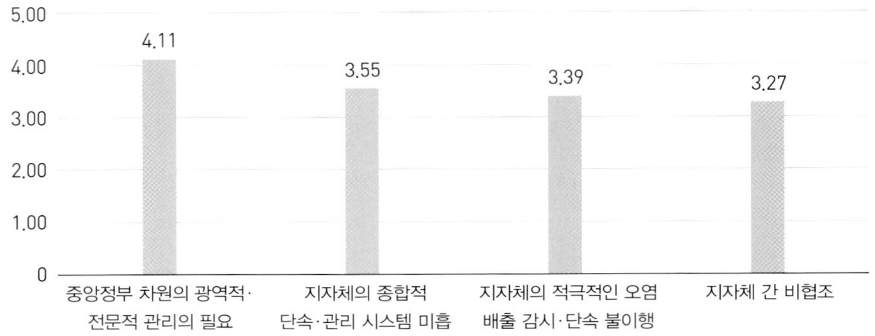

자료: 자체 공무원 설문조사

〈표 5-55〉 오염배출업소에 대한 중앙정부의 특별 단속 관리 필요 이유

문7-2) 중앙정부 차원의 오염배출업소의 특별 단속과 관리가 필요하다고 답하셨다면, 그 이유는 무엇이라고 생각하십니까?

	사례수	① 매우 부정	② 부정	부정	③ 보통	④ 긍정	⑤ 매우 긍정	긍정	평균
	명	%	%	%	%	%	%	%	점
(1) 지자체의 적극적인 오염배출 감시·단속 불이행	189	4.2	14.3	18.5	31.2	38.6	11.6	50.3	3.39
(2) 지자체 간 비협조	189	3.2	13.2	16.4	45.0	30.7	7.9	38.6	3.27
(3) 중앙정부 차원의 광역적·전문적 관리의 필요	189	0.5	3.7	4.2	11.6	52.9	31.2	84.1	4.11
(4) 지자체의 종합적 단속·관리 시스템 미흡	189	3.2	7.9	11.1	35.4	37.6	15.9	53.4	3.55

자료: 자체 공무원 설문조사

(4) 중앙정부의 감시 및 단속 강화 효과

중앙부처 및 특별행정기관 소속 응답자만을 대상으로 중앙정부의 특별 감시·단속 강화에 효과적인 요인을 살펴본 결과, '담당 공무원들의 관심 및 의지(4.13점)', '담당 공무원들의 전문성(4.02점)', '담당 공무원과 사업장 간 유착관계 차단(3.90점)', '담당 공무원들의 단속 횟수 증가(3.64점)', '계도 위주가 아닌 적발 위주의 점검(3.53점)' 순으로 조사되었다. 이러한 결과는 담당 공무원의 개인적 역량, 의

〈그림 5-44〉 중앙정부의 오염배출업소 특별 단속 및 관리 효과성 (단위: 점)

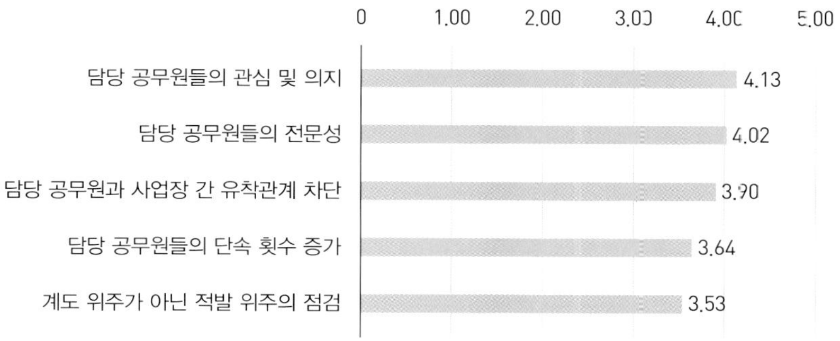

자료: 자체 공무원 설문조사

〈표 5-56〉 중앙정부의 오염배출업소 특별 단속 및 관리 효과성

문7-3) 중앙정부의 특별 감시·단속을 강화하기 위한 다음 요인들이 얼마나 효과가 있다고 생각하십니까?

	사례수	① 매우 부정	② 부정	부정	③ 보통	④ 긍정	⑤ 매우 긍정	긍정	평균
	명	%	%	%	%	%	%	%	점
(1) 담당 공무원들의 전문성	103	0.0	0.0	0.0	21.4	55.3	23.3	78.6	4.02
(2) 담당 공무원들의 관심 및 의지	103	0.0	0.0	0.0	20.4	46.6	33.0	79.6	4.13
(3) 담당 공무원과 사업장 간 유착관계 차단	103	0.0	5.8	5.8	26.2	39.8	28.2	68.0	3.90
(4) 담당 공무원들의 단속 횟수 증가	103	0.0	3.9	3.9	41.7	40.8	13.6	54.4	3.64
(5) 계도 위주가 아닌 적발 위주의 점검	103	0.0	4.9	4.9	48.5	35.0	11.7	46.6	3.53

자료: 자체 공무원 설문조사

지, 도덕성 등이 중앙정부의 특별 감시 및 단속의 강화에 더욱 긍정적인 영향을 미치는 것으로 해석해볼 수 있다.

8) 부분선점제도가 필요한 지방이양 사무

네 가지 환경 분야(대기, 생활환경, 자연환경, 자연순환)에의 부분선점제도 도입 필요성에 대한 질문에 응답자들은 모든 분야에 있어 '보통(3점)' 수준 정도에서 도입이 필요하다고 응답하였다. 구체적으로, 대기 분야 3.46점, 생활환경 3.45점, 자연환

〈그림 5-45〉 부분선점제도 필요한 지방이양 사무 분야 (단위: 점)

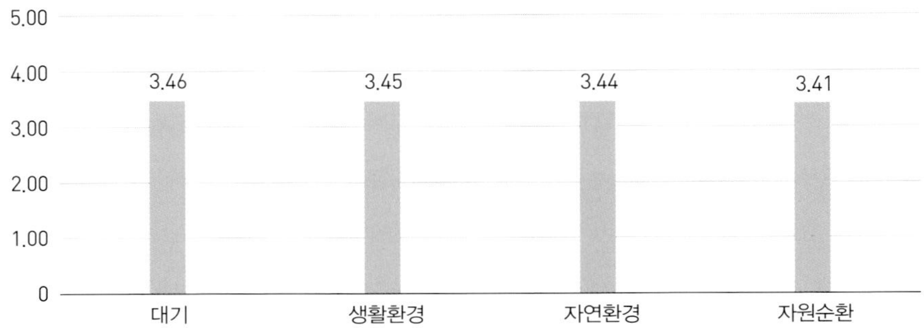

자료: 자체 공무원 설문조사

경 3.44점, 자원순환 분야 3.41점이 집계되었다.

각 분야별로 실시한 교차분석 결과, 생활환경 및 자원순환 분야에서만 응답자의 소속별로 유의미한 차이가 나타났다. 생활환경 분야의 경우 중앙정부 소속 공무원들이 더욱 긍정적인 시각을 가지고 있으며, 자원순환 분야의 경우 지방정부 소속 공무원들이 더욱 도입을 찬성하는 것으로 나타났다.

9) 중앙정부와 지자체 간의 협력 상태 및 강화방안

(1) 중앙정부와 지자체 간 협력 상태

환경사무를 집행하는 데 있어 중앙정부와 지자체 간의 협력이 어느 정도로 이루어지는지에 관하여, 배출업소 관련 감시·단속업무에 있어 보통 정도의 수준에서 중앙정부와 지자체 간의 협조가 이루어지는 편(3.10점)이라고 응답하였다. 또한 중앙정부와 지자체가 함께 정기 또는 수시로 환경오염물질 배출시설을 점검(3.35점)하거나 중앙정부가 적발한 위반내역을 지자체가 규정대로 엄격하게 행정처분을 진행(3.72점)하는 데 있어 협력의 정도가 보통 수준 이상이라고 응답하였다.

〈그림 5-46〉 중앙정부와 지방자치단체 간 협력방안 (단위: 점)

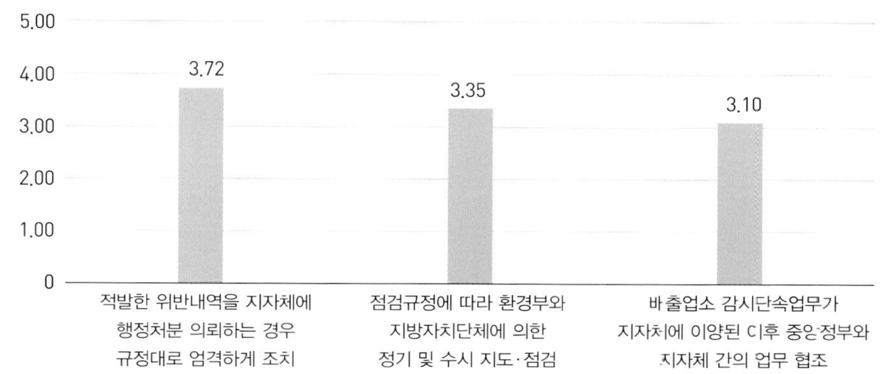

자료: 자체 공무원 설문조사

〈표 5-57〉 중앙정부와 지방자치단체 간 협력방안

문9) 다음은 환경사무에 관한 중앙정부과 지방자치단체 간의 협력방안을 위한 설문입니다.

	사례수	① 매우 부정	② 부정	부정	③ 보통	④ 긍정	⑤ 매우 긍정	긍정	평균
	명	%	%	%	%	%	%	%	점
(1) 배출업소 감시단속업무가 지자체에 이양된 이후 중앙정부와 지자체 간의 업무 협조	304	3.0	15.1	18.1	53.9	25.3	2.6	28.0	3.10
(2) 점검규정에 따라 환경부와 지방자치단체에 의한 정기 및 수시 지도·점검	304	2.3	8.6	10.9	46.4	37.2	5.6	42.8	3.35
(3) 적발한 위반내역을 지자체에 행정처분 의뢰하는 경우 규정대로 엄격하게 조치	304	1.3	4.6	5.9	32.9	42.8	18.4	61.2	3.72

자료: 자체 공무원 설문조사

(2) 중앙정부와 지방자치단체 간 협력 강화 요인

공무원들은 중앙부처인 환경부와 지자체 간 협력 강화를 위하여 '인력지원 등 행정지원 강화(70.1%)', '보조금 지급 등 재정지원 강화(46.1%)'와 같은 예산과 인력 측면에서의 지원 증대가 가장 시급하다고 응답하였다. '간담회, 협회, 네트워크 구축 등 의사소통 기회의 확대(34.2%)', '기술지원 강화(32.9%)', '교육기회의 확대

〈그림 5-47〉 중앙정부와 지방자치단체 간 협력 강화 요인 (단위: %)

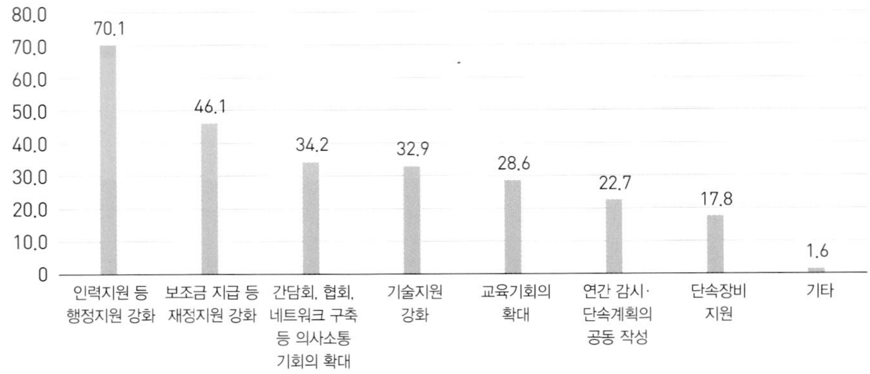

자료: 자체 공무원 설문조사

(28.6%)'와 같이 인적, 물적 교류도 협력을 강화하는 방안이 될 수 있지만 예산·인력의 지원보다는 덜 중요한 요인인 것으로 나타났다. '연간 감시·단속계획의 공동 작성(22.7%)', '단속장비 지원(17.8%)'은 크게 중요한 요인은 아닌 것으로 인식하고 있었으며, 기타 의견으로는 지자체장의 의지, 무분별한 법 개정 금지, 환경적 가치 중심의 법령 재·개정 등이 언급되었다.

응답자의 소속별로 답변을 분석해본 결과, 중앙정부 소속 공무원들은 기술지원 강화, 교육기회 확대, 연간 감시·단속계획의 공동 작성을 지방정부 소속 공무원

〈표 5-58〉 중앙정부와 지방자치단체 간 협력 강화 요인(복수 응답)

문9) (4) 중앙정부와 지방자치단체 간의 협력방안

	사례수	인력 지원 등 행정 지원 강화	보조금 지급 등 재정 지원 강화	의사소통 기회의 확대	기술 지원 강화	교육기회의 확대	연간 감시/단속 계획의 공동 작성	단속 장비 지원	기타
	명	%	%	%	%	%	%	%	%
전체	304	70.1	46.1	34.2	32.9	28.6	22.7	17.8	1.6
중앙	103	71.8	36.9	34.0	36.9	32.0	25.2	14.6	1.9
광역	100	68.0	58.0	38.0	27.0	21.0	22.0	13.0	2.0
기초	101	70.3	43.6	30.7	34.7	32.7	20.8	25.7	1.0

자료: 자체 공무원 설문조사

〈그림 5-48〉 중앙-지방 간 협력 강화 요인: 인력지원 등 행정지원 강화 (단위: %)

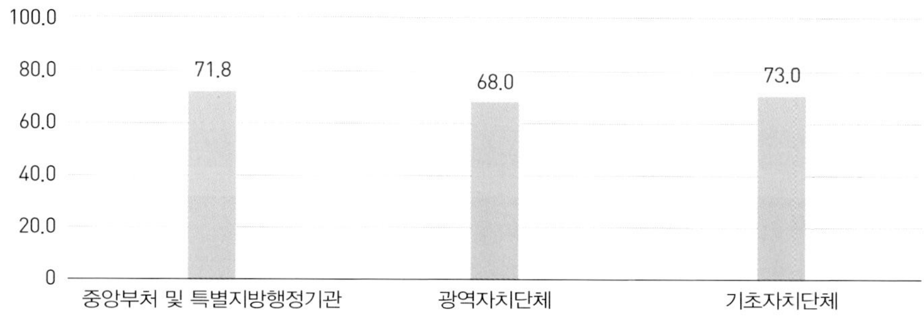

자료: 자체 공무원 설문조사

〈그림 5-49〉 중앙-지방 간 협력 강화 요인: 보조금 지급 등 재정지원 강화 (단위: %)

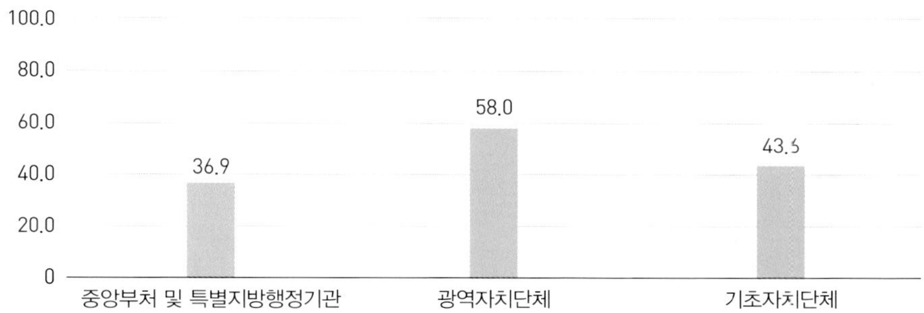

자료: 자체 공무원 설문조사

〈그림 5-50〉 중앙-지방 간 협력 강화 요인: 의사소통 기회의 확대 (단위: %)

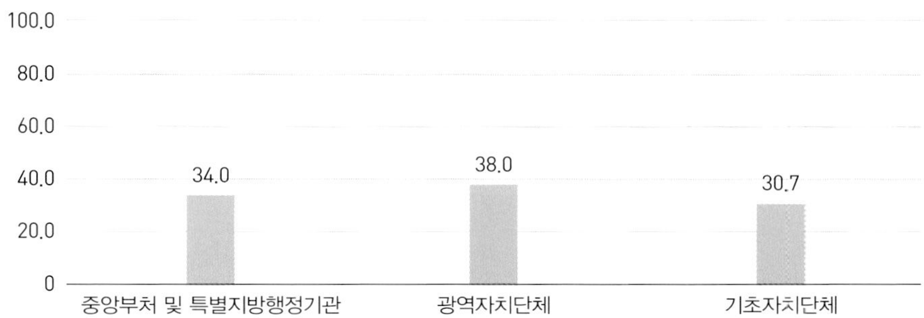

자료: 자체 공무원 설문조사

들에 비하여 중요한 요인으로 꼽았다. 반면 지방정부 소속 공무원들은 보조금 지급 등 재정지원 강화, 의사소통 기회 확대, 단속장비 지원을 중앙정부 소속 공무원들에 비하여 중요한 요인으로 지목하였다.

〈그림 5-51〉 중앙-지방 간 협력 강화 요인: 기술지원 강화 (단위: %)

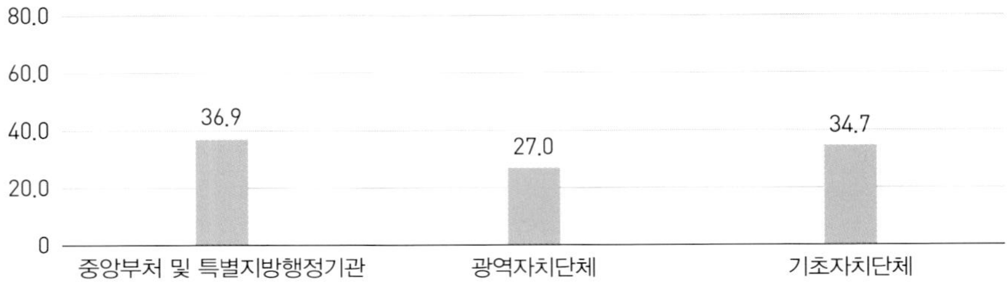

자료: 자체 공무원 설문조사

〈그림 5-52〉 중앙-지방 간 협력 강화 요인: 교육기회의 확대 (단위: %)

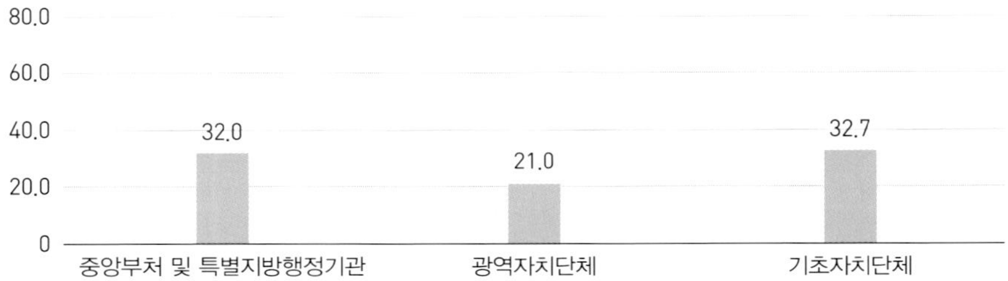

자료: 자체 공무원 설문조사

〈그림 5-53〉 중앙-지방 간 협력 강화 요인: 연간 감시·단속계획의 공동 작성 (단위: %)

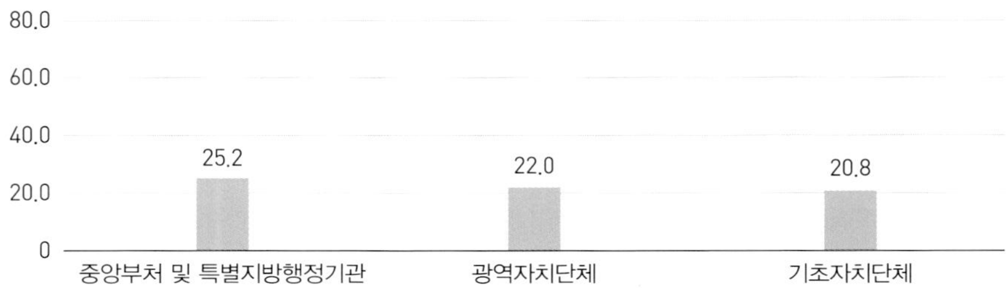

자료: 자체 공무원 설문조사

〈그림 5-54〉 중앙-지방 간 협력 강화 요인: 단속장비 지원 (단위: %)

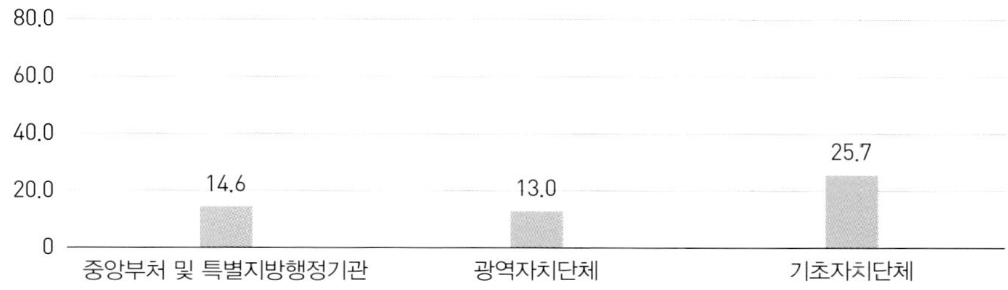

자료: 자체 공무원 설문조사

(3) 이양된 환경사무 처리 관련 중앙정부의 지원

중앙정부에서 지자체로 이양된 환경사무에 대한 사후 지원으로 '인력 및 예산 지원(4.22점)'의 필요성이 가장 높게 제기되었다. 또한 사무 이양 시 중앙부처에서 지자체에 '구체적 업무처리지침을 부여(4.06점)'하거나, '정보 및 기술 지원(4.05점)'을 통해 이양된 환경사무의 원활한 처리가 이루어질 수 있도록 해야 한다는 의견에 다수의 응답자들이 동의하였다. '교육 실시(3.91점)', '표준조례안 제공(3.75점)', '지방자치단체 담당조직 관리자의 통제범위 조정(3.56점)'은 상대적으로 동의의 정도가 낮았으나 모든 항목의 필요성이 '보통(3점)' 수준 이상인 것으로 나타났다.

〈그림 5-55〉 중앙정부의 지원이 필요한 환경사무 (단위: 점)

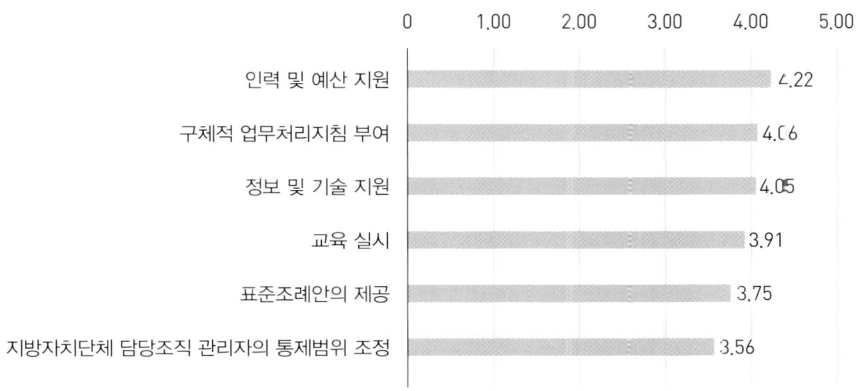

자료: 자체 공무원 설문조사

〈표 5-59〉 중앙정부 지원이 필요한 환경사무

문9-1) 이양된 환경사무처리 시, 중앙정부의 사후관리 차원에서 다음의 사항에 대해 중앙의 지원이 어느 정도 필요하다고 생각하십니까?

	사례수	① 매우 부정	② 부정	부정	③ 보통	④ 긍정	⑤ 매우 긍정	긍정	평균
	명	%	%	%	%	%	%	%	점
(1) 구체적 업무처리지침 부여	304	0.3	1.6	2.0	18.8	50.0	29.3	79.3	4.06
(2) 교육 실시	304	0.0	1.0	1.0	25.0	55.6	18.4	74.0	3.91
(3) 인력 및 예산 지원	304	0.3	0.7	1.0	17.1	40.5	41.4	81.9	4.22
(4) 정보 및 기술 지원	304	0.0	0.7	.7	21.1	51.3	27.0	78.3	4.05
(5) 지방자치단체 담당조직 관리자의 통제범위 조정	304	1.0	5.9	6.9	41.8	38.5	12.8	51.3	3.56
(6) 표준조례안의 제공	304	0.7	3.3	3.9	34.9	42.4	18.8	61.2	3.75

자료: 자체 공무원 설문조사

(4) 중앙-지방정부 간 거버넌스 구축이 어려운 이유

환경사무 처리를 위한 중앙-지방 간 협력적 규제 거버넌스가 구축되기 어려운 이유와 관련하여 응답자들은 중앙정부가 '지역 특성을 무시한 획일적 지침 및 조건(3.61점)'을 제시한다는 데 가장 동의하였으며, '지방자치단체의 중앙정부 의존도 심화(3.31점)'와 '중앙정부의 통제 및 간섭(3.13점)'도 또 다른 중요한 이유가 될 수 있다고 응답하였다.

〈그림 5-56〉 중앙-지방 간 협력적 규제 거버넌스 구축이 어려운 이유 (단위: 점)

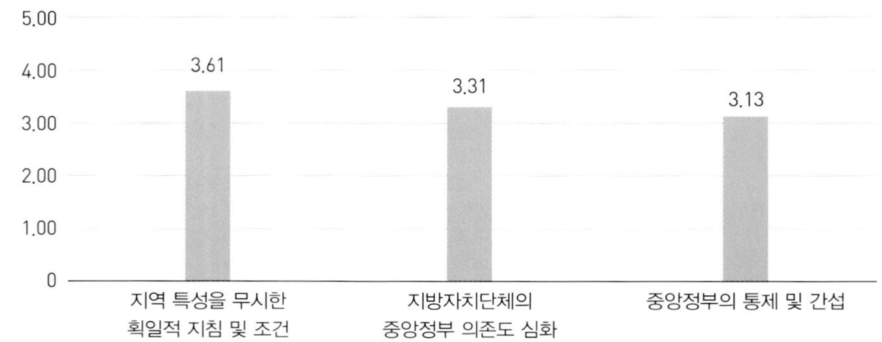

자료: 자체 공무원 설문조사

〈표 5-60〉 중앙-지방 간 협력적 규제 거버넌스 구축이 어려운 이유

문9-2) 환경사무 처리를 위한 중앙-지방 간 협력적 규제 거버넌스가 구축되기 어려운 이유는 무엇이라고 생각하십니까?

	사례수	① 매우 부정	② 부정	부정	③ 보통	④ 긍정	⑤ 매우 긍정	긍정	평균
	명	%	%	%	%	%	%	%	점
(1) 중앙정부의 통제 및 간섭	304	3.0	12.2	15.1	59.5	19.7	5.6	25.3	3.13
(2) 지역 특성을 무시한 획일적 지침 및 조건	304	1.3	5.6	6.9	38.2	40.5	14.5	54.9	3.61
(3) 지방자치단체의 중앙정부 의존도 심화	304	1.6	12.8	14.5	48.7	27.0	9.9	36.8	3.31

자료: 자체 공무원 설문조사

(5) 바람직한 중앙-지방정부 간 협력 메커니즘

공무원들이 생각하는 가장 바람직한 형태의 중앙-지방 간 협력 메커니즘은 '중앙정부 부처와 개별 지방자치단체의 담당업무(자) 간 거버넌스 구축(35.5%)', '중앙정부와 지방자치단체장 간의 거버넌스 구축(20.1%)', '기존 중앙-지방 조정제도의 확대를 통한 거버넌스 구축(14.5%)', '중앙-지방 간 종합적 환경 거버넌스 협의회 신설(14.5%)', '중앙 및 지방 환경분쟁조정위원회 등 현행 추진체계 유지(14.1%)' 순인 것으로 나타났다. 기타 의견으로는 민관학계의 협력 거버넌스 협의체 등이 언급되었다.

〈그림 5-57〉 중앙-지방 간 적절한 협력 메커니즘의 형태

(단위: %)

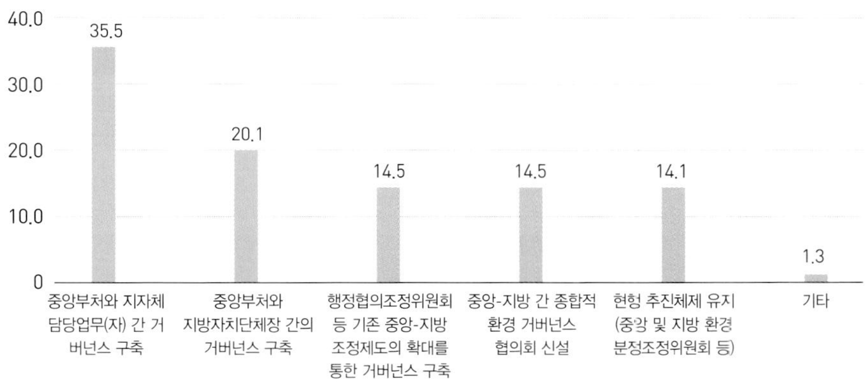

자료: 자체 공무원 설문조사

〈표 5-61〉 중앙-지방 간 적절한 협력 메커니즘의 형태

문9-3) 귀하는 성공적인 환경 사무 처리를 위해서는 중앙-지방 간 협력 메커니즘으로는 어떤 형태가 적절하다고 생각하십니까?

	사례수	현행 추진 체계 유지	담당 업무자 간 거버넌스 구축	중앙-자치 단체장 간 거버넌스 구축	기존제도 확대를 통한 거버넌스 구축	종합적 환경 거버넌스 협의회 신설	기타	계
	명	%	%	%	%	%	%	%
전체	304	14.1	35.5	20.1	14.5	14.5	1.3	100.0
중앙	103	16.5	28.2	26.2	11.7	14.6	2.9	100.0
광역	100	16.0	39.0	14.0	15.0	15.0	1.0	100.0
기초	101	9.9	39.6	19.8	16.8	13.9	0.0	100.0
x^2	12.521							

자료: 자체 공무원 설문조사

응답자 소속에 따른 통계적으로 유의미한 답변의 차이는 존재하지 않았지만, 중앙정부 소속 공무원들의 경우 중앙정부와 지방자치단체장 간의 거버넌스를 가장 선호하는 반면, 지방정부 소속 공무원들은 담당업무(자) 간 거버넌스를 가장 선호하는 것으로 나타났다.

〈그림 5-58〉 중앙-지방 간 적절한 협력 메커니즘의 형태(응답자 소속별) (단위: %)

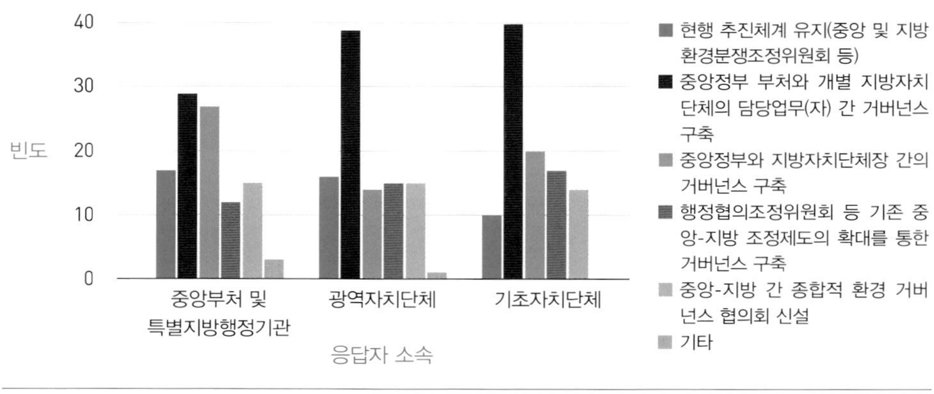

자료: 자체 공무원 설문조사

3. 공무원 설문 소결

환경부, 지방환경청, 광역 및 기초자치단체 환경 담당 공무원 300명을 대상으로 실시한 설문의 분석결과는 다음과 같이 요약된다.

첫째, 공무원들은 환경정책의 성과를 평가하는 가장 중요한 기준으로 국민의 체감도와 정책적 산출물의 질을 꼽고 있으나 이러한 기준은 현행 성과평가 제도 하에서 보통 수준 정도로만 반영되고 있는 것으로 나타났다. 이와 함께 현행 제도의 가장 큰 문제점으로 정량적으로 측정하기 어려운 성과에 대한 질적 평가가 제대로 이루어지지 않는다는 점이 거론되었다.

둘째, 환경 분야의 국정과제(생활안전 강화, 미세먼지 개선, 지속가능한 국토환경 조성, 신기후체제 집행체계 구축)들은 모두 시급하고 중요한 과제로 인식되고 있었다. 이러한 과제들을 집행하는 데 있어 가장 바람직한 주체로서 중앙정부인 환경부가 가장 많이 지목되었으며, 특히 국가 간 협력·조정 업무와 고도의 전문성을 필요로 하는 신기후체제 집행체계 구축에 있어서 환경부의 역할에 대한 기대가 높은 상태다. 환경부를 주축으로 하되, 다양한 이해관계자들이 협업 거버넌스를 구축하여 정책을 집행하여야 한다는 응답도 다수 발견되었다.

셋째, 환경사무의 지방위임 및 이양 후 모든 분야(대기, 자연환경, 생활환경, 자연순환)에 있어서 가장 뚜렷하게 나타나는 긍정적 효과는 해당 사무에 대한 주민들의 관심도 증가인 것으로 나타났다. 각 분야별로 가장 효율적이고 바람직한 집행주체에 관하여 응답자들은 대기 분야는 환경부, 자연환경 분야는 지방·유역·대기환경청, 생활환경과 자원순환 분야는 기초자치단체라 응답하여 각 환경 분야와 개별 사무의 특성을 고려하여 지방위임 및 이양이 효율적으로 이루어져야 함을 시사하고 있다.

넷째, 위임·이양된 사무를 집행하는 지자체의 권한 및 역량과 관련하여 조직 독립성, 업무 권한 등이 보통 수준보다 다소 낮은 편인 것으로 인식되고 있다. 역량의 경우에도 환경 분야의 종류와 상관없이 담당 인력의 전문성이 낮은 편이고 인력과 예산의 측면에서 한계가 많다는 결과가 나타났다. 평균적으로 지자체의 환경사무 관련 예산의 비율은 9.2%, 담당 인력의 비율은 7.3%인 것으로 보고되었다.

다섯째, 환경사무의 위임·이양 후 지자체의 정책적 성과와 관련하여 공무원들은 오염물질 배출업소의 위반업체 적발률 및 고발률 등이 높아진 편은 아니며 그 이유로 지자체의 행정 역량(인력 및 장비)이 부족하기 때문이라는 점을 지적하였다. 오염배출업소에 대하여 지자체별 감시·감독 이외의 광역적이고 전문적인 관리가 필요한 상태이며, 따라서 중앙정부 차원의 특별 단속 및 관리가 이루어질 필요가 있다는 데 과반수 이상의 공무원이 동의하였다. 또한 부분선점제도의 도입에도 긍정적인 시각을 지니는 것으로 나타나 위임·이양된 환경사무에 대하여 중앙정부 차원의 성과관리가 일정 부분 필요하다는 데 동의하고 있는 것으로 나타났다.

마지막으로, 중앙-지방 간 협력 거버넌스를 강화하기 위해 가장 중요한 요인으로 예산 및 인력 등 행정 역량의 지원 강화를 꼽았으며 중앙정부가 지자체의 개별적인 특성을 고려한 관리 지침을 마련해야 할 필요가 있음을 강조하였다. 중앙-지방 간 가장 바람직한 협력 매커니즘의 형태로는 중앙정부 부처와 개별 지방자치단체의 담당업무(자) 간, 중앙정부와 지방자치단체장 간의 거버넌스를 선호하는 것으로 나타나 현행 거버넌스 체계의 개편 필요성을 시사하고 있다.

제6장

환경정책 성과관리의 책임과 권한

Ⅰ 분야별 사무배분 합리화

Ⅱ 환경행정 차등위임제도

Ⅲ 환경정책 성과담보를 위한 법·제도 개선 방안

Ⅳ 종합적 성과평가 기능 강화

I

분야별 사무배분 합리화

1. 개요

1995년 본격적인 지방자치가 시작된 이후 효과적이며 효율적인 환경행정 구현을 위한 중앙과 지방 간의 수평적 상호 협력관계구축이라는 목표하에 중앙정부에서 담당하던 환경사무와 기능들이 지방자치단체로 이양되었다. 환경사무도 수평적 거버넌스 구축의 일환으로 523건의 사무가 이양대상으로 선정되었으며 이 가운데 71.6%인 385건이 완료된 상황이다. 그러나 2013년 이후 이양된 사무가 미미한 상황에서 2017년 출범한 문재인 정부는 지난 10월 '지방자치의 날' 기념식을 통하여 '지방이양일괄법'의 조속한 추진 의지를 밝혔고 2020년 1월 동법이 통과됨에 따라 향후 환경사무의 지방이양 역시 빠른 속도로 진행될 것으로 보인다.

이러한 배경하에 이 책의 전반부에서는 우리나라 환경사무의 개편 및 지방이양이 어떠한 논의에서 진행되어 왔는지를 점검하고, 환경사무의 각 영역별 자료분석을 통해 환경성과의 실태를 점검한 뒤에, 환경성과 제고를 위해 참고할 수 있는 유의미한 해외사례를 선택적으로 고찰하였다. 이어서 책의 후반부인 제4장부터는 다채로운 분석을 시도하였다. 비산먼지 등 대기오염물질의 시계열 자료 패널 분석을 통해서 지방이양이 실제 환경성과에 미친 순수한 효과pure effect를 추출하는 동시에 언론 보도에 반영된 국민의 정서와 평가를 빅데이터 분석으로 파악하였다. 전자가 환경성과를 객관적으로 평가하는 반면에, 후자는 국민들이 주관적으로 느끼는 것을 체계적으로 종합하는 작업이다. 제5장에서는 환경정책의 실제 집행과 관련 있는 중앙부처와 지방자치단체 담당공무원, 그리고 다양한 전문가에게 그동안의 성과를 평가하고, 대안을 모색한 설문결과를 기술하였다. 이상의 분석을 토대로 제6장에서는 환경분야별 사무배분 합리화 방안, 차등위임제도 등의 시범적용, 중앙-지방 협업 거버넌스 개선, 종합적 환경성과평가 기능 강화 등 4가지 범주로 환경정책 성과 제고 방안을 모색해 보고자 한다.

2. 전문가 평가 결과

중앙정부의 사무이양 실태 및 문제점을 다룬 연구들은 많이 있으나 대부분 전체 사무를 대상으로 하고 있어 환경이라는 특정한 사무분야에서 나타나는 문제점을 살펴보고 대안을 제시하는 데 이용하기는 쉽지 않은 상황이다. 박상철 외(2015)는 환경자원 관리의 분야가 지역을 벗어나 다른 지역까지 영향을 미치는 사무를 광역 영향권으로 정의하고 관리의 핵심을 경제성과 종합성으로 보고 있다. 반면 지역영향권은 현지성으로 인해 지역민의 적극적 대응이 중요하며, 환경문제로 인한 파급효과의 국지적인 특성을 강조하였다. 이러한 기준에서 광역영향권을 가진 '대기'나 '자연환경(물관리)'은 중앙정부에서 관리하는 것이 효율적이고 '생활환경' 및 '자원순환'은 지방자치단체에서 관리하는 것이 효율적이라는 결론을 도출하였다.

위의 연구가 전문가 및 실무자의 설문조사를 대상으로 합리적 관리주체를 분석하였다면 본 연구에서는 전문가·실무자뿐만 아니라 빅데이터를 이용하여 실제 사회적으로 환경사무가 어떻게 평가되고 있는지 보다 다양한 측면을 고려하여 분야별 사무배분의 합리적 결론을 도출하고자 하였다. 또한 기존연구에서의 합리적 배분이 중앙정부와 지방자치단체 등 이분법적 구분에 머무른 한계를 벗어나 중앙정부와 지방환경청, 광역자치단체 그리고 기초자치단체 등 네 분야로 세분화하였다.

본 연구의 결과에서 제시한 대기, 자연환경(물관리), 자원순환 그리고 생활환경의 합리적 사무배분 결과를 살펴보면 다음과 같다.

우선적으로 설문조사 결과를 살펴보면 대기환경, 오염물질 배출, 비산먼지, 대기오염, 자동차 검사 등 '대기'와 관련된 사무에 대해 '환경부'가 집행하는 것이 효율적이고 바람직하다는 의견이 가장 우세한 것으로 나타났다. 또한, 가축분뇨, 수질개선, 수생태계 보전 등 자연환경(물관리) 사무는 '지방환경청'이 전담하는 것이 바람직하다는 의견이 다수를 차지하였다. 생활환경 분야의 경우 소음, 진동, 다중이용시설, 배출가스 규제, 지하공기 관리 등이 해당되며 이러한 사구를 효율적으로 집행하기 위한 주체로 '기초지방 자치단체'가 바람직하다는 의견이 많았다. 마지막으로 자원순환 분야의 경우 순환골재, 재활용센터, 폐기물 등을 다루고 있으며 기초자치단체에서 맡는 것이 바람직하다는 의견이 다수를 이루었다.

〈표 6-1〉 2017 분야별 사무배분 합리화 설문조사 결과

구분	대기	자연환경(물관리)	자원순환	생활환경
합리적 관리주체	중앙정부	지방환경청	기초지방 자치단체	기초지방 자치단체

자료: 자체 공무원 설문조사

이러한 설문조사를 통하여 전문성이 강조되는 대기와 자연환경(물관리)은 전문화되고 집권화된 조직에서 관리하는 것이 바람직하며, 국민들의 일상생활과 밀접한 관련이 있으며, 주민들의 편익을 높이면서도 실제 행정력이 미칠 수 있는 사무인 자원순환과 생활환경은 기초자치단체가 맡는 것이 바람직하다는 결론을 도출하였다.

3. 사회적 평가 결과

지금까지의 선행 연구들이 의견에 기반하여 효과적인 사무이양 방안을 찾는 데 초점을 맞추었다면 본 연구에서는 뉴스 빅데이터를 대상으로 기계학습을 활용하여 일반 국민들이 지방자치단체의 사무이양에 가지는 생각을 긍정과 부정으로 구분하여 분석하였다. 분석 결과는 사무유형별 평가와 시기별 평가로 구분된다.

1) 유형별 감성분석 결과

대기, 자연환경(물관리), 자원순환 그리고 생활환경 등 네 가지 사무유형을 대상으로 지방자치단체의 환경사무에 대하여 한국 사회의 전반적인 태도를 분석한 결과 전체 기사의 64.3%가 부정적인 것으로 나타났다. 이 가운데 가장 부정적인 것은 자원순환으로서 전체 기사의 82.8%를 차지하였다. 전체적으로 모든 유형에서 지방자치단체의 사무평가에 대하여 부정적인 내용이 많아 전문가 설문조사 결과와는 상반된 특성을 보였다.

〈표 6-2〉 2017 지방자치단체의 환경사무 긍·부정 평가 결과

구분	대기	자연환경(물관리)	자원순환	생활환경
긍정 비율	34.6	39.1	17.2	35.3
부정 비율	65.4	60.9	82.8	64.7
자치단체 사무평가	부정	부정	부정	부정
합리적 관리주체	중앙정부	중앙정부	중앙정부	중앙정부

자료: 자체 공무원 설문조사

2) 시기별 감성분석 결과

그렇다고 국민들이 지방자치단체의 환경사무에 대하여 절대적으로 부정적이라고 말하기 어려운 부분도 존재한다. 1970년대에서 2010년대까지 시간에 따른 긍정과 부정의 비율 변화를 살펴보았을 때 부정적 기사 비율이 70.7%에서 62.1%로 감소하는 추세를 보이는 것으로 나타났다. 이러한 데이터는 지방자치단체의 환

〈표 6-3〉 뉴스기사의 긍·부정 기사건수 및 비율변화 (단위: 건, %)

구분	긍정(정보제공)	부정	총합계
1기(1970~1979)	22(29.3)	53(70.7)	75(100)
2기(1980~1989)	29(27.9)	75(72.1)	104(100)
3기(1990~1999)	520(24.6)	1595(75.4)	2,115(100)
4기(2000~2009)	3,279(33.9)	6,381(66.1)	9,660(100)
5기(2010~2017)	7,109(37.9)	11,649(62.1)	18,758(100)
합계	10,959(35.7)	19,753(64.3)	30,712(100)

자료: 자체 공무원 설문조사

경사무에 대해서 여전히 불만족하고 있으나 시간이 지남에 따라 조금씩 개선되어 가고 있음을 보여주고 있다.

4. 분야별 사무배분 합리화 방안

1) 종합

이상의 세 가지 분석 결과를 비교하여 볼 때 크게 전문가의 평가와 국민의 평가는 큰 차이를 보이는 것을 알 수 있다. 2015년과 2017년에 이루어진 두 개의 전문가 평가 결과, 대기의 경우 중앙정부에서 맡는 것이 바람직하다는 일치된 결과를 보이고 있다. 자연환경(물관리)의 경우 비록 중앙정부와 지방환경청이라는 다른 결과를 제시하고 있으나 실제적으로 지방환경청이 중앙정부가 가지는 전문성을 포함하고 있어 지방환경청에서 다루는 것이 바람직하다는 결론을 제시하였다. 자원순환과 생활환경의 경우 선행연구에서는 합리적 배분 주체를 지방자치단체로 할당하고 있으나 본 연구결과에서 드러나듯이 현지성과 대응성 그리고 실제 국민체감에 민감하게 반응하는 기초지방자치단체에 맡기는 것이 바람직한 것으로 나타났다. 따라서 전문가는 대기와 자연환경(물관리)은 중앙정부(또는 지방환경청)가 사무를 맡는 것이 바람직하다고 판단하고 있으며 자원순환과 생활환경의 경우는 기초

지방자치단체가 맡는 것을 선호하는 것으로 나타났다. 반면 일반국민은 모든 사무에 있어서 지방자치단체보다는 중앙정부를 더 선호하는 것으로 나타났다.

〈표 6-4〉 사무배분 합리화 비교표

구분		대기	자연환경 (물관리)	자원순환	생활환경
전문가	박상철 외 (2015)	중앙정부	중앙정부	지방자치단체 (광역, 기초)	지방자치단체 (광역, 기초)
	설문조사 (2017)	중앙정부	지방환경청	기초지방 자치단체	기초지방 자치단체
국민	빅데이터 (2017)	중앙정부	중앙정부	중앙정부	중앙정부

자료: 자체 공무원 설문조사

〈표 6-5〉 주체별 사무배분 합리화 방안 비교표(영역 예시)

대기	중앙정부		자치단체	
박상철 외 (2015)	환경부		광역·기초	
	• 대기 · 대기환경보전 · 악취방지 · 수도권 대기환경 개선	• 자연환경(물관리) · 가축분뇨관리 · 오수·분뇨·축산 폐수 처리 · 수계별 물관리 · 먹는 물 · 수질환경보전 · 하수도	• 자원순환 · 폐기물 처리시설 촉진 · 건설폐기물 재활용 · 전기·전자제품 및 자동차 자원순환 · 자원절약과 재활용 촉진	• 생활환경 · 유해화학물질관리 · 다중이용시설의 실내공기질 관리 · 소음진동 규제 · 환경보건 · 잔류성 유기 오염 물질 관리
설문조사 (2017)	환경부	지방환경청	기초	
	• 대기 · 대기환경보전 · 악취방지 · 수도권 대기환경 개선	• 자연환경(물관리) · 가축분뇨관리 · 오수·분뇨·축산 폐수 처리 · 수계별 물관리 · 먹는 물 · 수질환경보전 · 하수도	• 자원순환 · 폐기물 처리시설 촉진 · 건설폐기물 재활용 · 전기·전자제품 및 자동차 자원순환 · 자원절약과 재활용 촉진	• 생활환경 · 유해화학물질관리 · 다중이용시설의 실내공기질 관리 · 소음진동 규제 · 환경보건 · 잔류성 유기 오염 물질 관리
빅데이터 (2017)	환 경 부			
	• 대기 · 대기환경보전 · 악취방지 · 수도권 대기환경 개선	• 자연환경(물관리) · 가축분뇨관리 · 오수·분뇨·축산 폐수 처리 · 수계별 물관리 · 먹는 물 · 수질환경보전 · 하수도	• 자원순환 · 폐기물 처리시설 촉진 · 건설폐기물 재활용 · 전기·전자제품 및 자동차 자원순환 · 자원절약과 재활용 촉진	• 생활환경 · 유해화학물질관리 · 다중이용시설의 실내공기질 관리 · 소음진동 규제 · 환경보건 · 잔류성 유기 오염 물질 관리

자료: 자체 공무원 설문조사

이러한 관점에서 중앙정부(환경부, 지방환경청)와 지방자치단체(광역, 기초)의 사무배분 합리화 방안을 비교하였다. 이때 각각의 분야별 사무는 대기의 경우 대기환경보전을 포함한 3개의 유형, 자연환경(물관리)의 경우 가축분뇨관리를 포함한 6개 유형이 있다. 또한 자원순환의 경우 폐기물 처리시설 촉진을 포함한 4개 유형 그리고 생활환경의 경우 유해화학물질 관리를 포함한 5개 유형으로 모두 4개 분야 19개 유형의 세부 환경사무들을 합리화 주체에 따라 〈표 6-5〉와 같이 정리하였다.

2) 사무배분 합리화 방안

정책적이고 기술적인 입장에서 전문가의 의견을 종합하면 영향력이나 파급효과가 광범위하거나 전문적인 대기나 자연환경(물관리)은 중앙정부가 맡는 것이 바람직하다. 반면 그렇지 못한 자원순환이나 생활환경의 경우는 지방자치단체에 위임하거나 이양하는 것이 효율적이다. 하지만 본 연구의 설문조사 결과에서도 나타나듯이 환경정책 성과 평가 시 가장 중요한 기준은 국민의 체감도이다. 한편 본 연구의 빅데이터 분석 결과에서는 국민들의 지방자체단체의 환경행정에 대한 신뢰도나 체감성이 상대적으로 낮은 수준임을 볼 수 있다.

다만 주목할 만 한 점은 시간이 흐를수록 지방정부의 환경사무에 대한 부정적 인식이 감소하고 있다는 점이다. 이는 국민들은 중앙정부를 환경사무 집행에 있어서 중요한 주체로 인식하고 있음을 의미하지만, 동시에 지방자치의 큰 흐름 속

〈표 6-6〉 유형별 사무이양 현황 (단위: 개)

유형	분 야				합 계
	대기	자연환경(물관리)	자원순환	생활환경	
전체 대상	83	203	23	86	395
이양완료	65	139	7	66	277
국가환수	-	-	-	13	13
미이양	18	64	16	7	105
이양율(%)	78.3	68.5	30.4	91.9	67.3

자료: 환경부 내부자료(2017)

에서 지방자치단체가 환경사무를 집행해야 한다는 점에도 인식을 함께하는 것을 의미한다. 이에 본 연구에서도 대기와 자연환경(물관리)은 중앙정부, 자원순환과 생활환경은 자치단체에게 맡겨야 한다는 전문가의 의견을 고려하되 현재 추진 중인 「지방이양일괄법」보다는 여건과 환경을 고려한 단계적인 추진을 고려하는 방안을 제시하고자 한다.

2017년 현재 대기, 자연환경(물관리), 자원순환 그리고 생활환경 등 네 분야에 포함된 사무이양 대상은 모두 395개이다. 이 가운데 67.8%인 277개가 이양완료되었다. 이때 중앙정부에서 맡는 것이 바람직하다고 판단되는 대기와 자연환경(물관리)의 경우는 현재 평균적인 이양수준을 넘고 있으나 자치단체에서 맡는 것이 바람직하다고 여겨지는 자원순환은 이양률이 30.4%에 머물고 있는 수준이다. 반면 생활환경은 전체 분야 가운데 가장 높은 91.9%나 된다.

분석 결과를 토대로 향후 환경사무 이양 추진 방안을 제시하면 다음과 같다. 첫째, 빅데이터 분석 및 설문분석 결과 여전히 중앙정부에 대한 신뢰가 큰 만큼 부분선점제도의 도입에 대한 고려가 필요하다. 특히, 이양실적 자체는 높지만 자치단체에 이양하는 것이 부적절하다고 판단되어 국가로의 환수가 발생한(13건) 생활환경과 유사한 사례가 있는지 검토하여 부분선점제도의 도입 여부를 신중하게 고민할 필요가 있다. 둘째, 지방자치단체에 이양하는 것이 바람직하다고 여겨지는 사무분야 가운데 이양실적이 가장 저조한 자원순환(이양율 30.4%)을 중심으로 우선 사무이양이 진행될 필요성이 있다. 선행연구와 설문분석 결과 지방정부의 사무처리 필요성이 높은 것으로 나타난 자원순환의 이양율이 가장 낮은 것으로 나타났기 때문이다. 셋째, 중앙정부가 맡는 것이 바람직하다고 여겨지는 사무 가운데 전문성이 요구되는 자연환경(물관리) 분야에 대해서는 환경부나 지방환경청이 직접 관여할 수 있는 방안을 적극 고려해볼 수 있겠다. 넷째, 대기분야에 속해 있는 18개 미이양 사무에 대해 자치단체로 이양하는 것이 합리적인지에 대해 적절한 고민이 필요하다. 부분선점제도는 지방정부의 사무처리가 제대로 이루어지지 못할 경우 중앙정부의 개입을 허용하는 것으로 대기분야는 빅데이터 분석뿐만 아니라 설문분석에서도 한결같이 중앙정부가 처리하는 것이 바람직하다는 의견을 보여주고 있기 때문이다.

본 연구에서는 지방자치단체의 환경사무에 대한 전반적인 국민의식이 개선되고 있다고는 하지만 여전히 가야할 길이 많이 남았음을 보여주고 있다. 이는 지방자치단체가 환경사무를 담당하더라도 중앙정부의 관리와 모니터링이 적절하게 동반되어야 할 필요가 있음을 시사한다. 따라서 환경사무의 지방이양 문제를 성급하게 결정하기보다는 우선 국민의 신뢰를 회복하면서 중앙정부와 지방정부 역할의 합리적인 배분에 대한 공감대 형성을 바탕으로 우선순위에 따라 단계적으로 이루어져야 할 것으로 판단된다.

II

환경행정 차등위임제도

환경문제에 대해 국민들의 관심이 높아지면서 지방자치 이후 상당히 많은 환경사무를 이제는 지방정부가 담당하고 있다. 환경사무에 대한 지방정부의 성과는 패널분석에 따르면 2000년대 후반부터 지속적으로 개선되고 있지만, 빅데이터 분석 결과는 여전히 국민들이 환경사무에 대한 지방정부의 성과와 능력에 대해 그리 긍정적이지 않음을 보여주고 있다. 게다가 과거에 경험하지 못한 새로운 환경문제가 대두되고 있기 때문에, 우리의 대응 전략이 바뀔 필요가 있다.

1. 취지와 필요성

차등위임제도는 지방정부가 중앙정부의 기준보다 높고 강하면 권한을 부여하되, 주정부의 집행역량이 부족하면 연방정부에게 다시 권한이 이관되는 제도이다(Zimmerman & Lawrence, 1992). 미국의 차등위임제도는 사후적 차등위임제도로 운용되기보다는 사전적인 평가로서 지방정부의 재량이나 권한을 부여하며, 지방정부의 역량을 재평가한 후 재위임하는 형태이다(박광국 외, 2006).

미국은 지방정부의 독립적인 권한을 인정하면서도 중앙정부의 계획, 정책범위, 목표 등을 최소기준Minimum Standard으로서 철저하게 지키도록 요구한다. 지방정부는 중앙정부보다 낮은 기준을 선택할 수 없다. 때로는 더 높은 수준의 기준을 채택하여 적극적으로 정책을 펼치도록 유도한다. 중앙정부가 선점Freemption한 부문이지만 중앙정부의 기준에 지방정부의 정책이 부합한다면, 지방정부들에게 독립적인 정책결정 및 집행권한을 우선 부여하고 있다. 그러나 환경문제의 규모가 크고 중요성이 높은 사무임에도 지방정부가 집행을 소홀히 한다면 다시 중앙정부가 개입하여 문제를 해결하고 강력한 제재를 시행한다. 즉, 사후적 의미의 차등위임제도로서 최후의 수단인 규제권한의 위임을 회수하는 것이다.

우리나라에 차등위임제도의 기반을 마련하기 위해서는 객관적이고 수용 가능한 평가체계 구축이 선행되어야 하며, 특히 위임 여부의 결정과 적정한 수행 여부를 평가하기 위한 기준에 공감대가 형성되어야 한다(박광국 외, 2006). 차등위임제도의 공정한 기준을 마련하기 위해서는 중앙정부로부터의 하향식 결정이 아니라 지방정부와 관련 이해관계자들의 의견을 듣고 참여의 기회를 마련하여 공감대를 형성해야 하며, 사전에 지방정부에 대한 역량과 업무 특성에 대한 고려가 필요하다.

위임 사무의 기준에 대한 엄격한 규정이 마련된 후에 중앙정부가 권한을 철회할 수 있는 권한을 보유하게 된다면, 중앙정부의 견제요인과 함께 지방정부들은 책임감과 경쟁력이 강화되기 때문에 더 효과적으로 정책을 집행할 수 있을 것이다.

2. 환경행정 차등위임 대상 결정과 고려사항

차등위임제도를 운영하기 위해서는 위임 대상 사무의 성격과 특성을 파악하여 환경행정역량을 보유한 지방정부에게 권한을 위임하는 절차가 필요하다. 특히 차등 위임 대상을 어떻게 결정할 것인지가 중요한 문제로서, 미국의 부분선점 취지로 비춰보았을 때 차등 위임이 적용 가능한 분야는 다음과 같은 특징이 있다. 첫째, 중앙정부보다는 지방자치단체에 의한 정책이 보다 효율적으로 이루어지는 분야이다. 둘째, 지방자치단체들이 엄격하게 집행하는 것이 오히려 해당 지역의 경제에 손실을 가져다준다고 생각되어 소극적으로 집행하는 규제정책 분야이다. 셋째, 국민들의 복리를 위해서 중앙정부가 최소한의 수준을 보장할 필요가 있는 분야이며, 마지막으로, 자치단체가 중앙정부보다 더 엄격한 기준을 적용할 수도 있는 분야이다(김재훈, 1997; 홍준현, 2013 재인용).

우리나라의 상황에 맞게 차등 위임 대상을 결정하기 위해 제시되고 있는 방안으로는 중앙정부가 모든 지방자치단체들로 하여금 포괄적인 규제시행계획을 제출하게 한 후, 규제기준, 절차, 예산조달 및 인력충원 등을 중심으로 검토하는 방법(박광국 외, 2006)과 중앙정부와 지방정부의 이해관계와 지방자치단체의 요구에 따라 우선 부여하는 방법(문태훈·김종래, 2001) 등을 검토해볼 수 있다.

첫째, 중앙정부가 모든 지방자치단체들의 계획을 검토하여 평가하는 방안은 미국과 같이 국가최소기준National Minimum을 설정하여 지방정부에게 기준 이상의 정책만 승인하는 토대를 마련하는 것이다(박광국 외, 2006). 환경문제의 특성상 지역 내뿐만 아니라 지역 간에 미치는 영향력이 크기 때문에 국가최소 환경기준 설정이 요구된다. 따라서 중앙정부가 설정한 기준을 바탕으로 지방자치단체의 환경사무에 대한 실행계획을 검토하고 평가하는 새로운 장치가 필요하다.

둘째, 차등위임 대상을 결정하기 위해 우선순위를 도입하는 방식은 중앙정부와 지방정부 간 이해관계의 갈등이 약한 사무를 첫 단계의 차등 위임 대상으로 선정하는 것이다. 그다음으로 환경정책의 집행실적 평가에 따라 지방자치단체가 우선 요구하는 업무들에 대해 규제권한을 부여받을 수 있도록 점진적으로 확대하는 방식이다(문태훈·김종래, 2001).

차등 위임 대상의 두 가지 선정방식의 공통점은 중앙정부에 의한 하향식 결정이 아니라 지방정부가 희망하는 환경사무에 대한 계획을 기준에 따라 평가하고 선정하는 방식이라는 점이다. 따라서 차등 위임 대상 업무의 선정에 있어서 지방정부는 중앙정부의 엄격한 기준을 기반으로 한 정책에 따라 계획을 세워 제출하게 되면, 중앙정부는 지방정부와의 갈등정도, 이해관계, 특화된 업무, 집행실적, 환경규제능력과 규제의지, 인력충원, 예산조달 등에 대한 종합적인 고려가 필요하다. 중앙정부는 이러한 요인을 고려하여 지방정부의 계획을 종합적으로 검토하

〈그림 6-1〉 환경행정 차등 위임 대상 결정 방안

여 평가하고 선별된 지방정부에 규제권한을 위임할 수 있도록 해야 한다.

차등 위임의 범위로는 중앙정부가 광역자치단체로 차등 위임을 실시하고 광역자치단체는 기초자치단체로 차등 위임을 실시하거나, 초기에는 광역자치단체에 한정하여 도입하다가 장기적으로는 기초자치단체까지 확대 실시하는 방안이 있다(박광국 외, 2006).

차등 위임 결정과 관련한 절차를 환경오염물질 규제의 사례로 적용해보면 아래의 그림과 같다. 지방정부는 환경부의 기준과 목표에 맞게 환경오염물질 배출규제 업소의 지도 및 점검계획을 수립하며, 계획은 지도와 점검의 성격에 따라 정기지도, 수시지도, 특별기획단속으로 구분한다(환경부, 2009). 정기지도 및 점검기준으로는 사업장 규모별 점검 횟수, 사업장 범위, 지역의 환경오염도, 주요오염원 사업장 현황, 환경오염사고 발생현황, 당해 연도 점검 추진계획 등을 고려할 수 있다(환경부, 2009). 지방정부의 수시 지도와 점검의 계획에 포함되는 내용은 명절, 이상 기후(홍수 등) 시기의 지도와 점검, 환경오염 관련 민원 다발지역에 대한 지도 및 점검사항 등이 있다(환경부, 2009). 특별기획 단속 계획으로는 일상적인 지도와 점검으로 해결되지 않는 지역과 위반업소에 대한 계획이 포함된다(환경부,

〈그림 6-2〉 환경오염물질 배출 규제 차등 위임 결정 방안(예시)

2009).[1]

환경오염물질 배출업소 규제에 대한 지방정부의 계획이 제출되면, 환경부는 지방정부가 오염물질배출업소의 지도 및 점검에 얼마나 특화된 업무가 있는지 또는 오염물질배출업소의 단속 및 점검 집행실적 등의 현황에 대해 검토한다. 이밖에도 배출업소 점검 결과 조치사항, 오염물질배출업소의 관리를 위한 기술지원 및 인력, 예산 현황 등을 종합적으로 파악하여 평가를 한다. 환경부는 다양한 요인을 고려하여 오염물질배출업소 규제에 적합한 지방정부를 선별하게 되고 규제 권한은 위임된다.

1 환경오염물질 규제 사례에 대한 내용은 환경부 중앙환경감시기획단(2009)의 「배출시설 등 지도·점검업무 편람」, pp. 1~13의 지도 점검계획 수립의 내용을 참조하여 정리하였다.

3. 환경행정 차등위임제도 운영 방안

1) 환경행정 위임권 회수제도

중앙정부는 지방정부에게 환경행정 권한을 이관한 이후 감시·감독의 역할을 맡게 되며, 위임사무에 대한 지속적인 모니터링을 실시한다. 중앙정부는 위임사무의 집행을 평가하여, 지방정부의 환경행정 역량이 부족하여 사무를 제대로 집행하지 못하는 것으로 판단되면 지방정부의 위임권을 회수할 수 있다(ACIR, 1984; Zimmerman & Lawrence, 1992; 김재훈, 1997; 문태훈·김종래, 2000; 김종순, 2001; 홍준현, 2001; 박광국 외, 2006).

지방정부의 정책 집행을 주기적으로 평가하고 감독하기 위해서는 차등 위임의 대상 결정방식과 마찬가지로 집행에 대한 평가기준도 명확하고, 공정하며, 합리적이어야 한다. 평가 결과에 따라 지방정부의 업무가 회수될 수도 있는 강력한 장치로 작용할 수 있기 때문이다. 중앙정부의 평가기준과 방법에 대해 중앙정부와 지방정부뿐만 아니라 유관기관과 이해관계자와의 참여를 확대하고 평가방식의 내용에 대한 의견 교환과 검토 및 수렴절차가 요구된다.

미국의 뉴저지 상호수용협의, 영국의 종합성과평가제도CPA 등 해외의 사례와 같이 평가기준 수립 전 예비 평가기준에 대해 공개발표, 의견접수, 초안수정, 예비평가기준의 확정 절차가 필요하며, 상호 수용할 수 있는 협의를 시작해야 한다. 지방정부는 자체적으로 지방정부의 환경행정 집행을 평가하고, 독립된 기관에서 감사할 수 있어야 하며, 평가를 위해 중앙과 지방정부가 각각 지표를 설정해 상호 비교·검토하는 과정을 거쳐야 한다. 지방정부의 집행 평가에 대한 합의를 도출하기 위해서는 심사와 수정, 발표, 검토 및 보완하는 과정이 공개적이어야 하며, 평가 결과에 대한 과학적인 근거의 제시로 객관성을 확보해야 할 것이다. 영국과 같이 각 지방정부의 정책성과에 대한 등급을 매년 일람표 형식으로 공개하는 것과 같은 방식도 검토해 볼 수 있다.

환경행정 위임권 회수제도 또한 환경오염 물질 배출규제의 사례에 적용해 볼

〈그림 6-3〉 차등위임제도 운영과 회수제도 적용 방안

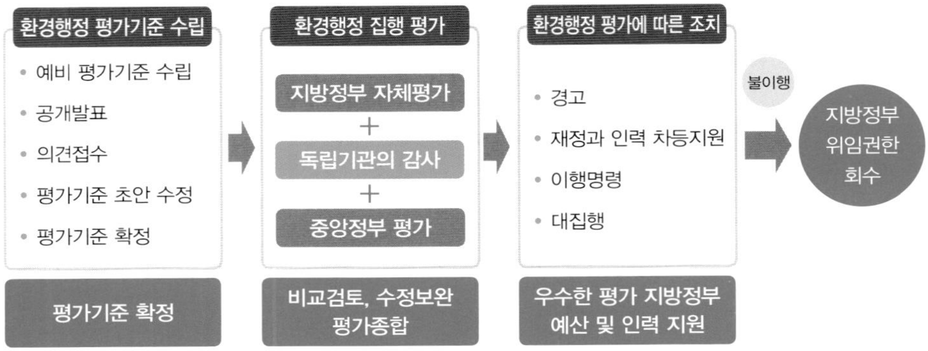

수 있다. 미국 연방환경청EPA의 주정부평가체제State Review Framework를 보면 주요 평가요소를 기준으로 주정부의 지속적인 활동수준에 대한 정보를 제공하고 주정부의 정책 프로그램을 지속적으로 지도하고 있다. 따라서 미국의 주정부의 평가기준을 적용하여 환경오염물질 배출규제 위임 권한에 대한 지방정부의 환경행정 집행 정도를 평가할 수 있다. 예비평가기준으로는 지방정부의 오염물질배출업소 단속 실행 정도, 단속 및 점검 수준에 대한 지도 및 점검 보고서의 완벽성, 중요한 위반행위에 대한 보고서의 적시성 등이 있다. 또한 오염물질배출업소의 단속조치에 따라 관련 오염물질배출업소들이 정해진 시간에 얼마나 순응하는지에 대한 단속조치의 실효성과 행정 조치가 얼마나 엄중하게 이루어졌는지도 평가기준으로 마련할 수 있다.

환경오염물질 배출규제의 위임 권한에 대한 예비 평가기준이 수립된 이후에는 공개 발표 및 수정 절차를 거쳐 지방정부, 환경부, 독립기관에 의한 감사 및 평가가 이루어지며 그 결과를 종합한다. 평가 결과는 공개되며, 성과 등급에 따라 재정과 인력의 차등 지원을 받을 수 있다. 그러나 성과 등급이 낮아 경고, 집행명령, 대집행 등의 조치에도 여전히 환경오염물질 배출규제의 위임 업무를 제대로 집행하지 못하는 지방정부의 권한은 환경부가 회수할 수 있다.

지방정부에 대한 위임권 회수는 지방정부의 환경보전의지와 제도적 개혁능력

〈그림 6-4〉 환경오염물질 배출규제 위임 권한 회수제도 적용 방안(예시)

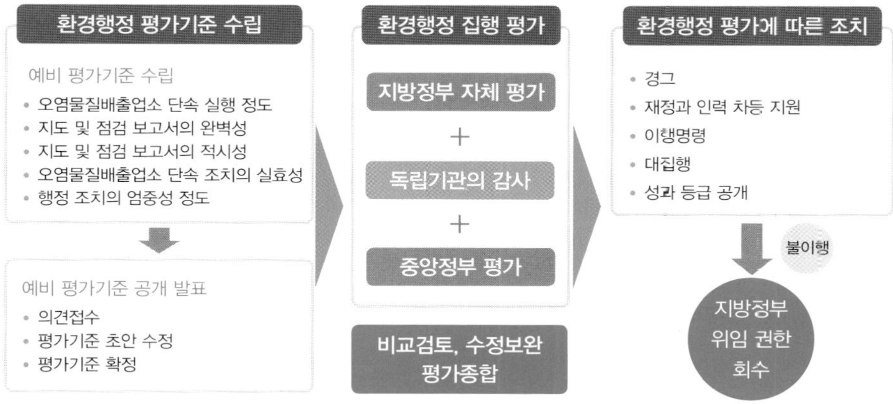

의 정도에 따라 차별적으로 적용하는 사항이지만, 대체로 위임권 회수 전 경고, 집행명령, 대집행 등의 조치시행 후에 최후의 수단으로 강행하는 것으로 파악해 볼 수 있다.

2) 환경행정 회수업무 처리와 관리

지방정부의 환경행정 업무에 대한 개선이 장기적으로 집행되지 않은 경우, 중앙정부는 최후의 수단으로서 업무를 회수할 수 있다. 회수된 업무의 처리방식으로는 자치단체의 지방환경관서가 수행 주체가 되어 회수된 업무를 처리하도록 하는 방안(문태훈·김종래, 2001; 박광국 외, 2006)이 있으며, 중앙정부의 독립된 기관(위원회)을 별도로 설치하여 회수된 업무를 지속적으로 처리·관리하도록 하는 방안이 있다. 미국의 주들은 위원회를 별도로 설치하여, 중앙정부와 지방정부의 계획을 비교 검토하며, 의견을 조정하는 역할을 담당하고 있다. 따라서 회수된 업무는 독립적인 위원회의 설치를 통해 지방정부에게 재위임되기까지 효율적으로 처리하는 방안을 모색해 볼 수 있다.

미국의 오클라호마 주State of Oklahoma 사례와 같이 위임권이 회수된 지방정부는 조직, 인력, 예산 등을 보강하고 내실 있는 규제계획을 수립한 후에 중앙정부에 권한 재위임을 신청해야 하며, 중앙정부는 계획을 면밀히 검토하고 수정지시를 내린 후 공청회 등의 기회를 마련하여 지방정부의 규제능력과 규제준비를 확인해야 한다. 오클라호마 주의 재위임은 철저한 합동검사가 이루어진 후 3년 6개월만에 재위임된 것과 같이 장기간이 소요되더라도 재위임을 희망하는 지방자치단체에 대해 철저한 평가와 검사를 시행하여 재위임하는 절차가 필요하다.

3) 환경행정 차등위임제도 운영을 위한 과제

차등위임제도는 지방정부의 환경행정역량에 따라 사무를 차등적으로 배분하기 때문에 지방자치단체의 노력과 의지에 따라 더 많은 권한이 부여될 수도 있지만 집행기능이 제대로 작동하지 않으면 권한을 회수할 수도 있는 강력한 장치이다. 따라서 우리나라의 현실적인 상황에 맞게 지방정부와 중앙정부의 권한을 합리적으로 조정·배분하기 위해서는 지방자치단체의 환경행정역량을 강화해주는 방안이 우선 마련되어야 한다. 현실적으로 지방정부의 행정기능이 제대로 작동하지 않는 원인 중의 하나로서 예산과 인력 부족을 들고 있으며(박재창 외, 2000; 홍준현, 2001; 박광국 외, 2006; 이세진, 2012; 홍준현, 2013), 이러한 행·재정적 수준에 따라 지방정부의 재량과 자율성이 제약되는 한계가 있다. 중앙정부는 지방정부에 대한 인력, 예산에 대한 지원 마련을 위해 직접 지자체 현황을 파악하고 성과에 따라 인센티브를 차등 지급하는 체계를 마련해야 한다.

또한 차등위임제도는 중앙정부로부터의 하향식 접근이 아니라 중앙정부와 지방정부가 함께 기준을 수립하고, 의견을 교환하며, 협조해야 하는 상호협력적인 체제로 구축되어야 한다. 차등 위임에 대한 대상 결정과, 권한 위임 후 집행에 대한 평가는 지자체 권한의 범위를 결정하는 중요한 과정이다. 따라서 국가 차원에서의 기준 수립 절차가 마련되어야 하며, 기준을 수립하기까지는 중앙과 지방정부, 독립된 기관의 감사 및 회수된 권한에 대한 관리에 대해 다양한 참여자의 토론을 거쳐 공정하고 객관적인 과정으로 진행되어야 할 것이다. 이와 관련한 법과 제도에 대한 근본적인 검토와 개선도 필요하다. 차등위임제도는 지방정부 권한의 회수가 목적이 아닌 지방정부의 재량권을 확대하기 위한 제도로서 갖는 긍정적 측면을 이해하고 우리나라의 상황에 맞는 합리적인 시스템으로 구축하는 방안을 마련해야 할 것이다.

4. 상호수용협의제도

1) 상호수용협의제도 도입 취지와 필요성

상호수용협의Cross Acceptance는 미국 뉴저지 주State of New Jersey에만 존재하는 제도로서, 주 계획과 기초지방자치단체의 계획, 규제, 목표, 전략, 정책, 기준과 비교함으로써 상호 수용하는 제도이다.[2] 상호수용협의는 상향식 접근으로 주정부와 지방정부 간의 파트너십을 형성하도록 하며, 주 계획을 지방정부의 예비 계획과 비교하면서 차이점을 조정하고 변경이 가능하도록 포괄적인 접근을 허용하고 있다(Cullingworth, 2002; New Jersey State Planning Commission, 2004; Cullingworth & Caves, 2013).

특히, 상호수용협의제도는 중앙과 기초자치단체 간의 협의 과정뿐만 아니라 협의 시작 전 절차도 상당히 오랜 기간이 소요되며, 이 과정에서 대중이 참여할 수 있도록 공개된 절차를 거친다. 우리나라의 중앙과 지방정부의 권한과 역할 등에 대해 끊임없이 제기되어 온 문제점들을 해결하기 위해서는 중앙과 지방의 거버넌스 체계에 대한 새로운 접근이 필요하다. 이에 따라 상호수용협의제도에서 제시하는 중앙과 기초자치단체의 협력 및 시민참여 과정, 전담 조직 구성, 협의 절차 등의 체계를 검토하고 정책적 성과를 담보하기 위한 방안을 검토해 볼 수 있다.

2 State of New Jersey Department of State, www.nj.gov/state, 'What is Cross-Acceptance'

2) 상호수용협의제도 운영 방안

상호수용협의제도는 예비 계획의 확정에만 90일이 소요되며, 최종계획이 발표되기까지는 예비 계획 확정 후 12~15개월이 소요되는 만큼 복잡하고 까다로운 절차가 요구된다(New Jersey State Planning Commission, 2004). 오랜 기간 중앙정부와 지방정부, 지방정부 간에는 정책 계획과 목표에 대한 끊임없는 검토와 수정절차가 반복된다. 이 과정에서 특히 중요한 역할을 하는 기관은 주 계획 위원회State Planning Commission로서, 상호수용협의에 참가하는 지방정부기관들과 주기적으로 회의를 개최하여 계획 및 규제들을 비교하고, 보고서의 검토와 수정안을 제안하며, 최종계획을 채택하는 역할을 담당하고 있다(Cullingworth, 2002; New Jersey State Planning Commission, 2004; Cullingworth & Caves, 2013). 또한 주 계획 위원회는 협의 과정에서 6번의 공청회를 개최하여 대중의 참여도 적극적으로 장려하고 있다(Cullingworth, 2002; New Jersey State Planning Commission, 2004; Cullingworth & Caves, 2013). 주 계획 위원회가 협의과정의 전반을 담당함으로써 주정부와 지방정부들 간의 의견 조율 및 협의를 원만히 이끌어가고 있는 것이다.

따라서 우리나라에서 상호수용협의제도에 기반을 둔 중앙정부와 기초자치단체 간 환경행정 협력체계를 구축하기 위해서는 별도로 뉴저지의 주 계획 위원회와 같은 중앙정부 산하 위원회를 설립하는 방안을 모색해볼 수 있다. 위원회는 예비 정책 및 최종정책에 대한 비교, 협상, 영향평가, 최종검토, 채택의 과정 전반에 참여하여 중앙정부와 지방정부 간 협의를 이끌어내는 총괄적인 역할을 담당할 수 있을 것이다.

또한 뉴저지 주의 사례와 같이 회의와 관련한 모든 서류는 온라인 또는 서면으로 반드시 공개해야 하며, 지방자치단체장에게 모든 회의의 요약본도 제공하여 정보를 공유하도록 해야 한다. 위원회는 협의의 모든 과정에서 총괄적인 역할을 담당하며, 공청회를 수시로 개최하여 시민들의 의견을 수집하고 이를 정책에 적극적으로 반영해야 할 것이다.

지방정부들은 환경정책의 계획 및 목표를 상호 수용하기 위한 수행보고서를

〈그림 6-5〉 환경정책 성과 제고를 위한 상호수용협의제도 운영 방안

작성하고 목적달성을 위한 방법, 예산 내역, 인력 현황, 개발 프로그램 등에 대한 내용을 상세히 포함해야 한다. 상호수용협의까지는 장기간이 소요될 수 있으나, 지속적으로 협의하는 과정에서 일관된 목표와 기준을 수립할 수 있으며, 한정된 자원을 활용하여 효율적으로 정책을 집행할 수 있을 것이다.

3) 상호수용협의제도 운영을 위한 과제

상호수용협의제도는 지방수준으로부터 합의를 도출하고 중앙정부와 지방정부 정책 기준의 일관성을 담보하고 있지만, 최종 정책이 확정되기까지는 복잡한 절차와 긴 시간이 요구된다. 이에 따라 협의를 진행하는 데 어려움이 발생할 수 있으며, 지방정부 간 정책 계획 등을 상호 비교하는 과정에서 갈등과 의견불일치 등으로 협의가 중단될 수도 있다.

따라서 환경 분야에 상호수용협의제도를 도입하여 정책성과를 제고하기 위해서는 중앙정부와 지방정부 간의 협의를 원만하게 조율할 수 있는 위원회의 책임과 역할을 분명하게 설정하는 것이 필요하다. 또한 상호수용협의에 참가하는 지방정부들은 정책 내용과 프로그램, 관련 인력과 예산 등을 검토하고 보고서에 상

세하게 포함하여 협상기관 간의 정책에 대한 상호 비교 및 검토가 원활하게 진행될 수 있도록 해야 할 것이다. 이 과정에서 위원회는 상호수용협의에 참가하는 지방자치단체에게는 재정보조 등의 인센티브 제도를 마련하여 참여의지를 높이고 다양한 정보가 공유될 수 있는 체계를 구축해야 한다.

또한 상호수용협의제도에서 특히 강조하고 있는 시민참여 기회를 폭넓게 제공하여 환경정책 전반에 시민의 의견을 듣고 반영해야 하며, 모든 협의 과정은 공개적이어야 할 것이다.

III

환경정책 성과담보를 위한 법·제도 개선방안

본 장에서는 환경부 소관의 몇 가지 법률을 중심으로 중앙과 지방정부 간의 업무 권한·관리·구조 측면에서 기존 법과 제도의 내용과 한계를 파악하고, 환경정책 성과를 높일 수 있는 방안을 논의하기로 한다.

1. 환경사무 권한과 협력에 대한 법률 내용

1) 환경사무 권한에 대한 법률

환경부 소관 기존 법률들은 위임, 이양의 규정에 따라 각 지방자치단체 또는 지방유역환경청 등으로 인허가 권한의 위임 및 이양 규정을 마련하고 있다. 7개 법률 11개 배출시설의 현행 인허가 주체는 〈표 6-7〉과 같다.

기존의 환경오염관리는 환경별 매체에 따라 개별적으로 이루어지고 있어 규제가 복잡하고 중복적이며, 개별 사업장의 여건을 충분히 반영하지 못하는 구조로 운영되었기 때문에 환경개선의 실효성에 대한 문제가 끊준히 제기되었다.[3] 따라서 과학적이고 선진적인 환경관리방식 도입의 필요성이 커지게 되면서 2015년

3 환경오염시설의 통합관리에 관한 법률, blog.naver.com/gsyoung0/220623395977

〈표 6-7〉 7개 법률 배출시설의 현행 인허가 주체

관련 법률	인허가 사항	법령에 따른 인허가, 변경주체	이양 및 위임 여부
대기환경 보전법	휘발성 유기화합물질 배출시설 설치 신고	시도지사 또는 대도시 시장	지자체 이양
	대기오염물질배출시설의 설치 허가·신고	시도지사	지자체 이양
	비산물질배출시설 신고	환경부 장관	환경청 위임
	비산먼지 발생사업의 신고	특별자치시장·특별자치도지사·시장·군수·구청장	지자체 이양
소음·진동 관리법	소음·진동 배출시설 설치 신고	특별자치시장·특별자치도지사 또는 시장·군수·구청장	지자체 이양
수질 및 수생태계 보전에 관한 법률	폐수배출시설 설치 허가 및 신고	환경부 장관	지자체 위임
	비점오염원의 신고	환경부 장관	환경청
악취 방지법	악취배출시설의 신고	시도지사 또는 대도시 시장	지자체 이양
토양환경 보전법	특정토양오염관리대상 시설의 신고	특별자치도지사·시장·군수·구청장	지자체 이양
폐기물관리법	폐기물처리시설 설치 승인	환경부 장관	지정폐기물: 환경청(승인) 생활폐기물: 지자체 이양(신고)
잔류성 유기오염물질 관리법	잔류성 유기오염물질 함유기기 등 신고	시도지사	지자체 이양
	잔류성 유기오염물질을 배출하는 시설 허가 신고	「대기환경보전법」, 「수질 및 수생태계 보전에 관한 법률」, 「폐기물 관리법」 규정에 따름	

자료: 장기복 외(2016), pp. 12~13

12월 「환경오염시설 통합관리에 관한 법률」이 제정·공포되었다.[4]

환경오염시설 통합환경관리는 매체별 허가 방식을 통합하여 개별 사업장의 여건에 적합한 허가배출기준인 최적가용기법[5]을 사용함으로써 사업장의 오염물질을 맞춤형으로 관리하는 제도이다. 종전의 고비용·저효율 규제체계를 개선하고

4 환경부, 통합환경관리제도, me.go.kr/issue/iem/

5 최적가용기법(Best Available Techniques economically achievable, BAT)은 배출시설과 방지시설의 설계·설치·운영에 대한 관리기법으로서 오염물질배출을 가장 효과적으로 감축할 수 있고, 기술적·경제적 적용이 가능한 관리 기법군의 총칭이다(환경부, 통합환경관리제도, me.go.kr/issue/iem/).

산업의 경쟁력을 높이려는 취지로 마련되었다.

통합관리법 제정 이전에는 오염물질 배출시설 등을 설치하려는 사업장은 매체별로 10개의 허가를 받기 위해 복수로 신청하였을 뿐만 아니라 허가권자도 법령별로 다양하여 복잡한 절차를 거쳤으나, 통합환경관리제도로서 1개의 통합허가를 온라인으로 신청하게 되면 환경부가 전문적으로 검토하여 허가하는 체제로 개선하였다.[6]

허가절차를 단일화함으로써 환경사무 업무체제의 효율성을 높이려는 의도로 시작한 「통합환경관리법」의 핵심 사항 중 하나는 통합관리사업장의 배출시설 등을 설치·운영하려면 환경부 장관의 허가를 받아야 한다는 것이다. 예를 들면, 대기배출시설의 설치(「대기환경보전법」 제23조), 비산먼지발생사업(「대기환경브전법」 제43조), 악취배출시설(「악취방지법」 제8조), 폐기물처리(「폐기물 관리법」 제25조) 등의 허가·신고 주체가 시도지사에서 환경부 장관으로 변경되었다(김홍균, 2016). 「환경오염시설 통합관리에 관한 법률」 제6조 및 제14조에 따르면 "환경에 미치는 영향이 큰 업종으로서 대통령령으로 정하는 업종에 속하는 사업장(통합관리사업장)을 설치·운영하려는 자는 환경부 장관의 허가를 받도록" 규정하고 있으며,[7] 환경부는 추후 배출시설의 관리 및 오염물질 측정 후 필요한 조치 등 개선을 명할 수 있다. 그러나 「통합환경관리법」의 제도는 시행 초기이다 보니 통합관리사업장을 「대기환경보전법」과 「수질 및 수생태계 보전에 관한 법률」에 따른 1종, 2종의 대형 사업장만[8]을 허가 대상으로 하고 있으며, 점차 허가 대상을 확대할 계획이라고 밝히고 있다. 현재까지 1종 및 2종에 해당하지 않은 소규모 사업장의 규제는 지자체가 담당하면서 소규모 사업장은 기존 개별법이 적용된다.

6 환경부(me.go.kr/issue/iem/) 통합환경관리제도 참조.

7 국가법령정보센터(www.law.go.kr), 「환경오염시설의 통합관리에 관한 법률」 제6조(통합허가), 제14조(개선명령 등)

8 「수질 및 수생태계 보전에 관한 법률」 시행령 제44조 제2항 사업장 규모별 구분 기준에 따르면 1일 폐수배출량이 2,000㎥ 이상인 사업장은 1종 사업장, 700㎥ 이상~2,000㎥ 미만인 사업장은 2종 사업장, 200㎥ 이상~700㎥ 미만인 사업장은 3종 사업장, 50㎥ 이상~200㎥ 미만인 사업장은 4종 사업장, 1종부터 4종까지 사업장에 해당하지 아니하는 배출시설에 대해서는 5종 사업장으로 규정하고 있다. 대기오염물질 발생사업장 분류기준은 제2장 참조.

2015년 1월 개정된 「화학물질관리법」 또한 허가 권한을 다시 환경부로 환원한 사례로 볼 수 있다. 「화학물질관리법」 제19조, 제24조에 따르면, "유해화학물질 영업허가를 받으려는 자는 화학사고 장외영향평가서, 검사결과서, 위해관리계획서를 제출하고 시설장비와 인력에 대한 일정기준을 갖추어 환경부 장관의 허가를 받도록" 하고 있으며,[9] 유해화학물질의 업체에 대한 지도 및 점검 관리 또한 지자체에서 환경부로 권한이 이관되었다.

「화학물질관리법」은 중앙정부 차원에서 화학물질 관련 분야의 위험성을 인지하고 정보를 통합 관리할 수 있으며, 전문성을 강화하여 화학물질 관련 사고에 신속하게 대응하기 위한 목적으로 개정되었다(은수미, 2015). 그러나 지역 내 사업장의 화학물질에 의한 환경사고 발생 시 지역과 밀접한 지방정부의 빠른 대처기능이 발휘되지 못할 수 있다는 문제가 일부 제기되고 있다.[10]

2) 중앙정부와 지방정부의 협력기구에 관한 법률

중앙정부와 지방정부의 권한배분뿐만 아니라 정책 집행성과를 높이기 위한 역할을 할 수 있는 협력기구인 정책협의회, 협의체 등에 관한 환경부 소관법률을 살펴보면, 「환경정책기본법」 및 시행령에서는 중권역환경관리위원회, 환경정책위원회, 환경보전협의회 등으로 규정하고 있다.「환경정책기본법」 시행령 제18조에서는 중권역위원회의 기능으로 "환경보전 대책사업의 투자 우선순위에 관한 사항, 국가 지방자치단체 및 산업체 간 환경보전 대책사업의 추진에 드는 비용 분담에 관한 사항, 환경오염원의 배출허용기준 조정 및 총량 규제에 관한 사항, 지방

9 국가법령정보센터(www.law.go.kr/), 「화학물질관리법률」 제19조(허가물질의 제조·수입·사용·허가 등), 제24조(취급시설의 배치 설치 및 관리기준)

10 주연창(2017)은 「화학물질관리법」에 따른 지방정부의 권한 약화의 사례로 여수국가산단을 제시함. 국내 유해화학물질의 30% 이상을 취급하면서 크고 작은 사고가 발생하고 있는 여수국가산단에서 사고가 발생하면 여수시가 가장 먼저 대처해야 하지만, 「화학물질관리법」에 따라 화학물질 관리권과 대형 사업장의 환경관리권이 여수시에게 없기 때문에 지방정부가 능동적으로 대처할 수 없는 불합리한 측면을 제시한다. 은수미(2015)는 화관법 도입 이후 지자체에서는 화학물질 관리업무의 권한이 약화되면서 환경팀이 해체되거나 관련 담당자가 없으며, 화학재난에 대해 환경팀과 재난안전팀 간 업무혼란이 가중되고 있음을 밝힌다.

자치단체 간 또는 주민 및 산업체 간의 이해와 조정을 담당하는 기구"로 규정하고 있다. 「환경정책기본법」 제58조의 환경정책위원회는 환경정책에 관한 기본계획을 심의 자문하는 기구로 규정하고 있으며, 제59조의 환경보전협의회는 환경보전에 관한 조사연구, 기술개발 및 교육 홍보를 위한 곳으로 규정하고 있다. 「환경정책기본법 및 시행령」에서 규정된 협의체에서 살펴볼 수 있는 공통사항은 환경정책 전반에 관한 계획수립, 조정, 심의·자문기관의 역할을 수행하고 있다는 것이다.

협의 기구를 규정한 개별 법률을 보면 「환경부·지자체 기후변화 정책협의회 구성·운영에 관한 규정」, 「국가 대기질 예보 운영 협의체 운영 규정」, 「한강 환경감시협의체 운영 규정」, 「민·관 환경협의회 규정」 등 매체의 성격에 다른 기구로 한정하여 운영하고 있다. 따라서 현재의 법률로는 중앙정부와 지방정부의 협력적 거버넌스 형태로서 환경 관련 새로운 제도의 도입이나 환경사무에 대한 사전 협의, 환경 사무 이양 또는 위임의 집행과정에서 문제의 해결이나 조정의 역할을 할 수 있는 단일한 통합기구에 관한 규정을 찾아보기 어렵다.

2. 환경사무 권한과 정부 간 협의에 따른 법·제도 개선 방안

환경사무의 지방이양이 지속되면서 환경부 소관 기존 법률들은 중앙정부와 지방정부 간 위임과 이양에 따른 권한과 역할을 분명히 규정하고 있다. 그러나 최근 일부 법률의 개정 또는 신설과정에서 살펴본 바와 같이 통합적 관리와 전문성 강화가 요구되는 환경 업무들의 운영·관리의 권한이 지자체에서 환경부로 다시 이관되고 있다. 행정권한이 일원화되면 권한의 중복에 따른 불필요한 절차가 생략될 수 있으며, 다양하게 분산·적용되었던 법률이 하나로 통합됨에 따라 중앙정부 차원에서 환경관리 수준이 크게 개선되는 긍정적인 측면이 있다. 그러나 일부에서는 중앙정부 차원에서 관리가 필요한 환경사무에 대해서는 환경부의 역할을 간과할 수 없지만 지방의 현지성이 강하여 능동적으로 대처할 수 있는 사무는 지방정부의 역할을 함께 부여하여 협업하는 체계로 진행되어야 한다는 필요성도 제기되고 있다.

이에 따라 중앙정부와 지방정부의 권한과 역할의 조정과정에서 발생할 수 있는 문제를 해결하고 새로운 방식으로 접근하기 위해서는 차등위임제도, 상호수용협의제도와 같은 선진국의 관리방식을 일부 법률에 도입해 보는 방안을 검토할 수 있다. 조직구조 측면에서는 해외제도를 적용하면서 현재 환경부 소관 법률에서 부재했던 중앙정부와 지방정부 간 협업에 필요한 통합적인 협의기구에 대한 내용을 포함할 수 있기 때문에 기존 법과 제도의 한계를 보완하고 포괄적으로 접근할 수 있을 것이다.

우선, 지방정부의 책임감과 경쟁력을 강화할 수 있도록 해외의 차등위임제도 등을 도입하여 환경 분야에 적용하기 위해서는 환경정책 관련 기본 제도를 도입하는 취지에서 「환경정책기본법」에 근거 규정을 두고 조항 등을 신설하는 방안을 고려해 볼 수 있다.[11] 예를 들어 「환경정책기본법」 제1장 제3조에 차등위임제도 정의 조항 및 제2장 제2절 기본적 시책에 차등위임제도 대상 결정방안과 회수업무 처리와 관리 등의 조항을 들 수 있다. 규정에 대한 구체적인 평가지침, 계획 관련 사항, 행정조치 사항은 대통령령으로 위임하도록 하며, 〈표 6-8〉과 같은 방식으로 적용해 볼 수 있다.

둘째, 중앙정부와 지방정부 간의 권한 조정 및 배분을 위해서는 「환경오염시설 통합관리에 관한 법률」, 「화학물질관리법」 등의 허가 및 관리의 주체에 대한 규정의 검토와 신설이 필요하다. 환경부로 권한이 이관됨에 따라 정책 집행의 효율성이 높아지는 측면은 있으나, 사업장의 형태에 따른 법의 분산 적용 및 지방정부의 역할 축소 등 일부 제기되는 문제들을 감안해 본다면 환경부의 권한을 저해하지 않으면서도 지방정부의 역할을 강화할 수 있는 방안이 요구되는 것이다.

11 박광국(2006)은 차등위임제도의 도입에 따라 법령을 개정하는 방안으로 「환경정책기본법」 또는 개별법에 규정을 마련하는 방안을 제시한다. 그러나 매체별로 법령을 마련하면 이해관계가 대립할 수 있고, 집행력이 약화되어 제도의 도입이 어려울 수도 있음을 밝혔기 때문에 본 연구에서도 차등위임제도를 「환경정책기본법」에 근거 규정을 두고 조항을 신설하는 방안으로 검토하였다.

〈표 6-8〉 차등위임제도 법률 신설 방안(예시)

1. 「환경정책기본법」 제1장 총칙 제3조(정의)에 차등위임제도 정의 조항(제9항) 신설

제3조(정의) 이 법에서 사용하는 용어의 뜻은 다음과 같다.

9. "차등위임제도"란 광역자치단체 간의 환경역량을 평가하여 선별적으로 환경행정권한을 위임하고, 위임된 환경사무에 대한 성과를 평가하여 차등 지원하거나 관련 사무를 다시 회수할 수 있는 제도를 말한다.

2. 「환경정책기본법」 제2장 환경보전의 계획 수립 등 제2절 기본적 시책에 차등위임제도 대상결정과 회수제도, 회수업무 처리와 관리 등 조항 신설

제40조(차등위임대상 결정 등) ① 각 지방자치단체는 환경오염물질 배출규제 사업장에 대한 지도 및 점검계획을 수립한 후 환경부 장관에게 제출한다. ② 제1항에 따라 환경오염물질 배출규제 사업장에 대한 지도 및 점검계획이 제출되면 환경부 장관은 지방자치단체의 업무 특화도, 단속 및 점검 집행실적, 인력, 예산 등에 대한 종합적인 평가를 한다. 오염물질 배출규제 지도 및 점검계획과 평가지침에 관해 필요한 사항은 대통령령으로 정한다. ③ 환경부 장관은 평가지침에 따라 지방자치단체를 선별하고 규제권한을 위임한다.

제41조(차등위임권한 회수 등) ① 환경부 장관은 지방자치단체의 위임된 권한을 주기적으로 평가 및 감독한다. ② 제1항에 따라 평가와 감독에 관해 필요한 사항은 대통령령으로 정한다. ③ 환경부 장관은 지방자치단체의 권한에 대해 평가 후 공개할 수 있으며, 성과 등급에 따라 경고, 집행명령, 대집행을 실행한다. 성과 등급에 따른 행정조치에 관한 사항은 대통령령으로 정한다.

제42조(차등위임권한 회수업무 처리와 관리 등) ① 지방자치단체의 업무에 대해 경고, 집행명령, 대집행 이후에도 장기적으로 집행되지 않는다고 판단되는 업무에 한해 환경부 장관은 업무를 회수할 수 있다. ② 환경부 산하 위원회는 회수된 업무를 처리·관리한다. ③ 환경업무의 재위임을 희망하는 지방자치단체는 조직, 인력, 예산 등에 대한 계획보고서를 작성하여 환경부 장관에게 재위임을 신청한다. 재위임의 계획에 관한 사항은 대통령령으로 정한다. ④ 환경부 장관은 제3항에 따라 재위임을 신청한 지방자치단체의 계획을 면밀히 검토하고, 평가지침에 따라 재위임한다.

특히, 「환경오염시설 통합관리에 관한 법률」은 제도의 시행단계이기 때문에 중앙정부와 지방정부의 관계가 수직적으로 형성되어 있으나, 향후 제도의 유지와 발전을 위해서는 통합관리의 특성상 중앙정부와 지방정부의 협력이 지속적이어야 한다.[12] 이 과정에서는 「환경오염시설 통합관리에 관한 법률」 제3조[13] 제3항에

12 머니투데이(news.mt.co.kr), '환경관리제도 45년 만에 대혁신, 관건은 현장의 인식 전환'

13 「통합환경법」 제3조 국가의 책무 조항은 다음과 같이 규정하고 있음. ① 국가는 제6조 제1항에 따른 통합관리사업장의 배출시설 등 및 방지시설을 체계적으로 관리하고 그로 인한 환경오염을 예

역량을 갖춘 지방정부에게 권한을 차등 위임하는 조항의 신설을 검토할 수 있다. 또한 중앙정부와 지방정부뿐만 아니라 다양한 이해관계자의 협의를 바탕으로 차등 위임에 대한 합의가 이루어져야 한다는 규정이 필요하며, 지방정부별로 어떠한 권한을 위임할 것인지에 대한 협의 체계로서 상호수용협의Cross Acceptance제도의 내용을 포함해야 한다. 상호수용협의 관련 조항은 「환경오염시설 통합관리에 관한 법률」 제5장 보칙에 따른 조항 신설을 검토할 수 있다. 상호수용협의는 환경오염시설의 통합관리에 대한 목적달성 및 방법, 기술지원에 대한 요청사항, 프로그램 개발 내용을 포함하는 지방정부의 계획에 대한 협의로서, 관련 사항은 대통령령으로 위임해야 할 것이다. 「화학물질관리법」에서도 유해물질 취급 사업장의 허가 및 관리에 대한 지방정부 차등위임 조항을 신설·검토할 수 있다. 지방정부

〈표 6-9〉 환경사무 권한과 정부 간 협의 등에 대한 법률 개선 및 신설 방안

관련법		법률 내용	법률 개선 및 신설 방안
차등 위임 제도	환경정책 기본법	–	• 중앙정부의 최소기준설정, 지방정부의 계획 및 목표를 평가하여 지방정부에게 선별적으로 권한을 위임하는 차등위임제도 기본조항 신설
정부 간 권한 배분 및 조정	환경오염시설 통합관리에 관한 법률	• 1개의 통합허가 신청에 대한 허가권(1, 2종 대형 사업장에만 한정): 환경부 • 오염물질배출 허가 검토: 환경부 • 통합지도 점검 및 관리: 환경부	• 지방정부의 권한 차등위임 조항 신설 → 사업장 유형, 오염배출 기준 등의 조정에 따른 환경부와 지방정부 간의 권한 분배 및 지방정부의 차등위임에 대한 내용 신설 필요 • 상호수용협의 조항 신설 → 차등위임을 결정하기 위한 협의 체계로서 상호수용협의 내용 포함
	화학물질 관리법	• 유해화학물질 업체 지도 점검: 환경부 • 정기검사, 수시검사, 안전관리 진단: 환경부	• 지방정부의 권한 차등위임 및 상호수용협의 조항 신설 → 유해화학물질 업체 지도, 점검 및 안전관리 진단에 대한 지방정부의 차등위임과 상호수용협의에 대한 내용 신설 필요
정책 위원회 (협의회) 구성	개별법	• 환경부 지자체 정책협의회 구성 운영에 관한 개별 법률 존재 • 환경사무 이양에 대한 문제 해결 및 권한 배분 등 통합적 조정협의 기구내용 법률상 부재	• 환경부-지자체-민간 등 통합적인 정책협의회 구성 운영에 관한 규정 신설 필요

방하기 위하여 필요한 시책을 수립·시행하여야 한다. ② 국가는 제24조 제1항에 따른 최적가용기법 개발을 촉진하고 이를 산업 활동에 적용할 수 있도록 필요한 여건을 조성하여야 한다.

와 환경부의 지속적인 상호협의를 통해 지역별 유독물 업체의 특수성을 감안하여 지도 및 점검과 관리에 대한 지방정부의 권한을 조정하며, 중앙정부와 협력을 강화하는 방안을 마련해야 할 것이다.

본 장에서는 환경사무 권한과 중앙정부와 지방정부 간 협의 등에 대한 일부 법률을 중심으로 개선 및 신설방안을 제시하였다. 환경 분야는 매체별 단일법이 다양하며 법과 제도 간 관련성이 크고 복잡하기 때문에 새로운 제도의 도입과 법률의 개정을 위해서는 대안들에 대한 과학적이고 객관적인 평가와 검토가 요구된다. 또한 중앙정부와 지방정부의 권한을 합리적으로 조정하고 협력을 강화하는 측면에서 법과 제도의 개선은 필요하지만 중앙정부와 지방정부 간의 긴밀한 협력과 지방정부의 역량강화, 업무 권한에 대한 책임성이 전제되어야만 법과 제도의 개선에 따른 환경정책 집행의 효율성을 높일 수 있을 것이다.

3. 중앙-지방 환경 협의기구 구성안

1) 중앙-지방 환경 협의 기구 필요성

환경사무와 관련하여 중앙정부는 정책의 큰 틀을 기획하고 연구하는 기능에 집중할 필요가 있다. 특히 미래의 환경정책 연구 등에 활용하기 위해 각 지방자치단체별 환경 관련 통계 자료를 종합하여 DB 자료를 구축하는 업무, 현행 지방자치단체별로 수행하고 있는 환경사무에 대해 집행성과 등을 평가하는 업무, 환경사무와 관련하여 지방자치단체 간 갈등이 발생할 경우 이를 조정하는 업무도 중앙정부의 역할이라고 할 수 있다. 최근 국민적 관심이 높은 미세먼지와 생활안전 분야의 경우도 감시와 단속과 같은 일상적 집행업무는 지방자치단체에서 수행한다고 하여도 그 외에 정책방향 설정 및 계획 등에 관한 업무는 환경부에서 수행할 필요가 있다. 특히 미세먼지와 같이 광역적인 영향을 주거나 중국 등 외부요인이 작용하는 경우 중앙정부 차원에서 대책마련이 필요하다.

환경사무에 대한 중앙-지방 간 거버넌스에 대해 전문가 의견은 중앙정부와 지방자치단체장 간의 협의체와 환경사무 실무자급 협의회를 병행하여 운영할 필요가 있다는 의견이 많았다. 환경사무의 경우 구체적인 업무 집행과 관련한 실무자의 의견을 협의하는 조정기구도 필요하지만 이를 실제 정책에 반영할 수 있는 원동력으로 환경부 장관과 지방자치단체장 간의 협의체가 뒷받침될 필요가 있기 때문이다. 특히, 실무자 간 거버넌스 체계만으로는 각 사무별로 발생할 수 있는 부서별 칸막이 등의 현상을 방지할 수 없기 때문에 이를 보완할 수 있는 환경부 장관과 단체장들 간의 거버넌스 체계가 필요하다는 데 대체로 동의하고 있다. 환경사무 담당 공무원을 대상으로 진행한 설문조사도 유사한 결과를 보여주고 있다. 중앙정부와 지자체 간 적절한 협력 메커니즘의 형태에 대해서는 환경부 각 부서와 개별 지방자치단체 업무 담당자 간 거버넌스 구축(35.5%)이 높게 나타났으며, 이를 보완할 수 있는 중앙정부와 지방자치단체장 간의 거버넌스 구축(20.1%)도 높게 나타났다.

한편, 중앙정부와 지자체 간 협력적 거버넌스 구축이 어려운 이유로 중앙정부가 각 지자체에 지역특성을 무시한 획일적 지침 및 조건 등을 제시한다는 데 동의하는 의견이 비교적 높게 나타났다. 환경부와 지방자치단체 간 협력이 필요한 1순위로 인력지원 및 행정지원 강화(70.1%)로 나타났으며 다음으로 보조금 지급 등 재정지원 강화(46.1%)가 선정되었다. 또한 의사소통 기회의 확대(34.2%)와 기술지원 강화(32.9%), 교육기회의 확대(28.6%)도 중요한 협력강화 방안으로 제시하였다. 구체적으로 중앙정부에서는 기술지원, 교육기회, 계획공동작성 등의 지원에 관심을 갖고 있고, 광역자치단체에서는 보조금 지급과 의사소통 기회 확대를 중요시

〈그림 6-6〉 중앙-지방 거버넌스 구성방안

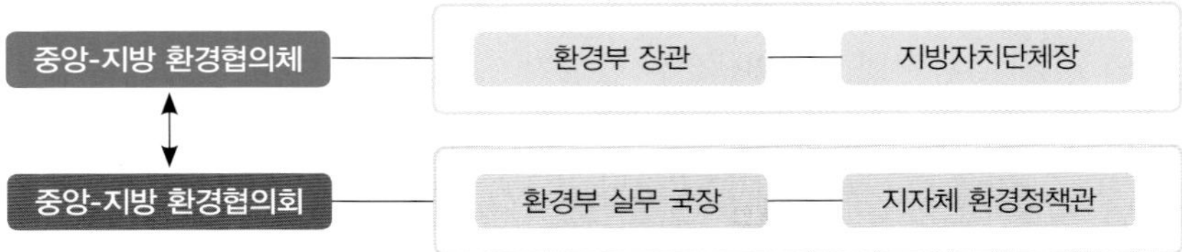

〈그림 6-7〉 중앙-지방 조정기능 및 권역별 협의체 구성방안

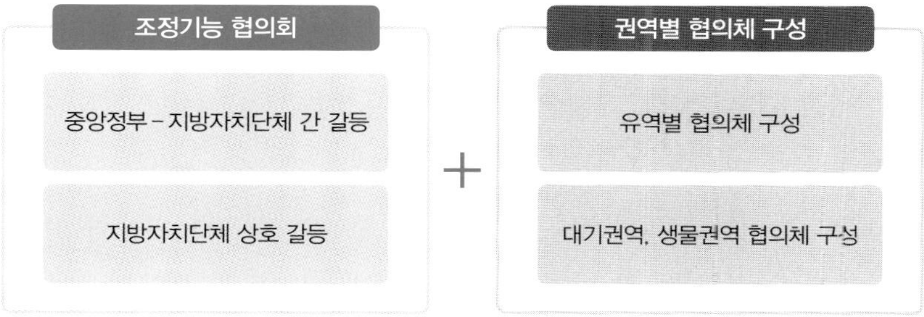

하고, 기초자치단체에서는 단속장비 지원을 원하고 있는 것으로 나타났다.

환경사무 거버넌스에 대해 연구원 및 시민단체 그룹의 경우 기존에 운영되고 있는 행정협의조정위원회, 환경분쟁조정위원회 제도 등을 활용하여 중앙과 지방 간 거버넌스를 조정할 필요가 있다는 의견이 제시되었다. 이는 환경업무의 특성상 중앙정부와 지방자치단체 간의 이해관계가 대립되는 경우가 발생할 수 있고, 같은 환경문제라도 소속기관의 관점에 따라 다르게 해석하는 등의 문제로 조정기능의 필요성을 강조한 것이라고 볼 수 있다. 또한 환경문제의 입지적 특성을 감안하여 유역별, 대기권별, 생물권 등 다양한 권역 중심의 협의체를 구성할 필요가 있다는 의견도 제시되었다. 이는 환경사무에 따라 협의체 구성의 범위가 다양하게 나타날 수 있다는 점이 반영된 것으로 볼 수 있다.

2) 중앙-지방 환경협의체 구성

환경사무 관련 중앙과 지방 거버넌스 구성에 있어 중앙-지방 환경협의체는 범국가적 과제를 해결하기 위한 큰 틀에서의 협의체를 말한다. 환경부 장관과 17개 광역지방자치단체장으로 구성된 중앙-지방 환경협의체의 주요기능으로는 환경부와 지방자치단체 간 정책 제휴 방안 등의 협의 기능과 중앙정부가 추진하는 환경관련 계획 및 기준 마련 시 사전 협의 기능 등을 부여할 수 있다. 또한 광역적 환경사업 추진 시 지방자치단체들 간의 협력 방안을 보다 큰 틀에서 논의하는 기능

도 포함할 수 있다. 구체적인 환경사무별로 살펴보면 대기분야의 미세먼지 문제와 같이 주로 겨울과 봄에 집중적으로 발생하는 환경문제의 경우 환경부 장관과 지방자치단체장이 협의체 회의를 통해 사전에 미세먼지 관련 측정과 예보 기능에 대한 업무 계획을 공유하고 미세먼지 문제가 심각할 것으로 예측되는 시기에 각 지방자치단체별로 대응할 수 있는 대책을 협의하는 기능을 수행할 수 있다. 특히 미세먼지의 주요 원인으로 작용하는 서풍계열 풍향이 지속되는 경우에는 서해안에 위치한 지자체들의 발전량 및 대기오염물질 발생량 등을 줄일 수 있는 방안을 사전 협의하여 한반도 전역으로 미세먼지 문제가 확산되는 현상을 차단할 수 있을 것이다.

구체적으로 미세먼지가 이슈가 되는 1분기(봄)에는 지방자치단체별로 발전량 줄이기, 대기오염배출업소 단속 기준 탄력적 조정 등을 통해 중점 관리사무를 가늠할 수 있고, 실무협의회를 통해 구체적인 실행안을 조율하여 선제적 정책 대응 능력을 높일 수 있다. 또한 2분기(여름)에는 상수원 보호 및 악취 등에 관한 지방자치단체별 업무 현안에 대한 내용을 서로 협의할 수 있으며 3분기(가을)에는 폐수 및 토양오염과 관련된 내용들을 공유하는 기회를 가질 수 있다. 또한 실무자로 구성된 중앙-지방 환경사무 실무협의회에서 마련된 각종 정책제안 등을 각 분기별로 논의하여 업무 추진에 활력을 불어넣어 줄 수 있는 효과를 가질 수 있다.

3) 중앙-지방 환경사무 실무협의회

중앙-지방 환경협의체를 보완할 수 있는 실무자급으로 구성된 중앙-지방 환경사무 실무협의회는 환경부의 각 부서 국장급 담당자와 각 지방자치단체의 환경정책담당관으로 구성할 수 있다. 실무협의회는 자치단체장으로 구성된 환경협의체보다 자주 회의를 개최하여 분기별 환경이슈에 대한 논의를 뒷받침할 수 있는 협의를 진행하는 동시에 각 환경사무에 관한 집행 현황을 서로 공유하고 문제점 등을 비교하는 논의도 가능하다. 따라서 매월 정기적인 회의 개최와 더불어 주요 현안이 발생하거나 중앙-지방 환경협의체 개최 전에 사전 협의가 필요한 이슈가 있는 경우에는 수시로 회의를 개최하여 세부적인 정책방향과 프로세스 등을 점검하고 구체적인 세부안을 협의할 수 있다.

구체적으로 대기분야의 경우 각 지방자치단체별로 1종~5종까지 사업장의 현황이 다르고 이에 대한 배출업소 단속 노하우 등이 상이하기 때문에 관련 내용에 대해 구체적인 자료를 서로 공유하는 기회를 가질 수 있으며 환경부 담당 국장은 관련 자료를 취합하여 향후 정책 방향을 제시하는 데 기초 자료로 활용할 수 있다. 또한 토양환경오염 측정 등과 관련한 사무에서는 토양환경실태조사 현황 등을 서로 공유하고 향후 발생할 수 있는 관련 측정업무 집행에 도움이 될 수 있는 정보를 제공받을 수 있다.

중앙-지방 환경사무 실무협의회는 매월 정기적 안건을 갖고 환경부 담당 국장급 담당자와 지방자치단체 환경정책담당관이 지속적인 협의를 진행하여 관련 자료 등을 꾸준히 축적할 수 있고, 이를 바탕으로 실무상 문제점을 사전 검토하여 비교할 수 있다는 점이 가장 큰 효과라고 할 수 있다. 구체적인 환경정책 사례 등을 공유하고 각 지방자치단체별로 성공요인과 실패요인을 상호 비교함으로써 환경 관련 업무의 전문성을 상호간에 높일 수 있는 기회를 제공할 수 있기 때문이다. 또한 중앙-지방 환경협의체의 협의내용에 안건을 반영할 수 있어 실행 동력을 제공받고 지속적인 업무 추진이 가능하다는 점도 장점으로 볼 수 있다. 특히 미세먼지, 악취업무 등과 같이 특정시기와 특정지역에서 더 큰 문제가 되고 있는 환경사안에 대해 실무적으로 기초 자료를 공유하고 세부적인 실행안에 대한 정책 추진 속도를 높일 수 있는 효과도 거둘 수 있다.

4) 통합환경관리제도와 연계한 중앙-지방 간 인력 및 기술교류

앞서 언급한 통합환경관리제도는 기존 여러 법률에 산재되어 있는 환경오염물질 배출 관련 허가 및 지도점검 등을 환경부가 통합하여 관리하는 시스템을 제안해 본 것이다. 1종과 2종 대형 사업장을 대상으로 하는 통합환경관리제도의 최적기술적용BAT 등은 지방자치단체 담당자에게는 생소한 내용이거나 관련 정보가 부족할 수 있다. 환경부에서는 통합환경관리제도에 관한 각종 자료 및 콜센터와 설명회 개최 등을 통해 제도의 정착에 노력하고 있으나 새로 도입되는 제도의 특성상 실제로 관련 업무를 직간접적으로 경험할 수 있는 기회가 있어야 보다 효율적인 업무 공유 및 학습으로 이어질 수 있을 것이다. 현재 통합환경관리제도는 사업분류별로 단계적으로 적용하고 있으며, 기존사업장에 대한 유예제도도 인정하고 있기 때문에 제도 도입 초기부터 지방자치단체 담당자들이 순환배치 등의 형태로 참여할 수 있다면 제도의 조기정착뿐만 아니라 지방이양 후의 효율적 업무수행에도 기여할 수 있을 것이다. 특히 대기 및 수질 1종과 2종 사업장이 많은 울산, 여수, 군산, 인천 등의 경우 기존에 대기 및 수질 환경오염물질 배출업소 지도 점검 업무를 담당하였던 실무자를 대상으로 순차적으로 인력 교류를 실시한다면 제도의 빠른 정착에 기여할 수 있을 것이다.

IV

종합적 성과평가 기능 강화

환경부가 각 지자체의 위임·이양 사무의 성과를 모니터링하는 기제로 환경오염물질배출시설의 통합지도 및 점검, 환경특별사법경찰 제도가 운영되고 있으며, 성과를 평가하고 인센티브를 부여하는 제도로는 행정안전부와 합동으로 실시하는 지자체 합동평가 제도가 운영되고 있다. 이하에서는 기존의 제도를 검토한 후 종합적 성과 평가 기능을 강화할 수 있는 제도를 제안하고자 한다.

1. 지자체 성과의 모니터링 및 평가제도 현황

1) 환경오염물질배출시설의 통합지도 및 점검 제도

환경부는 「환경오염물질 배출시설 등에 관한 통합지도·점검 규정(환경부훈령 제1224호, 2016. 7. 1.)」에 근거하여 지자체 관할 사업장에 대해 소속 직원이나 환경청장으로 하여금 환경오염물질의 관리실태를 점검·확인하게 할 수 있다. 즉, 이 제도하에서 자치단체의 장(시도지사 또는 시장·군수·구청장)과 환경청장(유역환경청장 또는 지방환경청장)은 개별적으로, 혹은 필요시 합동으로 환경오염물질 배출 사업장에 대한 검사실시계획을 수립하며 매년 1월 31일까지 환경부에 보고해야 할 의무를 지닌다. 환경부는 보고받은 "점검결과를 종합적으로 평가하고 행정처분의 주요 내용 등을 인터넷 또는 언론매체 등을 통하여 공개하며(제15조 제3항)", "배출시설 지도·점검과 관련하여 필요한 경우 점검담당자들을 대상으로 교육을 실시할 수 있다(제16조 제1항)."

지도·점검을 실시하는 과정에 있어 각 환경청 및 지자체는 "환경오염 취약지역에 대한 상시 감시체계구축을 위하여 지역주민, 민간단체 관계자, 기업의 관계자 등으로 구성된 민간 중심의 감시활동단체를 구성하여 운영할 수 있다(제17조 제3항)." 이러한 환경감시 네트워크는 민·관합동환경감시단, 지역환경감시협의체, 민간자율환경감시단 등 다양한 형태로 존재하고 있다(환경부, 2004; 2010). 각 지방·유역환경청은 환경청 소속의 환경감시대를 중심으로 지역주민, 민간단체 관계자 등을 파트너로 참여시키는 '민·관합동환경감시단'을 구성하여 권역별 환경오염 취약업소 등에 대한 특별합동단속을 실시할 수 있다. 또한 환경오염업소 단속과 관련한 정보공유 등 유관기관 간 긴밀한 협조체제를 유지하기 위하여 지자체, 검찰, 민간단체 등과 '지역환경감시협의체'를 구성하여 정례협의회를 운영하기도 한다. 지자체의 경우 지역주민, 민간단체 관계자, 사업장 환경기술인 등으로 구성된 '민간자율환경감시단'을 운영하여 환경오염 상시 순찰반을 가동하고 해당 광역 및 기초자치단체를 합동단속에 참여시킬 수 있다.[14] 이처럼 다양한 형태의 정

14 2010년 이래 전국적으로 400여 개의 민간자율환경감시단, 총 50,000여 명의 감시인원이 활동하고 있다. 2013년 각 광역시·도별 민간자율환경감시단의 운영 현황 및 실적은 아래와 같다.

구분	민간감시단 구성현황		민간감시단 활동실적(단위: 건수 또는 개소수)							재정지원 (수당, 여비 등)	
	감시단 (개소)	감시 인원	순찰 등 자체감시			합동단속		신고포상금 지급			
			계	계도	위법	참여(명)	위법	건수	금액(천 원)	건수	금액(천 원)
계	386	25,250	27,728	27,673	55	10,056	394	56	685	5,805	1,608,185
서울	42	5,827	3,475	3,475	-	3,042	48	-	-	1,939	50,256
부산	4	38	126	126	-	29	2	-	-	206	22,200
대구	11	627	1,211	1,211	-	170	17	2	200	62	105,905
인천	11	568	817	816	1	684	111	-	-	557	22,849
광주	10	348	131	131	-	185	18	-	-	163	29,688
대전	9	142	116	116	-	245	2	-	-	123	9,250
울산	17	2,083	1,249	1,249	-	216	15	29	145	107	31,069
경기	31	2,602	3,982	3,970	12	3,715	112	17	100	125	351,100
강원	6	59	95	95	-	4	1	-	-	9	45,208
충북	19	1,478	396	396	-	413	11	-	-	249	57,855
충남	23	482	9,054	9,049	5	337	3	-	-	1,661	466,148
전북	56	4,211	1,821	1,791	30	224	6	1	40	206	266,433
전남	20	838	728	728	-	156	4	-	-	2	270
경북	25	2,345	1,237	1,237	-	203	25	-	-	85	5,740
경남	24	1,335	1,442	1,442	-	432	19	2	100	126	50,851
제주	76	2,223	1,696	1,691	5	1	0	5	100	177	49,560
세종	2	44	152	150	2	-	-	-	-	8	43,803

〈그림 6-8〉 환경오염물질배출시설의 통합지도·점검 운영체계

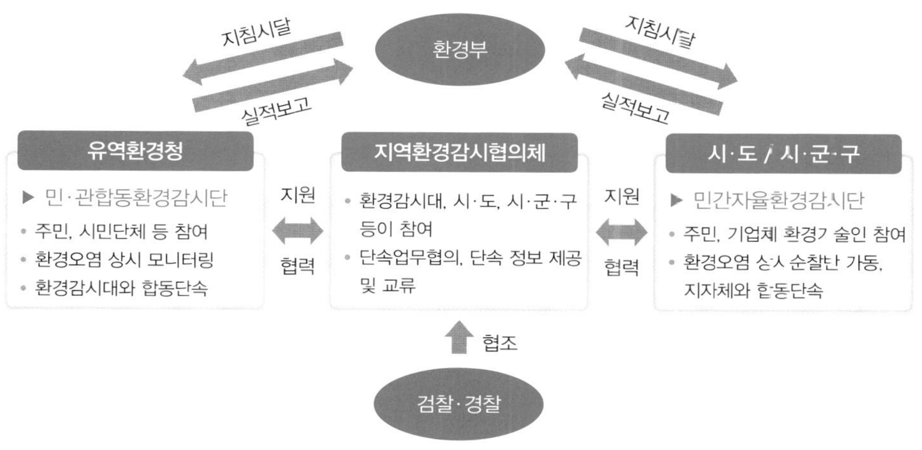

자료: 환경부(2004)

책네트워크 운영에 있어서 환경부는 각 네트워크 운영지침을 시달하고 실적을 관리하는 역할을 담당하고 있다. 이러한 환경감시 거버넌스의 총제적인 운영체계는 〈그림 6-8〉과 같다.

2) 환경특별사법경찰제도

1990년부터 운영 중인 환경특별사법경찰제도는 전문성을 갖춘 일선 환경단속 공무원에게 환경범죄행위에 대한 사법경찰권을 부여하여 검사의 지휘하에 실시한 특별법규위반자에 대한 수사를 검찰에 송치하게 하는 제도이다. 즉, 환경특별사법경찰은 환경단속 사무에 종사하는 4급~9급 공무원을 대상으르 해당지역 관할 지방검찰청 검사장이 지명하며(7급 이상은 사법경찰관, 8·9급은 사법경찰리로 지명), 검사의 지휘하에 관할구역 내에서 31개 환경관련법률[15]에 규정된 범죄행위에 대한

15 5개 대기 분야(대기환경보전법, 소음·진동규제법 등), 11개 물 분야(가축분뇨의 관리 및 이용에 관한 법률, 지하수법 등), 2개 유독물 분야(유해화학물질관리법, 보건범죄단속에 관한 특별조치법 제4조), 5개 폐기물 분야(폐기물 관리법, 폐기물의 국가 간 이동 및 그 처리에 관한 법률 등), 5개 자연보전 분야(자연환경보전법, 야생 동·식물보호법 등), 3개 기타 분야(환경분쟁조정법, 환경범죄단속에 관한 특별조치법 등)이다.

인지, 조사, 압수수색, 긴급체포 등 수사업무 일체를 수행하게 하는 제도이다. 이는 「형사소송법」 제197조(특별사법경찰관리), 「사법경찰관리의 직무를 행할자와 그 직무범위에 관한 법률」, '특별사법경찰관리 집무규칙'(법무부령 제895호, 2017. 3. 30.), '환경특별사법경찰관리 집무규정'(환경부훈령 제1126호, 2014. 12. 31.)에 근거하고 있으며, 앞서 살펴본 지도·점검에 비하여 훨씬 강력한 단속력과 높은 범죄 예방효과를 지니는 것으로 인식되고 있다(환경부, 2006; 2008). 지도·점검 체제는 배출부과금, 조업정지 등 행정처분을 위한 요건조사에 관련된 제한적 조사 및 단속만이 가능한 반면, 수사체제는 위반동기, 고의성 위반 여부, 재범 우려, 오염원인·결과 등 전반적인 사항에 대하여 관할 사업장 이외의 폭넓은 조사와 압수·수색·체포 등 행정강제권 행사가 가능하기 때문이다(고문현, 2009).

2014년 현재 총 954명(환경청 소속 47명, 지자체 소속 907명)이 환경부 소속 경찰관리로 지명되어 활동하고 있으며, 1995년 환경사범에 대한 수사업무가 본격적으로 시작된 이래 연도별 수사 건수는 꾸준히 증가하는 추세에 있다(1997년 64건 → 2014년 2,476건).

수사 실적 및 분야별 환경범죄의 유형을 보다 구체적으로 살펴보면, 2014년 12월 말 현재 2,476건을 수사하여 2건을 구속하고 2,379건을 불구속 송치하였으며

〈표 6-10〉 환경특별사법경찰 지명 현황(2014. 12. 31. 기준) (단위: 건수)

구분	계	사법경찰관	사법경찰리	비고(2013년)
계	954	722	232	1,174
환경청	47	36	11	58
지자체	907	686	221	1,116

자료: 승재현·전현욱(2015)

〈표 6-11〉 연도별 환경특별사법경찰 수사건수 추이 (단위: 건수)

구 분	'97	'99	'01	'02	'03	'04	'05	'06	'07	'08	'09	'10	'11	'12	'13	'14
총 계	64	858	832	884	1,010	1,048	1,537	2,084	2,173	2,158	2,288	2,567	2,436	2,677	2,727	2,476
환경청	14	572	472	429	687	702	691	1,006	1,255	1,315	1,279	1,063	944	1,018	1,156	902
지자체	50	286	360	455	323	346	846	1,078	918	843	1,009	1,504	1,492	1,659	1,571	1,574

자료: 승재현·전현욱(2015)

〈표 6-12〉 환경특별사법경찰 수사실적(2014. 12. 31. 기준)

구분	수사실적					범죄유형											
	계	송치건수			내사종결	계	대기환경	수질 및 수생태	폐기물관리	유해화학물질	가축분뇨관리	소음진동	하수도	건설폐기물재활용	야생동식물	환경영향평가	기타(토양 등)
		소계	구속	불구속													
총계	2,476	2,381	2	2,379	95	2,476	940	480	391	143	304	43	56	12	11	24	72
환경청	902	836	1	835	66	902	334	237	145	90	29	1	17	0	9	23	17
지자체	1,574	1,545	1	1,544	29	1,574	606	243	246	53	275	42	39	12	2	1	55

자료: 승재현·전현욱(2015)

95건은 내사종결 처리하였다. 범죄유형별로는 대기 분야가 총 2,476건의 환경범죄 가운데 약 38%에 해당하는 940건, 수질 및 수생태 분야가 약 20%인 480건을 차지하여 이 두 분야에서의 실적이 절반 이상을 차지하고 있다.

3) 지자체 합동평가 제도

지자체 합동평가는 위임·이양된 환경사무의 성과를 평가하는 제도로서의 2006년 3월 제정된 「정부업무평가기본법」에 근거하여 운영되고 있다. 동법 제21조(국가위임사무 등에 대한 평가)에 따라 국가사무, 국가보조사업, 대통령령이 정하는 국가의 주요시책 등의 국가위임사무에 대하여 국정운영의 능률성과 효과성 및 책임성 확보를 위하여 행정안전부 장관과 관계 중앙행정기관장이 합동으로 지자체를 평가하는 것을 핵심으로 한다. 합동평가는 1999년 시범평가를 시작으로 2000년부터 본격적으로 광역지자체 및 기초자치단체(필요시)를 대상으로 실시되어왔으며, 매년 3~7월에 전년도 12월 31일 실적을 기준으로 행정안전부에서 구성한 지방자치단체합동평가위원회[16]에 의하여 평가가 이루어지고 있다. 평가방식으로는 지방행정평가정보시스템VPS에 의한 정량지표 평가, 현지검증, 고객체감도 조사 등

16 「정부업무평가기본법시행령」 제18조(지방자치단체합동평가위원회의 구성·운영 등) 제1항에서는 '지방자치단체합동평가위원회는 위원장 1인을 포함한 20인 이하의 위원으로 구성하되, 평가의 객관성 및 공정성을 확보하기 위하여 위원의 3분의 2 이상은 평가에 관한 전문적인 지식과 경험이 풍부한 민간전문가로 구성하여야 한다'고 규정하고 있으며, 제4항에서 공무원 위원을 제외한 나머지 위원들의 임기를 2년으로 정하고 있다.

을 활용한다. 매년 평가에 참여하는 중앙부처와 평가시책에 변동이 있지만 일반 행정, 보건복지, 지역경제, 환경관리 등의 분야가 지속적으로 주요 공통시책으로 포함되어 왔으며, 2017년(2016년 실적 평가) 기준 30개 부처 소관 9개 분야(일반행정, 사회복지, 보건위생, 지역경제, 지역개발, 문화가족, 환경산림, 안전관리, 중점과제), 27개 시책, 68개 지표, 173개 세부지표로 구성되어 있다. 합동평가의 결과는 전자통합체계 및 인터넷 홈페이지에 공개되며, 분야별로 우수한 결과를 거둔 지자체에게 재정적인 인센티브를 지급하거나 우수사례집을 발간하는 기준으로 활용되고 있다.

합동평가를 구성하는 환경 관련 분야의 지표를 살펴보면, 2000년 평가에서부터 꾸준히 환경부와 삼림청 소관 정책 관련 지표들이 포함되어 온 것을 확인할 수 있다. 구체적으로, 지난 5년간의 '환경·산림' 분야는 2013년 6개 시책-14개 지표에서 2017년 3개 시책-7개 지표(16개 세부지표)로 점차 지표의 수가 축소되어 온 것을 볼 수 있다. 이는 시책별 핵심지표를 5개 이내, 세부지표를 3개 이내로 최소화하는 등 지자체의 평가업무 부담을 완화하는 방향으로 합동평가제도가 개선되어온 결과라고 할 수 있다. 이에 따라 산림관리와 관련한 세부지표가 2013년 14

〈그림 6-9〉 지지자체 합동평가 제도의 진행 과정

단계	내용	시기
평가 준비	평가시책 및 지표 개발	전년도 1~6월
	평가계획 의결(정부업무평가위원회)	전년도 7월
평가 실시	지자체별 실적 입력	당해 1~2월
	온라인 시스템에 의한 정량지표 평가	당해 3월
	중앙부처·지자체·평가위원 합동검증	당해 4월
	고객체감도 조사 실시	당해 4월
	지자체 현지실사	당해 4~5월
	정성지표 평가	당해 5~6월
	합동평가단 최종검증	당해 6월
	합동평가위원회, 정부업무평가위원회 보고	당해 7월
후속조치	우수지자체 재정 인센티브 지원 및 유공자 포상	당해 10~12월
	우수사례집 및 종합결과보고서 발간	당해 10~12월

자료: 행정안전부(2017)

〈그림 6-10〉 지자체 합동평가 제도의 추진 체계

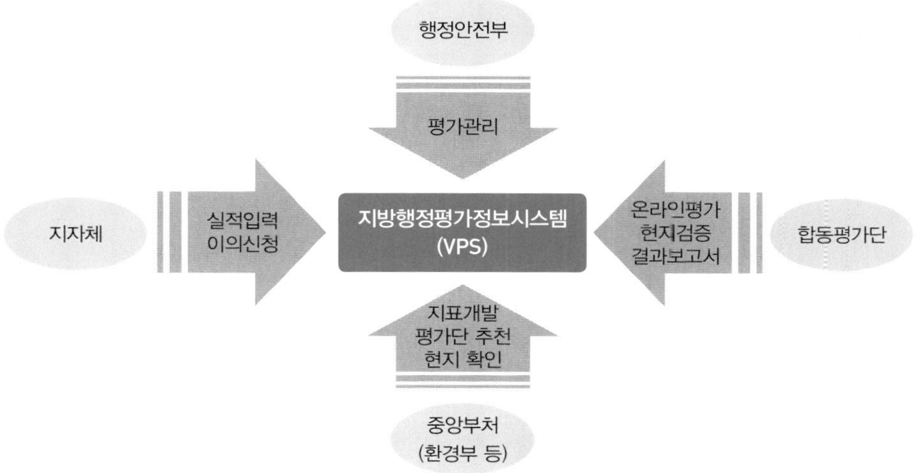

자료: 행정안전부(2017)

개에서 2017년 6개로 축소되고 자원순환관리와 관련된 지표가 기존 3~4개에서 2016년 이래 1개로 축소되는 등의 변화가 이루어졌다. 지표들의 가중치 변화를 살펴보면, 산림자원 육성·이용 실적과 같은 산림관리 관련 시책들이 높은 가중치를 부여받다가 최근 들어 환경개선부담금 부과·징수 실적, 친환경 시책 추진 실적, 기후변화 대응, 대기·수질관리 실적 등 환경관리의 중요성이 더욱 부각되고 있는 것을 알 수 있다.

합동평가는 각 분야별 추진성과 평가결과를 등급화하여 이를 공개하는데, 2009~2017년 '환경·산림' 분야의 평가결과를 살펴보면 광역시 단위에서는 2014년까지 대전지역이 꾸준히 좋은 성과를 내었으나 2015년부터는 성과가 악화된 반면 주로 '다' 등급에 머물던 서울지역이 2015년 이후 좋은 성과를 낸 것으로 평가받고 있는 것을 알 수 있다. 도 단위에서도 강원, 충남지역이 높은 성과를 내는 것으로 평가받다가 2014년을 기점으로 충북, 경남지역이 꾸준히 '가' 등급을 부여받고 있는 것을 볼 수 있다. 이러한 결과는 앞서 제2장에서 광역시·도의 환경 질

〈표 6-13〉 지자체 합동평가의 '환경·산림' 분야 평가지표

년도	평가시책	평가지표(가중치)	세부지표
13	환경관리 일반	환경개선부담금 부과·징수 실적	• 환경개선부담금 징수율 및 증가율
		녹색제품 구매	• 녹색제품 구매 비율 및 증가율
		그린카드제 추진 실적	• 그린카드 회원 수 비율 • 유료시설의 그린카드 참여 실적 비율
		배출업소 환경관리	• 환경오염물질 배출사업장 점검률 • 사업장 환경법령 위반율 • 환경관리 업무 전문화
	대기관리	대기질 개선 추진성과	• 대기질 개선 추진성과 우수사례 • 대기질(PM_{10}) 개선 실적
		사업장 대기관리 실적	• 대기배출사업장 오염도 검사 실적 • 대기배출부과금 징수 실적
	수질관리	사업장 수질관리 실적	• 수질배출부과금 징수율
	자원순환 관리	폐기물 발생억제 및 감량 정책 추진	• 포장검사 명령률 및 위반율 • 음식물류 폐기물 감량률
		폐자원 회수 비율	• 주민 1인당 재활용품 분리수거량
	산림자원 육성 및 이용	산림자원 육성·이용 실적	• 조림사업 달성률 • 숲가꾸기 사업 달성률 • 목재펠릿보일러 보급계획 달성도(부분평가) • 목재생산 계획 달성도(부분평가)
		산림휴양·녹색공간 확충 실적	• 훼손등산로 누적 정비율 • 자연휴양림 이용실적 증가율(부분평가) • 생활권도시림면적 증가율
	산지보전 및 재해 방지	산불방지 추진	• 산불감시원 확보실적 • 산불피해면적율 및 가해자 검거율
		치산사업 추진 실적	• 임도사업 실적률(부분평가) • 산사태 예방·대응 성과률
		산림보전·관리 실적	• 보전산지 전용 최소화 정도 • 산림병해충 발생면적 증감률 • 산림생태보전 우수사례(정성평가)
17	환경 변화 대응	친환경 시책 추진(20.0)	• 전기차 의무구매 실적 달성도 • 녹색제품 구매비율 • 환경개선부담금 징수율
		기후변화 대응(18.5)	• 기후변화적응 관련 광역지자체 우수노력사례 • 온실가스 감축목표 설정의 적극성 및 달성률 • 지자체별 탄소중립프로그램 인증 실적
	환경 오염 관리	수질관리 및 재활용 촉진(15.2)	• 하수도 국고보조사업 집행관리 실적 • 주민 1인당 재활용품 분리수거
		환경법령 준수관리(13.7)	• 환경오염물질 배출사업장 점검률 • 사업장 환경법령 위반율
	산림자원 육성 및 재해 방지	산림자원 육성·이용(12.6)	• 지속가능한 산림자원육성 달성률 • 임도시설 실적률
		산림휴양·도시녹화 추진(5.6)	• 산림휴양·복지 수혜인원 증감률(부분평가) • 도시녹화 성과율
		산림 재해방지(14.4)	• 산불방지 성과율 • 산림병해충 방제 성과
	중점과제*	대기질 개선	• 대기질 개선 추진성과 우수사례 • 대기질(PM_{10}) 개선 실적

* 2017년 평가에서는 '대기질 개선' 시책이 '중점과제' 분야로 구분됨.

자료: 행정안전부 「지방자치단체 합동평가 평가지표 및 매뉴얼」(2013~2017년)

〈표 6-14〉 지자체 합동평가의 '환경·산림' 분야 평가결과(2009~2017년)

년도	시부			도부		
	가 등급	나 등급	다 등급	가 등급	나 등급	다 등급
2009	광주, 대전	서울, 인천, 울산	부산, 대구	강원, 충남, 경남	충북, 전남, 경북	경기, 전북, 제주
2010	서울, 대전	인천, 광주, 울산	부산, 대구	강원, 충남, 전북	경기, 충북, 경남	전남, 경북, 제주
2011	부산, 대전	서울, 광주, 울산	대구, 인천	강원, 전남, 경남	충북, 충남, 경북	경기, 전북, 제주
2012	대전, 울산	–	–	전북, 경북, 경남	–	–
2013	부산, 대전	대구, 광주, 울산	서울, 인천	강원, 충북, 경북	전북, 경남, 제주	경기, 충남, 전남
2014	대전, 울산	부산, 대구, 인천	서울, 광주	경기, 충북, 경북	강원, 전북, 경남	충남, 전남, 제주
2015	서울, 대구, 울산	부산, 인천, 광주	대전, 세종	충북, 충남, 경남	경기, 전남, 경북	강원, 전북, 제주
2016	서울, 울산, 세종	부산, 인천, 대전	대구, 광주	충북, 경남, 제주	충남, 전북, 전남	경기, 강원, 경북
2017	부산, 인천, 울산	서울, 대구, 광주, 세종	대전	경기, 경남, 제주	강원, 충북, 충남	전북, 전남, 경북

자료: 행정안전부 「지방자치단체 합동평가 결과 공개」(2009~2017년)

을 분석한 결과와는 상이하다. 특히 최근 우수한 성과를 내는 것으로 평가받고 있는 서울, 인천, 경기 지역은 대기오염과 토양오염이 심각하고 폐기물 및 화학물질 배출량이 많으며 소음 및 진동, 악취 등에 의한 환경보건의 질이 낮은 상태인 것으로 분석되어 합동평가 결과와 차이를 보이고 있다.

2. 환경사무이양을 위한 지방자치단체 사전평가 관리방안

1) 지방자치단체 사전평가관리의 필요성

본 연구에서 환경 담당 공무원들을 대상으로 실시한 설문조사 결과에 따르면, 환경정책의 성과평가에 있어 중요한 기준이 되는 국민 체감도, 정책 산출물의 질 등이 현행 평가체계하에서 충분히 고려되고 있지 못하며, 특히, 환경정책의 특수성(업무별 난이도·중요성 및 개별 정책의 특성)이 제대로 반영되고 있지 않다는 점이 지적되었다. 따라서 중앙·지방 간 거버넌스 체계하에서 이러한 문제점을 보완하고 궁극적으로 환경정책의 실질적 집행 성과를 제고하기 위해서 무엇보다 먼저 사전평가단계로서 지방자치단체의 환경에 대한 정확한 현황 파악과 정책수행 역량진단이 선행되어야 할 것이다. 이러한 사전평가를 바탕으로 현행 지자체 합동평가 제도를 강화하여 적극 활용하거나, 환경부의 보다 책임 있는 성과관리 역할을 강화하기 위하여 별도의 추가적인 성과평가 체계를 갖추는 방안 등을 고려해볼 수 있을 것이다.

1990년대 중반 지방자치제도의 도입과 함께 환경행정을 중심으로 중앙정부와 지방자치단체 사이의 권한배분에 관한 논란은 지속적인 연구의 대상이 되어 왔다(김학로 외, 1992; 이시경, 1993; 김재훈·정준금, 1996; 정희성, 1999; 이주희, 2000). 이때 가장 논쟁이 되는 부분은 환경행정에 대한 자율성을 보장하기 위하여 지방자치단체의 권한을 이양시켜야 한다고 주장하는 측과 자치단체의 환경관리 역량이 미흡할 뿐만 아니라 지역경제 활성화와 발전을 중시하는 자치단체의 특성상 환경행정 권한이 확대되면 심각한 문제를 초래할 것이기 때문에 권한이양은 이르다고 주장하는 측의 대립이다. 이러한 상반된 관점은 권한을 일률적으로 지방자치단체에 이양할 것이 아니라 개별 자치단체가 처한 환경과 함께 환경문제를 극복하고자 하는 의지나 역량이 어느 정도인지에 따라 차등화를 통하여 분권화하자는 논의들이 이루어지면서 서로 타협하고 양보할 수 있는 합의점을 찾아가고 있다(김재훈, 1997; 문태훈·김종래, 2000).

개별 자치단체가 직면하고 있는 환경문제의 심각성 정도와 함께 이를 극복할 만한 행정역량 정도를 평가하여 차별적인 분권화 과정을 집행하는 것은 최종적으로 자치단체의 환경행정 역량을 어떻게 평가할 것인가의 문제로 연결된다. 문태훈(2003)은 지방자치단체의 환경행정역량 평가 연구가 크게 세 가지 관점에서 이루어져 왔다고 설명하고 있다. 첫째는 지역적 관점에서 지속가능성 정도를 종합적으로 평가하기 위한 모형이다. 구체적으로 지역의 환경수준을 평가할 수 있는 표준화된 지표를 제시하고 해당 자치단체가 이러한 수준에 얼마나 근접하고 있는지를 비교함으로써 환경 지속성을 유지하기 위한 자치단체의 역량을 평가한다. 둘째는 지방자치단체의 환경관리 능력을 평가하기 위한 모형이다. 이는 환경적합성 평가의 일환으로서 자치단체의 환경문제 수준과 문제해결 역량을 비교함으로써 자치단체가 환경문제를 해결할 능력이 되는가를 판단한다. 마지막 방법은 앞에서 설명한 두 가지 종합적인 환경역량 평가 방법에 비하여 상당히 제한적 영역에서 평가와 판단이 이루어지지만 지방자치단체의 환경관리 능력이 어느 정도 수준인지 구체적이고 실증적인 역량을 판단하는 단계로서 배출업소에 대한 지자체의 감독역량을 평가하기 위한 모형이다. 그러나 이러한 모형들은 일정한 기준을 바탕으로 각각의 자치단체가 가지는 능력을 수치화하는 데 초점을 맞추고 있을 뿐 평가결과가 가지는 의미와 정책적 활용방안 제시까지는 이르지 못하고 있다.

일정한 기준을 바탕으로 개별 자치단체의 환경행정에 대한 평가가 이루어진 이후에 이러한 결과에 의미를 부여하고 정책적 활용방안을 도출하기 위해서는 우선적으로 지방자치단체의 역량에 따른 환경행정의 특성 분류가 이루어져야 한다. Lester(1990)는 지방자치단체의 환경행정능력을 환경보전에 대한 지역사회의 의지와 제도적 역량이라는 두 가지 기준에 따라 진보형, 갈등형, 자연형 그리고 퇴보형으로 구분하고 설명한다. 그는 환경보전에 대한 의지와 노력이 높고 지방자치단체의 제도적 역량이 높은 경우 진보형progressive 자치단체로 정의하고 있으며 환경문제 개선을 위한 의지와 노력은 높지만 제도적 역량이 충분하지 않은 경우 갈등형strugglers으로 분류하고 있다. 한편 제도적 역량은 충분하지만 환경보전에 관한 의지나 노력이 부족한 경우 지연형delayers으로 분류하였으며 제도적 역량도 불충분하고 환경을 보전하고자 하는 노력이나 의지가 부족한 경우 퇴보형regressives으로 분류하였다. 이러한 환경행정 행태에 대한 모형은 지방자치단체가 가지고 있는 특성을 설명해 줄 뿐만 아니라 향후 환경 사무이양에 있어서 차별화된 전략을 수립할 수 있는 근거를 제시한다는 점에서 의미가 있다(문태훈, 2003).

2) 지방자치단체 사전평가모형

이에 본 연구에서도 Lester(1990)의 모형을 기반을 환경사무이양의 효과성을 높이기 위하여 〈그림 6-11〉과 같이 차등적 사무이양을 위한 자치단체 특성을 유형화하였다. 다만 선행연구에서는 환경보전에 대한 노력이나 의지와 제도적 역량이

〈그림 6-11〉 차등적 사무이양을 위한 자치단체 유형화

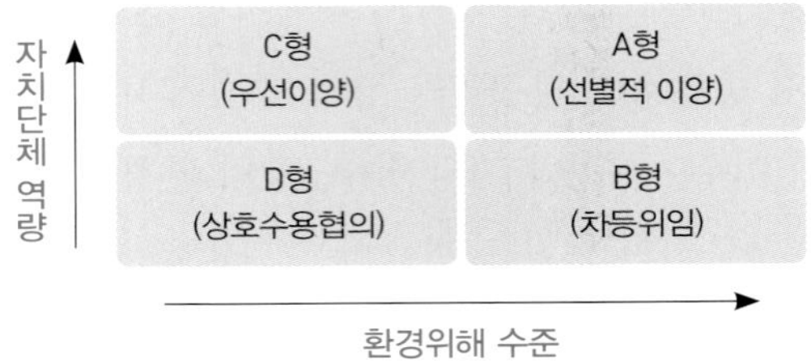

라는 두 가지 틀을 사용하였는데 이는 지역사회가 가지고 있는 환경문제의 특성을 제대로 반영하지 못한다는 한계를 보인다.

따라서 본 연구에서는 지역의 환경을 오염시킬 수 있는 '환경위해 수준'과 함께 이러한 환경문제를 해결할 수 있는 '자치단체의 역량'이라는 두 가지 기준을 가지고 자치단체의 환경사무 관리 수준을 파악하고 이를 기반으로 차등적으로 환경사무를 이양할 수 있는 네 가지 유형을 제시하였다. 모델의 우측 상단에 위치하고 있는 A형은 환경위해 수준이 높은 지역이지만 이로 인해 발생 가능한 문제 해결 역량 역시 충분한 자치단체로서 주로 서울이나 광역자치단체 등 대도시가 이 영역에 해당한다. 이 부분에 해당하는 자치단체의 경우 경쟁력을 갖춘 환경사무를 중심으로 선별적으로 이양하는 것이 바람직하다. 우측 하단에 위치한 B형의 경우 환경위해시설이 밀집하고 있는 지역이지만 이러한 문제를 처리할 역량이 충분하지 않은 자치단체로서 주로 도·농 통합지역에 위치하고 있는 산업공단 지역이 이에 해당한다. 이러한 유형에 속하는 자치단체가 환경사무를 주도하게 되면 정책의 효과성이 떨어질 뿐만 아니라 지역 내 환경을 악화시킬 우려가 있기 때문에 이양보다는 환수를 적극 고려할 필요가 있다. 좌측 상단에 있는 C형은 환경행정을 처리하기 위한 인력, 예산 및 제도가 잘 갖추어져 있으나 실제 위해시설의 입지는 미미한 경우로 입지단계에서부터 계획도시화된 신도시 등이 해당하는 경우가 많다. 이러한 경우 사무이양으로 인한 위험이 낮을 뿐만 아니라 이양 후 나타날 수 있는 정책 효율성도 높기 때문에 다른 유형에 비하여 우선적으로 사무 이양이

이루어질 필요가 있다. 마지막으로 좌측 하단에 위치하고 있는 D형은 환경위해 시설의 입지 자체가 많지 않을 뿐만 아니라 자치단체의 역량 역시 높지 않은 자치단체로서 인구밀도가 낮고 개발 수준도 높지 않은 농·어촌이 여기에 해당한다고 할 수 있다. 이러한 유형에 속하는 자치단체의 경우 환경위해 수준이 악화되지도 않을 뿐만 아니라 사무이양을 추진한다 하더라도 정책적 효과성을 담보하기 어렵기 때문에 단기적 관점에서 사무이양을 추진하거나 환수를 고려하지 않아도 큰 문제가 발생할 가능성은 없다. 이 경우 상호수용협의를 통해 이양의 범위와 수준을 협의하여 진행하는 것을 고려해볼 수 있겠다. 다만 장기적인 관점에서 환경오염이 심화되거나 자치단체의 역량이 강화되는 정도에 따라서 B형과 C형의 사무이양 전략을 고려할 필요는 있다.

사전평가 모형 수립에 따라 자치단체를 구분하기 위해서는 환경위해시설 입지 정도와 자치단체의 역량이라는 두 가지 요소를 어떻게 평가할 것인지가 핵심이 된다. 이무춘 외(2000)는 환경부서 및 조직 현황, 관리 인력 및 교육 정도, 제도 및 예산 정도, 오염물질배출시설 현황, 오염물질배출시설 단속 현황 및 적발률, 생활폐기물 재활용 수준, 환경개선 부담금액 및 징수실적 등을 기준으로 자치단체의 환경행정 역량을 평가하였다. 문태훈(2003)의 경우 유사한 맥락에서 환경 관련 예산 및 담당 공무원 수, 자치단체의 핵심사업 가운데 환경 관련 정책의 비율, 오염물질배출업소 지도 및 단속 실적, 오염물질 검사장비 구매 정도, 자치단체의 대기질 및 수질 수준 등을 이용하였다. 이러한 선행연구를 바탕으로 오염물질배출시설 현황, 환경개선 부담금 수준, 대기질 및 수질오염 수준을 환경위해시설 입지 정도로 측정하고 나머지 환경 관련 공무원, 예산, 정책 비율 및 단속 실적 등을 자치단체의 역량으로 점수화하여 정량화하는 기준을 활용할 수 있을 것이다.

본 연구에서 제시하는 '차등적 사무이양을 위한 자치단체 유형화' 모형은 그 자체로서 자치단체의 환경역량을 평가한다는 비판을 받을 수 있으나, 자칫 다양한 특성을 가진 지방자치단체를 대상으로 일관된 평가기준을 적용함으로써 지방자치단체의 역량을 제대로 평가하지 못하는 한계를 극복할 수 있을 것으로 보인다.

중요한 것은 국가와 지방자치단체 중 어느 주체가 관리를 하든지 환경사무에 대한 제대로 된 집행이 효과적으로 이루어질 필요가 있다는 것이다. 한번 위임되면 관리가 제대로 안되는 문제를 해결하기 위한 방안으로 차등적인 권한 위임이나 부분선점제와 같은 제도의 도입은 환경정책의 성과 제고를 넘어서 국민의 안전한 환경의 질 확보 차원에서 적극 고려될 필요가 있을 것으로 보인다.

3. 현행 지자체 합동평가 제도의 활용

1) 현행 지자체 합동평가 제도의 한계

현행 지자체 합동평가는 국정 통합성 및 책임성 확보 등에 있어서 일정부분 긍정적으로 운영되고 있는 듯하나(한국행정연구원, 2012), 다음과 같이 평가방식과 과정, 결과환류 등과 관련한 한계와 문제점이 지적되고 있다. 첫째, 합동평가가 실시된 이래 평가지표의 대표성, 왜곡가능성, 정성평가의 불균형 등 지표의 설계에 대한 비판이 지속적으로 제기되고 있으며(한국지방자치학회, 2014; 한국행정연구원, 2013), 1년 단위로 이루어지는 지표개발 기간의 적절성과 지표개발 과정에서 중앙부처와 지자체 및 기타 이해관계자들 의견의 실질적 반영 여부 등에 대한 논란이 존재하고 있다(한국행정연구원, 2015). 둘째, 평가가 주로 3개월 단위의 용역 형태로 수행되고 평가기관(행정안전부 및 소관 중앙부처)과 피평가기관(지방자치단체) 모두에서 평가업무를 담당하는 인력이 부족하거나 교체가 잦아 일관되고 지속적인 제도개선 노력이나 평가기법 개발이 이루어지지 못하고 있는 현실이다(박해육, 2006; 한국지방자치학회, 2014). 셋째, 현행 제도는 광역자치단체만을 평가 대상으로 규정하고 기초자치단체에 대해서는 직접적인 평가를 실시하지 않고 있는데, 기초자치단체에 대한 통합적인 평가의 필요성도 제기되고 있다(라휘문, 2017). 넷째, 현재 평가결과를 바탕으로 한 지자체별 인센티브 및 행정 컨설팅 제공, 우수사례 공유를 통한 지자

〈그림 6-12〉 현행 지자체 합동평가의 추진 단계별 문제점

자료: 행정안전부(2017)

체 간 벤치마킹 유도 등이 실시되고 있으나 이러한 환류제도의 운영이 지자체의 역량 강화나 관련 정책의 장·단기적인 성과 개선으로 이어지지 못하고 있다는 점이 지적되고 있다(박해육, 2006).

2) 지자체 합동평가 제도의 강화 방안

앞서 살펴본 지자체 합동평가 제도의 문제점은 특정 평가분야에 상관없이 제도 일반에 대해 제기되고 있는 것들이나, 환경분야 평가에 있어서도 이러한 문제점이 동일하게 제기되고 있다고 할 수 있다. 합동평가 제도가 지자체의 정책집행 성과에 대한 종합적 평가 기능을 강화하는 데 활용되기 위해서는 평가의 주체인 환경부가 평가의 준비, 실시, 후속조치의 각 단계별로 다음과 같은 대내외적 정책적 방안을 마련해야 할 필요가 있다.

〈표 6-15〉 지자체 합동평가 제도의 강화방안 요약

	현행 제도의 약점	강화 방안
평가 준비	• 지표의 낮은 대표성 및 타당성 • 정량적 평가에 치중 • 산출지표 중심의 평가	• 현행 지표의 전면적 검토 및 국민의 수요 반영 • 정성 및 부분평가 비중 확대 및 절대평가 도입 • 계획, 집행, 평가·환류 관련 평가지표 확대
	• 형식적 거버넌스 운영	• 환경·산림 분야 별도의 '지표개발 TF' 구성
	• 짧은 지표설계 기간	• 평가일정과 상관없이 지속적인 정례협의회 운영
평가 실시	• 단기적 실적 평가	• 중장기적 실적 평가 도입
	• 평가업무 조직 및 인력 부족	• 공식적 평가수행 조직 형성 • 평가담당 인력 및 예산 확충
	• 광역자치단체만이 평가 대상	• 기초자치단체도 점진적으로 평가에 포함
후속 조치	• 제한된 보상	• 보상의 확대 및 다양화(예산편성 혹은 신규사업 도입 시 혜택 부여, 개인단위 보상 확대 등)
	• 장기적 역량강화로의 연계 미흡	• 현행 행정컨설팅 프로그램의 내실화 • 고성과·중간성과·저성과 지자체로 구분 후 맞춤형 역량강화 프로그램 운영

(1) 평가준비 단계의 강화 방안

환경부가 지자체 합동평가의 대상이 되는 평가시책을 선정하고 평가지표를 설계하는 역할을 담당하고 있으므로, 평가지표의 타당성 및 신뢰성을 향상시키기 위한 노력을 경주하여 지자체의 정책집행 성과를 정확히 측정할 필요가 있다. 이를 위해서는 우선적으로, 현행 평가지표들이 대표성과 타당성을 지니는지 전면적인 검토를 실시할 필요가 있다. 예를 들어, 한국행정연구원(2015)은 '미세먼지(PM_{10}) 개선 실적' 지표가 환경의 외부성을 고려할 때 전적으로 지자체의 업무성과로 보기 어려운 측면이 있어 폐지할 것을 권고하고 있으며, '주민 1인당 재활용품 분리수거량' 지표의 경우에도 재활용품 분리수거의 구조적, 환경적 맥락을 고려하지 않은 단순 발생량으로 지자체의 정책적 노력을 평가하기에 부적절함을 지적하고 있다. 이처럼 매 평가에서 꾸준히 활용되고 있는 지표들이 실질적으로 지자체의 정책집행 성과를 평가하는 데 적절한지에 대한 비판적인 검토가 이루어져야 하며, 그 결과에 따라 지표를 수정하고 보완하는 작업이 수반되어야 할 것이다.

또한 현재는 지자체별, 환경사무별 특성이 크게 고려되지 않은 채 획일적인 정량지표로 지자체의 성과가 평가되는 경향이 있는데(김현구·박희정, 2003; 박충훈, 2010), 지자체별, 환경사무별 특성이 성과평가에 반영되어 보다 타당성 높은 평가가 이루어질 수 있도록 해야 할 필요가 있다. 이를 위해서는 지표설계 시 정량·정성 지표 혹은 공통·부분평가 지표의 비중을 조절하거나 절대적 실적치를 도입하는 등의 시도를 해 볼 수 있을 것이다. 예를 들어, 미세먼지(PM_{10}) 개선 실적 평가 시 전년 대비 PM_{10}에 의한 대기오염의 향상도가 아닌 WHO 권그기준 등을 적용하여 절대적 목푯값에 대한 달성 정도를 평가할 수 있다.

현행지표는 위임된 환경사무의 성과를 '계획-집행-산출-평가·환류'의 통합적이고 순환적인 틀 안에서 평가하는 데 한계를 지니고 있으므로, 각 정책단계별 성과를 평가할 수 있는 다양한 유형의 지표를 고안하는 것이 필요해 보인다. 예를 들어, 2014년 환경·산림 분야 평가지표를 살펴보면 12개 지표 중 계획지표 0개, 집행지표 1개, 산출지표 11개, 평가·환류지표 0개로 구성되어 있어 정책 산출물로만 성과를 평가하는 데 치중하고 있음을 알 수 있다. 이러한 경향은 해마다 지속적으로 나타나고 있어 정책 집행 전 과정Life-cycle의 성과를 측정할 수 있는 지표개발이 필요하다. 예를 들어, PM_{10} 개선 정책의 계획단계 성과를 평가하기 위하여 예산 및 인력 배분의 적정성, 지역의 특성을 고려한 사업 계획 여부 등을 평가 지표로 고려해 볼 수 있다.

또한 국민에게 의미가 있고 국민이 관심을 가지는 핵심 시책 위주의 평가가 이루어질 수 있도록 지표를 설계할 필요가 있음을 주지해야 할 것이다(한국행정연구원, 2012). 앞서 살펴본 2013~2017년 평가지표 구성을 되짚어보면, 기후변화 대응이나 산림휴양·복지와 관련한 지표가 새롭게 추가된 것을 제외하고는 5년간 지표의 구성이 크게 변하지 않은 것을 알 수 있다. 물론 평가의 일관성 측면에서 동일한 지표를 활용하여 꾸준히 성과를 추적하는 것도 바람직할 것이나, 국민들의 수요와 관심도를 반영한 지표도 일부 마련하는 것이 요구된다고 하겠다. 예를 들어, 2018년 평가에서는 최근 쾌적한 생활환경에 대한 국민들의 관심이 높아지고 있는 상황을 반영하여 소음·진동, 악취 등과 관련한 지표를 추가하는 것을 고려해 볼 수 있을 것이다.

마지막으로, 현행 제도하에서는 top-down식 지표개발, 일회성 지표개발 워크숍 운영 등으로 인하여 지자체의 의견이 실질적으로 반영되지 않아 지표 및 산식에 표현된 용어와 개념이 일선기관 업무와 괴리가 발생하고 있으므로 거버넌스의 운영을 내실화할 필요가 있다. 이러한 노력의 일환으로 환경부, 지자체, 지방환경청, 사업장 대표, 외부전문가 등으로 구성된 환경·산림 분야 별도의 '지표개발 TF'를 구성하는 방안을 고려해 볼 수 있다. 또한 단발성 지표개발 워크숍이 아닌 정례협의회를 운영하여 제도상의 지표개발 기간 이외에도 정기적인 논의 자리를 마련하여 실질적인 지표설계 기간 확대를 꾀하는 방안을 모색해 볼 수 있다.

(2) 평가실시 단계의 강화방안

평가실시 단계의 일관성과 연속성을 제고하기 위해서 류영아(2010), 이혜영·최성락(2005) 등이 제안한 것처럼 각 시책에 대해서 1년 단위의 단기적인 평가만을 실시할 것이 아니라 보다 중장기적인 안목에서 평가 시책 및 지표를 선정하여 평가를 실시하는 노력을 기울일 필요가 있다. 즉, 중앙부처 차원에서 보다 중장기적이고 총체적인 성과관리 전략을 수립하고 매년 지자체가 순차적으로 설정되어 있는 성과목표를 얼마나 달성하였는지 평가하는 방식을 고려해 볼 수 있다. 예를 들어, 미세먼지(PM_{10}) 개선과 관련하여 환경부가 향후 5~10년간의 성과목표를 단계적으로 수립하고 지자체가 연도별 성과목표를 얼마나 달성하였는지 평가할 수 있다. 한편, 평가의 일관성과 피드백 기능을 강화하기 위해 환경부뿐 아니라 각 지자체에 공식적이고 안정적인 평가업무 수행 조직을 구성하고 인력 및 예산을 확충할 수 있도록 제도적 기반을 마련할 필요가 있다.

또한, 광역자치단체뿐 아니라 기초자치단체의 정책 성과를 제고하기 위하여 광역자치단체 중심의 현행 평가제도를 기초자치단체까지로 확대하는 방안을 고려해볼 수 있다. 현재 기초자치단체의 성과평가는 광역자치단체를 평가하는 과정에서 간접적으로 이루어지고 있으나, 이를 보다 공식화하여 기초자치단체에 대한 평가기능을 강화할 필요가 있어 보인다. 기초자치단체에 대한 통합적인 평가는 중앙부처인 행정안전부 혹은 환경부가 총괄하는 방안과 해당 광역자치단체가 수행하는 방안의 두 가지 접근이 가능하겠으나(라휘문, 2017), 광역자치단체의 평가역량과 기초자치단체의 평가부담 정도에 대한 진단을 바탕으로 기초자치단체의 정책 성과를 관리하기에 보다 바람직한 형식을 취해야 할 것이다.

(3) 후속조치 단계의 강화방안

합동평가 결과의 활용 및 환류 강화를 위하여 보상의 확대 및 다양화, 맞춤형 역량강화 프로그램의 운영 등의 방안을 마련해 볼 수 있다. 즉, 재정적 인센티브와 우수사례 선정으로 한정되어 있는 보상의 유형을 확대하여 예산편성 과정이나 신규 정책사업의 계획 및 도입과정에서 일정한 혜택을 부여하는 등의 방안을 고려해 볼 수 있다.

저성과 지자체에 우선순위가 주어지는 현행 행정 컨설팅은 지자체들로 하여금 다음 년도 등급 향상을 위한 '단기 집중 과외'로 인식되고 있는 경향이 큰 만큼(한국행정연구원, 2012: 125), 위임사무 추진에 있어서 중앙정부와 지자체 간의 연계를 강화하고 장기적으로 지자체의 역량을 강화하고자 하는 행정 컨설팅의 당초 목적을 달성할 수 있도록 제도의 내실화가 필요한 상황이라 하겠다. 행정 컨설팅 제도의 운영 시 고성과, 중간성과, 저성과 지자체별 맞춤형 프로그램을 운영하여 장기적인 역량강화로 연계될 수 있도록 할 필요가 있다. 또한 저성과 지자체를 대상으로 평가지표의 개요 및 평가절차 등에 대한 설명회 개최, 추가 매뉴얼 배포 등을 진행하여 성과관리에 대한 지자체의 이해도를 향상시키는 방안을 고려해 볼 수 있다.

4. 중앙정부(환경부) 총괄 성과평가 체계의 마련

현행「정부업무평가기본법」제21조 제5항에서는 국가위임사무에 대해 업무의 특성 또는 평가시기 등의 문제로 인해 지자체에 대한 합동평가가 불가능할 경우 중앙행정기관의 장이 지방자치단체합동평가위원회와 협의를 거쳐 개별적으로 평가를 실시할 수 있음을 밝히고 있다. 이러한 개별평가는 지방정부의 평가부담 증가를 방지하기 위하여 지양되고 있기는 하지만, 앞서 살펴보았듯이 현행 통합평가가 한계를 지니고 있고 중앙정부로서 환경부의 보다 책임 있는 성과관리 역할을 강화하기 위하여 지방정부의 부담을 최소화하는 범위 내에서 별도의 성과평가 모델을 마련하여 운영하는 방안을 모색해 볼 수 있을 것이다.

1) 성과평가 체계의 설계

(1) 평가대상 및 주기의 설정

환경부가 총괄하는 별도의 지자체 성과평가는 위임·이양된 환경사무를 집행하는 광역자치단체와 기초자치단체 모두를 대상으로 하며, 환경부, 지자체, 지방환경청, 지역주민, 전문가, 시민단체 등으로 구성된 성과관리 거버넌스를 통해 평가기준을 수립하고 이를 기반으로 지자체가 자체평가서를 작성하여 제출하면 환경부가 성과관리 거버넌스의 검증을 받아 평가를 실시하는 방식으로 운영될 수 있을 것이다.

평가 주기는 행정안전부가 총괄하는 합동평가나 지자체 스스로의 자체평가와 중복되어 피평가기관의 평가부담을 증가시키지 않도록 하고 제도운영의 내실을 강화하기 위하여 격년 또는 3년 주기로 설계할 수 있을 것이다. 매년 평가의 경우도 평가과정은 총 3개 년도에 걸쳐 이루어지며 i) 평가계획 수립 및 평가지표 확정, ii) 평가 실시, iii) 평가결과 공개 및 환류 단계로 구성될 수 있다.

평가주기 선정 시 환경부의 평가역량과 지자체의 평가부담에 대한 진단을 바탕으로 단기·중장기 평가 혹은 광역자치단체·기초자치단체 평가 등으로 이원화

〈그림 6-13〉 평가 주기 및 체계(안)

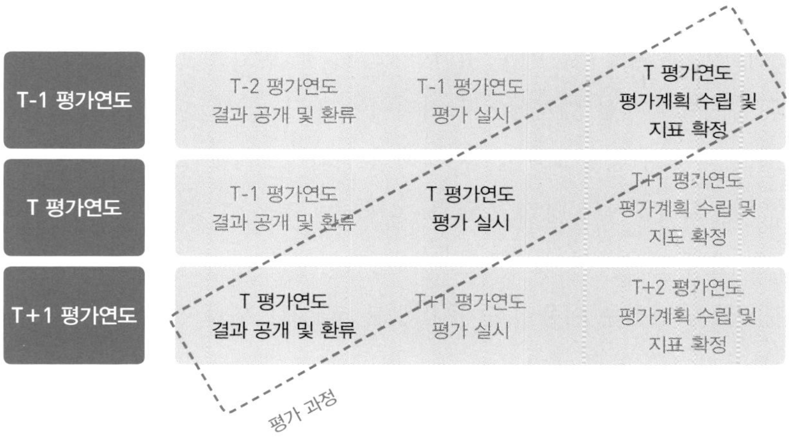

하여 각 평가가 각기 다른 주기를 가지도록 설계하는 것도 하나의 방안이 될 수 있다.

(2) 평가지표의 설계

평가지표는 기본적으로 대기, 물환경, 토양, 자연보전, 자원순환, 환경보건, 환경정책 일반의 7가지 분야를 총체적으로 아우를 수 있도록 구성하되, 국민의 관심도가 높은 핵심 시책과 합동평가에 포함되지 못한 지표들을 포괄하여 설계가 이루어져야 할 것이다. 특히 합동평가가 지자체별, 환경사무별 특성을 제대로 반영하지 못하고 있는 만큼 합동평가에 비해 정성평가와 부분평가 비중을 확대하는 방안을 고려해 볼 수 있다. 또한 합동평가가 1년을 주기로 하는 단기적 성과에 치중하고 있는 만큼, 집행 후 1~2년 이내에 정책적 산출물이 도출되는 단기적 지표와 성과 도출에 3년 이상이 소요되는 환경사무를 위한 중장기적 지표로 구분하여 설계해 볼 수 있을 것이다.

각 시책별 지표선정과 산출방식 구성에 있어서는 현행 합동평가의 '환경·산림' 분야 지표들이 지니고 있는 한계들을 주지하여 다음과 같은 사항들이 충족될 수 있도록 해야 할 것이다. 첫째, 각 정책의 집행이 이루어지는 구조적, 환경적 요인의 맥락을 고려하여 단순 결과지표로만 성과를 평가할 것이 아니라 성과를 제고하기 위하여 지자체 수준에서 어떠한 노력을 기울였는지, 이것이 어떻게 성과로 연결되었는지에 대한 인과성이 고려되어야 한다. 둘째, 대기질 및 수질의 개선과 같이 환경의 외부성을 고려할 때 정책적 성과가 전적으로 지차체의 역량에 좌우되지 않는 획일화된 정량적 지표로 설계하는 것을 지양하고 정성평가와 부분평가 등을 적극 활용하여 다각적인 성과평가가 이루어질 수 있도록 해야 한다. 셋째, 지표를 구성하는 내용이 단순 적발률, 과태료 부과 건수 등으로 설정될 경우 성과 부풀리기를 위해 예방적 정책이 아닌 사후 행정처분에만 치중하는 부작용을 가져올 수 있으므로 보다 긍정적 기제가 작동될 수 있도록 구성되어야 한다. 넷째, 중앙정부의 입장에서 지자체에 기대했던 성과를 얼마나 달성하였는지 여부만을 평가할 것이 아니라 각 지자체가 지역사회의 수요와 열망에 얼마나 잘 대응하였는지, 지역주민이 요구하는 수준의 성과향상을 이루었는지, 잠재적인 성과향상에 대한 역량은 어느 정도인지 등에 대한 평가도 이루어질 수 있어야 한다.

(3) 평가결과의 활용 및 환류

평가결과는 각 지자체와 지역주민들에게 투명하게 공개하되, 점수나 등급에만 지나치게 초점이 맞춰지지 않도록 하는 방안을 마련하는 것이 필요하다. 예를 들어, 현재 영국 정부가 환경분야의 성과평가결과를 공개하는 방식으로 활용하고 있는 신호등trafic lights 표시 체계를 도입하여 성과의 향상 및 악화 정도를 녹색(향상), 노랑(유지), 빨강(악화)으로 시각적으로 제시하거나, 녹색깃발green flag 혹은 적색깃발red flag 표시 체계를 도입하여 지자체의 잠재적 정책집행 역량과 성과향상에 대한 전망을 제시해 주는 것을 고려해 볼 수 있다.

평가결과는 환경정책의 계획 수립과 예산 배정에 적극 활용하여 지속적으로 환경정책의 집행 성과를 제고할 수 있는 기제로 활용되어야 할 것이다. 평가결과에 따라 각 지자체를 유형화하여 각 성과수준에 적합한 차등적 보상 및 맞춤형 역량강화 프로그램을 운영하는 방안도 고려해 볼 수 있다. 보상이나 교육훈련의 제공은 지자체별로 운영할 수 있겠으나, 점진적으로 기관, 부서 차원까지 확대될 수 있도록 하는 것이 그 효과성을 더욱 증대시킬 수 있을 것으로 보인다.

2) 성과평가 체계의 운영(안)

위와 같이 설계된 성과평가 체계는 다양한 방식으로 운영될 수 있으나, 물환경 관리 분야의 성과평가를 예를 들면 다음 그림에서 제시하는 안과 같이 운영될 수 있을 것이다.

구체적으로, 평가에 대한 계획을 수립하는 1차 년도에는 환경부가 5~6월에 지자체의 정책집행 성과를 평가하기 위한 기본 방향 및 일정을 계획하고 환경부, 지자체, 4대강유역환경청, 수자원공사 등 공공기관, 지역주민, 시민단체, 전문가 등을 구성원으로 하는 물 정책 성과관리 거버넌스를 구성한다. 7~10월에는 수질, 수량, 하천, 댐·호수, 생태환경 등 각 정책 분야별 평가지표의 선정, 산출방식, 가중치 부여 등에 대한 기본적인 계획을 수립한 뒤, 이를 성과관리 거버넌스

〈그림 6-14〉 성과평가 체계의 운영(안): 물환경 관리 성과평가 사례

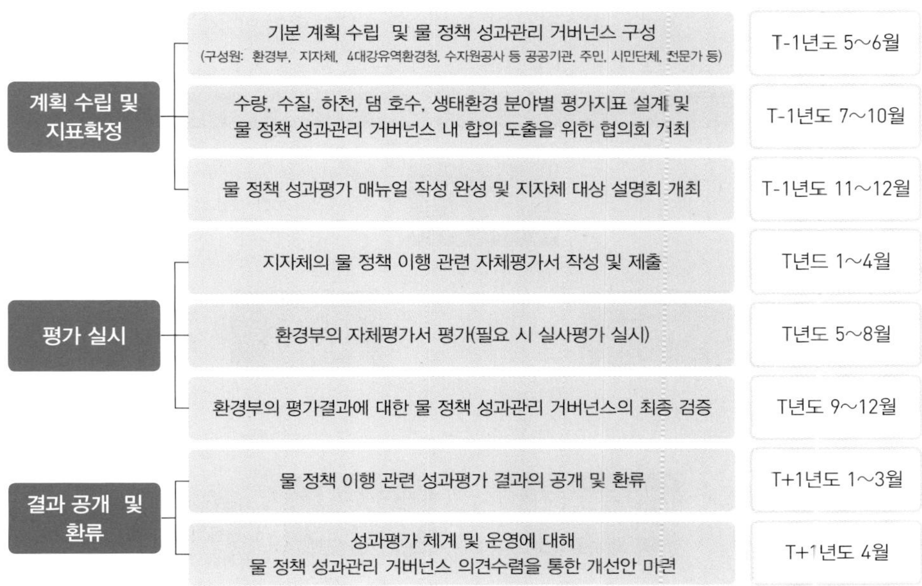

내 '지표개발 TF'와 충분한 합의를 거쳐 수정, 확정한다. 합의된 내용을 바탕으로 11~12월에 지자체 성과평가 매뉴얼을 완성하여 배포하고 평가지표의 개요 및 평가절차 등에 대한 설명회를 개최한다. 이러한 과정을 통해 성과평가에 대한 지자체의 이해도를 향상시키고 매뉴얼을 보완한다.

평가를 실시하는 2차 년도 1~4월에는 각 지자체가 물 정책 집행 관련 자체평가서를 작성하여 환경부에 제출한다. 제출된 자체평가서를 환경부가 5~8월에 평가하여 평가 초안을 완성한다. 9~12월에는 환경부와 성과관리 거버넌스 내 '평가검증 TF'가 함께 평가초안을 검토하여 평가결과를 확정한다.

3차 년도 1~3월에는 평가결과를 공개하고 평가결과에 대한 활용 및 환류의 일환으로 고성과·중간성과·저성과 집단에 해당하는 각 지자체별로 차등적 보상 및 역량강화 프로그램을 운영한다. 이때 성과관리 거버넌스 내 '역량강화 TF'를 구성하여 협력적 제도운영을 시도해 볼 수 있다. 또한 4월에는 '제도개선 TF'와의 협의회를 개최하여 성과평가 체계 및 운영방식에 대한 의견을 수렴하고 다음 성과평가를 위한 개선 및 발전 방안을 마련할 수 있다.

앞에서 언급한 물 정책 성과관리 거버넌스의 구성 및 역할배분은 〈그림 6-15〉와 같이 이루어질 수 있다. 중앙정부인 환경부는 성과평가의 기본 방향을 설정하

〈그림 6-15〉 성과관리 거버넌스(안): 물환경 관리 성과평가 사례

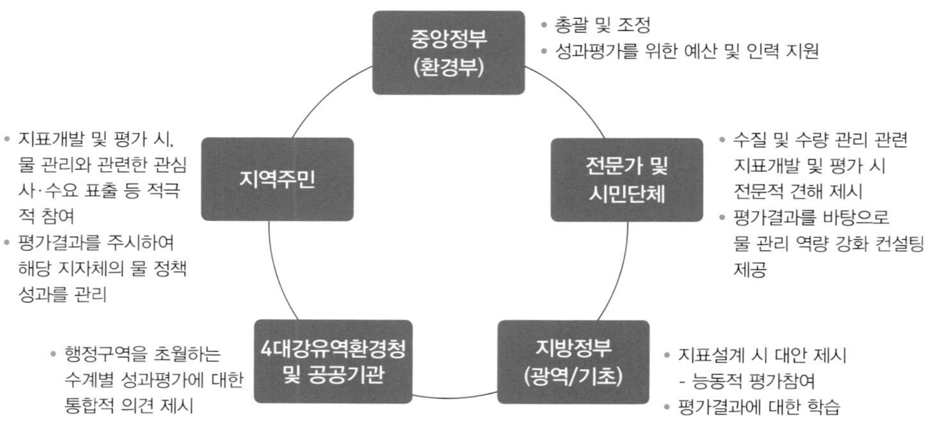

고 운영하는 총괄 및 조정, 지원 역할을 담당하게 되며, 광역 및 기초자치단체는 능동적으로 평가에 참여하고 결과를 학습하며 지속적으로 의견 및 대안을 제시한다. 4대강유역환경청 및 공공기관은 행정구역을 초월하는 수계별 성과평가에 대한 통합적 의견을 제시하며, 전문가는 지식에 기반한 정책 제언을, 시민단체는 현장의 목소리를 전달하여 성과평가 체계의 설계, 운영, 환류에 있어서 컨설팅 역할을 담당할 수 있다. 마지막으로 지역주민은 성과평가를 위한 지표 선정, 성과 평가, 평가의 활용 등 전 단계에 걸쳐서 관심과 수요를 표출하며 적극적으로 참여할 것이 기대된다.

5. 환경성과관리의 권한과 책임 거버넌스

2018년 말 기준으로 대한민국은 전 세계에서 인구 5000만 명 이상의 국가 가운데 일인당 국내총생산 3만 불이 넘는 7개국의 하나가 되었다. 미국과 유럽의 4대 강국(독일, 영국, 프랑스, 이탈리아) 및 일본에 이어 대한민국이 새로 진입한 것이다. 과거 성장에 방점을 둔 국민의 땀이 오늘의 대한민국을 만들었다면 이제는 지속가능한 사회의 기반으로서 국민 개개인의 삶의 질을 담보하기 위한 범국가적 노력이 절실한 시점이다.

이러한 노력의 일환으로 이 책에서는 2020년대의 새로운 환경 거버넌스로 집중화된 분권화 모형과 동반자적 협업 시스템을 제시하였다. 구체적으로 국민이 체감할 수 있도록 환경성과를 제고하는 노정路程에서 국가만이 할 수 있다거나, 지방만이 적합하다는 이분법적인 사고는 위험하다. 중앙정부, 지방정부, 전문가, 주민이 어떠한 방식으로 긴밀하게 협력할 것인가가 더욱 중요할 것이다. 지방의 문제를 스스로 해결할 수 있도록 권한과 책임을 이양하지만, 그러한 권한과 책임의 이양이 좋은 성과로 이어질 수 있도록 중앙정부는 지원을 해야 하는 동시에, 지방정부에서 그러한 역할을 제대로 수행하지 못할 때에는 다시 그러한 능력을 갖출 수 있도록 평가하고, 재협의하는 노력이 필요하다.

1990년 이전까지는 강력한 중앙집권 시대였고, 1990년대 이후에는 지방분권과 자치로 큰 발을 내디뎠다면, 이제는 중앙과 지방이 긴밀한 상호 작용 속에서 국민이 체감하는 더 나은 환경성과를 위해 진일보한 제도와 거버넌스를 갖춰야 한다는 것이다. 이 책이 주목한 차등이양과 상호협의제도는 이러한 맥락에서 중앙과 지방이 협력적이면서 서로의 다양성과 전문성을 수용하는 거버넌스 체계로 이해될 수 있다. 중앙과 지방이 상호수용을 통해 서로 간에 책임을 지면서 더욱 고도의 방법으로 때로는 견제하고, 때로는 협력하는 진화된 체계를 갖추어야 한다는 것이다. 따라서 각 지역의 환경사무는 하나의 시스템으로 온전하게 운영되면서도, 각각의 시스템이 전체 시스템으로 효율적이고 유기적으로 통합되는 시스템 복합체계system of systems에 가까운 모형이 될 것이다. 학자들의 합리적 소망을 담은 이러한 제언들이 환경현장에서도 제대로 작동될 수 있기를 기대해 본다.

부록

1. 전문가 인터뷰
2. 공무원 설문조사
3. 광역지자체 공무원 면접조사

부록 1 전문가 인터뷰

환경정책 성과 제고방안 연구를 위한 심층 인터뷰	ID

안녕하십니까?

한국환경정책학회에서는 환경부의 지원을 받아「환경정책 성과 제그방안 연구」를 수행 중입니다. 본 연구의 일환으로 환경정책분야 전문가를 대상으로 환경정책 성과평가, 환경분야 국정과제, 환경사무 지방이양, 부분선점제도와 환경사무에 관한 중앙-지방 간 협력방안 등에 관한 인터뷰를 실시하고자 합니다.

귀하의 고견은 효율적인 환경분야 정책수립에 큰 도움이 될 것입니다.

귀하의 응답은 '통계법(법률 11553호)' 제33조에 의해 보호되며 통계적 목적 이외의 다른 용도로는 사용되지 않습니다. 바쁘신 중에 협조해 주신데 대해 감사드리며 귀하의 앞날에 무궁한 발전이 있기를 기원합니다.

2017년 8월

한국환경정책학회

본 조사에 대한 추가문의는 아래의 연락처로 해주시기 바랍니다.

서울대학교 행정대학원 공공성과관리연구센터 (☎ 02-880-8591)

I 환경정책 성과평가

※ 현행 환경정책 성과평가는 아래와 같은 대상과 과정으로 이루어지고 있습니다.

〈성과평가의 대상〉

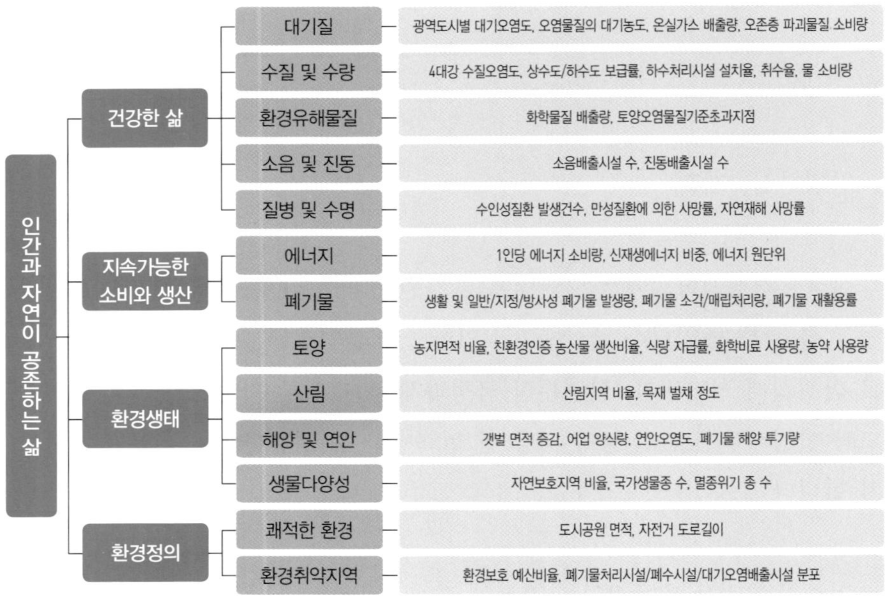

〈성과평가의 과정〉

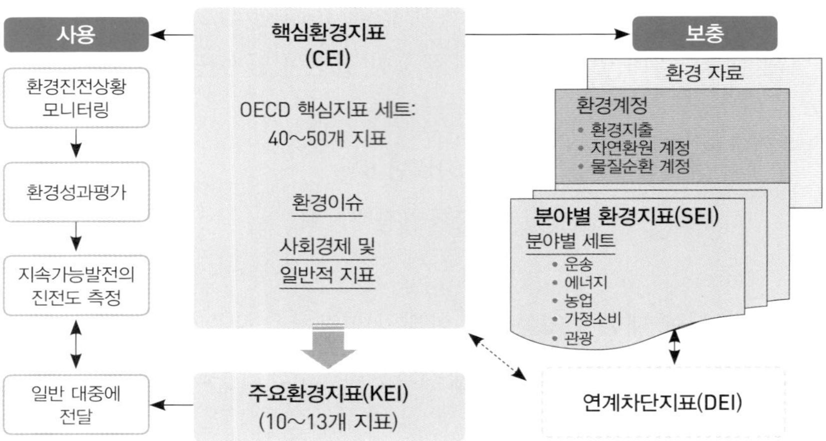

1-1. 현행 환경정책 성과평가가 지니고 있는 문제점은 무엇이라고 생각하는지 귀하의 견해를 제시해 주십시오.

1-2. 문제점이라고 생각하시는 근거나 이유는 무엇입니까?

1-3. 환경정책의 집행 성과제고를 위하여 어떻게 개선·보완되어야 한다고 생각하는지 구체적인 의견을 주시기 바랍니다.

2. 환경사무 집행에 있어 자치단체의 역량, 환경자원의 입지 고정적 특성, 지역 및 지리적 특수성 등과 같은 문제점의 이유로 중앙-지방정부 간의 권한배분의 모호성에 관한 논의가 지속되어왔습니다.

아래의 표는 문재인 정부의 환경분야 국정과제에 대한 내용을 제시하고 있습니다. 각 과제의 중요성·시급성, 중앙-지방정부 역할 분담(정책기획, 집행, 재정부담, 감시·단속, 성과평가 등)에 대한 구체적인 의견을 주시기 바랍니다.

과제	과제목표	중요성	시급성	중앙-지방정부 역할분담
생활안전 강화	• 화학물질·제품에 대한 철저한 위해성 평가, DB 구축, 정보공개·공유 등 선진적 안전관리체계 구축으로 안심사회 실현 • 전 주기에 걸친 먹거리 안전 국가책임제 실현하고 생활환경 및 소비트렌드 변화에 대응하는 먹거리 복지 구현			
미세먼지 개선	• 미세먼지 발생량 30% 감축 • 민감계층(노인 및 어린이) 적극 보호			
지속가능한 국토환경 조성	• 보전과 이용이 조화되고 인간과 자연이 공생하는 국토 환경 조성 • 4대강 재자연화와 통합 물관리로 이·치수가 조화되는 하천 조성			
신기후 체제 집행체계 구축	• 2021년까지 온실가스 배출전망 대비 상당 수준 감축 실현 • 기후변화 리스크 예측·관리 및 피해 최소화			

3. 다음은 환경사무 이양 후 단속의 집행성과에 관한 질문입니다. 「환경정책기본법」에 근거하여 지방자치단체는 환경계획의 수립·환경규제의 단속의 업무를 담당하고 있으며 이는 산업단지의 지역 오염물질 배출업소 관리, 환경개선부담금의 부과징수와 같은 업무를 포함하고 있습니다. 배출업소 지도 및 점검 권한이 지방자치단체로 이양된 이후, 단속이 좀 더 철저하게 집행되고 있다고 생각하십니까, 그렇지 않다고 생각합니까?

3-1. 그렇게 생각하는 이유나 근거를 제시해 주세요.

4. 다음은 환경사무를 주관하는 중앙정부의 역할 수행에 관한 질문입니다. 환경사무를 주관하는 중앙정부(환경부와 지방환경청, 유역환경청, 대기환경청)가 환경규제 및 관리에 관한 역할을 제대로 수행하고 있다고 생각하십니까?

4-1. (동의 또는 부동의에 대한) 그 이유와 근거를 제시해 주세요.

5. 환경사무의 지방위임 및 이양 효과에 대한 질문입니다. 지역의 상황을 고려하여 행정의 효율성을 증가시킨다는 목적으로 지난 1993년부터 2017년 5월까지 385건의 환경사무가 이양되었습니다. 하지만 환경정책의 양적성장 대비 실질적 집행은 미흡하다는 의견과 이양된 권한의 집행력과 효율성에 대한 문제가 꾸준히 제기되고 있습니다. 이에 관하여 중앙정부에서 지방정부로 환경사무가 위임 및 이양된 이후의 변화에 대하여 귀하의 의견을 주시기 바랍니다.

6. 중앙과 지방 간 협력체계(거버넌스)로는 아래의 유형들이 가능합니다.

① 중앙 및 지방 환경분쟁조정위원회 등의 현행 협력체계 ② 중앙정부 부처와 개별 지방자치단체의 담당업무(자) 간 협력체계 ③ 중앙정부와 지방자치단체장 간의 협력체계 ④ 행정협의조정위원회 등 기존 중앙-지방 조정제도의 확대를 통한 협력체계 ⑤ 중앙-지방 간 종합적 환경 거버넌스 협의회를 통한 협력체계

위 유형 중 성공적인 환경 사무처리를 위해서는 어떤 형태의 중앙-지방 간 협력체계나 거버넌스가 적절하다고 생각하십니까? 그 이유는 무엇입니까?

7. 다음은 부분선점제도에 관한 설명과 지방이양된 환경사무의 분류입니다. 부분선점제도가 우리나라에 도입되는 것이 바람직하다고 생각하십니까? 부분선점제도가 가장 필요한 사무는 무엇이라고 생각하십니까?

> 부분선점제도(Partial Preemption)는 지방자치단체의 환경행정 역량을 평가하고 그 의사를 물어 중앙의 행정권한을 이양하되, 지방자치단체의 사무수행능력을 평가하여 부적절하다고 판단되면 이양된 행정권한을 환원하게 하는 제도입니다.
>
> 부분선점제도를 도입함으로써 중앙정부에게 조정권한이 부여되어 정책집행의 효과성을 높일 수 있으며, 중앙과 지방 간의 권한 배분을 보다 합리화할 수 있습니다.

지방이양된 환경사무의 분류	
대기	총량할당, 대기환경, 오염물질 배출, 비산먼지, 대기오염, 대기환경 개선, 악취, 자동차 검사, 자동차 운행, 자동차 배출, 저공해 자동차, 고유황, 미세먼지
자연환경	한·금·영산·낙동강 수계, 가축분뇨 축산폐수, 폐수배출, 분뇨처리, 폐수처리, 상수원보호, 수질·수생태계, 호소·수질, 먹는 물, 먹는 샘물, 수도관리, 간이상수도, 관할급수, 고랭지 경작, 비점오염원, 공공수역, 오수정화, 오수처리, 하수도, 하수종말, 공동처리, 야생동식물 특별관리, 토양환경
생활환경	소음, 진동, 환경보건, 다중이용시설, 유독물, 어린이 공간, 운행차 규제, 배출가스 규제, 지하공기, 실내공기, 잔류성 유기
자원순환	순환골재, 재활용센터, 제품포장, 폐기물, 폐자동차 재활용

8. 지방자치단체의 환경사무 담당 조직과 업무에 있어 독립성, 업무권한, 예산 및 담당 인력 등 부문별로 역량수준이 충분한지 평가해주세요.

9. 523건의 지방이양 대상 환경사무 중 385(73.6%)가 이양 완료되었고, 13개(2.5%)가 국가로 다시 환수되었으며 125개(23.9%)가 아직 미이양되었습니다. 이 중 물환경 관련 사무가 38.3%(203개)를 차지하며 대기(15.9%, 83개), 자연보전(10.7%, 56개)이 뒤를 잇고 있습니다. 분야별 이양사무에 차이가 나는 이유가 무엇이라고 생각하십니까? 지방자치단체 조직역량의 차이가 환경사무의 분야(대기, 자연환경, 생활환경, 자원순환)별 이양률에 영향을 미쳤다고 생각하십니까?

부록 2 공무원 설문조사

환경정책 성과 제고방안 조사연구	ID

안녕하십니까?

한국환경정책학회에서는 환경부의 지원을 받아 「환경정책 성과 제고방안 연구」를 수행 중입니다. 본 연구의 일환으로 지방자치단체, 지방환경청, 중앙정부의 관련된 공무원을 대상으로 환경사무 지방이양에 관한 조사를 실시하고자 합니다.

귀하의 고견은 효율적인 환경사무 이양을 위한 정책수립에 큰 도움이 될 것입니다.

귀하의 응답은 '통계법(법률 11553호)' 제33조에 의해 보호되며 통계적 목적 이외의 다른 용도로는 사용되지 않습니다. 바쁘신 중에 협조해 주신 데 대해 감사드리며 귀하의 앞날에 무궁한 발전이 있기를 기원합니다.

2017년 8월

한국환경정책학회

본 조사에 대한 추가문의는 아래의 연락처로 해주시기 바랍니다.

서울대학교 행정대학원 공공성과관리연구센터 (☎ 02-880-8591)

1. 귀하는 환경정책의 성과를 평가하는 데 있어 가장 중요한 기준이 무엇이라고 생각하십니까?

① 재정 및 인력 투입 대비 산출량 ② 정책적 산출물의 질(quality)
③ 국민의 체감도 ④ 국정과제 달성 정도
⑤ 전년 대비 성과향상 정도 ⑥ 기타 ______________________

1-1. 위에서 귀하가 답변한 가장 중요한 기준이 현행 성과평가에서 어느 정도로 반영되고 있다고 생각하십니까?

① 전혀 반영되고 있지 않다 ② 대체로 반영되고 있지 않다
③ 보통 ④ 약간 반영되고 있다
⑤ 전적으로 반영되고 있다

1-2. 현행 환경정책 성과평가가 지니고 있는 문제점은 무엇이라고 생각하십니까? 가장 심각한 문제라고 생각하는 순서대로 3가지를 선택하여 번호를 기입해 주십시오.

1순위		2순위		3순위	

① 관리과제별 성과목표 및 성과지표가 적절하게 설정되어 있지 않음
② 업무별 난이도와 중요성을 고려한 성과평가가 이루어지지 않음
③ 정량적으로 측정하기 어려운 성과에 대한 질적 평가가 잘 이루어지지 않음
④ 이해관계가 많은 환경정책의 특성을 고려한 성과평가가 이루어지지 않음
⑤ 평가횟수 및 주기가 적절하지 않음
⑥ 평가결과가 인센티브 제공, 정책입안·추진, 예산편성 등에 환류되지 않음
⑦ 성과평가 결과의 공개 및 이의 신청제도가 합리적으로 운영되지 않음
⑧ 기타 ____

2. 다음은 문재인 정부의 환경분야 국정과제의 내용과 목표입니다. 이들의 시급성과 중요성에 대하여 귀하의 생각과 일치하는 곳에 표시해 주십시오.

과제	과제목표	시급성				
		매우 부정	부정	보통	긍정	매우 긍정
생활안전 강화	• 화학물질·제품에 대한 철저한 위해성 평가, DB 구축, 정보공개·공유 등 선진적 안전관리체계 구축으로 안심사회 실현 • 전 주기에 걸친 먹거리 안전 국가책임제 실현하고 생활환경 및 소비트렌드 변화에 대응하는 먹거리 복지 구현	①	②	③	④	⑤
미세먼지 개선	• 미세먼지 발생량 30% 감축 • 민감계층(노인 및 어린이) 적극 보호	①	②	③	④	⑤
지속가능한 국토환경 조성	• 보전과 이용이 조화되고 인간과 자연이 공생하는 국토 환경 조성 • 4대강 재자연화와 통합 물관리로 이·치수가 조화되는 하천 조성	①	②	③	④	⑤
신기후 체제 집행체계 구축	• 2021년까지 온실가스 배출 전망 대비 상당 수준 감축 실현 • 기후변화 리스크 예측·관리 및 피해 최소화	①	②	③	④	⑤

과제	중요성				
	매우 부정	부정	보통	긍정	매우 긍정
생활안전 강화	①	②	③	④	⑤
미세먼지 개선	①	②	③	④	⑤
지속가능한 국토환경 조성	①	②	③	④	⑤
신기후체제 집행체계 구축	①	②	③	④	⑤

2-1. 지방이양을 위한 사무배분의 원칙에 따라 어느 주체가 환경과제를 집행하는 것이 효율적이고 바람직한지 체크하여 주십시오.

〈환경과제별 집행주체 설문〉 (중복체크 가능)

과제	환경사무의 집행주체			
	환경부	지방, 유역 및 대기환경청	광역지방 자치단체	기초지방 자치단체
생활안전 강화	①	②	③	④
미세먼지 개선	①	②	③	④
지속가능한 국토환경 조성	①	②	③	④
신기후체제 집행체계 구축	①	②	③	④

3. 다음은 환경사무의 지방이양에 관한 설문입니다. 지방이양을 위한 사무배분의 원칙에 따라 어느 주체가 환경사무를 집행하는 것이 효율적이고 바람직한지 환경사무 매체별로 체크하여 주십시오.

〈중앙행정권한의 지방이양 사무배분 원칙〉

중앙행정권한의 지방이양을 위한 사무배분의 3대 원칙(지방분권촉진에 관한 특별법 6조)	
중복배제원칙	국가와 지자체 간 사무를 중복되지 않도록 배분하여야 한다.
현지성 및 보충성 원칙	지역주민의 생활과 밀접한 사무는 중앙정부보다 지자체가 담당해야 한다. (또는, 지역주민의 생활과 밀접할수록 기초자치단체가 담당해야 한다.)
포괄적 배분 원칙	사무를 배분받은 지자체가 그 사무를 종합적으로 처리할 수 있도록 배분하여야 한다.

〈분야별 환경사무 집행주체 설문〉 (중복체크 가능)

분야	이양된 환경사무 내용(예시)	환경사무의 집행주체			
		환경부	지방, 유역 및 대기 환경청	광역 지방 자치 단체	기초 지방 자치 단체
대기	총량할당, 대기환경, 오염물질 배출, 비산먼지, 대기오염, 대기환경 개선, 악취, 자동차 검사, 자동차 운행, 자동차 배출, 저공해 자동차, 고유황, 미세먼지	①	②	③	④
자연 환경	한·금·영산·낙동강 수계, 가축분뇨 축산폐수, 폐수배출, 분뇨처리, 폐수처리, 상수원 보호, 수질·수생태계, 호소·수질, 먹는 물, 먹는 샘물, 수도관리, 간이상수도, 관할급수, 고랭지 경작, 비점오염원, 공공수역, 오수정화, 오수처리, 하수도, 하수종말, 공공처리, 야생동식물특별관리, 토양환경	①	②	③	④
생활 환경	소음, 진동, 환경보건, 다중이용시설, 유독물, 어린이 공간, 운행차 규제, 배출가스 규제, 지하공기, 실내공기, 잔류성 유기	①	②	③	④
자원 순환	순환골재, 재활용센터, 제품포장, 폐기물, 폐자동차 재활용	①	②	③	④

3-1. 다음은 환경사무의 지방위임 및 이양 효과에 대한 질문입니다. 중앙정부에서 지방정부로 각 환경사무가 위임 및 이양된 이후의 변화에 대하여 귀하의 생각과 일치하는 곳에 표시해 주십시오.

〈분야별 환경사무 집행효과 설문〉

환경 사무	설문내용	매우 부정	부정	보통	긍정	매우 긍정
대기	(1) 행정절차가 간소화되어, 업무 효율성이 향상되었다.	①	②	③	④	⑤
	(2) 지역 실정에 맞는 다양한 정책이 설계·운영되고 있다.	①	②	③	④	⑤
	(3) 해당 사무에 대한 지역 주민들의 관심도가 높아졌다.	①	②	③	④	⑤
	(4) 해당 사무의 정책적 성과에 대한 지역 주민들의 체감도가 향상되었다.	①	②	③	④	⑤
	(5) 지역 내 잠재적 자원(자원봉사자, 이해관계자 등)과의 연계가 강화되었다.	①	②	③	④	⑤
	(6) 지역 내 대기 질이 향상되었다.	①	②	③	④	⑤
	(7) 미세먼지 발생량이 감소했다.	①	②	③	④	⑤
	(8) 미세먼지 민감계층 대책이 마련되었다.	①	②	③	④	⑤
자연 환경	(1) 행정절차가 간소화되어, 업무 효율성이 향상되었다.	①	②	③	④	⑤
	(2) 지역 실정에 맞는 다양한 정책이 설계·운영되고 있다.	①	②	③	④	⑤
	(3) 해당 사무에 대한 지역 주민들의 관심도가 높아졌다.	①	②	③	④	⑤
	(4) 해당 사무의 정책적 성과에 대한 지역 주민들의 체감도가 향상되었다.	①	②	③	④	⑤
	(5) 지역 내 잠재적 자원(자원봉사자, 이해관계자 등)과의 연계가 강화되었다.	①	②	③	④	⑤
	(6) 지역 내 수질이 좋아졌다.	①	②	③	④	⑤
	(7) 지역 내 수량이 더 잘 관리되고 있다.	①	②	③	④	⑤
	(8) 자연환경의 보전과 이용이 조화되고 있다.	①	②	③	④	⑤
	(9) 인간과 자연이 공생하는 국토환경이 조성되었다.	①	②	③	④	⑤

생활 환경	(1) 행정절차가 간소화되어, 업무 효율성이 향상되었다.	①	②	③	④	⑤
	(2) 지역 실정에 맞는 다양한 정책이 설계·운영되고 있다.	①	②	③	④	⑤
	(3) 해당 사무에 대한 지역 주민들의 관심도가 높아졌다.	①	②	③	④	⑤
	(4) 해당 사무의 정책적 성과에 대한 지역 주민들의 체감도가 향상되었다.	①	②	③	④	⑤
	(5) 지역 내 잠재적 자원(자원봉사자, 이해관계자 등)과의 연계가 강화되었다.	①	②	③	④	⑤
	(6) 지역 내 화학 및 오염물질 관리가 개선되었다.	①	②	③	④	⑤
	(7) 화학물질과 제품에 대한 안전관리가 개선되었다.	①	②	③	④	⑤
	(8) 먹거리에 대한 안전관리가 개선되었다.	①	②	③	④	⑤
자원 순환	(1) 행정절차가 간소화되어, 업무 효율성이 향상되었다.	①	②	③	④	⑤
	(2) 지역 실정에 맞는 다양한 정책이 설계·운영되고 있다.	①	②	③	④	⑤
	(3) 해당 사무에 대한 지역 주민들의 관심도가 높아졌다.	①	②	③	④	⑤
	(4) 해당 사무의 정책적 성과에 대한 지역 주민들의 체감도가 향상되었다.	①	②	③	④	⑤
	(5) 지역 내 잠재적 자원(자원봉사자, 이해관계자 등)과의 연계가 강화되었다.	①	②	③	④	⑤
	(6) 지역 내 폐기물(토양) 관리가 개선되었다.	①	②	③	④	⑤

4. 다음은 환경사무와 관련된 지방자치단체의 조직과 업무에 관한 설문입니다.

설문내용	매우 부정	부정	보통	긍정	매우 긍정
(1) 지자체 환경사무를 담당하는 조직의 독립성이 높은 편이다.	①	②	③	④	⑤
(2) 지자체 환경사무를 담당하는 조직의 업무권한이 많은 편이다.	①	②	③	④	⑤
(3) 지자체 연간 주요사무 중에 환경사무의 비중이 높은 편이다.	①	②	③	④	⑤
(4) 지자체 연간 예산 중에서 환경사무 예산의 비율은 몇 퍼센트입니까?					
(5) 지자체 전체 인력 중에서 환경사무를 담당하는 인력의 비율은 몇 퍼센트입니까?					

5. 다음은 환경사무의 분야별 지방자치단체의 조직 역량에 관한 설문입니다.

환경 사무	설문내용	매우 부정	부정	보통	긍정	매우 긍정
대기	(1) 환경사무 담당 공무원의 전문성이 높은 편이다.	①	②	③	④	⑤
	(2) 환경사무 담당 공무원에 대한 교육이 필요하다.	①	②	③	④	⑤
	(3) 환경사무 담당 공무원의 증원이 필요하다.	①	②	③	④	⑤
	(4) 환경사무에 대한 예산 증액이 필요하다.	①	②	③	④	⑤
자연 환경	(1) 환경사무 담당 공무원의 전문성이 높은 편이다.	①	②	③	④	⑤
	(2) 환경사무 담당 공무원에 대한 교육이 필요하다.	①	②	③	④	⑤
	(3) 환경사무 담당 공무원의 증원이 필요하다.	①	②	③	④	⑤
	(4) 환경사무에 대한 예산 증액이 필요하다.	①	②	③	④	⑤
생활 환경	(1) 환경사무 담당 공무원의 전문성이 높은 편이다.	①	②	③	④	⑤
	(2) 환경사무 담당 공무원에 대한 교육이 필요하다.	①	②	③	④	⑤
	(3) 환경사무 담당 공무원의 증원이 필요하다.	①	②	③	④	⑤
	(4) 환경사무에 대한 예산 증액이 필요하다.	①	②	③	④	⑤
자원 순환	(1) 환경사무 담당 공무원의 전문성이 높은 편이다.	①	②	③	④	⑤
	(2) 환경사무 담당 공무원에 대한 교육이 필요하다.	①	②	③	④	⑤
	(3) 환경사무 담당 공무원의 증원이 필요하다.	①	②	③	④	⑤
	(4) 환경사무에 대한 예산 증액이 필요하다.	①	②	③	④	⑤

5-1. 종합적으로 볼 때, 지방자치단체 환경사무를 담당하는 조직의 역량을 어떻게 평가하십니까?

① 매우 약하다　② 대체로 약하다　③ 보통이다
④ 좋다　⑤ 매우 좋다

6. 배출업소에 대한 지자체의 지도, 감시, 단속업무에 관한 질문입니다.

설문내용	매우 부정	부정	보통	긍정	매우 긍정
(1) 배출업소에 대한 지도·점검 시 환경오염배출시설 등에 관한 통합지도·점검 규정을 구체적이고 명확하게 적용하고 있다고 생각하십니까?	①	②	③	④	⑤
(2) 배출업소에 대한 점검 이후 사후관리는 적절히 이루어지고 있다고 생각하십니까?	①	②	③	④	⑤
(3) 지자체의 감시·단속활동이 환경의 질 개선에 효과를 미치고 있다고 생각하십니까?	①	②	③	④	⑤
(4) 배출업소 지도·점검 권한이 지방정부로 이양된 이후, 단속이 좀 더 철저하게 집행되고 있다고 생각하십니까?	①	②	③	④	⑤

6-1. 지자체에 의한 오염물질 배출업소의 위반업체 적발률과 고발비율이 상대적으로 낮다고 생각하십니까?

① 전혀 그렇지 않다 ② 대체로 그렇지 않다 ③ 보통
④ 대체로 그렇다 ⑤ 매우 그렇다

6-2. 지자체에 의한 오염물질 배출업소의 위반업체 적발률과 고발비율이 상대적으로 낮다고 생각하신다면(6-1. 질문에 긍정 및 매우 긍정 답변), 다음 중 그 중요한 이유는 무엇이라고 생각하십니까?

설문내용	매우 부정	대체로 부정	보통	대체로 긍정	매우 긍정
(1) 배출업체들의 규정 준수	①	②	③	④	⑤
(2) 위반사항의 경미성	①	②	③	④	⑤
(3) 단체장, 지역 유지, 지인과의 관계 때문에 적극적인 단속 불가	①	②	③	④	⑤
(4) 인력 및 장비부족 등으로 행정역량이 상대적으로 취약	①	②	③	④	⑤
(5) 배출업체의 강력한 반발에 대한 우려	①	②	③	④	⑤

6-3. 지자체의 정기 감시·단속을 강화하기 위한 다음 요인들이 얼마나 효과가 있다고 생각하십니까?

설문내용	전혀 없다	대체로 없다	보통	대체로 있다	매우 있다
(1) 담당 공무원들의 전문성	①	②	③	④	⑤
(2) 담당 공무원들의 관심 및 의지	①	②	③	④	⑤
(3) 담당 공무원과 사업장 간 유착관계 차단	①	②	③	④	⑤
(4) 담당 공무원들의 단속 횟수 증가	①	②	③	④	⑤
(5) 계도 위주가 아닌 적발 위주의 점검	①	②	③	④	⑤

7. 환경사무를 주관하는 중앙정부(환경부와 지방환경청, 유역환경청, 대기환경청)의 역할에 관한 질문입니다.

설문내용	매우 부정	대체로 부정	보통	대체로 긍정	매우 긍정
(1) 환경사무 지방이양과 관련하여, 광역 및 기초자치단체들 간의 권한과 책임범위를 명확하게 설정하고 있다.	①	②	③	④	⑤
(2) 환경부의 환경규제 및 관리에 대한 법령 및 제도 체계가 잘 설정되어 있다.	①	②	③	④	⑤
(3) 환경감시단(대)의 감시·단속 활동은 환경의 질을 개선하는 데 효과적이라고 생각하십니까?	①	②	③	④	⑤
(4) 최근 3년 동안 환경감시단(대)의 감시·단속 역량은 강화되고 있습니까?	①	②	③	④	⑤

7-1. 오염배출업소에 대한 중앙정부 차원의 특별 단속과 관리가 필요하다고 생각하십니까?

① 전혀 그렇지 않다　② 별로 그렇지 않다　③ 보통
④ 약간 그렇다　⑤ 매우 그렇다

7-2. 중앙정부 차원의 오염배출업소 특별 단속과 관리가 필요하다고 답하셨다면, 그 이유는 무엇이라고 생각하십니까?

설문내용	전혀 필요없다	대체로 필요없다	보통	대체로 필요하다	매우 필요하다
(1) 지자체의 적극적인 오염배출 감시·단속 불집행	①	②	③	④	⑤
(2) 지자체 간 비협조	①	②	③	④	⑤
(3) 중앙 차원의 광역적·전문적 관리의 필요	①	②	③	④	⑤
(4) 지자체의 종합적 단속·관리 시스템 미흡	①	②	③	④	⑤

7-3. 중앙정부의 특별 감시·단속을 강화하기 위한 다음 요인들이 얼마나 효과가 있다고 생각하십니까? (환경부 공무원만 응답)

설문내용	전혀 없다	없다	보통	있다	매우 있다
(1) 담당 공무원들의 전문성	①	②	③	④	⑤
(2) 담당 공무원들의 관심 및 의지	①	②	③	④	⑤
(3) 담당 공무원과 사업장 간 유착관계 차단	①	②	③	④	⑤
(4) 담당 공무원들의 단속 횟수 증가	①	②	③	④	⑤
(5) 계도 위주가 아닌 적발 위주의 점검	①	②	③	④	⑤

8. 다음은 부분선점제도에 관한 설문입니다. 부분선점제도가 가장 필요한 지방이양 사무가 무엇인지 해당하는 항목에 체크하여 주십시오.

부분선점제도(Partial Preemption)는 지방자치단체의 환경행정 역량을 평가하고 그 의사를 물어 중앙의 행정권한을 이양하되, 지방자치단체의 사무수행능력을 평가하여 부적절하다고 판단되면 이양된 행정권한을 환원하는 제도입니다.

부분선점제도를 도입하면 중앙정부에게 조정권한이 부여되어 정책집행의 효과성을 높일 수 있으며, 중앙과 지방 간의 권한 배분을 더 합리적으로 조정할 수 있을 것으로 예상됩니다.

설문내용		매우 불필요	대체로 불필요	보통	대체로 필요	매우 필요
대기	총량할당, 대기환경, 오염물질 배출, 비산먼지, 대기오염, 대기환경 개선, 악취, 자동차 검사, 자동차 운행, 자동차 배출, 저공해 자동차, 고유황, 미세먼지	①	②	③	④	⑤
자연 환경	한·금·영산·낙동강 수계, 가축분뇨 축산폐수, 폐수배출, 분뇨처리, 폐수처리, 상수원 보호, 수질·수생태계, 호소·수질, 먹는 물, 먹는 샘물, 수도관리, 간이상수도, 관할급수, 고랭지 경작, 비점오염원, 공공수역, 오수정화, 오수처리, 하수도, 하수종말, 공공처리, 야생동식물특별관리, 토양환경	①	②	③	④	⑤
생활 환경	소음, 진동, 환경보건, 다중이용시설, 유독물, 어린이 공간, 운행차 규제, 배출가스 규제, 지하공기, 실내공기, 잔류성 유기	①	②	③	④	⑤
자원 순환	순환골재, 재활용센터, 제품포장, 폐기물, 폐자동차 재활용	①	②	③	④	⑤

9. 다음은 환경사무에 관한 중앙정부과 지방자치단체 간의 협력방안을 위한 설문입니다.

설문내용	매우 부정	부정	보통	긍정	매우 긍정
(1) 배출업소 감시·단속업무가 지자체에 이양된 이후 중앙정부와 지자체 간의 업무 협조는 잘 되고 있습니까?	①	②	③	④	⑤
(2) 환경오염물질배출시설 등에 관한 통합 지도, 점검규정에 따라 환경부와 지방자치단체에 의한 정기 및 수시 지도·점검이 잘 이루어지고 있습니까?	①	②	③	④	⑤
(3) 지방환경청과 유역환경청을 통해 적발한 위반내역을 지자체에 행정처분 의뢰하는 경우 규정대로 엄격하게 조치되고 있습니까?	①	②	③	④	⑤

(4) 환경부와 지방자치단체의 협력강화를 위해 가장 필요한 것은 무엇입니까? (복수 응답 가능)

① 인력지원 등 행정지원 강화
② 기술지원 강화
③ 보조금 지급 등 재정지원 강화
④ 교육기회의 확대
⑤ 단속장비 지원
⑥ 연간 감시·단속계획의 공동작성
⑦ 간담회, 협회, 네트워크 구축 등 의사소통 기회의 확대
⑧ 기타: (   )

9-1. 이양된 환경사무처리 시, 중앙정부의 사후관리 차원에서 다음의 사항에 대해 중앙의 지원이 어느 정도 필요하다고 생각하십니까?

설문내용	매우 불필요	대체로 불필요	보통	대체로 필요	매우 필요
(1) 구체적 업무처리지침 부여	①	②	③	④	⑤
(2) 교육 실시	①	②	③	④	⑤
(3) 인력 및 예산 지원	①	②	③	④	⑤
(4) 정보 및 기술 지원	①	②	③	④	⑤
(5) 지방자치단체 담당조직 관리자의 통제범위 조정	①	②	③	④	⑤
(6) 표준조례안의 제공	①	②	③	④	⑤
(7) 기타________________________	①	②	③	④	⑤

9-2. 환경사무 처리를 위한 중앙-지방 간 협력적 규제 거버넌스가 구축되기 어려운 이유는 무엇이라고 생각하십니까?

설문내용	전혀 아니다	대체로 아니다	보통	대체로 그렇다	매우 그렇다
(1) 중앙정부의 통제 및 간섭	①	②	③	④	⑤
(2) 지역 특성을 무시한 획일적 지침 및 조건	①	②	③	④	⑤
(3) 지방자치단체의 중앙정부 의존도 심화	①	②	③	④	⑤
(4) 기타_______________	①	②	③	④	⑤

9-3. 귀하는 성공적인 환경 사무처리를 위해 중앙-지방 간 협력 메커니즘으로는 어떤 형태가 적절하다고 생각하십니까?

① 현행 추진체계 유지(중앙 및 지방 환경분쟁조정위원회 등)
② 중앙정부 부처와 개별 지방자치단체의 담당업무(자) 간 거버넌스 구축
③ 중앙정부와 지방자치단체장 간의 거버넌스 구축
④ 행정협의조정위원회 등 기존 중앙-지방 조정제도의 확대를 통한 거버넌스 구축
⑤ 중앙-지방 간 종합적 환경 거버넌스 협의회 신설
⑥ 기타(   )

다음의 인적사항 문항들은 조사결과의 분석을 위해 꼭 필요하며 집단 평균치 계산을 위한 것입니다. 개인에 대한 분석이나, 개인의 노출우려가 있는 소수 집단별 분석은 하지 않을 것입니다.

1. 귀하의 직급은 어떻게 되십니까? ____________________

2. 귀하의 소속단체는 다음의 어디에 해당됩니까?

① 중앙부처　② 특별행정기관　③ 특별시
④ 광역시　⑤ 道　⑥ 市(인구 50만 명 이상)
⑦ 市(인구 50만 명 미만)　⑧ 郡　⑨ 자치구

부록 3 광역지자체 공무원 면접조사

안녕하십니까?

한국환경정책학회에서는 환경부의 지원을 받아 「환경정책 성과 제고방안 연구」를 수행 중입니다.

본 연구의 일환으로 지방자치단체의 환경사무 집행 현황 조사를 통해 각 지자체에 적합한 환경사무 협업 거버넌스 유형을 파악하고자 합니다. 귀하는 해당 지자체의 전반적인 환경업무를 파악하고 계신 담당자로 선정되셨습니다. **응답을 위해 필요하다면 내부 회의를 통해 답변을 작성해 주셔도 됩니다**. 귀하의 고견은 지속가능한 중앙-지방 환경협업 거버넌스 정립에 큰 도움이 될 것입니다.

바쁘신 중에 협조해 주신 데 대해 감사드리며 귀하의 앞날에 무궁한 발전이 있기를 기원합니다.

2017년 12월 22일

한국환경정책학회

본 조사에 대한 추가문의는 아래의 연락처로 해주시기 바랍니다.

서울대학교 행정대학원 공공성과관리연구센터 (☎ 02-880-8591)

I 귀하가 속한 광역자치단체의 일반 현황에 관한 질문입니다.

1-1. 귀 소속 광역자치단체의 인구현황에 대한 자료를 입력해 주세요(2017년 기준).

인구수	인구밀도	영유아비율 (5세 이하)	노인비율 (65세 이상)	빈곤인구 비율
명	명/㎢	%	%	%

1-2. 귀 광역자치단체 토지이용 현황에 대한 자료를 입력해 주세요(2017년 기준).

농지	상업용지	산업단지	주거지
%	%	%	%

1-3. 귀 광역자치단체 환경관리에 관한 객관적인 자료를 입력해 주세요.

구 분	2014년	2015년	2016년	자료 없음
(1) 통합대기환경지수				
(2) 전체 공장 대비 TMS 설치 비율				
(3) 전체 지역 대비 녹지면적 비율(1,000ha 당)				
(4) 유해화학물질 관련 사고율				
(5) 수인성 매개질환 발생률				
(6) 대기오염으로 인한 질병 유발률				
(7) 환경 관련 정부위원회 주민대표 비율				
(8) 수질 관련 민원 처리율				
(9) 대기질 관련 민원 처리율				
(10) 소음 관련 민원 처리율				
(11) 총 예산 중 환경예산 비중				

Ⅱ 환경사무 현황에 관한 질문입니다.

2-1. 현재 광역자치단체 환경사무 중에서 가장 이슈가 되는 업무는 무엇입니까?

① 대기환경　② 물환경　③ 토양환경
④ 폐기물 관리　⑤ 소음·진동·악취　⑥ 습지 및 공원 관리
⑦ 기타(　　　　　　　　)

2-2. 위 문항에서 해당 분야를 선택하신 이유는 무엇입니까?

2-3. 현재 귀 정부에 속한 기초자치단체 환경사무 중에서 가장 이슈가 되는 업무는 무엇입니까?

① 대기환경　② 물환경　③ 토양환경
④ 폐기물 관리　⑤ 소음·진동·악취　⑥ 습지 및 공원 관리
⑦ 기타(　　　　　　　　)

2-4. 위 문항에서 해당 분야를 선택하신 이유는 무엇입니까?

2-5. 최근 3년간 우리 지역 환경사무 중에서 가장 큰 성과라고 생각되는 것은 무엇입니까?

III 귀하가 속한 광역자치단체와 산하 기초자치단체의 환경사무 집행 현황에 대한 질문입니다.

3-1. 귀 소속 지방정부의 환경 담당 전체 인력과 예산은 어떻게 되나요?

	소속 지방정부	산하 기초자치단체
인력	명	명
예산	원	원

3-2. 환경사무 전체 인력과 예산 중 각 사무별 인력과 예산의 비중은 어떻게 되나요?

분 야	소속 지방정부		산하 기초자치단체		자료 없음
	인력(명)	예산(원)	인력(명)	예산(원)	
대기환경					
물환경					
토양환경					
폐기물 관리					
소음·진동·악취					
습지 및 공원 관리					
기타( )					

** 공무원 1명이 폐기물과 토양환경 2개 부문을 담당하고 있는 경우 각 1/2 명으로 표시하시면 됩니다.

3-3. 환경 담당 조직의 구성은 어떻게 되나요? (칸이 더 필요하면 추가해서 작성해 주세요.)

광역자치단체				기초자치단체			
과		팀		과		팀	
OOO과	O명	OOO팀	O명	OOO과	O명	OOO팀	O명

3-4. 현재 광역자치단체 환경 담당 공무원은 평균적으로 몇 가지 분야의 업무를 동시에 수행하고 있나요? (대기, 물, 토양, 폐기물, 소음·진동·악취, 습지 및 공원 관리)

①	②	③	④	⑤
2개	3개	4개	5개	6가 이상

3-5. 귀 지자체 환경 담당 공무원의 업무량이 많은 순서대로 2개를 선택해 주세요.

① 대기환경　② 물환경　③ 토양환경
④ 폐기물 관리　⑤ 소음·진동·악취　⑥ 습지 및 공원 관리
⑦ 기타(　　　　　　)

1 순위		2 순위	

3-6. 귀 자치단체의 환경 담당 공무원이 수행하는 사무 중에서 중앙정부(환경부)와 협의하는 업무의 비중과 자체 업무의 비중 그리고 기초자치단체와 협의하는 업무의 비중은 각각 몇 %인가요?

환경부와 협의 비중	자체 업무 수행	기초자치단체와 협의 비중
%	%	%

3-7. 우리 지역의 환경사무와 관련하여 벤치마킹을 하고 있는 자치단체는 어디인가요? 어떤 사례를 벤치마킹하고 있나요?

벤치마킹 자치단체	
사례	

Ⅳ 각 정부의 환경사무 현황 및 협업 거버넌스에 대한 질문입니다.

4-1. 귀하가 속한 지방정부에서 산하 기초자치단체로 위임 또는 이양한 사무 중 가장 성과가 좋은 분야는 어떤 것인가요?

① 대기환경 ② 물환경 ③ 토양환경
④ 폐기물 관리 ⑤ 소음·진동·악취 ⑥ 습지 및 공원 관리
⑦ 기타( )

4-2. 위 문항에서 해당 분야를 선택하신 이유는 무엇입니까?

4-3. 기초자치단체로 위임 또는 이양한 사무 중 가장 성과가 부족한 분야는 어떤 것인가요?

① 대기환경 ② 물환경 ③ 토양환경
④ 폐기물 관리 ⑤ 소음·진동·악취 ⑥ 습지 및 공원 관리
⑦ 기타( )

4-4. 위 문항에서 해당 분야를 선택하신 이유는 무엇입니까?

4-5. 환경사무 분야에 따라 중앙정부(환경부)와 귀 자치단체가 현재 업무를 분담하고 하고 있는 비율은 어느 정도이며 이상적인 업무분담은 어느 정도라고 생각하십니까?

분 야	환경사무 중앙-지방 분담률(현실 As-Is)	환경사무 중앙-지방 분담률(이상 To-Be)
대기환경	환경부 3:7 4:6 5:5 6:4 7:3 지방정부	환경부 3:7 4:6 5:5 6:4 7:3 지방정부
	① ② ③ ④ ⑤	① ② ③ ④ ⑤
물환경	환경부 3:7 4:6 5:5 6:4 7:3 지방정부	환경부 3:7 4:6 5:5 6:4 7:3 지방정부
	① ② ③ ④ ⑤	① ② ③ ④ ⑤
토양환경	환경부 3:7 4:6 5:5 6:4 7:3 지방정부	환경부 3:7 4:6 5:5 6:4 7:3 지방정부
	① ② ③ ④ ⑤	① ② ③ ④ ⑤
폐기물 관리	환경부 3:7 4:6 5:5 6:4 7:3 지방정부	환경부 3:7 4:6 5:5 6:4 7:3 지방정부
	① ② ③ ④ ⑤	① ② ③ ④ ⑤
소음·진동·악취	환경부 3:7 4:6 5:5 6:4 7:3 지방정부	환경부 3:7 4:6 5:5 6:4 7:3 지방정부
	① ② ③ ④ ⑤	① ② ③ ④ ⑤
습지 및 공원 관리	환경부 3:7 4:6 5:5 6:4 7:3 지방정부	환경부 3:7 4:6 5:5 6:4 7:3 지방정부
	① ② ③ ④ ⑤	① ② ③ ④ ⑤
기타 (　　　)	환경부 3:7 4:6 5:5 6:4 7:3 지방정부	환경부 3:7 4:6 5:5 6:4 7:3 지방정부
	① ② ③ ④ ⑤	① ② ③ ④ ⑤

4-6. 환경사무 분야에 따라 환경부에서 귀 광역자치단체에 기능을 이양할 경우 가장 우선적으로 이양되어야 하는 분야 2가지를 순서대로 선택해 주세요.

① 대기환경　　② 물환경　　③ 토양환경
④ 폐기물 관리　　⑤ 소음·진동·악취　　⑥ 습지 및 공원 관리
⑦ 기타(　　　　　　)

1 순위		2 순위	

V 환경제도 관련

5-1. 2015년부터 "HAPs 비산배출시설 관리제도"가 시행되고 있습니다. 해당 제도와 관련하여 대기환경 담당 공무원은 지난 1달간 어떤 업무를 수행하였습니까?

5-2. 위 문항과 관련하여 지난 1달간 업무를 수행하면서 가장 어려웠던 점은 무엇인가요?

5-3. 2017년부터 대기·수질 1종, 2종 사업장에 대한 "통합환경관리제도"가 시행되고 있습니다. 해당 제도와 관련하여 광역자치단체 공무원은 어떠한 업무를 수행하고 있습니까?

업무 내용	수행 여부(○, ×)
지역 내 통합환경관리제도 대상 사업장에 관련 내용 안내	
통합환경관리제도와 관련한 시스템에 대한 교육 이수	
환경부로부터 지역 내 사업장에 대한 정보 공유	
대기, 수질 3, 4, 5종 배출업소 지도 점검 강화	

5-4. 위 문항과 관련하여 지난 1달간 업무를 수행하면서 가장 어려웠던 점은 무엇인가요?

5-5. 우리 지역 환경의 특수성을 고려할 때 새롭게 도입이 필요한 환경 제도나 도입을 준비 중인 환경사무는 어떤 것이 있나요?

분 야	내 용

DQ1. 귀 소속 지방자치단체는?

____________도(시)　담당 부서____________

DQ2. 업무를 담당한지는 얼마나 오래되었습니까?

________년　________개월

| 참고문헌 |

국내문헌

강범일. (2013). 토픽 모델링을 이용한 신문 자료의 오피니언 마이닝에 대한 연구.「한국문헌정보학회지」. 47(4).

경기도. (2015).「환경백서」.

고경훈. (2015). 지방의회 의정활동 평가에 관한 연구.「한국사회와 행정연구」. 26(3).

고경훈 외. (2016).「지방이양완료사무 효과분석」. 한국지방행정연구원.

고광용. (2016). 중앙·지방정부간 사무이양 체계 및 성과에 관한 연구.「입법과 정책」. 8(1), 57-81.

고문현. (2009).「환경특별사법경찰제도 개선방안에 관한 연구」. 환경부.

고재경·황원실. (2008). 지방자치단체의 환경거버넌스 평가지표에 관한 연구. 한국사회와 행정연구. 19(1), 113-140.

관계부처합동. (2016).「제3차 지속가능발전 기본계획(2016~2035)」.

광주광역시. (2015).「환경백서」.

국립환경과학원. (2010).「환경보건지표의 발굴 및 개발에 관한 연구 III」. 국립환경과학원 연보.

국립환경인력개발원. (2017).「2017년 오염물질 배출업소 인허가 지도 단속과정」.

김난영. (2016).「OECD 정책보고서 주요 내용과 시사점」. 감사원. 2016, 가을호. 52-64.

김문영. (2010).「한국정부의 지방분권정책 추진에 관한 비교연구」.

김은경. (2012).「성장에서 지속가능발전으로」. 한국미래발전연구원.

김의섭. (2013).「영국의 지방세 제도」. 한국지방세연구원.

김재훈. (1997). 집권과 분권의 조화.「한국행정학보」. 31(1), 39-55.

김재훈·정준금. (1997).「지방자치단체의 환경규제 결정요인 분석」. 한국행정학보. 30(4), 105-120.

김종순. (2001). 환경규제기능의 중앙-지방간 분담구조 개편 및 협력체제 강화방안.「한국행정논집」. 13(4), 953-976.

김종순 외. (2001).「환경오염물질 배출업체 관리업무 등의 효율적 수행체계에 관한 연구」. 한국행정학회.

김종순·문태훈. (2013). 오염물질배출업소 감시·단속권한의 지방위임 효과에 대한 연구.「한국행정학보」. 47(4), 231-258.

김지영 외. (2010).「스크리닝 검토기준 및 제도 도입 방안」. 환경부.

김창수. (2006). 환경규제의 시계추 현상의 해석.「지방정부연구」. 10(1), 113-134.

김태한. (2001). 환경행정의 지방자치단체 위임이양 실태 및 개선방안.「환경관리업무의 지방 위임 및 이양 등에 관한 문제점 및 개선방안에 관한 세미나」.

김학로·강성철·김창원. (1992).「부산지역 환경행정의 관리체계에 관한 연구」. 지방행정연구. 4(1), 15-25.

김현구·박희정. (2003). 광역자치단체 합동평가체제의 실증분석.「정책분석평가학회보」. 13, 125-148.

김홍균. (2016). 환경오염시설 통합관리에 관한 법률의 평가와 과제. 한국환경법학회.「한국환경법연구」. 38(2), 327-361.

라휘문. (2017). 지방자치단체 평가모형의 재설계: 자체평가, 합동평가, 개별평가의 통합 및 연계모형의 구축.「한국정책연구」. 17(3), 23-41.

류영아. (2010). 지방자치단체 합동평가 영향요인의 상대적 중요도 분석.「한국정책과학학회보」. 14(4), 242-264.

류철상. (2002). 자연생태계 보전을 위한 환경정책 방향.「한국환경생태학회 학술발표논문집」.

문태훈. (2003). 지방자치단체 환경 행정역량 평가모델의 개발과 적용에 관한 연구「한국정책학회보」. 12(1), 201-221.

문태훈. (2013). 새정부 환경정책의 과제와 환경정책의 발전방향.「한국사회와 행정연구」. 24(2), 673-701.

문태훈·김종래. (2000). 부분선점제도 도입을 통한 환경행정의 권한배분과 조정.「한국행정학보」. 34(3), 389-408.

문태훈·김종순. (2013). 오염물질배출업소 감시단속에 대한 중앙과 지방의 권한 배분.「한국환경정책학회 학술대회논문집」. 27-55.

박광국·전진석·채원호·김창수. (2006).「환경행정기능에 차등위임제도 도입방안에 관한 연구: 위임권회수제도를 중심으로」. 환경부.

박상철 외. (2015).「환경부 소관 지방이양 사무의 문제점 및 개선방안 연구」. 환경부.

박순애. (2013).「환경복지실현을 위한 구상(안) 마련」. 환경부.

박순애 편. (2014).「환경과 복지」. 박영사.

박순애·이희선. (2013). 환경행정 지방분권화의 영향 분석. 한국환경정책학회 학술대회 논문집. 2013. 6., 3-25.

박재창·문태훈·김종래. (2000).「부분선점제도를 활용한 환경관리 조정능력과 정책집행의 실효성 강화방안」. 환경부.

박충훈. (2010). 정부합동평가지표의 개선방안.「Policy Brief」. 18.

박해육. (2006). 지방자치단체 합동평가의 실적 상호검증에 관한 연구.「한국행정학보」. 40(1), 249-269.

배수호 외. (2012).「환경분야 재정투입과 환경정책 성과의 연계성 연구」. 국회예산정책처.

사공원 외. (2006). 온라인 후기에 내재된 고객의 감성분석과 LQI 차원별 호텔 서비스 품질 평가.「정보시스템연구」. 25(3), 217-245.

서울연구원. (2007). 미국 뉴저지주 성장관리정책. 「세계도시동향」 제180호.

성영신 외. (2001). Word of Mouth: On-line상의 소비 구전정보 연구. 한국광고학회 연차학술대회 자료집. 3-12.

송병주. (2012). 특별지방행정기관의 정비방안. 한국지방자치학회 추계정책세미나자료집. 71-87.

수원시. (2016). 「수원시 환경보전계획」.

승재현·전현욱. (2015). 「특별사법경찰 역량강화 및 지휘체계 개선 방안」. 대검찰청.

심익섭·한형서. (2005). 독일지방정부의 정책현안과 그 시사점. 「한·독사회과학논총」. 15(2), 107-131.

양지숙·차경엽. (2016). 「지방자치단체 업무시스템을 활용한 기관운영의 위험 점검지표 개발 및 적용」. 감사원 감사연구원.

오상기 외. (2015). 「미국 및 유럽의 자동차 연비·온실가스 및 배출가스 법규 분석 연구」. 경기과학기술대학교 산학협력단.

오수길 외. (2016). 「SDGs 집행을 위한 지역 거버넌스의 역할 연구」. 환경부.

울산광역시. (2015). 「환경백서」.

유정민·윤순진. (2015). 런던과 뉴욕 기후변화 적응정책의 제도화와 거버넌스 구조에 대한 비교 연구. 충남대학교 사회과학연구소. 「사회과학연구」. 26(3), 217-247.

은수미. (2015). 화학물질 사고 대응체계, 법 따로 현장 따로. 2015년 9월 10일 보도자료.

이민호 외. (2013). 중앙-지방간 효과적인 협력체계 구축방안 설계. 한국행정학회 학술발표논문집. 382-408.

이무춘·구자건·허용록·염태용·조순향·정상진. (2000). 「자치단체의 환경역량 평가에 관한 연구: 배출업소 지도감독 역량을 중심으로」. 환경부.

이성복·김주환·정용택·정지훈. (2003). 「지자체 환경행정기능 강화방안에 관한 연구」. 한국행정학회.

이세진·전성훈·박지영. (2012). 특별지방행정기관 기능이관에 대한 지방·국가공무원의 인식에 관한 연구. 「한국지방자치학회보」. 24(4), 31-48.

이시경. (1993). 지방환경 행정조직의 구조개편과 기능조정. 「한국행정학보」. 27(1).

이용우 외. (2013). 「국토관리 지속가능성 평가제도 발전방안 연구」. 국토연구원.

이은국·나태준·노승용·유인영·김승완·황은진. (2007). 「배출업소 관리업무 지방위임 3년 실적 평가 및 개선방안 연구」. 환경부.

이주희. (2000). 환경행정의 역할분담. 새천년을 향한 환경행정: 정책비전과 전략. 2000년 5월 한국행정학회 기획세미나 발표논문집.

이혜영·최성락. (2005). 평가영향의 관점에서 평가결과 활용에 관한 연구: 지방자치단체 합동평가를 중심으로. 「한국사회와 행정연구」. 16(1), 131-149.

이현철. (2014). 지방정부의 규제경쟁에 관한 연구. 「한국지방정부학회 학술발표논문집」. 411.

인은숙. (2016). 지속가능발전 패러다임으로의 전환, UN SDGs와 지방정부 차원의 추진방향.

「희망이슈」. 제7호. 희망제작소.

인천광역시. (2016).「2015년도 환경백서」.

장기복 외. (2016).「통합환경관리 효율적 시행방안 마련을 위한 연구」. 환경부.

장호석·하현상. (2013). 지속가능한 환경을 위한 거버넌스 채택에 대한 신뢰와 제도의 영향 - 미국 플로리다 지방정부를 중심으로-. 한국정책학회.「한국정책학회보」. 22(1), 517-551.

정부혁신지방분권위원회. (2006).「참여정부의 혁신과 분권」.

정부혁신지방분권위원회. (2007).「참여정부의 혁신과 분권」.

정우현 외. (2013).「효율적 환경자원 관리를 위한 환경행정체계의 발전방안: 중앙정부와 지자체의 역할을 중심으로」. 한국환경정책평가연구원.

정우현·박순애·김갑철·최선. (2012).「환경거버넌스의 다각화 현황 및 시사점」. 한국환경정책평가연구원. "제2부 환경행정의 지방분권화".

정정만 외. (2006).「환경부 환경행정혁신을 위한 중장기 조직체계 발전방안 연구」. 환경부.

정창화·윤광재·이선필·송병준·이지행·한지호. (2007).「EU 주요국가의 행정 및 조직운영 동향분석: 독일, 프랑스 및 네덜란드를 중심으로」. 단국대학교 산학협력단.

정희성. (1999).「중앙정부와 지방자치단체간 환경행정의 역할분담 방안」. 환경행정발전을 위한 세미나 자료집: 환경행정의 역할분담과 민간참여방안. 환경부. 충북대학교 사회과학 연구소.

조성호·윤태웅. (2011). 지역정부 구축을 위한 지방분권에 관한 연구.「지역정책연구」. 22(2), 1-22.

주연창. (2017).「제308회 전라남도의회 임시회 본회의 회의안건 발표문」. 주연창 의원 홈페이지(ems.jnassembly.go.kr).

주장환·윤성욱. (2014).「주요 선진국 지방자치제도 및 지방의회 운영제도 사례 수집: 영국」. 전국시도의회의장협의회.

최봉석 외. (2015).「국가와 지방자치단체간의 사무구분 및 사무조사 연구」. 행정자치부.

최영출 외. (2012).「제주특별자치도 행정체제개편연구」. 한국행정학회.

최진호·한동섭. (2012). 언론의 정파성과 권력 개입.「언론과학연구」. 534-571.

최충익·고재경. (2009). 환경규제의 분권화 효과 분석.「국토계획」. 44(1), 259-272.

하혜수·최영출. (2002). 차등적 분권제도에 대한 비교연구.「한국행정학보」. 36(2), 109-127.

하혜수·최영출·홍준현. (2010). 준지방자치단체의 개념과 적용가능성 연구.「한국지방자치학회보」. 22(3), 237-256.

하혜영. (2017). 중앙행정권한의 지방이양 관련 쟁점과 과제.「이슈와 논점」. 1280호. 국회입법조사처.

한국지방자치학회. (2014).「지방자치단체 합동평가 평가지표 개선방안 연구」. 행정안전부.

한국행정연구원. (2012).「지자체 합동평가제도 개선방안 연구」. 행정안전부.

한국행정연구원. (2013).「새 정부 기조에 맞는 평가기준 개선 연구」. 경제·인문사회연구회.

한국행정연구원. (2015).「지방자치단체 합동평가 지표 개선방안 연구」. 행정안전부.

행정안전부. (2009). 2008년도 지방자치단체 합동평가 결과 공개.

행정안전부. (2010). 2010년('09년 실적) 지방자치단체 합동평가 결과 공개.

행정안전부. (2011). 2011년('10년 실적) 지방자치단체 합동평가 결과 공개.

행정안전부. (2012). 2012년('11년 실적) 지방자치단체 합동평가 결과 공개.

행정안전부. (2013). 2013년('12년 실적) 지방자치단체 합동평가 결과 공개.

행정안전부. (2013). 2013년('12년 실적) 지방자치단체 합동평가 평가지표 및 매뉴얼.

행정안전부. (2017). 2017년 지방자치단체 합동평가 결과 공개.

행정안전부. (2017). 2017년('16년 실적) 지방자치단체 합동평가 평가지표 및 매뉴얼.

홍성방. (2009). 독일 기본법상의 재정제도. 「서강법학」. 11(1), 293-325.

홍준현. (2001). 중앙사무의 지방이양에 있어서 차등이양제도의 도입방향. 「한국지방자치학회보」. 13(3), 5-24.

홍준현. (2013). 실효성 있는 지방이양의 추진. 한국행정학회 2013년 하계학술대회 발표자료.

환경부. (2004). 민·관 환경감시 네트워크 운영지침(안).

환경부. (2006). (업무편람)환경특별사법경찰관리제도운영.

환경부. (2008). 2008년도 환경특별사법경찰제도 운영 지침.

환경부. (2009). 「환경특별사법경찰제도 개선방안에 관한 연구」.

환경부. (2010). 「민간환경감시단 핸드북 2010」.

환경부. (2017). 「OECD, 제3차 한국 환경성과평가 보고서 발간」. 보도자료(2017. 3. 15.).

환경행정연구회. (2017). 「환경정책론」. 대영문화사.

황계영. (2015). 환경지도·단속 업무의 현황 및 향후 정책방향. 「환경법연구」. 37(2), 75-101.

국외문헌

Advisory Commission for Intergovernmental Relations. (1984). *Regulatory Federalism: Policy, Process, Impact and Reform*, Washington, DC: GPO.

Crotty, P. M. (1988). Assessing the Role of Federal Administrative Regions: An Exploratory Analysis. *Public Administration Review*, 48(2), 642-648.

Cullingworth, J. B. (2002). *The political culture of planning: American land use planning in comparative perspective*. Routledge.

Cullingworth, J. B., & Caves, R. (2013). *Planning in the USA: policies, issues, and processes*. Routledge.

Fulton, W. B., & Shigley, P. (1991). *Guide to California planning*. Point Arena, CA: Solano Press Books.

Gladwin, T. N., Krause, T., & Kennelly, J. J. (1995). Shifting Paradigm for Sustainable Development: Implications for management theory and practice. *Academy of Management Review*, 20, 874-917.

Lester, J. (1990). A New Federalism? Environmental Policy in the States. In Vig, N., & Kraft, M. E. (eds.) *Environmental Policy in the 1990s*. Washington D C.: CQ Press.

Macrory, R. (1991). *Environmental Law*. ICCET, Imperial College, London.

New Jersey State Planning Commission. (2004). *2004 Cross-Acceptance Manual*. New Jersey State.

New Jersey State. What is Cross Acceptance?

OECD. (2016). *Supreme Audit Institutions and Good Governance: Oversight, Insight, and Foresight*.

OECD. (2017). *OECD Environmental Performance Reviews: Korea 2017*. Paris: OECD Publishing. DOI: dx.doi.org/10.1787/9789264268265-en

UK Department for Environment Food & Rural Affairs. (2013). Sustainable Development Indicators. www.gov.uk/defra.

UN. (2007). *Indicators of Sustainable Development: Guidelines and Methodologies*, 3rd Ed. New York: United Nations.

Vestal, T. M. (1987). The first decade of the implementation of the Surface Mining Control and Reclamation Act of 1977 in Oklahoma. *Tulsa LJ*, 23, 593.

Zimmerman, J. F. (1992). *Contemporary American Federalism: The Growth of National Power*. Westport, Ⅱ: Praeger.

Zimmerman, J. F., & Lawrence, S. (1992). *Federal Statutory Preemption of State and Local Authority: History, Inventory, and Issues*. Washington, DC: United States Advisory Commission on Intergovernmental Relations.

국내 및 해외 사이트

e-나라지표(www.index.go.kr)

EPA(www.epa.gov)

Environmental Performance Index(epi.yale.edu)

RMM(www.rmmenvirolaw.com)

TV 조선(news.tvchosun.com)

강원도청(www.provin.gangwon.kr)

경기도청(www.gg.go.kr)

경상남도청(www.gyeongnam.go.kr)

경상북도청(www.gb.go.kr)

광주광역시(www.gwangju.go.kr)

국가법령정보센터(www.law.go.kr)

국가통계포털(KOSIS, kosis.kr/index/index.do)

기호일보(www.kihoilbo.co.kr)
내포타임즈(www.nptimes.co.kr)
노동건강연대(laborhealth.or.kr)
뉴저지 주(www.nj.gov)
대구광역시(www.daegu.go.kr)
대전광역시(www.daejeon.go.kr)
독일 지방자치제도(blog.naver.com/mj6783/130078544883)
랭구아 비치 시(lagunabeachcity.net)
로스앤젤레스 기술국(eng.lacity.org)
머니투데이(news.mt.co.kr)
중앙뉴스라인(www.baronews.net)
부산광역시(www.busan.go.kr)
브레이크뉴스(www.breaknews.com)
서울특별시(www.seoul.go.kr)
세종지속가능발전협의회(www.sjagenda21.kr)
세종특별자치시(www.sejong.go.kr)
연합뉴스(www.yonhapnews.co.kr)
영국환경법(www.environmentlaw.org.uk)
울산광역시(www.ulsan.go.kr)
위키피디아(en.wikipedia.org)
인천광역시(www.incheon.go.kr)
전라남도청(www.jeonnam.go.kr)
전라북도청(www.jeonbuk.go.kr)
제주특별자치도지속가능발전협의회(www.la21jeju.or.kr)
제주특별자치도청(www.jeju.go.kr)
중앙선거관리위원회(m.nec.go.kr/portal/main.do)
지방재정365(lofin.mois.go.kr)
지속가능발전포털(ncsd.go.kr/app/sub02/85.do)
충청남도청(www.chungnam.go.kr)
충청북도청(www.chungbuk.go.kr)
캘리포니아 지역정부협의회(www.ca-ilg.org)
캘리포니아 전략적 성장 위원회(sgc.ca.gov)
캘리포니아 환경보호청(www.calepa.ca.gov)

미주 한국일보(dc.koreatimes.com)
화성시지속가능발전협의회(www.hsag21.or.kr)
환경부(me.go.kr)
환경이슈신문(www.hkisnews.com)
환경부 환경통계포털(stat.me.go.kr/nesis/index.jsp)

| 찾아보기 |

ㅍ

ㅎ

영문

글쓴이 약력

박순애

서울대학교 행정대학원 교수, 공공성과관리연구센터장
(현) 환경부 자체평가위원
(전) 환경정책(한국환경정책학회보) 편집위원장
(전) 지속가능발전위원회 민간위원
(전) 환경운동연합 집행위원

이영성

서울대학교 환경대학원 교수
(전) *International Journal of Urban Science*(SSCI) 편집위원장
(현) 지속가능발전위원회 위원
(현) 국토교통과학기술위원회 위원
(현) 저출산고령사회위원회 위원

최충익

강원대학교 행정학과 교수
(전) 한국지역개발학회 학술위원장
(현) 기상청, 행정안전부
(현) 국민권익위원회 평가위원
(현) 국회 재난안전포럼 특별위원

기정훈

명지대학교 행정학과 교수
(현) 한국지역개발학회 총무위원장
(현) 한국토지주택공사 경영투자심사위원

장원창

인하대학교 경제학과 교수
(전) 한국금융연구원 연구위원

이영미

서울대학교 행정대학원 공공성과관리연구센터 초빙연구위원
(전) 국회예산정책처 예산분석관

김철민

강원대학교 행정학과 강사

신현재

서울대학교 행정대학원 박사과정 수료

유현지

서울대학교 환경대학원 박사과정 수료

지방분권시대의 환경정책
성과관리의 권한과 책임

초판 인쇄 2020년 3월 13일
초판 발행 2020년 3월 20일

글쓴이 박순애 외
펴낸이 김영훈
기획 영업 전영완
편집인 김병성
펴낸곳 도서출판 문우사 MoonWoo
주소 경기도 고양시 일산동구 정발산로 24, T2-814호(장항동, 웨스턴돔타워)
전화 031) 901-6542, 070) 4200-6542 팩스 031) 906-6542
홈페이지 www.munu.co.kr 대표메일 moonwoosa@hanmail.net
출판신고번호 제396-2013-000113호

ISBN 979-11-85994-76-5 93350

• 이 책은 환경부의 의뢰로 한국환경정책학회와 서울대학교 행정대학원 공공성과관리연구센터에서 수행한「환경정책 이행 성과 제고 방안 연구」보고서를 수정·보완하여 작성되었습니다.

값 25,000원